浙江省哲学社会科学规划课题"群众性健身场馆建设运营的资本结构及政策供给研究"
(项目编号:19NDJC115YB)

群众性健身场馆建设运营及政策研究

林建君 傅君芳 著

上海交通大学出版社
SHANGHAI JIAO TONG UNIVERSITY PRESS

内容提要

本书依托相关理论,针对群众性体育场馆的政策供给、场馆建设及运营进行研究。内容主要分为三大部分:第一部分为体育场馆的政策梳理及应用政策工具分析体育场馆的政策文本;第二部分为群众性体育场馆的建设风险及建设布局;第三部分为群众性体育场馆使用的满意度及效益评价。书中针对不同类型群众性体育场馆的深入调研和具体分块分析研究,旨在推动场馆设施建设更好地服务全民健身,推进浙江"共同富裕"示范区效应。

本书适合群众性场馆建设运营者及研究者参考阅读。

图书在版编目(CIP)数据

群众性健身场馆建设运营及政策研究 / 林建君,傅君芳著. — 上海 :上海交通大学出版社,2024.5
ISBN 978-7-313-30705-7

Ⅰ.①群… Ⅱ.①林… ②傅… Ⅲ.①体育场—经营管理—研究—中国②体育馆—经营管理—研究—中国
Ⅳ.①G818

中国国家版本馆 CIP 数据核字(2024)第 094707 号

群众性健身场馆建设运营及政策研究

QUNZHONGXING JIANSHEN CHANGGUAN JIANSHE YUNYING JI ZHENGCE YANJIU

著　者:林建君　傅君芳

出版发行:上海交通大学出版社　　　　地　址:上海市番禺路 951 号
邮政编码:200030　　　　　　　　　电　话:021-64071208
印　刷:苏州市古得堡数码印刷有限公司　经　销:全国新华书店
开　本:710mm×1000mm　1/16　　　印　张:20.75
字　数:392 千字
版　次:2024 年 5 月第 1 版　　　　　印　次:2024 年 5 月第 1 次印刷
书　号:ISBN 978-7-313-30705-7
定　价:78.00 元

前　言

习近平总书记在十九大的报告中指出,我国社会主要矛盾已经转化为人民日益增长的美好生活需要和不平衡不充分发展之间的矛盾,而全民健身事业发展的主要矛盾是广大人民群众日益增长的体育健身需求和有效可使用的群众性健身场馆相对不足的矛盾。全民健身事业作为一项重要的民生工程,是实现"健康中国2030"战略的一项重要行动,也是中国从体育大国向体育强国迈进的关键一步。作为发展体育的硬件保障,我国体育场馆建设发展迅速,二十年间场馆数量和质量都有质的飞跃,但体育场馆设施未能很好地满足居民群众的健身需求问题依然严峻,需要充分挖掘开发群众健身型体育场馆功能,合理布局健身场馆,真正落实国家倡导的"15分钟健身圈",让人民群众健身有去处,锻炼有乐趣,健康有保障,人民群众积极参与体育、娱乐体育、享受体育,国家由"全民健身"迈向"全民健康"持续发展。

本书研究主要依托政策工具理论、风险管理理论、"点—轴系统"理论、区位理论、顾客满意度理论、产业政策理论、资源配置选择理论以及公共选择理论等基本理论,主要采用文献资料分析法、访谈法、实地考察法、社会调查法等资料搜集方法,以及政策文本内容分析法、层次分析法、模糊综合评价法、GSI空间分析法、交通网络分析法、IPA分析法和DEA分析法等方法分析对群众性体育场馆设施的建设运营系列问题。研究首先对我国体育场馆相关政策进行梳理,指出体育政策,即市场不能很好发挥作用时,政府将通过有效干预手段更好地推动主导产业发展,促使其加速发展,具有引领作用;并针对2020年颁布的《关于加强全民健身场地设施建设发展群众体育的意见》关键政策文本进行剖析。其次,政策引领下,对我国群众性健身场馆的一类——体育综合体的投资建设进行风险评估,引导社会资本积极参与健身场馆的新建、改建、扩建,充分发挥我国"金角银边"闲置场地再利用、再开发。再次,以另一类健身场馆——体育公园内外部合理布局现状,通过专业方法精准计算,提出今后内外部布局趋向。接着,针对部分体育公园的来园顾客人群,对体育公园使用过程的满意度进行评价,以顾客需求为导向促建健身场馆。最后,以浙江省省内的部分大型体育场、馆、池运营效益进行评价,以评估该类场馆的社会效益和经济效益,同时促进场馆多业态融合、多主体共赢。符合我国目前对大型体育场馆的定位,免费或低收费向社会开放,以服务公众的需求出发,趋向重社会效益,符合浙江省"共同富裕"示范区效应。

该研究为2019年度浙江省哲学社会科学规划课题(19NDJC115YB)内容。宁波大学体育学院林建君教授总体设计研究框架,统筹安排研究进程和最后总研究的梳理和撰写。嘉兴大学体军部傅君芳副教授参与调研设计、实际调查工作及部分分析研究,宁波大学体育学院研究生张勉、王许达、王国庆、张静文分别承担政策梳理、政策文本分析、风险评价研究、体育公园布局和顾客满意度等研究。同时,研究过程中受到宁波大学陆亨伯教授、浙江省体育局金开云副处长、宁波市体育局胡中月处长、宁波体育彩票中心计生波主任、中体SPORTS城陈建新董事长等帮助,使课题顺利有序推进。

目　录

第一章 导　言

第一节　研究背景及意义

一、研究背景

党的十九大提出,我国社会主要矛盾已经转化为人民日益增长的美好生活需要和不平衡不充分发展之间的矛盾(2017)[①]。而体育事业发展的主要矛盾是广大人民群众日益增长的体育健身需求和有效可使用的群众性健身场馆相对不足的矛盾。党的二十大报告[②]中指出,要广泛开展全民健身活动,促进群众体育和竞技体育全面发展,加快建设体育强国。体育强国的基础在于群众体育,群众体育是推动体育产业发展和全民健康的基础,通过提供丰富多样的体育活动和参与机会,能够激发人们的热情和参与度,推动体育产业的蓬勃发展。同时习近平总书记强调,加快建设体育强国,就要坚持以人民为中心的思想,把人民作为发展体育事业的主体,把满足人民健身需求、促进人的全面发展作为体育工作的出发点和落脚点,落实全民健身国家战略,不断提高人民健康水平。在全民健身大背景下,群众健康理念和生活水平不断提高,健身选址用地难、运转低效、体育服务效能不高的传统体育公园已无法满足人民高层次、融合性、多元化的健身需求。

国家通过制定相应政策,促进国家和地方增建、改建、扩建等方式,建设满足群众多样化、多层次需求的体育场馆,解决群众身边健身难问题。国务院〔2014〕46号文件、财政部〔2014〕76号文件、国务院〔2015〕37号文件、发改投资〔2014〕2724号文件、"健康中国2030"规划纲要(2016)等政策性文件出台,对场馆建设运营提出更高要求,"政府＋社会资本"合作模式建设健身场馆成必然趋势,要鼓励社会资

[①]　习近平.决胜全面建成小康社会 夺取新时代中国特色社会主义伟大胜利——在中国共产党第十九次全国代表大会上的报告[EB/OL].(2017-10-27)[2021-5-18].https://www.gov.cn/zhuanti/2017-10/27/content_5234876.htm.

[②]　习近平.高举中国特色社会主义伟大旗帜 为全面建设社会主义现代化国家而团结奋斗——在中国共产党第二十次全国代表大会上的报告[EB/OL].(2022-10-16)[2023-10-20].https://www.gov.cn/gongbao/content/2022/content_5722378.htm? eqid=81878f4f00047db600000006647d3897.

源建设体育场馆以及多样化管理与经营。2010年3月国务院就国家形势及体育产业发展,提出了新一轮快速发展体育产业的指导意见,政策的出台无疑给体育产业的腾飞注射一支"兴奋剂"。其中"主要政策与措施"第六条指出:"加强公共3建设和管理",认真做好政府投资建设的公共体育场馆及其配套设施的监管工作,防止闲置浪费或挪作他用。《"十四五"时期全民健身设施补短板工程实施方案》体育场地设施单一,与自然生态、生活空间融合度低等短板制约全民健身战略的推进。为此《"十四五"体育发展规划》提出推进全民健身场地设施建设,重点推进体育公园等公共服务设施建设,新建或改扩建2 000个以上体育公园目标;推动地方数字化升级一批智慧化健身场地设施,打造布局科学、可达性强、利用率高、服务覆盖面广的体育公园,满足群众需求,解决群众健身难问题,实现共同富裕。

2022年3月,中共中央办公厅、国务院办公厅印发的《关于构建更高水平的全民健身公共服务体系的意见》[①]中提出,构建更高水平的全民健身公共服务体系,是加快体育强国建设的重要基石,顺应人民对高品质生活期待的内在要求。其中强调,打造绿色便捷的全民健身新载体,夯实群众基础,建设特色体育公园和智能化配套设施,解决群众使用体育智能技术困难问题等是构建更高水平的全民健身公共服务体系的重要举措之一。体育公园智慧化的发展将可以进一步改进现有体育基础设施,建设智慧型基础设施将更加契合构建更高水平的全民健身公共服务体系的理念。

浙江省作为"共同富裕"示范区,"重要窗口",积极贯彻落实省委省政府关于抓好体育事业的高质量发展要求。体育场地设施几次普查均高于全国水平,截至2021年12月31日,浙江共有体育场地207 341个,全省体育场地总面积为16 688.84万平方米,全省人均体育场地面积2.55平方米。相比2020年的总体情况来看,三者皆有不小的增幅。与2020年的193 218个相比,体育场地总数开启新高度,迈上了"二十万"大关;场地总面积增加1 732.32万平方米,增幅达到11.58%;人均体育场地面积从2.32平方米增至2.55平方米[②]。全民健身工作将持续稳步推进,力求为老百姓提供更多更优质的基层体育场地设施,为全民健身提供更好的服务保障,为"体育共富"添柴加薪。

浙江省人均体育场地面积从2016年的1.83平方米到2021年的2.55平方米,涨幅非常显著,预计到2025年将达到人均2.8平方米的水平。浙江省不断通过对健身场馆新建、改建和扩建等多种形式的建设,实现国家对浙江省体育公园的建设

---

① 中共中央办公厅国务院办公厅. 关于构建更高水平的全民健身公共服务体系的意见[EB/OL]. (2022 - 03 - 23)[2023 - 11 - 07]. https://www.gov.cn/ zhengce/2022 - 03/23/content_5680908.htm.

② 浙江省体育局.浙江年度体育场地数据发布[EB/OL]. (2022 - 6 - 6)[2023 - 11 - 08].https://www. sport.gov.cn/n14471/n14482/n14519/c24334033/content.html.

指标,其中浙江省 41 个,宁波市单立须完建 6 个①。完成"十四五"期间国家对体育场馆建设发展的重要工作部署,合理建设、优化布局、智能服务、高效运营,能更进一步促进体育场馆建设提质增效,打造绿色便捷的全民健身新载体,不断增强人民群众的获得感和幸福感,助力共同富裕示范区建设。同时也为浙江省体育高质量发展指明了方向,建设体育现代化是以人为核心的现代化的重要标志,人民群众需要更加科学、健康、丰富、优质的体育服务。

通过政策文本分析,正确指引体育场馆建设,并对体育综合体、体育公园及"金角银边"场地实例分析,旨在针对当下体育发展不平衡、不充分的矛盾,秉持创新、协调、绿色、开放、共享发展方向,通过政策引领(起点),合作共享(理念),创新驱动(动力),多业融合(结构),高质量服务供给(方式),满足不同人群的体育需求,促进群众性体育场馆服务提质、场馆增效协调发展(目标)。

二、研究意义

(一) 学术价值

依托政策工具理论、风险管理理论、"点—轴系统"理论、区位理论、顾客满意度理论、产业政策理论、资源配置选择理论以及公共选择理论等基本理论,获取政府政策支持,理论上分析国家对体育场馆的方向引领,体育场馆科学化布局、多业态共生互赢,寻求政府、社会机构、群众多赢节点;借鉴多学科交叉融合优势,丰富体育健身场馆投资建设风险体系、评价体系和场馆建设空间布局理论体系,以顾客需求满意为导向,创新体育场馆服务高质量发展,延伸多元资本融入多领域中的应用,拓宽交叉学科理论应用的广度和体育理论研究的宽度,具有较高的学术价值和理论意义。

(二) 实践价值

多元化运营体育综合体、体育公园场馆,缓解群众健身对场馆的需求,扩增数量,盘活存量,提高质量,弥补健身场馆不足"短板";通过量化评价,识别风险因素确立风险评价、规避风险,以期为投资建设提供参考。通过科学计算,提出科学合理的浙江省体育场馆的整体空间布局和场馆设施内部的空间布局,为制定体育公园建设方案提供科学化建议。浙江省作为共同富裕示范区,在体育公园等健身体育场馆建设发展中要发挥带头作用,通过科学制定目标、优化建设路径,建设具有代表性的高质量"样板房"为全国其他省市建设体育公园提供参考。形成体育场馆服务高质量发展,激发体育消费内生动力,促进有效需求,满足人民美好生活需求。

---

① 国家发展改革委员会,国家体育总局,自然资源部等八部委.各省(区、市)体育公园建设指导目标[EB/OL]. (2021 - 10 - 23)[2023 - 11 - 7]. https://www.sport.gov.cn/n315/n9041/n25319615/n25319664/c26013633/part/26013708.pdf.

形成政府、机构和群众多赢局面,促进政府引领体育、社会资本参与体育、群众享受体育的新局面。更好地服务于全民健身,助推"全民健身计划"和"健康中国2030"的实施。

第二节　基本概念及理论

一、基本概念

(一) 体育场馆

谭建湘(2014)①从管理的角度分析了体育场馆的多重属性,提出体育场馆是由政府出资或社会团体筹资兴建的,由各级体育部门、其他行政单位部门或者社会企业管理的,主要用于开展社会体育活动,满足群众运动健身、休闲娱乐,组织运动训练,开展体育竞赛等经营服务的场所,是包括体育场、体育馆、游泳馆等各种类型的体育设施的统称。

林建君(2023)②提出体育场馆是进行体育活动的硬件设施,是人们进行体育运动训练、举办体育运动竞赛、参与身体锻炼活动和各种大型体育文化活动的专业性场所,以及举行活动用的体育建筑、场地、室外设施以及体育器材等的总称。体育场馆是普及群众性健身锻炼体育运动的基础保障,是现代城市建设不可或缺的一部分。

本书研究为广义的体育场馆,其包括体育场、馆、池以及周边配套相关设施。群众性体育场馆设施为群众提供健身服务场所,主要新建、改建、扩建的体育场馆,研究涉及的群众性体育场馆主要为体育公园类、体育综合服务体类以及较大型的体育场馆。

(二) 体育政策

"政策"在生活中一般理解为政府为规范某一时期的特殊事宜,或者是为推行某一行为而制定的,社会需要认真执行的相关法律、法规、方针、策略等。孙光(1988)③在研究成果中认为政策是国家执政为达到一定的目的而制定的行为准则,表现为对群众利益的分配、调控措施和复杂过程。陈振民(2003)④将政策理解分为广义和狭义。广义政策专指国家权威机构制定的法律、法规、规章、中共中央文件、国务院文件、地方政府文件和其他各种规范性文件等,狭义政策仅仅指各种

---

①　谭建湘,霍建新.体育场馆经营与管理导论[M].北京:高等教育出版社,2014:23.
②　林建君,曹雪莹,陈巧燕.体育场馆与管理[M].上海:上海交通大学出版社,2023:15.
③　孙光.政策科学[M].杭州:浙江教育出版社,1988:100.
④　陈振明.政策科学[M].北京:中国人民大学出版社,2003:68.

规范性的行政文件,不包括法律规范。在过去的许多研究与专家审定中,通常采取广义的政策概念。而体育政策是政府部门运用各种经济手段和政策工具,规划、干预、引导体育事业或产业的形成和发展的一种政策,具有时效性。其是一种广义上的政策,包括部分法律规范、规则、条例、管理办法等促进体育发展的系列政策法规。

(三)体育场馆政策

"体育场馆政策"一词在我国出现较晚,从文献检索发现其出现在 21 世纪。

孙成林(2013)[①]研究成果中将体育设施政策理解为"由国家政府、政党及其他特定政治团体在特定时期所颁布的,用于指导、管理、协调和控制体育设施的建设与发展的法律、法规、法令、措施、办法、方针、条例及实施细则等的总称"。胡国艳(2014)[②]在其毕业论文中从其研究的角度将体育场馆政策定义为,政府部门根据一定阶段的目的,对场馆实施行政管理而制定的法律规章、行政命令、规范、通知和要求等一系列行为准则。

本书研究将体育场馆政策定义为,由国家直属机构(全国人民代表大会及其常务委员会、国务院、教育部、体育总局等部门机构)在某一特定时期,为促进全民健身、运动训练、比赛表演和群众消费等活动开展,对其所需运动场所制定的相关宪法、中央文件、行政法规、部门规章、规范文件、计划、通知和要求等一系列行为准则。

(四)政策工具

随着公共行政主体的多元化、公共政策的复杂性和实施困难程度的增加,政策工具的研究也随之出现。学者们针对政策工具多样的研究角度,对政策工具的定义提供了大量不同的研究。我国学者张成福认为政策工具是政府把它的本质目标转变为具体的行动方式与机制[③]。陈振明从另一个方面分析表明,政策工具是一种特殊的方法,可以有效地加以利用,以此来解决特定的社会问题,同时也可以达到特定的政策目的[④]。综合以上两种角度,陶学荣将政策工具的定义概括为,公共部门和社会相关组织解决一些具体的社会问题或实现政策的预定目标而使用的特定手段或方式[⑤]。

不同的学者对政策工具提出了不同的定义,从本研究的观点来看,将群众性健身场馆政策所使用的政策工具界定为"为推动全民健身发展,加强全民健身场馆设

① 孙成林.我国体育设施政策演进及优化[D].武汉:华中师范大学,2013:23.
② 胡国艳.改革开放以来我国体育场馆政策阶段特点的研究[D].武汉:华中师范大学,2014:8.
③ 张成福,党秀云.公共管理学[M].北京:中国人民大学出版社,2001:13-14.
④ 陈振明.政策科学——公共政策分析导论[M].北京:中国人民大学出版社,2003:25-26.
⑤ 陶学荣,崔运武.公共政策分析[M].武汉:华中科技大学出版社,2008:23.

施建设发展这一目标而采取的一些手段和措施"。

（五）体育综合体

2014年10月《国务院关于加快发展体育产业促进体育消费的若干意见》中首次提出"以体育设施为载体，打造城市体育服务综合体，推动体育与住宅、休闲、商业综合开发"[1]。

周庆[2]、滕苗苗[3]、王家宏[4]、陈晓民[5]等学者都认为体育综合体是城市综合体的缩影，体育综合体是城市服务综合体的一个子系统，是一个具有可持续经营与发展的体育服务城市空间集聚区与体育生活区，以体育产业与体育场馆设施为载体，将体育产业与商业、旅游、展览、文化、健身等业态结合、相互促进，加入其他城市服务功能。

体育综合体是将城市体育场馆设施建设与住宅、休闲、商贸、娱乐等业态融合，为参与体育竞赛、全民健身、体育培训的群体提供配套服务，拉长服务链，把场馆设施打造成为以体育为主题、功能丰富、综合配套齐全、可经营性强、充满活力的服务性实体。是城市综合体的延伸，以体育元素为核心，拓展体育健身空间，同时辐射其他业态，融合发展，互惠共赢的特性。本研究涉及体育综合体以体育元素为中心，最少融合两个以上其他产业，包括房地产、休闲、商务购物、文化娱乐、旅游、健身康体、教育培训、竞技比赛等相关产业，构建一个多业态、多功能、高效聚合、复杂但又有强经营性和活力的公共体育服务与体育产业经济发展汇聚一体的综合体。

（六）风险管理

风险管理可以定义为有关纯粹风险的管理决策，其中包括一些不可保的风险，是系统的、复杂的过程，整个风险管理过程中包括大量人力资本和经济成本，假如在风险管理过程中所需成本太高，管理者可能会放弃此种风险管理方案[6]。具体而言，其本质就是应用一般的管理原理去管理一个组织的资源和活动，并以合理的成本尽可能减少灾害事故损失和它对组织及其环境的不利影响[7]。本书主要引用许谨良的《风险管理》（第五版）中的风险管理的定义，着重研究风险管理过程中的风险识别和评价。风险管理的过程是企业进行风险识别、风险评价和风险处理。

① 张强,陈元欣,王华燕,等.我国城市体育服务综合体的发展路径研究[J].成都体育学院学报,2016,42(04):21-26.
② 周庆.我国城市体育综合体的功能及构建研究[J].吉林体育学院学报,2018,34(03):12-15.
③ 滕苗苗,陈元欣,何于苗,等.我国城市体育服务综合体的发展:进程·困境·对策[J].首都体育学院学报,2018,30(02):113-116.
④ 王家宏,蔡朋龙,陶玉流,等.我国城市体育服务综合体的发展模式与推进策略[J].武汉体育学院学报,2017,51(07):5-13.
⑤ 陈晓民,李鸿儒,黄颖.大城市小社会——体育综合体改变城市生活[J].城市建筑,2017(01):114-116.
⑥ 许谨良.风险管理[M].第五版.北京:中国金融出版社,2015:4-14,82-90.
⑦ 张广选.基于BOT模式的大型体育场馆风险管理研究[D].西安:西安建筑科技大学,2011:11-15.

（七）体育公园

《世界公园》①描述体育公园是将体育设施、运动场设在景色如画的园林空间中，举办体育系统培训活动、体育表演和竞技比赛及保健活动的公园，提出体育公园具有多种类型，有为某一项体育运动、某一年龄组或某一功能作用使用的体育公园；有供运动员进行训练和比赛，游人休憩、体育娱乐、健身运动的多功能的综合体育公园。

马俊等人（2005）②认为仅在公园中简单放置健身器材、开辟少许活动场地，并不能称之为是体育公园。体育公园作为绿色空间，为满足各类人群消除紧张的城市生活提供康体休闲运动场所，具有系统性、技术性、阶段性、持续性、安全性等特征。陈冬平等人（2010）③认为体育公园是指开放式的，集生态功能、体育竞赛、体育训练、表演、健身娱乐休闲、旅游观光，融体育商业、体育科技为一体的体育主题休闲（生态）公园。郑霞（2018）④和张静等人（2011）⑤在结合国内外体育公园定义下，认为体育公园是将城市绿地的观赏性与实用性很好地结合起来，依托体育运动场地，以生态环境为载体，以休闲体育为主题，以大量体育运动设施构建完善的运动恢复保健体系的复合型绿色运动场所。

除以上学者对体育公园的定义，其他学者也大多认为体育公园作为绿色运动空间，在生态环境、功能多样性、休闲游憩方面比其他体育场地更具特色和吸引力。在各位学者研究成果的基础上，本研究将体育公园定义为具有体育主题，集生态功能、健身功能、休闲娱乐功能、经济功能于一体的复合型绿色运动空间，满足体育场地设施标准化、不同人群需求多元化、公益性和营利性均衡化的新型体育空间。

（八）顾客满意度

自 20 世纪中期开始，便有了顾客满意的相关研究，但没有统一的概念。在国外，LaBarbera（1983）⑥认为满意度是在产品、服务购买或消费后，对感知的某种消

① 弗·阿·戈罗霍夫，勒·布·伦茨.世界公园[M].郦芷若，杨乃琴，等译.北京：中国科学技术出版社，1992：197，208.

② 马俊，孟祥彬.关于中国体育公园的现代认识[J].中国园林，2005(04)：35 - 38.

③ 陈冬平，张军.体育公园的分类及可持续发展方向研究[J].西安交通大学学报（社会科学版），2010,30 (04)：58 - 60.

④ 郑霞.文化生态学视野下我国城市体育公园发展研究[M].北京：北京体育大学出版社，2018：28 - 29.

⑤ 张静，潘郗.华南地区体育公园发展初探[J].北方园艺，2011(13)：102 - 105.

⑥ LaBarbera，Priscilla A. and David Mazursky. A Longitudinal Assessment of Consumer Satisfaction/ Dissatisfaction：The Dynamic Aspect of the Cognitive Process[J].Journalof Marketing Research，1983,20 (11)：393 - 404.

费过程中带来的惊喜进行的评价。Parasuraman(1994)①概括顾客满意度为产品与服务的质量以及价格之间的函数。在国内,罗晓光(2006)②定义满意度是在顾客购买、消费产品或服务后,通过将其感受到的实际情况与其采用的关于产品的认知标准进行比较后,所形成的不同强度的情感反应。邹凯(2008)③和徐娜(2011)④都认为满意度是预期效用和消费后的实际相比较,对之间形成的差距的认知。刘慧(2011)⑤从高校学生角度出发,将学生设定为顾客,定义满意度为:将自己接受教育服务的结果与自身期望进行比较的过程中,所产生的高兴、愉悦或失望的一种心理感受。

可将学者们定义的满意度大致归纳为三类:一是顾客在消费商品、服务后的实际感知和预期间的差距;二是顾客在消费商品和服务后的主观评估判断、感知反应;三是对感知的消费商品和服务过程中带来的惊喜进行的评价。本研究倾向于将满意度定义为第二种,即顾客在体育公园内消费商品和服务后的主观评估判断、感知反应。

二、基础理论

(一) 政策工具理论

政策工具理论由英国学者胡德在 20 世纪 80 年代提出。从其本质看,可以将其视为政策主体的一种行动机制。《公共政策学》对其定义为,这一行动机制的公共部门或社会组织都确立了政府的核心地位,并且其出发点为某一社会问题的解决或相应政策目标的达成。政策工具理论细分较多,选取 Rothwell & Zegveld 的政策工具理论作为政策文本分析首要工具,该工具理论根据政策作用的对象不同,把政策工具分为三种不同类型,即需求型、供给型和环境型。该理论广泛应用于体育政策相关文本,具有较高的可靠性。其分类方法最早运用于评估科技创新和工业再造领域,伴随着理论的逐步成熟与发展,越来越多的研究者将其应用到养老、医疗、科技、教育、文化、体育等各个行业中来构建政策分析模型⑥。该理论在基本分类与结构框架的基础上,能够根据不同领域与现实研究对象的不同进行解析与

① Parasuraman, A, V. A. Zeithaml, and L. L. Berry. Reassessment of Expectations As A Comparison Standard in Measuring Service Quality: Implications for Further Research[J]. Journal ofMarketing,1994 (58):111 - 123.

② 罗晓光.基于顾客购后行为的顾客满意度评价研究[D].哈尔滨:哈尔滨工程大学,2006:54 - 57.

③ 邹凯.社区服务公众满意度测评理论、方法及应用研究[D].长沙:国防科技大学,2008:37.

④ 徐娜.基于公众满意度的政府公共服务绩效测评及提升策略研究——以广东、江苏、湖北、江西、广西、吉林 6 省份问卷调查结果为分析依据[D].武汉:华中师范大学,2011:2.

⑤ 刘慧.基于 PLS—SEM 的中国高等教育学生满意度测评研究[D].镇江:江苏大学,2011:44.

⑥ Nispen F, Peters B G. Public policy instruments: evaluating the tools of public administration [M]. E. Elgar,1998:24.

类目界定,具有多元性与开放性,在国内各行业领域的研究中得到了广泛的应用并获得了显著成效。相较于其他政策工具,该理论突出了供给侧和需求侧的社会主义市场化的特征,强制化特征不显著,与本研究根据供给侧状况和内外部环境的政策文本中工具的运用进行剖析的理念契合,要求在体育场馆政策中淡化政府的强制性手段的作用,更加强调政府的服务职能。

（二）风险管理理论

1997 年亚洲金融危机后,国内保险业务复苏,我国也开始重视风险管理的研究。国务院国有资产监督管理委员会制定了一系列风险管理政策和指导文件,对国内企业风险管理进行了详细的规范,建立了健全的风险管理识别、决策、监管、预警、处理体系。在政府和国内专家共同研究下,我国关于风险管理的概念定义、管理目标、原则、内容和操作方法进入正规化的阶段。国内研究主要是从传统风险管理向整体综合风险管理变迁。企业管理体系中整体综合风险管理和企业运营管理、决策管理都对企业正常运行起到非常重要的作用。

风险管理定义为单纯风险的管理决策,包括一些不可控风险,是人们了解、控制和应对各种风险的行动和行为。本研究的风险管理理论是整体综合风险管理,实际完整的操作定义包括风险识别、风险评价和风险处理①。

（三）"点—轴系统"理论

陆大道于 1984 年初步提出"点—轴系统"模式,但并未对"点—轴系统"内部形成机制进行详细阐述,经过十余年实践和研究,"点—轴系统"理论在科学基础的发展和内在机制的分析方面得到完善。陆大道在《论区域的最佳结构与最佳发展——提出"点—轴系统"和"T"型结构以来的回顾与再分析》②《关于"点—轴"空间结构系统的形成机理分析》③中对"点—轴系统"进行进一步阐述,在中心地理论、增长极理论等科学原理基础上,从 4 个方面对"点—轴系统"理论进行分析论证:首先,大部分社会经济要素集中在"点"上,"点"与"点"之间形成由线状基础设施连接形成的"轴","轴"具有很强的经济吸引力和凝聚力,同时"轴"也是"点"中包含的社会经济要素扩散的方向;其次,随着社会经济的发展,"点—轴"向"点—轴—集聚区"转变,"集聚区"即各方面扩大的"点";再次,"点—轴系统"理论的核心是关于区域的"最佳结构与最佳发展",是区域实现最佳发展的必要途径;最后,区域或国家的社会经济发展,是由发展轴线和中心地带动的,轴线通过自身集聚和凝聚功能,向附近区域生产的物质要素和非物质要素,推动社会经济的发展。

---

① 许谨良.风险管理[M].第五版.北京:中国金融出版社,2015:4-14,82-90.

② 陆大道.论区域的最佳结构与最佳发展——提出"点—轴系统"和"T"型结构以来的回顾与再分析[J].地理学报,2001(02):129-130.

③ 陆大道.关于"点—轴"空间结构系统的形成机理分析[J].地理科学,2002(01):1-6.

"点—轴系统"理论多用于区域经济的发展相关研究,近年来逐渐应用于旅游发展相关研究,在体育领域内,包含探索体育非遗元素融入旅游的研究以及体育设施空间布局的研究。本研究基于"点—轴系统"理论,分析浙江省体育公园的"点—轴"空间布局特征,结合浙江省及各市发展轴,对体育公园布局合理性作出评价。

(四)顾客体验理论

顾客体验理论在经济学、管理学、心理学和市场营销学方面都被广泛运用。纵观国内外专家、学者对顾客体验理论的研究,国内专家、学者多是在国外成熟的研究基础上,结合各领域的实际情况进行扩充。在国外的研究中,较为著名的几大顾客体验理论主要是以 Toffler 为代表的"心理体验说",以 Csikszentmihalyi 为代表的"流体验说",以 Holbrook 和 Hirschman 为代表的"体验二元说",以 Pine 和 Gilmore 为代表的"PINE Ⅱ组合体验说"和以 Schmitt 为代表的"战略体验模块说"[①]。以上五种学说的研究视角主要是从企业和顾客出发,基本包含了感官、情感和社会三个层次。

结合部分体育公园的实际情况以及园区周边居民对心理需要、社会归属感需要的特征,对体育公园服务满意度的评价选取李建州等人(2006)[②]的三维度体验(功能体验、情感和社会体验三个维度)作为理论依据,这实际上是一种服务体验,即在服务业中,顾客从与服务商的互动中获取知识或在感官上得到信息时就会产生体验感。

(五)资源配置理论

最先在马克思的《资本论》中进行阐述,虽然没有明确提出过资源配置原理的命题,但论述过资源配置的原理,即最具资源配置意义的理论——生产价格理论,以资本在部门间的流动为核心来阐述相对价格的决定,实际上可称之为资本配置理论。在《资本论》第3卷中,马克思提出了"社会必要劳动时间"的第二种含义,提出了总劳动配置的问题。在以后诸多的学者研究中都肯定了马克思是最先进行资源配置理论的倡导者。美国经济学家萨缪尔森认为资源具有再生和不可再生之分,劳动资源作为生产要素的一种,是不可再生资源,具有有限性,稀缺性,"如何在有限的资源进行空间和时间上的分配,从而使资源的价值达到最大。"[③]正因为劳动及物质资源的稀缺性,决定了资源使用的选择,如何实现现有资源有效和优化配置成为需要研究和解决的问题,也是产生资源配置选择理论的出发点。

在本书中通过资源配置效应来评价体育场馆效益评价情况,在国际研究体育

① 肖莉.酒店顾客体验对品牌忠诚影响的实证研究[D].长沙:湖南大学,2014:8.

② 李建州,范秀成.三维度服务体验实证研究[J].旅游科学,2006(02):54-59.

③ [美]保罗·萨缪尔森,威廉·诺德豪斯.经济学[M].第16版.萧琛,译.北京:华夏出版社,1999:263-264.

政策比较研究中采用投入产出体系进行研究,其中 Veerle De Bosscher 等研究的国际精英体育政策比较研究时采用了投入产出系统,其最大的成就在于把政策理论模型降低到可测量的维度,共给出 9 方面 84 个指标的测量体系①。荷兰的格罗宁根经济发展研究中心对 10 个不同层次国家从 1950—1990 年的制造业进比较研究,其中采纳跨国际比较经济增长和发展的官方统计方法为收入和支出法,用人均收入和劳动生产率指标统计分析,这大大促进了许多国家的经济比较系统②。Beckerman,W.国际收入比较研究③等相关国际比较及国内经济比较研究中较多地采纳了投入产出法进行分析。综合国际及国内经济比较研究模型,结合体育场馆实施评价,以及参考钟伟俊研究的资源配置逻辑模型④,即输入输出法,制定体育产业资源配置过程反馈。其中输入指标为投入要素采用劳动力指标,即体育场馆年末统计从业人员情况;输出指标即产出要素为体育场馆设施在国民经济中产生的增加值,即为浙江省的产业贡献率情况。

（六）产业政策理论

产业政策的本质是一种政府行为,是一种非市场性质的经济调控手段,是政府管理经济的基本工具。制定和推行产业政策是政府经济职能的重要实现形式。各国学者对经济理论系统地阐述了在完全的市场竞争条件下,市场是只"看不见的手",能优化社会资源配置,使社会资源的使用达到最高。后来经过古典、新古典经济学家发展的经济自由理论和自由放任政策在相当长一段时间内推动着资本主义经济的高速发展,特别在欧洲、北美等地区。但实现经济却并不是纯粹的完全市场竞争,当存在外部经济、垄断、公共物品生产各种情况时,市场对资源的分配并不总是有效的,即存在市场失灵。当市场失灵时需要政府有形的手来调控、稳定国家的经济发展,凯恩斯理论发展并盛行。凯恩斯当时提出两个重要论点:第一,市场经济中高失业率和未被完全利用的生产能力有可能长期并存;第二,认定政府的财政货币政策能够影响产出从而降低失业率并缩短经济衰退⑤。认为国家干预的政策主张有两大特点:其一是以稳定经济为目标;其二是强调财政政策在稳定经济中的重要作用。后发优势理论:德国的历史学派先驱李斯特立足于后发展国家,在其研

① Veerle De Bosscher, Paul De Knopa, Maarten van Bottenburg, et. Explaining international sporting success: An international comparison of elite sport systems and policies in six countries[J]. Sport Management Review,2009(12):113 - 1336.

② Bart van Ark. International Comparisons of Output and Productivity [M]. Groningen Growth and Development Center Monograph Series NO.1,1993(4):7.

③ Beckerman, W. International Comparisons of Real Income [M]. Paris: OECD,1966.

④ 钟伟俊,徐南荣.分散组织结构下的资源配置模型及其方法研究[J]. 管理工程学报, 1996(3) : 132 - 136.

⑤ [美]保罗·萨缪尔森,威廉·诺德豪斯.经济学[M]. 第 16 版.萧琛,译. 北京:华夏出版社,1999:299 - 300.

究的"政治经济学的国民体系"提出"生产力理论"和"经济发展阶段理论"。提出在经济发展的不同阶段应有不同的制度安排,这在一定意义上给落后国家通过不同的政策来实现由劣势向优势转变提供了理论依据。美国经济史学家格申克龙通过对德国和意大利等国经济追赶经验的研究首次提出"后发优势"概念,国家的后发优势假说为后发优势论奠定了一定的理论基础,是真正意义上的后发优势理论的倡导者①。传统的"比较成本理论"源自李嘉图的"国际分工理论"。李嘉图认为,各国生产条件不同,生产各种产品的成本不同,每个国家都应生产它最具成本优势的产品。如果一个国家各种产品都有成本优势,则在其中选择最具优势的产品,"两优取其重";如果一个国家各种产品都处于成本劣势,则选择劣势最小的产品,"两劣取其轻"。这样进行国际分工、合作,各国都能获得利益,实现国际资源的最优配置。从静态的观点看,李嘉图的国际分工理论是有道理的,称为"静态比较成本理论"。按照李嘉图的"国际分工理论",先进国家生产高附加值产品,后进国家生产低附加值产品,后进国家永远处于不利的国际分工地位,因此,该理论受到后进国家的非议。当时尚处于后进地位的德国经济学家李斯特对此提出挑战,他认为:"比较成本优势不是绝对的,是可以变化的,如果后进国家对尚处于'成本劣势'的'幼稚产业'进行保护、扶持,'成本劣势'可以转化为'成本优势',从而跻身于高附加值产品的生产行列,改变自己不利的国际分工地位。"李斯特从动态的观点看待"比较成本",他的学说被称为"动态比较成本理论"。通常所说的后发优势理论是学者们在李斯特动态比较成本理论的基础上提出的。他们认为,后来者能够在经济发展中具有比先行者更有利的条件和地位,这种条件和地位就称为"后发优势"。产业国际竞争力理论:产业国际竞争力理论认为,产业政策是当今世界各国更好地参与国际竞争的需要,这是世纪之交各国普遍兴起的理论主张,其基本共识是支持产业政策存续和适度强化,运用政治杠杆推动其利益发展,政府部门采取新产业政策,积极姿态鼓励国内企业向全球化发展,从而导致国际竞争逐步升级②。最具代表性人物是美国的迈克尔·波特。迈克尔·波特强调各行业结构的影响,企业选择具有吸引力的行业并进行定位,强调外部环境对战略制定具有决定性作用③。在李创的研究中提出了四种产业国际竞争力的解释,除波特外,还有金培等学者的解释,并提出了分析产业国际竞争力分析模型④。

产业政策理论对本研究的理论和实践操作具有引领和指向作用,两方面相互依存相互促进,另一方面,体育产业政策的实践又对理论不断地提出新的要求,提

---

① 方忠. 国外后发优势理论研究回顾及述评[J]. 中国矿业大学学报(社会科学版),2009(2):89-93.
② [美]迈克尔·波特.竞争战略[M].陈小悦,译.北京:华夏出版社,2004:6.
③ [美]迈克尔·波特.竞争论[M].高登第,李明轩,译.北京:中信出版社,2003:1.
④ 李创.产业国际竞争力理论模型研究[J].当代经济管理,2006(2):26-32

供新的素材,以此推动体育场馆运营理论发展。

(七)公共选择理论

公共选择理论是一种新发展的理论,是运用经济学的分析方法来研究政治决策机制如何运作的理论。现实生活中人们通过政府的决策过程去决定公共产品的提供。西方经济学中"经济人"的假设是以引入对政治体制和政府行为的分析为基础的[①]。国家政府总是为了促进国民经济发展,提高社会福利和满足人们的需求不时地制定和采取适当的干预引导政策,但政府也会存在可能做出不符合时下社会发展或是没能执行好制定的政策。凯恩斯认同亚当·斯密自由市场制度有效,是激发个人创造性、提高社会资源配置的有效手段,但同时他认为市场本身存在一定的缺陷,只有提高政府对宏观经济管理调控的职能才能弥补市场的缺陷,提出国家干预理论[②]。在二战以后,很多国家的很多服务产品及物品超过三分之一由国家政府支配,而不是接收市场的分配,迫切需要另一种市场经济理论体系外的理论来证实国家的经济决策,由此应运而生了公共选择理论[③]。认为国家应当更多地担负起纠正市场机制的缺陷,使社会资源得到优化配置的责任。公共选择理论是一种研究政府决策方式的经济学和政治学。公共选择理论考察了不同选举机制运作的方式,指出了没有一种理想的机制能够将所有的个人偏好综合为社会选择;研究了当国家干预不能提高经济效率或改善收入分配不公平时所产生的政府失灵;还研究了国会议员的短视,缺乏严格预算,为竞选提供资金所导致的政府失灵等问题。

约瑟夫·熊皮特在《资本主义、社会主义和民主》一书中开创了公共选择理论。诺贝尔经济学奖得主肯尼思·阿罗将精密数学引入社会选择的研究领域,在 1951 年发表了《社会选择和个人价值》。詹姆斯·布坎南 1949 年发表了《政府财政的纯理论》,以及和戈登·图洛克合著的《赞同的计算》(1959 年)中进一步研究为制衡制度进行论证,剖析了在政治决策中所使用的一致同意原则。为此,詹姆斯·布坎南在 1986 年获诺贝尔经济学奖。在那以后公共选择理论成为经济学研究中的一个新学派。

体育作为公益性、福利性产品被各国推行,特别是公共体育场馆,作为公共产品的生产和消费问题不用由市场上的个人决策来解决,必须由政府承担提供公共产品的任务,政府确定公共产品的最优数量和规模。但大型体育场馆部分投资掺合了社会资本资源,为一种准公共产品,其具有私人产品和公共产品的双重性,可

---

① 杨开晖. 公共选择理论及其启示[J]. 山东大学学报(哲学社会科学版),1994(1):103 - 106.

② [美]保罗·萨缪尔森,威廉·诺德豪斯.经济学[M]. 第 16 版. 萧琛,译. 北京:华夏出版社,1999:231 - 232.

③ 阮守武.公共选择理论及其应用研究[D]. 合肥:中国科学技术大学,2007:4.

从经济和技术层面进行成本—收益的分析,运用公共选择理论来分析今后我国准公共产品的体育场馆运营的政府干预与社会自助相结合的多元化运作。

第三节　研究方法

一、研究对象

本书研究以群众健身场馆的政策文本、场馆的建设风险、场馆的建设布局、场馆的服务满意度和场馆的运营效益为主要对象,以群众性健身场馆——体育综合体、体育公园和体育场馆为研究主体。

二、研究方法

(一)文献资料法

以"健身场馆""体育场馆""体育场馆政策""群众体育政策""体育综合体""体育公园""政策工具""政策文本""场馆运营""风险管理""服务质量""顾客满意度""效益评价"等为主题词,在中国知网、万方数据库、浙江省图书馆、高校图书馆等专业网站进行中文文献资料搜集,在中文网站查阅相关文献数千篇。以"Policy""Sports Policy""Policy tools/Policy instrument""Sports Policy tools/instrument""National Fitness""Venue Facilities""Mass sports policy""Sports complex""Investment construction early stage""Risk management""Sports park""Sports facilities""Sports space layout""customer experience"和"customer satisfaction"等英文关键词在 Web of science、EBSCO、Springer 等外文数据库进行外文文献的检索。通过国家政策性文件以及政府网站,对相关文献信息进行整理归纳。通过多方面的资料采集为本研究提供丰富的文献基础,拓宽研究视野,从而进行更深层次的问题研究,并确立研究思路及框架。

(二)问卷调查法

依托刘亮[①]的《城市综合体投资关键风险识别问卷调查表》寻求相关专家的综合意见,结合体育综合体的特点,利用德尔菲法整理并归纳出《体育综合体投资建设前期风险评价指标体系的问卷》(见附录 1-3),最终构建体育综合体投资建设前期的风险评价的指标体系。基于李建州等人[②]的顾客体验为理论框架,通过两轮专家形成《顾客体验视角下体育公园服务满意度评价指标构建》(第一轮)、(第二轮)和《顾客体验视角下体育公园服务满意度评价问卷》(见附录 4-6),根据浙江省

---

① 刘亮.城市综合体投资风险管理研究[D].西安:西安建筑科技大学,2016:87-88.
② 李建州,范秀成.三维度服务体验实证研究[J].旅游科学,2006(02):54-59.

体育局要求各市报送大型体育场馆基本情况,以"大型体育场馆(单体)基本情况统计表(2011 年版)"为基础,适当增加相应的报表栏目而成,形成《体育场馆投资建设运营效益访谈提纲》和《体育场馆(单体)基本情况统计表》(见附录 7 - 8),以获取体育场馆效益评价指标数据。调查时间为 2016 年至 2022 年。

(三)专家访谈法

针对 3 名体育局政府官员进行线下访谈,了解浙江省体育综合体现状和体育综合体投资建设前期风险管理等情况。对 15 名体育综合体建设投资方高层针对体育综合体现状、体育综合体投资建设前期风险管理等问题进行线上和线下访谈。访谈浙江省体育局主管体育产业的领导 1 人,宁波市体育局、嘉兴市体育局、杭州市体育局、温州市体育局体育产业法规处主管各 1 位,共计 4 人;嘉善文体育局局长、平湖文体局局长、南湖区教育文化体育局科长、宁波江北区体育局局长、科长等数人;体育产业法规处干事若干,黄龙体育中心、嘉兴体育馆、宁波体育中心主管领导各 1 人,共计 3 人。获得定量和定性材料,为今后更好的体育场馆政策供给以及经营管理体育场馆制定政策建议提供参考依据。

(四)内容分析法

内容分析法是作为对具有明确特性的传播内容进行的客观、系统、定量描述的研究技术方法,对资料进行解释、描述和判断[①]。通过读取政策文本相关信息,对文本内容中各项条款进行编码,接着将编码归类量化,从而得到相关分析性内容。

(五)实地考察法

通过对典型的体育综合体、体育公园、大型体育场馆的实地考察和走访,为研究提供定性和定量分析基础,体育综合体类型走访如中体 SPORTS 城、绿轴体育公园、奉化众翔城市体育综合体,并以中体 SPORTS 城为个案验证研究体育综合体风险管理过程的合理性。体育公园实地考察杭州市城北体育公园、运河体育公园、良渚门户体育公园、李宁体育公园;宁波市绿轴体育公园、万象体育公园、万象水上运动公园、西大河体育公园、江北区滨江体育公园;温州市桃花岛体育休闲公园;绍兴市滨江体育公园;台州市大桥体育公园、仙居县市民体育公园等进行实地调研,深入了解体育公园体育场地设施布局情况,交通及配套设施合理情况等,结合文献资料对浙江省体育公园进行"理论＋实践"的全面认识。对大型体育场馆设施走访调查宁波体育中心、平湖体育馆、嘉兴体育馆、黄龙体育中心、海宁游泳中心、嘉兴国际网球场、宁波鄞州区体育馆等体育场馆,通过实地考察走访了解各体育场馆的运营情况,服务全民健身以及各场馆承办大型赛事、文艺汇演、公益活动等情况。

---

① Berelson B.Content Analysis in Communication Research[M].New York,US:Free Press.1952:34 - 37.

（六）层次分析法

通过分解整体目标、构建因素集，根据不同因素之间的关联性构建多层分析结构模型，对群众性健身场馆建设风险构建层次结构模型，将体育综合体投资建设的风险因素按照不同特征分解成 3 个层次：目标层、准则层和指标层。通过专家打分，确定投资建设的风险指标权重，构建风险评价指标体系。

（七）模糊综合评价法

基于层次分析法确定评价指标权重系数，再确定评价指标因素结合评语集。模糊综合评价法操作步骤主要包括确定评价指标因素集和评语集、确定权重向量矩阵和构造权重判断矩阵。把指标层指标对准则层指标、指标层指标对目标层指标的评价矩阵做模糊关系运算，得出风险指标系数，与评语集对比，评判建设风险的高低，并应用于中体 SPORTS 城的建设风险实证研究。

（八）GSI 空间分析法

通常以分布密度、均值、分布中心、离散度、空间集聚度及粗糙度等指标进行空间分布格局的描述，通过空间分布检验确定地理对象的聚集、分散、均匀、随机等分布类型。对体育公园分布密度大小、集散程度、集中化程度等指标分析，以评估体育公园的位置合理性。

（九）交通网络分析法

交通网由基本的点和线组成相互联系的网络，评价网络时通常依据密度和结构两个标准，其中结构包括连接度、通达度两部分。密度越大、连接度越高、通达度越好，则表示该交通网络越完善。

（十）IPA 分析法

IPA 分析法的使用需要以问卷调查的方式，收集顾客对商品或服务的重要性及满意程度的评分，再用重要性、满意度的均值作为分割点。运用 IPA 分析法对绿轴体育公园的服务满意度进行测量，根据指标在 4 个象限中的分布判断顾客对体育公园功能体验、情感体验和社会体验的满意度。

（十一）DEA 分析法

数据包络分析（Data Envelopment Analysis，简称 DEA）是著名运筹学家 A. Charnes 和 W. W. Cooper 等学者于 1978 年提出的一种系统分析方法[①]。DEA 方法将一个"可以通过一系列决策，投入一定数量的生产要素，并产出一定数量的产品"的经济系统（或人）称为决策单元（Decision Making Unit，简称 DMU）。DEA 是以相对效率概念为基础，以凸分析和线性规划为共聚的一种评价方法。通过体育场馆投入产出指标评价体育场馆运营的社会效益和经济效益。

[①]　魏权铃.评价相对有效性的数据包络分析模型——DEA 和网络 DEA[M].北京：中国人民大学出版社，2015：11.

通过文献及数据资料获取,再通过专业统计软件进行定量数据分析。

第四节 研究框架

一、内容框架

第一部分:导言,针对研究进程,提出为什么研究群众性健身场馆政策供给及建设运营研究,围绕浙江省"共同富裕"示范区,"体育共富"发展背景下切入研究,具有研究价值,整体研究的基本概念和支撑研究的基础理论,所采用的定性和定量相结合、实证与理论相结合等研究方法,去设计研究整体框架,为研究提供总体思路。

第二部分:我国体育场馆政策演进研究。通过政策文件搜集,归纳梳理,分析我国近 40 年来体育场馆建设运营的政策性文件,政策颁布分为三阶段,而通过快速发展阶段和平稳发展阶段政策文件分析以及逻辑推理分析出我国体育场馆政策的三条趋势和政策引领下的体育场馆建设成效。

第三部分:群众性健身场馆政策供给研究。在政策梳理基础上,理出针对性政策文件,2020 年颁布的《关于加强全民健身场地设施建设发展群众体育的意见》关键政策文本进行剖析。依托政策工具理论,史密斯模型理论,采用内容分析法、比较分析法和数理统计法,本内容分别进行单元界定、文本编码、计量分析,发现体育场馆环境型政策工具、供给型政策工具和需求型政策工具的有效运用对体育场馆的发展起到了明显环境优化、推动、拉动作用,政策的发展具有时代发展特性和引导作用。

第四部分:群众性健身场馆建设风险研究。采用文献资料法、问卷调查法、访谈法、实地考察法、层次分析法和模糊综合评价法,依托风险管理理论和前人研究基础,通过风险识别,两轮专家论证,运用层次分析法构建体育综合体投资建设前期的风险指标评价体系,结合层次分析法和模糊综合评价法进行投资建设风险评价,获得风险指数,提出不同风险类别的规避措施,并通过对中体 SPORTS 城进行实证验证,提出该评价指标体系的可靠性和科学性,可适用于类似体育场馆建设的风险评估。

第五部分:群众性健身场馆空间布局研究。通过文献资料法和实地考察法获取浙江省体育公园存量,在存量基础上从体量、功能定位、建造方式、特色四个方面对浙江省体育公园进行分类。运用 GIS 空间分析法,以高德地图经纬度坐标为准获取 POI(Point Of Interest)数据,通过核密度指数、最邻近指数、地理集中指数以及浙江省体育公园外部空间布局密度图,基于"点—轴系统"理论分析得出浙江省体育公园外部空间布局呈现"三区、两轴、多点"特征;以缓冲区分析和泰森多边形分析得出外部空间布局合理性较高。运用交通网络分析法,对浙江省 12 个代表性体育公园进行分析,从通达度和连接度两个角度,以通达指数、分散指数、贝塔指数等反映体育公园内部体育场地设施布局情况,并提出今后体育公园发展建设性策略。

第六部分:群众性健身场馆服务满意度研究。依托顾客体验理论和 IPA 分析模型采用文献资料法、问卷调查法、IPA 分析法、个案研究法,对体育公园服务满意度评价量表,从顾客体验的三维度(功能体验满意度、情感体验满意度和社会体验满意度)的交叉分析,通过 IPA 分析模型四个象限分区进行分析,获得满意度指数,并针对四象限满意度情况来促建体育公园,并提出今后需要改进和发展的趋势。

第七部分:体育场馆的运营效益评价研究。通过文献资料法、访谈法、实地考察法、社会调查法等具体方法,确定投入产出的具体输入和输出指标体系,明确哪些具体指标为社会效益指标,哪些可纳入经济效益指标。该过程应用 DEA 方法为实证评价体育场馆效益典型基础,梳理部分典型体育场馆的案例,再具体应用 DEA 模型对我国部分体育场馆进行实证分析。分别对不同场馆决策单元进行区域间比较,首先根据投入产出的具体输入输出指标搜集可靠的数据源,进行一定筛选;然后采用 DEA 软件进行求解,综合评定产出效益的优劣情况。

第八部分:研究结论与建议。针对前面几部分的研究,归纳分别提出研究的结论,并分别提出对应对策性建议。

二、思路框架

根据主要研究范式演进,即发现问题——提出问题——分析问题——解决问题的思路,提出本研究的总体研究思路框架,具体见图 1-1。

第五节　研究创新性

一、学术思想特色与创新

具有开拓性。以政策供给为起点和引领,以人民为中心,服务全民健身场馆"建—营—评"环比导向贯穿研究的全过程。健身场馆是群众性健身活动的硬件保障,结合"全民健身"向"全民健康"国家健康战略号召,满足人民日益增长的美好生活需要。国家倡导,全国各地大力促建体育综合体场馆、体育公园场馆,促进多层次资本市场健康投入,围绕投资建设风险评估,体育场馆合理布局,服务质量满意

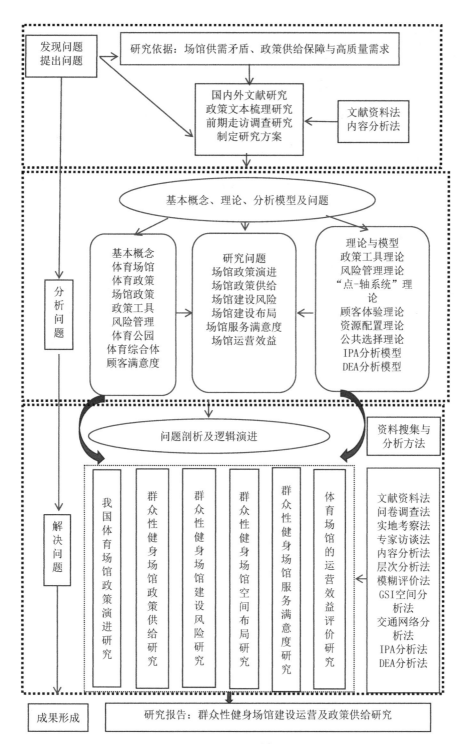

图 1-1 研究思路框架图

以及运营效益评价,为创造创新体育场馆多业态融合发展、运营理念、方法方式,遵循辩证思想,思辨健身场馆提质增效。

二、学术观点特色与创新

具有探索性。健身体育场馆相关研究较多,但形成环比系列化目前相对尚少,相应计量化、精准化深层次研究值得深究。本课题政策供给导向,评价建设投资健身场馆的风险因素、实证化内外布局、现存体育综合、体育公园服务质量和运营效益,以健身场馆投资风险和传导投资环境,优化服务质量,提高运营效益,满足多样化需求,符合国家健康诉求。

三、研究方法特色与创新

具有精准性。通过实证数据挖掘、评价体系构建、多模型分析法计算等,采用定量和定性相结合、宏观和微观相结合、社会调查与典型案例相结合研究群众性健身场馆的投建—布局—服务—评价系列问题,从高质量场馆服务视角规范性提出今后群众性健身场馆服务提质、运营增效的建议,具有研究视角和方法精准的创新。

第二章　我国体育场馆政策发展

第一节　我国体育场馆政策梳理

体育场馆政策是由国家直属机构颁布,是国家指令性文件,是引导体育场馆更快、更好发展的重要推手,可以对体育场馆设施建设合理发展起到一定的调节、引导作用,对体育场馆资源进行调整和再分配,使场馆有限资源得到最大限度的效益产出。从我国整体经济产业发展的角度来看,国家政策作为顶层设计,在体育场馆建设发展中展现重要的角色,许多产业的发展正是响应国家号召,在政策引导下取得当今成就。当前,体育场馆还存在闲置率高、资源消耗大、成本高、有效使用低等问题,需要完善的政策加以正确引导、支持、规范,使体育场馆能够科学、健康、绿色、智能发展。

在查阅众多有关国家体育场馆政策相关的文献资料后发现,多数学者将中国体育场馆政策的产生与演变划分为四个阶段,即体育场馆政策发展起步阶段(1949—1977 年)、体育场馆政策改革探索阶段(1978—1994 年)、体育场馆政策快速发展阶段(1995—2008 年)、体育场馆政策平稳发展阶段(2009 年至今)。本书将重点对政策快速及平稳发展阶段的政策进行梳理与分析,近年来国家级政策和部分省级政策进行了整理,收集的相关政策文件主要来源于国家体育总局官网及国家政府门户网站所公布的相关体育场馆政策。

一、快速发展阶段主要政策梳理

体育场馆政策是指在某一特定时期,为促进全民健身、运动训练、比赛表演和群众消费等活动开展,对其所需运动场所制定的相关宪法、中央文件、行政法规、部门规章、规范文件、计划、通知和要求等一系列行为准则。我国现有场馆设施的快速建成得益于相应的国家政策支持。主要相关政策性文件有 1995 年颁布的第一个体育法——《中华人民共和国体育法》①(现已两次修改,最新一次于 2022 年 6 月

---

① 第八届全国人民代表大会常务委员会.中华人民共和国体育法[Z].全国人民代表大会常务会员会第十五次会议,1995 - 8 - 29.

24 修订,2023 年 1 月 1 日开始执行),以及《全民健身计划纲要》①《公共文化体育设施条例》②等。1994 年原国家体委在《关于公共体育场所进一步发挥体育功能 积极向群众开放的通知》③中提出"在保证完成体育训练、比赛任务,向群众开放的同时,以体为主,多种经营,取得了较好的社会效益和经济效益"。1995 年国家颁布的《中华人民共和国体育法》是体育发展的里程碑,第四十一条提出 县级以上各级人民政府应当将体育事业经费和体育基本建设资金列入本级财政预算和基本建设投资计划④。《全民健身计划纲要》⑤(1995)则主要提出针对群众性体育场馆设施的建设。在两个重大政策文件下,体育产业发展提出了相应的政策性文件,对促进和加快场馆建设提供了有效政策保障,如"体育产业发展纲要"(1996)⑥等。之后,国家又以立法层面提出场馆建设,2003 年出台《公共文化体育设施条例》⑦,在第九条中列出"国务院发展和改革行政主管部门应当会同国务院文化行政主管部门、体育行政主管部门,将全国公共文化体育设施的建设纳入国民经济和社会发展计划"。法令文件为我国全民健身发展提供场馆设施建设指引了方向。

二、平稳发展阶段主要政策梳理

2009 年至今,中共中央、国务院及国家体育总局等相关部门共计出台体育场馆相关政策法规约 90 余件,其中包括法律 1 部,条例 2 部,颁布的相关部门规章、规范和通知政策 86 件,部分政策法规见表 2-1,其中专门体育场馆政策 15 件,见表 2-2。2016 年和 2022 年两次重新修订的《体育法》,是其他相关政策制定的先决条件。县级以上体育事业经费要纳入政府每年的财政预算;鼓励事业单位组织自筹资金,社会及个人力量投资体育事业;场地建设用地要符合城市用地标准;不得侵占体育场地;各地要逐步建设及完善场地设施等。重新修订的体育法从不同方面对体育场地的发展做了保障,提高了体育场地的发展速度。

---

① 国务院.全民健身计划纲要[EB/OL].(1995-6-20)[2020-12-20].http://www.scio.gov.cn/xwfbh/xwbfbh/wqfbh/.
② 国务院.公共文化体育设施条例[Z].中华人民共和国国务院令第 382 号,2003-6-18.
③ 国家体委.关于公共体育场所进一步发挥体育功能 积极向群众开放的通知[Z].国家体委,1994-2-1.
④ 第八届全国人民代表大会常务委员会.中华人民共和国体育法[Z].全国人民代表大会常务会员会第十五次会议,1995-8-29.
⑤ 国务院.全民健身计划纲要[Z].国务院,1995-6-20.
⑥ 国家体委经济司.体育产业发展纲要(1995—2010)[Z].国家体委,1996-06.
⑦ 国务院.公共文化体育设施条例[Z].中华人民共和国国务院令第 382 号,2003-06-18.

表 2-1　中共中央、国务院颁布的部分法令、政策一览表

时间	文件名称	内容
2009.8.30	全民健身条例	体育场馆规划、建设、管理等要符合《公共文化体育设施条例》,并且要求体育场馆建设符合实际状况,便于群众健身,学校体育场馆可收费向社会开放
2009.5.4	彩票管理条例	规定了发行彩票的部分收益可用于发展体育事业,由此为体育事业提供了保障
2014.10.20	关于加快发展体育产业促进体育消费的若干意见	对体育场馆设施发展做了内容提示,要求逐步配齐体育设施,体育场馆建设要统筹合理布局,现存的大量体育场馆设施要逐步盘活,不能闲置;鼓励社会企业投资小型的符合群众进行健身活动的便民体育场馆等;对场馆建设用地经营税费做了规范。以体育设施为载体,打造城市体育服务综合体,推动体育与住宅、休闲、商业综合开发
2014.12.2	关于开展政府和社会资本合作的指导意见	提出社会资本参与健身场馆设施建设,"政府＋社会资本"合作模式建设健身场馆必将成为趋势
2015.3.8	关于印发中国足球改革发展总体方案的通知	对于我国的足球发展状况做了全面规划,其中提到为促进社会足球的发展,国家规定各地方政府要在足球场地建设上给予巨大扶持;校园足球是国家对足球发展较重视的层面,规定到 2025 年要建设 5 万所足球特色学校。该政策的出台推动了中国足球后备力量的建设,为足球在我国发展打下了坚实的基础
2015.11.12	关于加快发展生活性服务业促进消费结构升级的指导意见	统筹体育设施建设规划和合理利用,推进企事业单位和学校的体育场馆向社会开放
2016.6.15	关于印发全民健身计划(2016—2020 年)的通知	推进全民健身工程的发展,要求全民健身场地建设要统筹布局,对现有场馆资源进行合理利用,盘活闲置资源
2016.10.25	"健康中国 2030"规划纲要	提出建设城乡村三级体育场馆设施网络,推进场馆合理发展;现有的体育场馆加紧对外开放,鼓励社会企业及个人投资场馆运营
2016.10.25	关于加快发展健身休闲产业的指导意见	从休闲健身的角度考虑了场馆发展,内容指示完善设施,盘活资源,建设特色休闲设施

（续表）

时间	文件名称	内容
2016.11.28	关于进一步扩大旅游文化体育健康养老教育培训等领域消费的意见	提高体育场馆使用效率,盘活存量资源,推动有条件的学校体育场馆设施在课后和节假日对本校学生和公众有序开放,运用商业运营模式推动体育场馆多层次开放利用
2017.3.16	关于进一步激发社会领域投资活力的意见	规范体育比赛、演唱会等大型群众性活动的各项安保费用,提高安保公司和场馆的市场化运营服务水平
2018.11.8	关于加快发展体育产业的指导意见	合理规划和布局公共体育设施,切实加强城乡公共体育设施的建设和管理,提高设施综合利用率和运营能力;公共体育设施应当根据其功能、特点向公众开放;多渠道投资兴建体育设施;政府对用于群众健身的体育设施日常运行和维护给予经费补助
2018.12.21	关于加快发展体育竞赛表演产业的指导意见	加强场馆科学布局,将竞赛表演和场馆运营相融合,盘活体育场馆资源;同时对体育场馆安全做出规定
2019.9.2	关于印发体育强国建设纲要的通知	战略目标:使人均体育场地面积达到 2.5 平方米;鼓励社会力量建立小型体育场所,完善公共体育设施免费或低收费开放政策,有序促进各类体育场地设施向社会开放
2019.9.17	关于促进全民健身和体育消费推动体育产业高质量发展的意见	建设场地设施,增加要素供给;组织实施全民健身提升工程,挖掘学校体育场地设施开放潜力;建立体育场馆安保等级评价制度;深化场馆运营管理改革
2020.10.11	关于加强全民健身场地设施建设发展群众体育的意见	为推进健身设施建设,推动群众体育蓬勃开展,提升全民健身公共服务水平,在加强健身设施建设方面提出 11 项新举措;并提出今后 5 年的发展行动设想,特殊时期就常态化疫情防控提出要求
2021.4.20	"十四五"时期全民健身设施补短板工程实施方案	体育场地健身设施种类单一,与自然生态、生活空间融合程度低等短板制约全民健身战略的推进,构建更高水平的全民健身设施网络
2021.7.18	国务院关于印发全民健身计划（2021—2025 年)的通知	《计划》中推进全民健身设施智能化发展,建设健身步道体育、体育公园、"2511"健身设施建设健身中心建设,补齐 5000 个以上乡镇(街道)全民健身场地,另外提高公共体育场馆服务升级

（续表）

时间	文件名称	内容
2021.10.08	"十四五"体育发展规划	提出至2025年，人均体育场地面积达到2.6平方米，经常参加体育锻炼人数比例达到38.5%，每千人拥有社会体育指导员2.16名的目标；推进全民健身场地设施建设，利用中央资金支持地方重点推进体育公园等公共服务设施建设，支持新建或改扩建2000个以上体育公园等公共服务设施；加快体育场地设施数字化改造，推动地方数字化升级改造一批智慧化体育场馆，建设一批智慧化健身场地设施
2021.11.23	关于推进体育公园建设的指导意见	在推动体育公园绿色空间与健身设施有机融合，提出怎样建，怎么运营指导方向，确保体育公园为全民健身提供场馆保障
2022.3.23	关于构建更高水平的全民健身公共服务体系的意见	确保更高水平全民健身公共服务体系，打造绿色便捷的全民健身新载体。提出五项场馆设施措施：打造群众身边的体育生态圈；拓展全民健身新空间；完善户外运动配套设施；推进健身设施绿色低碳转型；推动健身场地全面开放共享
2023.5.22	关于推进体育助力乡村振兴工作的指导意见	建设完善乡村全民健身设施。实施乡村公共健身设施提升专项行动，提升公共健身设施质量，推动制定乡村公共健身场地和器材配置标准，助推绿色健身设施建设

表 2-2 专门体育场馆政策

时间	颁布单位	文件名称
2012.9.18	国家体育总局、发改委	"十二五"公共体育设施建设规划
2013.10.28	国家体育总局、发改委等9部门	关于加强大型体育场馆运营管理改革创新提高公共服务水平的意见
2014.1.28	国家体育总局、财政部	关于推进大型体育场馆免费低收费开放的通知
2014.4.3	国家体育总局	体育场所服务质量管理通用要求
2014.5.16	国家体育总局、财政部	大型体育场馆免费低收费开放补助资金管理办法
2014.9.12	国家体育总局	关于印发大型体育场馆基本公共服务规范、大型体育场馆运营管理综合评价体系的通知
2015.1.15	国家体育总局	体育场馆运营管理办法

（续表）

时间	颁布单位	文件名称
2015.11.24	国家体育总局办公厅	体育总局办公厅关于进一步加强大型体育场馆免费低收费开放规范化管理的通知
2015.12.17	国家体育总局、财政部、税务总局	关于体育场馆房产税和城镇土地使用税政策的通知
2016.3.16	国家体育总局、财政部	关于开展大型体育场馆运营管理改革创新专项检查工作的通知
2017.2.4	国家体育总局、教育部	关于推进学校体育场馆向社会开放的实施意见
2018.4.4	国家体育总局办公厅	关于做好 2018 年大型体育场馆免费或低收费开放工作有关事宜的通知
2020.10.10	国务院办公厅	关于加强全民健身场地设施建设发展群众体育的意见
2022.1.28	财政部、国家体育总局	公共体育场馆向社会免费或低收费开放补助资金管理办法
2022.10.23	国家发展改革委、国家体育总局等 7 部委	关于推进体育公园建设的指导意见

第二节　体育场馆政策推进场馆建设运营

2009 年至今,我国开始向体育强国迈进,场馆政策表现出全民化、产业化、市场化特征。体育场馆政策仍然强调体育场馆向社会开放及体育场馆建设问题。

主要政策如国办发〔2010〕22 号文件《关于加快发展体育产业的指导意见》提出今后发展体育产业的 7 条主要政策和措施,分别是:加大投融资支持力度,完善税费优惠政策,加强公共体育设施建设和管理等[①]。体育场馆建设运营投融资,并提出建设场馆社会资金进入为企业、社会团体等提供税费优惠政策。现针对我国体育产业发展国家体育总局出台分别出台了《体育事业发展"十二五"规划》[②]和《体育产业发展"十二五"规划》[③]。在《体育事业发展"十二五"规划》第五部分第三十六点中针对体育场馆的意见是扩大、盘活体育设施资源。会同有关部门加强政

---

① 国务院.国务院办公厅关于加快发展体育产业的指导意见[Z].国办发〔2010〕22 号,2010－3－24.

② 国家体育总局政法司.体育事业发展"十二五"规划[Z].国家体育总局,2011－04－01.

③ 国家体育总局.体育产业"十二五"规划[Z].体经字〔2011〕178 号,2011－4－29.

策引导,鼓励民间和境外资本投资体育,兴建体育设施。认真研究、总结推广各地体育场馆管理运营的经验,不断改革和创新模式,盘活现有资源,提高体育设施综合利用率和运营能力,充分发挥体育设施提供公共体育服务、满足群众健身需求的作用;在不影响公共体育场馆的公益性质和主体功能的前提下,鼓励社会力量参与体育场馆的经营管理活动,多业并举,综合开发,给多元化场馆经营提供了方向。在《体育产业发展"十二五"规划》第十条中提到盘活体育场馆资源,进一步提高体育公共服务水平,合理规划和布局体育场馆设施,加强建设和管理,提高体育场馆设施的综合利用率和运营能力,并提出多渠道投资兴建体育设施;提出十条主要措施,其中第3~5条分别是加大体育产业投融资支持力度、落实相关税费优惠政策、创新体育场馆运营机制。

2014年10月20日,国务院针对体育产业发展,促进我国体育消费,把体育上升到国家战略层面,提出《关于加快发展体育产业　促进体育消费的若干意见》[1]提出创新体育场馆运营机制。积极推进场馆管理体制改革和运营机制创新,引入和运用现代企业制度,激发场馆活力。鼓励社会资本进入体育产业领域,建设体育设施。2015年全国上下各省市针对国家提出的宏观指导意见,分别出台各省市的加快发展体育产业促进体育消费的相关政策和措施,预期到2025年我国体育总产值达5万亿,比目前多5倍左右,增加值达2万亿。促进体育赛事、各类各级活动开展的体育场馆,其良好的管理运作将是体育产值达标的一个保障。另外,体育总局等八部门发布《关于加强大型体育场馆运营管理改革创新 提高公共服务水平的意见》[2](体经字〔2013〕381号),国家体育总局和财政部发布《关于推进大型体育场馆免费低收费开放的通知》[3],体育总局发布《大型体育场馆基本公共服务规范》[4]《大型体育场馆运营管理综合评价体系》[5]《体育场馆运营管理办法》[6]《大型体育场馆免费低收费开放补助资金管理办法》[7]。新一轮的规范化政策出台更加有效促进、规范大型体育场馆对外开放经营管理。

---

[1]　国务院.关于加快发展体育产业　促进体育消费的若干意见[Z].国发〔2014〕46号,2014-10-20.

[2]　国家体育总局等八部门.关于加强大型体育场馆运营管理改革创新 提高公共服务水平的意见[Z].体经字〔2013〕381号,2013-10-22.

[3]　国家体育总局,财政部.关于推进大型体育场馆免费低收费开放的通知[Z].体经字〔2014〕34号,2014-1-14.

[4]　国家体育总局.大型体育场馆基本公共服务规范[EB/OL].(2014-9-12)[2022-12-20].http://www.sport.gov.cn/n16/n33193/n33208/n33448/n33793/5931534.html,2014-9-12.

[5]　国家体育总局.大型体育场馆运营管理综合评价体系[EB/OL].(2014-9-12)[2022-12-20].http://www.sport.gov.cn/n16/n33193/n33208/n33448/n33793/5931534.html.

[6]　国家体育总局.体育场馆运营管理办法[EB/OL].(2015-1-15)[2022-12-20].http://www.sport.gov.cn/n16/n33193/n33208/n33448/n33793/6120554.html.

[7]　财政部.大型体育场馆免费低收费开放补助资金管理办法[Z].财教〔2014〕54号 2014-12-02.

同时,此阶段体育场馆政策开始重点探索体育场馆的发展道路,对降低体育场馆闲置,促进体育场馆运营管理给出相关建议;建设方面继续要求多元化投资,增加体育场馆建设数量;经营管理方面,奥运会之后体育场馆的赛后利用问题广受关注。体育场馆在保持公益性的基础上,如何能够合理运营,盘活现有资源成为需要解决的问题;税收政策方面,考虑到体育场馆建设规模大、投资大、运营能源费用高等问题,国家出台了相关土地使用、能源费用等优惠政策;对外开放服务中,针对人民日益增长的场馆需求与现有场馆闲置的问题,国家鼓励体育场馆向社会免费低收费开放。从政策中可以看出,国家和社会对体育的发展相当重视,中央高层级的体育政策增加,且场馆政策的发展趋于具体化,更加关注场馆的科学管理。

2021 年 3 月 13 日,国家提出《中华人民共和国国民经济和社会发展第十四个五年规划和 2035 年远景目标纲要》。"十四五"规划要求广泛开展全民健身运动,增强人民体质,完善全民健身公共服务体系,推进社会体育场地设施建设和学校场馆开放共享,提高健身步道等便民健身场所覆盖面,因地制宜发展体育公园,支持在不妨碍防洪安全前提下利用河滩地等建设公共体育设施,在"十四五"期间,在全国新建或改扩建 1 000 个左右体育公园,打造全民健身新载体。

细读"十四五"规划纲要,可以看出 8 个约束性指标中,有 7 个集中在绿色生态和安全保障上。这从侧面印证出高质量发展是关键核心词,这是对经济社会发展方方面面的总要求,也是对体育发展的一个新要求。体育的发展,体育场馆的发展,不仅需要"量",更需要"质"。基于对中国体育场馆政策的深层解读,文本归纳出政策的基本特点。

第三节　体育场馆政策制定趋势特征

一、体育场馆政策制定主体趋于联动

体育场馆的发展作为创新、协调、绿色、开放、共享五大发展理念指导下的一方面,仅靠体育系统一家管理是不可能实现的,体育场馆发展会涉及环境保护,资源消耗,土地使用,财政预算等形形色色的问题。因此需要各部门打破传统之间的壁垒,协调发展,共享资源,开放共识,共同引导体育场馆健康发展。体育场馆政策发展在实际中整体开始向扁平化发展。场馆政策决策趋于摆脱单个政府部门"独裁"的局面,趋于与财政部、教育部、税务局、国家发改委等多部门联合制定,如十八个部门联合印发的《加大力度推动社会领域公共服务补短板强弱项提质量促进形成强大国内市场的行动方案》,多个部门协同合作。

二、场馆政策重视建设转向建—管并重

2008 年奥运会举办后,空前扩大的场馆数量及规模引发了全国对后奥运时期体育场馆如何处理的社会关注,如果政策不加规范引导,不给予一定的发展鼓励,体育场馆的发展将会带来许多的问题,如场馆闲置,场馆耗能增加,破坏环境等。全民健身上升为国家战略,体育健身人数的增加与体育场馆的合理开放等促使体育场馆政策注重场馆运营管理。由此,我国的体育场馆政策内容由注重建设和建设规划转化为建设与运营管理并重。

三、体育场馆政策内容趋于具体化

体育场馆政策颁布开始由过去的宏观指导逐步趋于具体指导,直接针对体育场馆的相关政策文件慢慢增多,对场馆的开放、补贴、维修等问题也作出了专门指导。场馆政策发展具体化得益于体育行业的发展。经济发展较为落后时,国家产业结构简单,规模有限,管理起来较为容易,发展重任由中央政府统一指挥,各地政府能够比较深入地理解政策内容,并成功地遵照执行。随着国家经济发展,各行各业发展空前细化,产业结构便开始变得复杂多变,大管理、小分化模式便不能满足国家快速发展的需求。因此政策制定趋于具体化。另外,体育场馆行业的研究在我国起步较晚。当体育场馆数量少、规模小、整体简陋时,政策制定的重点仅仅以宏观的形式要求各地区均努力扩大场馆数量及规模建设,关于体育场馆的政策内容多在体育相关政策中粗略提及。发展至今,体育场馆单个行业的发展包含越来越多的内容,结构也越发复杂,开始涉及场馆节能、场馆利用、场馆效益等内容,仅仅靠简短的内容已难以指导场馆健康发展,因此体育场馆政策的制定越来越趋于具体化。

第四节　体育场馆政策成效分析

一、体育场馆数量、规模及投资增加

全国体育场地从"一普"到"六普"的发展过程中,我国的体育场馆政策数量从 20 个发展到了 264 个,数量增长了约 13 倍;场馆数量从 25 488 个增长了约 67 倍达到了 1 694 600 个;场馆建筑面积由初始的 0.4 亿平方米达到 2.59 亿平方米,翻了约 65 倍;场地面积翻了约 37 倍,资金由 73.2 亿元上涨到了 8 713.5 亿元,投入翻了约 119 倍。在场馆政策的不断颁布下,场馆得到了同步成长(见表 2 - 3,图 2 - 1)。

表 2-3   我国历次全国体育场地普查基本信息

普查次数	时间	政策数量（个）	场地(馆)数量(个)	建筑面积（亿平方米）	场地面积（亿平方米）	投资金额（亿元）
一	1974.12.31	20	25 488	0.04	0.54	73.2
二	1982.12.31	38	415 011	0.05	0.83	31.4
三	1987.12.31	65	433 213	0.21	1.39	210.6
四	1995.12.31	105	615 693	0.75	7.80	372
五	2003.12.31	182	850 080	0.77	13.30	1 914.5
六	2013.12.31	264	1 694 600	2.59	19.92	8 713.5

资料来源:根据国家体育总局全国体育场地普查数据汇编。

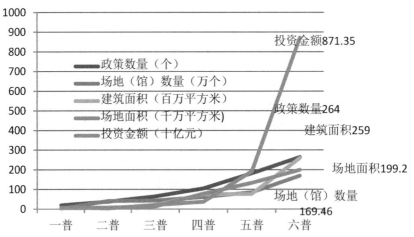

图 2-1   全国六次体育场地普查政策与场馆数量、规模、投资同步增长折线图

《第六次全国体育场地普查数据公报》显示,按照 2013 年底全国总人口 13.61 亿人(不含港澳台地区)计算,平均每万人拥有体育场地 12.45 个,人均体育场地面积 1.46 平方米。截至 2013 年年底,全国共有体育场地 169.46 万个,用地面积 39.82 亿平方米,建筑面积 2.59 亿平方米,场地面积 19.92 亿平方米。对比第五次全国体育场地普查(截至 2003 年 12 月 31 日),全国体育场地数量增加 84.45 万个,将近翻了一倍,用地面积增加 17.32 亿平方米建筑面积增加 1.84 亿平方米,场地面积增加 6.62 亿平方米;人均场地面积增加 0.43 平方米每万人拥有体育场地数增加 5.87 个(见图 2-2)。

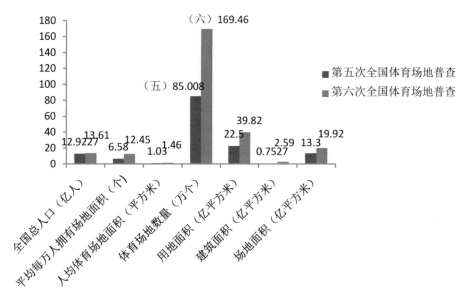

图 2-2 第五次与第六次全国体育场地普查数据对比图

二、体育场馆开放率稳步提高

体育场馆开放相关政策的颁布,特别是《关于推进学校体育场馆向社会开放的实施意见》《关于做好 2018 年大型体育场馆免费或低收费开放工作有关事宜的通知》和《公共体育场馆向社会免费或低收费开放补助资金管理办法》等开放场馆政策的激励,使体育场馆的开放率显著提高。根据第六次全国体育场地普查数据,全国体育场地中对外开放的体育场地达到了约 108.01 万个,占 64%,在对外开放的体育场地中,部分时段对外开放的体育场地 23.43 万个,全天开放的体育场地达到 84.58 万个。相比 2004 年,体育场地开放率增长了约 25 个百分点。

三、体育场馆建设管理质量逐渐提升

体育场馆建设规模庞大,资源消耗较多,服务管理较难控制,对社会影响巨大等特点决定了体育场馆的建设与管理需要遵循一定的标准规范,不能随便设计、潦草建设、盲目管理。鉴于此,政府专门制定了一系列权威政策来规范体育场馆发展,使体育场馆走向建设运营规范化、标准化和社会化。《大型体育场馆基本公共服务规范》《大型体育场馆运营管理综合评价体系》和《关于开展政府和社会资本合作的指导意见》等权威运营服务政策的颁布规范了场馆运营发展趋向,对体育场馆的多项服务都做了标准化认证,提高了体育场馆服务质量,满足了居民对体育场馆的不同需求。同时国家鼓励社会资本介入体育场馆设施的建设—管理—运营,展现"政府＋社会"双赢合作的社会化模式,场馆政策推动场馆建设及运营管理标准的形成,为场馆有效运营制定依据。

四、体育场馆产业链逐步形成

体育场馆政策直接影响着体育场馆的发展。随着我国经济的发展,消费市场的不断壮大,我国体育场馆经过几十年的探索实践,体育场馆业产业链逐步形成。围绕体育这一载体,形成多业态、多主体结合,如体育综合体服务,甚至带动商业实体经济发展。体育场馆市场正成为消费者消费和大型企业投资的热点领域,体育场馆业全面发展。体育场馆不再是过去孤零零的比赛、训练场地,它已发展为一种产业形态,拥有了自己的消费市场。在发展中,消费内容不断丰富、消费服务个性化升级。在举办比赛的基础上,发展了体育用品消费、健身消费、运动体验消费等,逐步满足不同档次的消费需求。目前,场馆建设资金多元化,多由国家财政全额支出转向企业、社会团体甚至个人等共同投资建设,委托社会企业运营,场馆自身实现产业化,并且出现了诸如场馆租赁、场馆管理、场馆旅游、商贸娱乐等辐射带动作用强的复合型体育产业链条。由此,体育场馆不仅自身发展迅速,而且带动了一大批相关产业蓬勃发展,扩大了体育场馆业的外延和规模。

第三章　群众性健身场馆政策供给

第一节　研究背景与意义

一、研究背景

体育产业的发展顺应时代发展潮流,成为我国强体育、兴体育的主要途径,也相应在国民经济中扮演越来越重要的角色,而体育场馆是发展体育产业的重要物质基础,竞赛表演、健身休闲、体育培训与教育等其他分类产业的发展都必须有体育场馆的参与,体育场馆在体育产业内部结构中占据重要地位。我国各地政府为促进当地经济发展,发展全民健身,大幅度增加体育场馆的投资,各地体育场馆数量如雨后春笋般快速增加,场馆规模陡然扩大。

体育场馆政策是国家指令,是引导体育场馆更快、更好发展的重要推动力,可以对体育场馆合理发展起到一定的调节、引导作用,对体育场馆资源进行调整和再分配,使场馆有限资源得到最大限度的效益产出。从我国整体经济产业发展的角度来看,国家政策在其发展中担任了重要的角色,许多产业的发展正是响应国家号召,在政策引导下取得当今成就。体育场馆的发展在我国场馆政策的引导下发展,得到政策的引导、国家各方面的支持,快速探索出适合我国体育场馆发展的道路。场馆政策在场馆发展中起着不可替代的引导作用,场馆政策的科学与合理关系着场馆发展的方向。

2013 年 10 月,《关于加强大型体育场馆管理改革创新、提高公共服务水平的意见》[①]提到,将用五年左右时间,国家体育总局把大型体育场馆规划建设得更加科学、在功能设计上更加合理化、在运营能力明显加强化,大幅提高使用效率,不断增强发展活力,使得公共体育服务水平有着显著提升。2014 年 10 月,《关于加快发展体育产业促进体育消费的若干意见》[②]提出,到 2025 年,人均可使用体育场地

---

① 　国家体育总局,国家发展改革委.关于加强大型体育场馆管理改革创新、提高公共服务水平的意见[Z].国发〔2013〕381 号,2013 - 10 - 28.

② 　国务院.关于加快发展体育产业促进体育消费的若干意见[Z].国发〔2014〕46 号,2014 - 10 - 20.

面积达到 2 平方米,使得经常参加体育锻炼的人员数量能够达到 5 亿,体育公共设施服务基本满足人民需求。2015 年 1 月,《体育场馆运营管理办法》[①]提出体育场馆应当在坚持公益性和体育服务功能,在满足日常训练、体育赛事的组织等前提下,按照社会体育需求充分挖掘场馆开放利用资源,组织和开展多种形式的经营项目,把场馆利用和人民群众的体育需求结合起来,更好地发挥体育场馆的作用。2016 年 5 月,《体育发展"十三五"规划》[②]提出到 2020 年,体育场地人均面积达到 1.8 平方米,使得经常体育锻炼的人员达到 4.36 亿。为满足大众体育健身需求,全国新增部分体育场馆,截至 2022 年,全国体育场地数量为 422.7 万个,全国体育场地面积为 37 亿平方米,全国人均体育场地面积为 2.62 平方米,场地设施增速显著。

2016 年 10 月,《"健康中国 2030"规划纲要》[③]提出,到 2030 年,人均可使用体育场地面积不得低于 2.3 平方米,县乡村公共体育设施基本建成,可以实现社区 15 分钟健身圈。继续推行公共体育设施低收费或免费开放,针对符合开放条件的企事业单位也需向社会开放,确保公共体育场地设施全部向社会开放。2018 年 7 月,《全民健身指南》[④]提出积极鼓励全国人民参与各项有代表性的体育锻炼活动。2019 年 1 月,《进一步促进体育消费的行动计划(2019—2020)》[⑤]提出到 2020 年,人民群众的体育消费观念显著提升,体育消费习惯在环境影响下逐步养成,体育设施在国家和各级政府的积极努力下越来越完善,体育产品和体育服务供给越来越丰富,人们在体育消费和体育锻炼场所有了更多的选择。全国体育消费总规模能达到 1.5 亿元。

党中央、国务院一直以来高度重视发展群众体育事业,保障全民健身场地设施的供给。2020 年 10 月,国务院办公厅发布《关于加强全民健身场地设施建设发展群众体育的意见》(以下简称《意见》),不仅符合当下全民健身的时代背景,国家健康战略发展目标,更有利于解决群众"健身去哪儿"的难题,推动群众体育加快发展。尽管群众体育事业在持续发展、全民健身场地设施供给和服务水平在不断提高,现仍存在健身设施有效供给不足,以及难以满足群众需求等问题。

---

① 国家体育总局.体育场馆运营管理办法[EB/OL].(2015-1-15)[2023-2-15].https://www.sport.gov.cn/n315/n331/n403/n1957/c784228/content.html.

② 国家体育总局.体育发展"十三五"规划[EB/OL].(2016-5-5)[2022-5-20].https://www.gov.cn/xinwen/2016-05/05/content_5070514.htm.

③ 国务院."健康中国 2030"规划纲要[EB/OL].(2016-10-25)[2022-5-20].https://www.gov.cn/zhengce/2016-10/25/.

④ 国家体育总局.全民健身指南[EB/OL].(2017-8-11)[2022-5-21].https://www.sport.gov.cn/n315/n20067006/c20324479/content.html.

⑤ 国家发改委,国家体育总局.进一步促进体育消费的行动计划(2019—2020)[Z].体经字〔2019〕13 号,2019-1-16.

二、研究目的与意义

（一）研究目的

本书从政策工具的视角,使用定性研究和定量研究相结合的方式,克服使用单一方法研究政策文本的局限性与不足。以《意见》为政策文本,运用罗斯威尔与塞戈菲尔德的政策工具理论对《意见》从 X 基本政策工具和 Y 统筹协作多元主体两个维度对其政策文本进行分析单元界定、文本编码、计量分析。有效贯彻群众性体育场地政策,推动体育场地设施的建设,落实群众健身需求在建设体育强国中具有举足轻重的作用,是我国政府工作任务的重点,也是广大人民最关切的问题。对《意见》政策文本内容进行多维度剖析,有针对性地对制定和调整群众性体育场馆政策提出可定量依据和合理建议,以期实现我国群众体育健身的蓬勃发展。

（二）研究意义

从理论层面来讲,国内有关体育政策的研究成果大多偏于体育产业政策、学校体育政策和社区体育政策等方面,关于体育场馆政策的研究却很少。基于史密斯模型理论,通过对体育场馆政策的政策文本、执行主体、目标群体和执行环境四个因素的深入剖析,对我国体育场馆政策进行整理分析,延伸了政策供给研究的理论意义,拓展了我国体育场馆的研究领域,为体育场馆政策提供理论上的支持。

从现实层面来讲,体育场馆的发展离不开场馆政策的引导与规范,体育场馆已经成为群众追求健康生活的主要场所,场馆设施需求日趋壮大。同时,体育场馆投入巨大、运营管理不善、大量闲置等问题,导致场馆发展陷入困境。在这种境况下,从政策工具的视角出发,对《意见》政策文本内容进行多维度剖析,有针对性地对制定和调整群众体育政策提出定量依据和合理建议,有效满足群众日益增长的全民健身多样化需求,促使全国群众性体育场馆在政策指导下更加可持续化发展,在全民健身过程中更好地发挥其物质基础作用。

第二节　国内外群众性体育场馆政策进展

一、体育场馆政策研究

（一）国内体育场馆政策研究

从场馆政策的等级角度,张冰(2017)[①]在他的文章中将体育场馆运营业政策分为纲领性政策、指导性政策、行业性政策三个层级,并做了简要罗列。文章针对

---

① 张冰,鞠传进,周洁璐.我国体育场馆运营业相关政策演变及建议[J].西安体育学院学报,2017,34(01): 48－54.

体育场馆运营政策提出了缺少专门政策扶持、操作性较弱、缺乏行业自治性管理规则、市场主体的活跃度和影响力弱、相关政策不够完善等问题,并借鉴国外先进经验和我国文化产业经验,给予了场馆建设运营要系统化和科学化、要有相应的优惠政策作保障,鼓励场馆多元主体参与等建议,促进体育场馆健康发展。邱招义(2012)[①]则从国家和地方两个角度对我国体育场馆政策做了梳理。国家方面列举了两个法律政策和部分规章制度,地方政策从场馆不同的发展趋势做了政策分类,并得出大型体育场馆投入大,收益期长、经济效益和社会效益需要并重,在保障场馆发展中,相关的场馆政策呈现出服务市场化、多元化趋势。

从场馆政策的颁布时间角度,董颖(2014)[②]在对场馆政策研究中,将相关政策按照体育场馆发展的不同阶段划分,分别有建设规划方面的政策、建设资金来源方面的政策、使用与维护方面的政策、经营与管理方面的政策。并对各类政策进行了分析研究,指出我国政策大多能够做到全面兼顾,但缺乏提供明确具体、可行的执行程序和方法,法规存在语气柔和、陈述不清晰、模棱两可等问题,并指出我国在以后制定场馆政策过程中需要表明强硬的执法态度,加强监督和惩罚措施,建立合理的场馆政策评估体系,以便提高体育场馆政策的执行力度。孙成林(2012)[③]罗列了改革开放到 2011 年以来的体育场馆相关政策状况,将场馆政策做了时间上的分类整理,并且对每个时间段的场馆政策内容特点进行详细分析,结合实际得出了我国场馆政策存在执行力不够、政策制定民主参与度不高、政策在层级间不配套的相关问题,并且针对问题做了简单意见。其对晚清以来的体育设施政策做了梳理,通过各时期的不同政治、经济、文化背景分析了我国不同时期外部宏观环境对场馆政策的影响,从横向和纵向两方面归纳了相关政策的特点,并总结出了场馆政策演进中的不足,在对日、美、德、英体育设施政策详细了解下,在坚持法律、前瞻性和协调等原则下,从制定、执行和评估三方面对政策提出了优化。

从场馆政策的供给角度,杨凤华(2014)[④]在其场馆政策相关研究中对场馆政策的演进历程分为了规划建设期、改革探索期和改革深入期,并从数量、质量、社会结构和社会认可度等方面对场馆政策做了全面分析,得出政策存在:法律法规制定较为宽泛,难以落实;法律法规的操纵性不强;法律文件的法律位阶较低,导致其权威性程度较低;法律法规内容不完善;政策性文件多而法律性文件少;体育执法保障制度不健全等问题,最后从体育场的相关问题角度,给出了相应的政策供给

① 邱招义,于静.我国大型体育场馆相关政策研究[A].中国体育科学学会.体育管理与科学发展·2012 年全国体育管理科学大会论文集[C].中国体育科学学会,2012:5.
② 董颖,温洪泽.21 世纪中国体育场馆政策效用研究[J].广州体育学院学报,2014,34(06):40-44.
③ 孙成林,王健.改革开放以来我国体育设施政策的发展[J].体育刊,2012,19(06):38-41.
④ 杨凤华,刘洁,肖楠楠.我国公共体育场馆政策法规演变研究——基于有效供给理论视角[J].成都体育学院学报,2014,40(02):37-42.

建议。

　　综上所述,我国学者从不同角度对我国体育场馆政策进行了研究,得出的结论不尽相同。从场馆政策的等级角度、场馆政策的颁布时间角度、场馆政策的供给角度等给体育场馆政策进行了分类,总结出不同阶段的发展特点,归纳出场馆政策发展中的不足,最终提出相关的建议。这些研究比较完善,得出的场馆政策问题是当下面临的问题。然而,如果仅仅专门针对不足而完善,势必不能达到场馆政策完善的目的,我们需从政策体系、制定、执行、评估等全过程完善才能起到政策完善作用。

　　(二)国外体育场馆政策研究

　　国外专门研究体育场馆相关政策的文献较少,对体育政策的研究多与国家整体的治理相结合,即体育发展相关方面的政策历程和不同历史阶段的体育治理对比研究。相对来说,国外一些国家较注重将国家的体育发展与国民经济的发展视为一个有机整体,在政策规划中统筹并行。

　　美国公共体育政策领域著名范本为《健康公民计划 2010》,与我国《全民健身计划》的政策实质有异曲同工之处。Mick Green(2008)[①]指出就体育场馆运营管理模式来说,美国将其划分为政府运营、职业球队运营和专业场馆经营集团运营三种不同的模式。在美国,公共服务设施的运营不仅不需要缴纳税费,能源的使用也能享有一定的政策优惠,政府扶持力度较大。

　　英国非常重视对国家体育设施的保护和改造,也对奥运场馆长期发展保持关注,Richard Parrish(2003)[②]提出其大型体育场馆与国家体育发展的整体规划统一性较高,也因配套政策的完善而具有很强的保障性。王志威(2012)[③]认为英国体育政策制定的程序是自下而上的,而我国是自上而下的,因此我国传统的体育政策系统虽在某些方面超越了英国,但公共体育发展的诸多方面与其相比还存在一定差距。英国政府曾借 2012 年承办奥运会的契机,进一步完善了相关体育政策,使大众参与有所提升;在体育政策的落实上,体育协会起到了重要的作用。

　　法国对体育设施政策的研究成果较少,但是其制定公共体育政策的原则值得我国学习与借鉴。李好(2014)[④]认为,一方面国家重视发挥社会体育组织对体育类活动进行管理的能动作用,将相关职能下放给主要体育社团,另一方面由各个体育联合会将业余体育与职业体育串联起来,形成良好的人才选拔与培养机制,社会

①　Mick Green, Shane Collins. Policy, Politics and Path Dependency: Sport Development in Australia and Finland[J]. Sport Development Review, 2008(11):225 - 251.

②　Richard Parrish. Part 1 The Birth of EU Sports Law and Policy. Sports Law and Policy in the European Union[M]. Manchester: Manchester University Press, 2003:1 - 23.

③　王志威.英国体育政策的发展及启示[J].上海体育学院学报,2012(01):5 - 10.

④　李好.法国体育政策动态分析[J].才智,2014(18):324.

体育组织等在法国体育发展中具有举足轻重的作用。

Kurier(2002)①在其文章中提到德国体育场馆由政府投建之后转交俱乐部负责全面运营管理,政府也不再给予任何资助。综观德国体育政策大致由基本法所赋予的条款性政策、政府性政策、国家奥体联鼓励性政策和社会共识性政策等组成。我国全民健身计划虽取得了一定成效,但缺乏"黄金计划"之类的保障性配套政策,所以政策体系仍有待进一步完善。

日本的体育政策与国家的软环境(政策环境)和硬环境(场地设施资源)相互匹配、协调统一发展,这一点是最值得我国借鉴的。周爱光(2007)②指出尤其是《体育振兴基本计划》,作为战后日本颁布的操作性强、涵盖大众体育、竞技体育和学校体育三个重要领域的指导性政策,实现了三方面的协调发展,目标明确,措施得当。Sportgeschichte(2013)③总结出日本的公共体育场馆管理模式主要有两类:一种是类似我国事业单位管理的直辖经营,由行政机关管理一切事务性和经营性活动;另一种是委托经营,将一部分或者全部的业务经营及体育指导委托给国营单位、居民组织或者民间企业。

澳大利亚有许多地方体育俱乐部,在国土使用方面,其突出的特点为俱乐部与地方政府共同建立体育设施,对我国 PPP 模式创新应用、鼓励社会资本参与体育场馆的建设与运营具有借鉴意义。

各个国家因国情的不同和社会历史发展阶段的差异,导致在体育场馆政策的制定和实施等方面存在不同的特征。我国现阶段的基本国情是稳定不变的,对于其他国家在政策上的做法也应求同存异,学习、汲取其中的经验,反省、借鉴其中的教训。雷厉(2000)④在最早的场馆政策研究中将我国场馆政策归纳为建设、管理与使用三个方面,并从我国政策不足上引出国外场馆具有国家资金保障、设计建设灵活多样、注重维修和对政策执行等优势,促进了体育场馆合理利用。邱招义(2012)⑤对美国、加拿大、俄罗斯、英国、德国等国家的大型体育场馆相关政策进行了研究,并得出国外发达国家政府对场馆资金投入巨大,并且重视管理,在运营上给予较大优惠税收等特点,这为我国大型体育场馆的政策提供了一定的借鉴意见。

综上所述,我国学者对发达国家的体育场馆政策进行了具体研究,涉及融资、

①　Kurier.Carl Diem 1882—1962[R].Informationen der Deutschen Sporthochschule K ln.2002-4,Ausgabe 2/25.Jg.

②　周爱光.日本体育政策的新动向——《体育振兴基本计划》解析[J].体育学刊,2007(02):16-19.

③　Sportgeschichte.Struktur von DSB/DOSB[EB/OL].(2013-08-06)[2022-11-06].http://www.uskj.de/sp-history/files/nach45/dsb_historie_struktur.Pdf.

④　雷厉.国内外体育场馆政策及对我国体育场馆未来发展的启示[J].体育文史,2000(03):12-14.

⑤　邱招义,于静.国外大型体育场馆相关政策的启示[A].中国体育科学学会.体育管理与科学发展·2012年全国体育管理科学大会论文集[C].中国体育科学学会,2012:4.

规划、建设、运营等各个方面,凸显出发达国家对于体育场馆的管理有着丰富的经验,值得我国进行学习。同时我国的国情与发达国家存在较大差异,我们要根据我国的具体实际,有选择地借鉴西方国家的成功经验,切不可照搬照抄。

二、群众体育政策研究

(一)国内群众体育政策研究

1. 群众体育政策阶段划分研究

自新中国成立以来,群众体育政策的发展经历了不同的阶段,学者们从不同角度进行阶段划分。马宣建将中国群众体育政策划分为理论奠基、破坏、恢复和迅速发展三个阶段[①]。肖谋文则将群众体育政策历史演进过程划分为1949—1957年间的产生阶段、1958—1976年间的曲折发展阶段、1977—1994年间的探索和创新发展阶段以及1995年至今的民主化和法治化发展这四个阶段[②]。尹作亮认为改革开放以来,健身休闲政策经历了起步萌芽阶段(1978—1991)、培育发展阶段(1992—2008)、快速发展阶段(2009—2013)、蓬勃发展阶段(2014年至今)四个阶段[③]。徐向前根据研究方法的不同将国内体育政策的研究分为三个阶段。第一阶段为1980—1990年,研究大多采用静态的综述性、描述性的定性研究方法研究政策本身,这是学者们对现有体育政策进行阐述和解释的开创阶段。第二阶段为1990—2010年,大部分运用定性研究着重于某类政策的研究,研究进入具体化但未完全形成体系的转型阶段。第三阶段自2010年开始,政策研究进入综合性、体系化和定量的体系化研究阶段[④]。

由此可见,随着公共政策研究中量化分析的广泛运用,体育政策研究视角不再是单一分散的定性研究,逐渐开始进行政策内容的研究,学者们的关注点也日益向体育政策工具选择、组合、搭配与构建等方面转移。

2. 群众体育政策文本制定研究

政策文本的制定是解决政策问题的关键环节,在这一环节中学者们从不同角度切入,提出了相应的意见与建议。

我国学者张颖认为政策的制定更加趋向于各个部门间的合作且政策文本的制定目前还缺少相应的评估程序[⑤]。肖谋文指出"群众体育政策投入相对不足,资金

---

①　马宣建.论中国群众体育政策[J].成都体育学院学报,2005(06):5-11.

②　肖谋文.我国群众体育政策的历史演进及过程优化[D].北京:北京体育大学,2007:37.

③　尹作亮,戴俊.健康中国战略下我国健身休闲产业政策供给研究[J].南京体育学院学报,2019,2(02):29-34.

④　徐向前,秦海波,李雪梅,等.基于三维政策工具框架的中国冰雪运动发展规划研究[J].沈阳体育学院学报,2019,38(02):28-35.

⑤　张颖.中国大众体育政策制定情况与执行者现状研究[D].北京:北京体育大学,2006:35-37.

大部分仍然流向竞技体育领域,而群众体育几乎杯水车薪,在现代市场经济社会里群众体育公共性是不可忽视的"[1]。赵德勋通过调查发现政府实行的体育政策方向与城镇居民和老年人对国家现行体育政策的态度和价值取向偏差较大,他提出政策应逐渐适应现代社会城市化、老龄化的趋势[2]。张瑞林认为"根据中央政策制定出的政策方案无地方特点,具体操作的方案缺乏针对性和可操作性,全民健身公共受益的对象缺乏参与政策制定,执行和评估的权利"[3]。刘红建指出,我国目前的全民健身政策条款较模糊,理论且抽象,地方配套设置的政策缺乏创新与区域特征,也没有明晰可操作性的指标[4]。程华认为"应增强我国大众体育政策本身的科学性与时效性,从多角度对政策的制定进行多维合作,重视政策中的干预手段,注意不同地区干预力度的分化,在统筹兼顾政策内容的全面性同时细化大众体育政策的制定范围与内容。提高政策内容的整体性与针对性,各地方政府与行政部门可针对大众体育的实施现状补充政策框架,强化大众体育政策执行的要素协同"[5]。张莉清总结出了政策文本制定的方向,"政策文本缺陷会导致政策执行过程中的交易成本增加,进而削弱了政策体系的执行效果。发现长期以来政策制定模式偏重于渐进主义,政策制定者在获取信息时处于劣势,信息获取的准确度低不能适应学校体育发展,提出应强化政策制定者的理论水平与实践经验,建设学校体育政策智库,建立应对弹性内容的授权机制,地方制定政策时提高创新力,信息内容做到准确透明同时完善信息反馈渠道"[6]。贾晨则认为我国应以保障公民"身体活动权利"为核心、关注公共健康、树立大健康格局和事业优化全民健身活动系统为目标来制定全民健身相应政策[7]。

3. 群众体育政策实施研究

针对全民健身政策执行过程中的问题,冯晓丽提出"政策文本与目标群众对健身需求之间存在的关系是影响政策执行的根本原因,政策执行的行为主体特别是政府部门机构等对政策能否有效执行起着主导作用,目标群体或政策对象的积极

① 肖谋文.新中国群众体育政策的历史演进[J].体育科学,2009,29(04):89-96.
② 赵德勋.改革开放以来中国老年人体育政策研究[D].北京:北京体育大学,2010:23-24.
③ 张瑞林,王晓芳,王先亮.我国全民健身公共政策执行阻滞分析[J].上海体育学院学报,2013,37(04):1-5.
④ 徐向前,秦海波,李雪梅,等.基于三维政策工具框架的中国冰雪运动发展规划研究[J].沈阳体育学院学报,2019,38(02):28-35.
⑤ 程华.大众体育政策执行效果评估研究[D].上海:上海体育学院,2018:12.
⑥ 张莉清,姜志远,曹光强,等.我国学校体育政策制定问题探析与提升途径[J].北京体育大学学报,2019,42(05):55-62.
⑦ 贾晨.政策工具视角下《身体活动全球行动计(2018—2030)》文本分析及对我国全民健身政策制定的启示[J].武汉体育学院学报,2019,53(08):17-22.

响应是政策执行能否取得良好效果的重要保证"[1],同时,他提出适宜的政策环境有助于群众体育政策执行效率的提升。柳鸣毅认为社会组织的参与深化了全民健身主体多样性的建设,强化制度建设、完善法规政策能够规范全民健身活动,发展健康产业可以激发全民健身的供给效应[2]。赵世珍认为政策执行模式应当转变,将传统的政策执行模式转变为多部门协同模式,进一步细化政策实施目标群体,根据我国公民生活环境、传统习惯、收入水平、工作性质、少数民族、疾病群体、特殊群体等几大方面,分级分层实施[3]。唐大鹏在根据史密斯模型研究发现影响体育政策执行的重要因素包括政策的理想程度,执行的机构、受众群体以及执行环境。政策执行偏差和无法聚力是由两方面原因造成的,一是政策文本内容的前瞻性、完整性和可操作性不足和监管评价机制的不完善致使执行偏差。二是目标受众不同的利益诉求和价值追求,再加上认知存在偏差,导致政策执行效率大幅度下降[4]。

4. 地方性政策研究

我国学者丁煌认为地方政府执行中央政策时,应按照辖区自身的理解和政策目的,在权衡自身的实际情况和利益得失的基础上有意识地运用策略执行政策[5]。熊文钊认为按照我国宪政结构设计,在由整体利益和地方利益所构成的国家利益格局中,中央政府与地方政府分别代表着中央整体利益和地方部分利益[6]。冯火红认为地方政府政策的内容应始终能够与中央(省)政策保持一致,但并不是简单地机械执行[7]。李文沛认为学术界在研究中央与地方理论时受到了外国联邦与州的学说观念影响,往往把中央与地方和联邦与州中的问题看作同类问题。而实际上,在现实的政策执行中县级政府大多数作为基层具体行政事务的承担者,对省级乃至中央政府有一定显性与隐性的影响[8]。张文鹏认为"渐进主义能够有效地承接以往政策也能关注到现实问题,通过继承历史的精髓之处,能够小幅度渐进地修正以往的政策问题,进而逐渐完成政策调整,强调逐步、渐进的调整和量的积累,通

① 冯晓丽.建国以来群众体育政策的变迁特点与影响因素[J].体育学刊,2012,19(03):41-45.
② 柳鸣毅.健康中国背景下全民健身公共政策分析[J].中国体育科技,2017,53(01):38-44.
③ 赵世珍.中美全民健身国家级文件比较研究[D].徐州:中国矿业大学,2018:10.
④ 唐大鹏.我国学校体育政策执行过程审视——以史密斯模型为理论框架[J].广州体育学院学报,2019,39(01):113.
⑤ 丁煌,定明捷."上有政策、下有对策"——案例分析与博弈启示[J].武汉大学学报(哲学社会科学版),2004(06):804.
⑥ 熊文钊.大国地方:中国中央与地方关系宪政研究——宪政论丛[M].北京:北京大学出版社,2005:21-24.
⑦ 冯火红.我国地方政府社会体育政策内容研究——以沈阳市为例[J].体育文化导刊,2007(07):16-19.
⑧ 李文沛.中央与地方政府社会保障事权配置法制化思考[J].人民论坛,2014(34):121.

过积跬步实现至千里的政策价值目标"①,他认为想要找到问题的根本解决方案需要将中央与地方关系研究探究到县一级政府。

由此可见,针对地方政策的研究中对于"地方"具体到哪一个行政层级较为模糊。地方政策在制定过程中,中国的地方政策制定过程由中央把握全局,地方依据中央决策,细化政策或实施的过程。但在地方政策的研究中显示,在目前的"自上而下"的政策制定模式中地方政策的制定并未根据地方实际情况制定针对性的政策实施方案。政策执行过程中执行真实效果多依赖于区县层级甚至街道、社区、行政村等层级,因此在地方政策制定和执行过程中存在断层,未能根据实际情况因地制宜地制定政策,使得政策实施难度高,导致地方追求统一或政绩,进而在执行效果中会出现通过数据虚报支撑政策落实的情况。所以从地方角度研究政策如何制定,根据省情省貌来制定本级"顶层设计",运用何种工具促进政策执行效率提升显得尤为重要。

(二)国外群众体育政策的研究

国外体育政策组织方式与中国不同,国外学者对政策的研究数量有限,但国内学者对国外群众体育的政策内容进行的研究不在少数。

李岫阳将中、英、澳、美四国的健身活动政策从内容结构、实施目标、实施对象及措施等方面进行比较,认为四国都在政策中体现了阶段性目标,中、英两国目标强调实施效果。西方三国的政策针对人群更全面、政策更加具体、实施路径"自上而下"和"自下而上"相结合②。湛冰研究发现美国老年体育政策文本咨询和教育全覆盖,重视个体需求和科研先导,转化型科学研究在地方的适应性推广是美国老年体育政策制定的前提,整个政策的形成确保了政策制定的有效性和科学性,扎实的科研基础有力地保障了"问题导向"和"需求导向"的老年体育发展道路③。田福蓉认为"日本体育文化和体育产业政策工具的运用相对较少,日本公共体育政策在体育场馆设计建设,体育资金投入和体育人才培养方面比较重视"④。吴铭对比四国关于身体活动政策发现,英国、日本的指导原则从政策内容本身出发,规定、明确政策执行过程中的关键问题和方法手段。美国、加拿大以健康行为的社会生态模型为基础强调依据有效证据的身体活动政策制定与执行,加拿大以身体素养作为国民身体活动促进和发展的基础⑤。

① 张文鹏,王健.新中国成立以来学校体育政策的演进:基于政策文本的研究[J].体育科学,2015,35(02):14-23.
② 李岫阳.中英美澳全民健身计划的比较研究[D].苏州:苏州大学,2015:5-6.
③ 湛冰,王凯珍.政策工具视角下美国老年体育政策文本特征分析[J].体育科学,2017,37(02):28-36.
④ 田福蓉.政策工具视角下的日本公共体育政策分析[D].济南:山东体育学院,2017:8.
⑤ 吴铭,杨剑,郭正茂.发达国家身体活动政策比较:基于美国、加拿大、英国、日本的视角[J].北京体育大学学报,2019,42(05):77-89.

三、政策执行研究

(一)国内政策执行研究

我国政策执行的研究始于20世纪90年代,而对政策执行进行系统的研究则始于20世纪末21世纪初。对与政策执行相关的文献进行整理分析,我国对政策执行过程的研究主要集中于以下两个方面。

1. 政策执行理论发展

学者们从不同的角度来分析西方政策理论的发展过程,角度不同其观点也有差异。部分学者认为,政策执行理论与行政执行理论本是"一家",政策执行理论产生于行政执行理论,是行政执行理论子部分。也有学者认为,早期"政策执行"这个环节一直被研究学者们忽略,直到西方爆发执行运动,又一次引发了对政策执行的研究的浪潮,既增加了政策的研究范围,政策的理论内容也进一步得到完善。毕正宇(2008)[①]学者介绍了西方国家公共政策执行模式,西方国家用不同的标准构建了七种执行模式,但并非都十全十美,每种模式都有其缺憾。

2. 我国政策执行研究

目前,我国政策执行存在不同类型的问题,如执行者会基于某种原因有选择性地执行政策,因此政策被部分执行,执行者不了解上级的政策目的,政策被曲解性地执行,执行者素质不高,照搬政策等;也有学者认为,政策执行可以分为外表化执行,即政策表面在执行,实际政策局部化执行,即政策没有完整地被执行、政策被夸大执行、改变政策目的和延迟执行政策;有的学者则表达为执行者照搬政策、敷衍政策、反对执行政策等。

钱再见(2002)[②]对影响政策执行的因素进行了研究分析,认为政策执行主体受自身能力和素质影响,当自身素质和能力不足以承担起政策执行任务,执行主体往往会被动消极地去执行,最后的执行结果必然不如预期;执行主通道执行态度也影响着政策执行效果。政策执行主体和政策环境皆能对公共政策执行效果产生重大影响,当中政策执行主体对政策的实施起主要的影响作用。丁煌(2002)[③]对我国政策执行的阻碍因素进行了研究,提出阻碍政策执行的因素包括社会因素和政治因素,完善政策制度是最关键对策。

而对中国政策执行效果不佳产生的原因大致有以下几种认识:如执行者利益与执行政策存在冲突、执行者专业素质不高、执行监督机制不健全;也有一部分学者认为,政策内容模糊、政策内容有显著偏向性、政策在传达过程中的自然损耗是

① 毕正宇.西方公共政策执行模式评析[J].江汉论坛,2008(04):91-96
② 钱再见,金太军.公共政策执行主体与公共政策执行"中梗阻"现象[J].中国行政管理,2002(02):56-57.
③ 丁煌.我国现阶段政策执行阻滞及其防治对策的制度分析[J].政治学研究,2002(01):28-39.

导致政策失真的主要原因,另外政策传播方式的局限性和松懈的监督机制也是导致政策执行偏差的重要原因。还有一部分学者,如王海峰(2009)①认为政策本身、政策执行主体和政策的执行环境与政策执行密切相关,直接影响着执行效果。

综上所述,针对以上问题及原因,学者们从执行者、参与者以及社会环境等方面提出了多种解决办法。学者对政策执行的认知,有很多不同的看法,归纳起来总共有两点。一是政策执行是一种行政行为,根据政策实现目标运用行政手段和权力对执行资源进行分配;二是政策执行要符合现实条件,政策执行受社会多方面因素的影响。在中国,学者们大多根据国情来对政策执行进行论述。

(二)国外政策执行研究

1. 政策执行理论研究

以公共政策执行发展的特点为依据将公共政策执行分为三个阶段进行研究,也是政策执行研究的三代发展。第一阶段将政策执行研究的侧重点放在实务研究及对个案研究上;第二阶段注重理论模式及理论框架的构建;第三阶段,对前两个阶段的发展模式进行整合。

第一代政策执行研究,有两个明显的特征。特征之一,将研究的重点放在实物和个案研究上。其代表人物瑞思曼维提出要重视政策的执行问题,认为政策的制定与执行相互联系,要想政策科学实现理论和行动的双重科学,执行问题不可忽视。特征之二,坚持自上而下的政策执行分析途径。①政策制定与政策执行是相互连接的两部分,二者之间存在界限;②二者界限在于它们分工明确,各司其职。并且,当政策目标较多时,执行者还有权利决定完成目标的顺序,执行者会利用他的技术能力配合完成制定者设定的政策目标;③政策执行过程是一个连续性的过程,这是因为政策制定者与执行者之间存有任务界限,并且二者接受存在的任务界限;④政策执行的决定,其本质上不涉及政治性与技术性;执行者要保持理性、科学、客观与中立的态度。依照这种途径,上级传达指示、下级完成指示,即政策制定者确立政策目标、政策执行者完成目标。另外,若上级领导存在某种行政偏好,下级行政官会将此偏好进行具体化来执行。

第二代政策执行研究,主张自下而上的研究途径。自下而上的研究途径是多样的,主要有两个系别:①政策执行研究两种不同的途径,一是与自上而下相对应,称之为"前向探索"途径,二是与自下而上相对应,称之为"前后探索"途径;②比较全面地突破了传统的政策执行观,主张掌握着社会资源的社会团体和组织与政府组织结成良好的合作伙伴关系,组成多元组织的政策执行结构。第三代政策执行研究,以整合式模式为主。结合前两代模式,试图构建二者整合式模式架构。其代

---

① 王海峰,马斌.公共政策执行研究评述[J].河北企业,2009(3):24.

表性的观点有迈尔克姆提出的府际政策执行沟通模式,萨巴帝耳提出的政策变迁的支持联盟框架。

2. 国外政策执行研究

政策的执行又叫政策的实施,是实现政策目标的必要通道。20世纪70年代,政策执行的研究已经成为政策学领域的一个前沿方向,以美国为首的诸多政策学者们开始了对政策执行的狂热研究。

从实践上看,20世纪60年代中期,美国总统约翰试图通过一系列的改革计划帮助贫困人员改善就业问题,但到最后事与愿违,这些改革计划并没有达到预期的效果,反而给政府带来了不信任危机。此次事件引起了包括政策研究者在内的学者们的反思,他们开始思考:为什么政策起初的设想如此完美,而现实结果却是那么糟糕? 为什么那些拟定的看起来很完美很有前景的计划政策无法取得预期的效果? J.L.Pressman(1973)[①]对此计划进行了跟踪研究,并将研究的过程及结论以书籍的形式进行了出版。书中说到"计划"内容得到了很多民众的看好与支持,所以政策的本身内容并没有什么不妥,执行政策过程中也没有出现资金短缺问题,失败的主要原因是政策执行方式存在问题,特别是"联合行动"有困难。他们在书中还提出,政策执行问题是实现政策理论的关键,要注重在政策制定和执行之间建立密切的联系。这本研究奥克兰计划的书籍给了很多政策研究学者灵感,引发了很多学者对政策执行研究这一方向的关注与兴趣,它是政策研究领域的一个重大转折点。

西方政策执行研究的兴起,除了以上的实践背景,还有深厚的理论背景。西方传统的行政理论认为政策执行是政治活动与决策中独立的一部分,并且是继承于它,这种说法将政策执行与政治活动分离开来。因此,在政策执行过程中,执行人员要时刻保持中立原则,不参与政策的制定。在这样的原则下,行政人员对自己的工作渐渐失去了责任感、积极性和主动性,因为他们不需要对政策执行的结果负责任。这一时期,政策执行的特点是"政策制定与执行相分离",尽管这一阶段对政策执行有了关注,但其重点还是关注点在政策的制定上,执行不过是制定的后续,落实完成"制定出"的政策。紧随其后,一场行政管理的改革运动悄然升起,并提出了"新公共学"这一概念,此概念抛弃了政治行政二分法的观点,主张政府官员重视社会平等、重视无特权群体利益。政府的绩效除了政策分析和制定以外,公共管理理论者强调更重要的是管理人员的组织和政策执行。

---

① J.L.Pressman and A.Wildavsky. Implementation:How Great Expectation in Washington Are Dashed in Oakland,Berkley[M]. University of California Press,1973:66.

四、政策工具的相关研究

（一）政策工具概念研究

政策工具的研究是伴随着公共管理主体的多元化、公共政策的复杂程度和执行难度的增加而兴起的。对于什么是政策工具，根据研究者们对政策工具研究角度的不同，提供了大量不同的定义。国外学者 Owen E.Hughes 将政策工具定义为，"政府机构通过某些手段和途径，实现政府行为的调节机制"[①]。Laster M.Salmo 认为政策工具是"影响政策过程以达到既定目的的任何事物"，或"一个行动者能够使用或潜在地加以使用，以便达成一个或更多目的的任何事物"[②]。James P.leste 则将政策工具视为"政策执行的技术，并概括出两种技术途径，即通过命令和控制的途径以及通过经济动力（市场化）途径"[③]。

我国学者张成福认为政策工具是"政府将其实质目标转化为具体行为的路径和机制"[④]。陈振明从政策工具的另一个角度分析认为，"政策工具是人们为解决某一社会问题或达成一定的政策目标而采用的具体方式和手段"[⑤]。陶学荣则是将政策工具定义为"公共部门或社会组织为解决某一社会问题或达成一定的政策目标而采用的具体手段和方式的总称"[⑥]。

学者们给出的定义不尽相同，从本书的角度出发，可以将全民健身计划政策所使用的政策工具定义为"为加强全民健身管理，推动全民健身发展这一目标而采取的一些手段和措施"。

（二）政策工具分类研究

根据政策类型及应用领域的不同，政策工具可以分成不同的类别。

国外学者对政策工具的研究起源较早，最早由 Kirschen E.S 整理出" 64 种一般化的工具"[⑦]，但其并未对政策工具加以系统化的分类。Roy Rothwell、Walter Zegveld 在此基础上深入研究，将政策工具分为需求型、供给型和环境型三种基本政策工具[⑧]。Schneider、Ingram 提出了类似的分类，他们将政策工具分为"激励"

① 欧文·E.休斯.公共管理导论[M].张成福，杨崇祺，赵弘毅，等译.北京：中国人民大学出版社，2007：21.

② Lester M.Salamon & Odus V.Elliot.Tools of government：A Guide to the New Governance[M].New York：Oxford University Press，2002：27.

③ 小约瑟夫·斯图尔特，戴维·M.赫奇，詹姆斯·P.莱斯特.公共政策导论[M].谢明，译.北京：中国人民大学出版社，2004：34 - 35.

④ 张成福，党秀云.公共管理学[M].北京：中国人民大学出版社，2001：23 - 24.

⑤ 陈振明.政策科学——公共政策分析导论[M].北京：中国人民大学出版社，2003：35.

⑥ 陶学荣，崔运武.公共政策分析[M].武汉：华中科技大学出版社，2008：23.

⑦ Kirschen E.s. et al. Economic Policy in Our Time[M].Chicago：Rand Mc Nally，1964：56.

⑧ Roy Rothwell，Walter Zegveld.Reindusdalization and Technology[M].Logman Group Limited，1985：68 - 71.

"提高能力""象征和劝告"以及"学习"四类①。

我国学者们基于中国国情,根据研究对象的不同特点,并结合政策文本的实际情况将外国学者对于政策工具的分类进行了演变。按照政策文本内容的不同,赵筱媛将政策工具分为产业结构政策、产业布局政策、产业组织政策、产业技术政策②;依据政策的适用范围,陈磊将政策工具分为集成政策工具、专项政策工具和次域政策工具③;依照不同的维度,周红妹将政策文本划分为政策效力、作用层面、适用范围④;谭利从推进学校体育改革和发展角度,结合我国学校体育的特点将政策工具分为命令性工具、象征与劝诫工具、系统变革工具、能力建设工具、激励工具五种类型⑤;刘红健则根据全民健身政策的特性将政策工具分为五种类型,分别为权威型工具、符号与规劝型工具、激励型工具、权威型工具、能力建设型工具及学习型工具⑥。

上述介绍的几类政策工具分类方式各有不同,适用于不同的产业政策。在本研究中,浙江省全民健身计划作为一项地方级体育政策,强化了政府在政策落实过程中的积极作用,突出了供需政策的引导和激励作用,因此本研究将选择借鉴 Roy Rothwell、Walter Zegveld 的政策工具理论。

(三)政策工具的选择与运用研究

政策工具的选择在政策制定过程中作用尤为重要,学者们研究分析现有的政策内容,针对政策工具的选择与运用从不同领域和角度提出了不同的观点。

吕志奎认为"不管是以'自上而下'途径来设计政策执行模式,还是以'自下而上'途径来研究政策执行过程,政策工具的选择及工具的评价标准对既定政策目标能否达成具有决定性影响"⑦。郑志强认为"政策工具运用中应灵活采用财务金融、政府购买等手段,依靠市场力量和社会力量提高对文化建设和对外交流等要素的关注"⑧。柳鸣毅指出,政策科学性、开放性、协同性及时效性的实现则需多主体

① Schneider,Anne L. & Helen Ingram. Behavioral Assumptions of Policy Tools[J].Journal of Politics,1990,52(2):513－522.

② 赵筱媛,苏竣.基于政策工具的公共科技政策分析框架研[J].科学学研究,2007(01):52－60.

③ 陈磊.中国地理信息产业政策工具的现状、问题与前瞻[J].地理信息世界,2015,22(05):60.

④ 周红妹,林向阳.政策工具视角下地方政府对国家体育产业政策的再制定[J].上海体育学院学报,2017,41(03):16－18.

⑤ 谭利,于文谦.改革开放以来我国学校体育政策工具的选择与优化[J].北京体育大学学报,2019,42(05):63－71.

⑥ 刘红建,张航,沈晓莲.基于量化分析的中国全民健身政策研究(1995—2016)[J].沈阳体育学院学报,2019,38(02):21.

⑦ 吕志奎.公共政策工具的选择——政策执行研究的新视角[J].太平洋学报,2006(05):7－16.

⑧ 郑志强,郑娟.中国校园足球政策工具分析[J].武汉体育学院学报,2016,50(04):5－11.

在政策权限内各自承担责任,创新工作机制,完善立法抓手①。韩永君认为,不同维度工具选择偏好带来不同绩效特征,高强制工具选择偏好对公平和效率等目标贡献显著,中强制工具选择偏好对效率等目标贡献显著,而低强制工具选择偏好对公平、有效性和政治支持等目标贡献显著②。

目前国内的研究学者将政策工具理论运用于环保、人才、教育和体育等研究领域。例如,刘春华利用政策工具理论分析了中国体育政策,指出我国体育政策工具存在环境型政策工具过溢、供给型政策工具弱势、需求型政策工具缺位等问题③;罗敏利用政策工具对我国低碳政策文本进行计量分析,发现我国规制型低碳政策工具缺乏灵活性、产权拍卖类政策工具过于薄弱和政府的引导和协调作用不充分等问题④;宁甜甜通过研究人才政策工具,深入剖析了我国人才政策中存在的缺失与冲突等问题⑤。黄萃在政策工具的视角下对我国少数民族双语教育政策文本进行了量化研究,认为少数民族双语教育政策中激励工具和系统变革工具不足⑥。

(四)政策工具应用体育领域研究

我国学者运用政策工具理论对体育的各个领域中的政策文本进行分析。在政策工具应用现状的研究中,刘国永认为需求型政策工具内容使用中体育国际交流领域占比较小,政府购买公共服务占比较大⑦。叶金育指出,我国体育产业领域的财税政策工具身陷工具类型和性能使用不足、工具的体育产业属性欠缺、工具的具体产业差异缺失及工具的组合运用考虑不周等困境⑧。汪雄认为"供给型政策工具使用比例适中,需求型内容严重缺位。内部略侧重于科技创新与场地设施的内容,政府购买和服务外包工具使用不足,贸易管制工具缺失"⑨。许田宇指出,"国家在运用供给性政策工具的过程中注重科研创新的发展,但政府购买力不足,省市更偏好于使用环境政策工具促进全民健身战略发展,需求型政策工具多通过体育的国际交流服务外包和政府部门的体育购买等行为为主"⑩。贺新家从核心素养

①　柳鸣毅.健康中国背景下全民健身公共政策分析[J].中国体育科技,2017,53(01):38-44.

②　韩永君.群众体育政策工具选择评估——基于省级全民健身实施计划的内容分析[J].成都体育学院学报,2019,45(05):35-37.

③　刘春华,李祥飞,张再生.基于政策工具视角下的中国体育政策分析[J].体育科学,2012,32(12):3-9.

④　罗敏,朱雪忠.基于政策工具的中国低碳政策文本量化研究[J].情报杂志,2014,33(04):12-16.

⑤　宁甜甜,张再生.基于政策工具视角的我国人才政策分析[J].中国行政管理,2014(04):82-86.

⑥　黄萃,赵培强,苏竣.基于政策工具视角的我国少数民族双语教育政策文本量化研究[J].清华大学教育研究,2015,36(05):88-95.

⑦　刘国永.对"十三五"时期全民健身事业发展的思考[J].北京体育大学学报,2016,39(10):1-11.

⑧　叶金育.体育产业发展中的财税政策工具:选择、组合与应用[J].体育科学,2016(06):73-83.

⑨　汪雄,岳建军.供给侧视野下新《全民健身计划》政策内容结构性分析[J].山东体育学院学报,2018,34(03):25-30.

⑩　许田宇.基于政策工具视角下中国全民健身计划(2016—2020年)政策文本分析[D].上海:上海师范大学,2018:10.

视角下对我国学校体育政策进行研究,认为"环境(次级)政策工具存在使用不合理、结构不均衡现象",并得出"其使用不足或者滥用是造成当前学校体育相关政策实施流于形式的重要原因"[①]的结论。马运超从政策工具维度、体育领域维度、创新价值链的三维维度分析了改革开放以来国家层面体育科技政策,认为知识创新政策工具在创新价值链维度中使用较多而体育科研创新和产业化创新政策工具使用少。应提高体育科技政策工具与创新价值链的匹配度,注重体育科研创新和产业化创新,使产学研更好地结合[②]。

第三节　基本概念与相关理论

一、基本概念

(一)体育场馆

曹缔训(1994)[③]和钟天朗(2004)[④]等学者多从功能利用角度对体育场馆进行概念解释,认为体育场馆具有满足运动队进行体育技能训练,举办体育竞赛活动,促使群众进行体育消费等基本功能,由此给体育场馆定义为满足这些功能而修建的专门的体育运动场所。

张岩(1992)[⑤]从体育场馆所属范围角度为体育场馆做了定义解释,认为体育场馆只是体育设施范围中的一部分内容。

日本学者宇土正彦(1991)[⑥]从场馆的组成要素角度定义了体育场馆,体育场馆包含有形成运动场馆所具备的一切地理方面的条件,物理方面的条件,其中还含有一些体育用具和设备。

谭建湘(2014)[⑦]从管理的角度分析了体育场馆的多重属性,最后提出,体育场馆是由政府出资或社会团体筹资兴建的,由各级体育部门、其他行政单位部门或者社会企业管理的,主要用于开展社会体育活动,满足群众运动健身、休闲娱乐,组织运动训练,开展体育竞赛等经营服务的场所,是包括体育场、体育馆、游泳馆等各种

① 贺新家,周贤江,王红梅.核心素养视角下我国学校体育政策及特征研究——基于2014年以来的11份政策文本量化分析[J].武汉体育学院学报,2019,53(10):28-35.
② 马运超,梁润东,苏荣海,等.政策工具视角下中国体育科技政策改革:回顾与展望——基于1978—2018年体育科技政策的文本分析[J].天津体育学院学报,2019,34(04):290.
③ 曹缔训.体育产业经营管理[M].武汉:湖北科学技术出版社,1994:35-37.
④ 钟天朗.体育经营管理[M].上海:复旦大学出版社,2004:144.
⑤ 张岩.体育经济学[M].成都:四川教育出版社,1992:186.
⑥ 宇土正彦.体育管理学入门[M].傅大友,罗时铭,汪康乐,等译.北京:华夏出版社,1991:26.
⑦ 谭建湘,霍建新.体育场馆经营与管理导论[M].北京:高等教育出版社,2014:23.

类型的体育设施的统称。

本书为顺应新时代发展的潮流,经过慎重考虑,从全面的、最新的角度采取了谭建湘从管理角度定义的体育场馆概念解释。

(二) 政策

"政策"在我们生活中一般理解为政府为规范某一时期的特殊事宜,或者是为推行某一行为而制定的,社会需要认真执行的相关法律、法规、方针、策略等。

孙光(1988)①在研究成果中认为政策是国家执政为达到一定的目的而制定的行为准则,表现为对群众利益的分配和调控措施和复杂过程。陈振民(2003)②将政策理解分为广义和狭义。广义政策专指国家权威机构制定的法律、法规、规章、中央文件、国务院文件、地方政府文件和其他各种规范性文件等,狭义政策仅仅指各种规范性的行政文件,不包括法律规范。在过去的许多研究与专家审定中,通常采取广义的政策概念。

综上所述,"政策"一词在我国还没有完全统一的概念解释,不同的学者根据自身所在的特定环境,从自身知识结构等方面做了解释。但从不同学者的解释可以找到共同的规律:①阶级性,由国家政府等权威机构制定;②时效性,在历史发展的某一阶段具有效用,之后失效;③指导性,政策具有权威性,要求下属单位部门严格实施。

因此,本书将政策定义为:政策是由权威机构(一般指国家、政府)在某一特定时期,为使某些行为得到协调、统一合理发展而制定的准则和行动指南。

(三) 政策工具

随着公共行政主体的多元化、公共政策的复杂性和实施困难程度的增加,政策工具的研究也随之出现。学者们针对政策工具多样的研究角度,对政策工具的定义提供了大量不同的研究。

国外学者 Owen E.Hughes 认为政策工具是一种有效的调控手段,包括某种特定的方式与特定方法来实现③。Laster M.Salmo 把政策工具看作是为了实现某一目标而影响政策进程的任何事物,政策的执行者能够利用或潜在地加以利用从而使得一个甚至大多数的政策既定目标得以实现④。James P.leste 把政策工具视为一种技术,这一技术有助于推动政策的执行,可以概括为两种技术手段,一是通过指令和控制,二是通过市场经济力量⑤。

---

① 孙光.政策科学[M].杭州:浙江教育出版社,1988:100.

② 陈振明.政策科学[M].北京:中国人民大学出版社,2003:68.

③ 欧文·E.休斯.公共管理导论[M].张成福,杨崇祺,赵弘毅,等译.北京:中国人民大学出版社,2007:21.

④ Lester M.Salamon&Odus V.Elliot. Tools of government: A Guide to the New Governance[M]. New York:Oxford University Press,2002:27.

⑤ 小约瑟夫·斯图尔特,戴维·M.赫奇,詹姆斯·P.莱斯特.公共政策导论[M].谢明,译.北京:中国人民大学出版社,2004:34 - 35.

我国学者张成福认为政策工具政府把它的本质目标转变为具体的行动方式与机制①。陈振明从另一个方面分析表明，政策工具是一种特殊的方法，可以有效地加以利用，以此来解决特定的社会问题，同时也可以达到特定的政策目的②。综合以上两种角度，陶学荣将政策工具的定义概括为，公共部门和社会相关组织解决一些具体的社会问题或实现政策的预定目标而使用的特定手段或方式③。

不同的学者对政策工具提出了不同的定义，从本研究的观点来看，将群众性健身场馆政策所使用的政策工具界定为"为推动全民健身发展，加强全民健身场馆设施建设发展这一目标而采取的一些手段和措施"。

（四）体育场馆政策

"体育场馆政策"一词在我国出现较晚，从文献检索发现其出现在 21 世纪。

孙成林（2013）④研究成果中将体育设施政策理解为"由国家政府、政党及其他特定政治团体在特定时期所颁布的，用于指导、管理、协调和控制体育设施的建设与发展的法律、法规、法令、措施、办法、方针、条例及实施细则等的总称。"胡国艳（2014）⑤在其毕业论文中从其研究的角度将体育场馆政策定义为，政府部门根据一定阶段的目的，对场馆实施行政管理而制定的法律规章、行政命令、规范、通知和要求等一系列行为准则。

本书研究将体育场馆政策定义为，由国家直属机构（全国人民代表大会及其常务委员会、国务院、教育部、体育总局等部门机构），在某一特定时期，为促进全民健身、运动训练、比赛表演和群众消费等活动开展，对其所需运动场所制定的相关宪法、中央文件、行政法规、部门规章、规范文件、计划、通知和要求等一系列行为准则。

（五）政策执行

政策的执行从来都不是一蹴而就的，其过程是复杂的。制定者需要经过长时间观察了解某种问题的存在、对社会影响程度如何，再制定相应的政策，制定好的政策也需要反复地进行实践、反馈、修改和完善，然后才会成为可以被推行的政策。对政策执行的概念理解很多学者都有自己独特的见解，以下是几种比较有代表性的：Jeffrey L. Pressman（1979）⑥指出：政策在执行的阶段可以理解成为是通过利

---

① 张成福，党秀云.公共管理学[M].北京：中国人民大学出版社，2001：13－14.

② 陈振明.政策科学——公共政策分析导论[M].北京：中国人民大学出版社，2003：25－26.

③ 陶学荣，崔运武.公共政策分析[M].武汉：华中科技大学出版社，2008：23.

④ 孙成林.我国体育设施政策演进及优化[D].武汉：华中师范大学，2013：23.

⑤ 胡国艳.改革开放以来我国体育场馆政策阶段特点的研究[D].武汉：华中师范大学，2014：8.

⑥ Jefifrey L. Pressman, Aaron B. Widavsky, Implementation（2nd，Ed）Berkelcy[M]. University of California Press，1979：67.

用行为与举措之间的摩擦,来完成自己确定目标的过程。Charles Jones(1984)[①]指出:"政策执行的目的是想要实现该目标想要达到的效果,为了达到某种目的,必须采取相关的措施和行动来有效落实政策,因此,该组织如何实现该目标是重中之重,必须合理有效地利用现有资源达到某种目的的一种活动方式的总和。"张金马(2004)[②]在研究中表明:"政策执行是在一个组织机构下,执行者大力落实和执行决策,通过实验、宣传、监控等一系列与之相关的手段,将政策条文里的具体内容落实,从而实现政策的最终目标的一个过程。"

政策执行是一个动态的过程,主要指政策内容向政策目标的实现,在执行政策过程中降低失误的概率,让政策得到完整的执行是研究政策执行的重要意义。近些年,人们的权利意识逐渐提升,政策的透明度日趋增加,人们了解政策的渠道不断扩展,明显地感觉到人们参与政策的活跃度在提升,政策界对政策研究的重点慢慢地向政策的执行方向转变。

(六)政策执行效果

政策执行效果主要包括政策影响程度、政策执行成本、目标实现的程度等。判断一项政策的执行效果往往要通过政策评估或者政策评价来实现。

政策评价针对不同的评价者,分为内部评价和外部评价。内部评价是指由政策执行机构内部的评价者所做出的评价,比如政策颁布者、执行者;外部评价指的是由政策机构以外的评价者所做出的评价,比如政策执行对象、社会大众。

政策评价根据其不同的评价方式,分为正式评价和非正式评价,正式评价指对被评价事项制定成套的评价方案,并严格按方案所规定的环节及内容进行评价,该评价由专门的评价者进行;非正式评价指对评价者、评价形式、评价标准没有明确要求,也不对评价结果的规定作特别强调,人们根据自己了解的现象对公共政策执行效果进行评价。

二、相关理论

(一)史密斯模型

通过大量的文献查阅调查得知,政策执行的研究并不是偶然兴起的,研究一开始的重点在于如何更好地制定政策而非有效地政策落实。20世纪60年代中,美国政府试图通过一系列计划给更多人提供永久性职业,但这些所谓完美的计划也并没有达到想要的效果。美国"奥克兰计划"的失败作为政策执行的一个导火索,使得研究者们不得不把政策的研究矛头由制定转移到执行上面。后又有学者在

---

① Charles O.Jones.An Introduction to the Study of Public Policy (3ed.) Monterey[M].Califomia:brooks/Coles Publishing Company,1984:56.

② 张金马.公共政策分析——概念·过程·方法[M].北京:北京人民出版社,2004:34.

1973 年联合发表《执行：联邦政府的期望在奥克兰市的破灭》一文，再次说明计划失败的主要原因在于对于政策的执行上的问题，这一度又引起了广大学者对政策执行的强烈关注。

在"执行运动"热潮的背景下，美国学者 T. B. 史密斯(T. B. Smith)于 20 世纪 60 年代在其《政策执行过程》一文中，首次提出的一个分析政策执行因素及其生态—执行的理论模型，因而又可称为"史密斯模型"。史密斯认为政策执行所涉及的因素很多，但以如下四个为主要变量：理想化政策、执行主体，目标群体、执行环境。理想化政策指是否具有合法、合理、可行的政策方案，包括政策的形式、类别、范围及社会对政策的认知；执行主体指承担政策执行的行政机构，包括其权力结构、人员配备、工作状态、领导技巧、执行队伍情况等；目标群体是指根据政策决定需要调整行为的群体，具体考虑其组织化程度、认知程度和过往的政策经验；执行环境指与政策生存空间相关的因素，包括政治环境、经济环境、文化环境、历史环境等。

史密斯模型认为，在政策执行过程中这四个组成部分均会产生一定的张力，并对政策形成反馈，反馈回来的信息会形成对政策制度进一步的支持或阻碍，政策在不断地反馈中修改和完善，进入下一个力的平衡阶段（如图 3-1）。

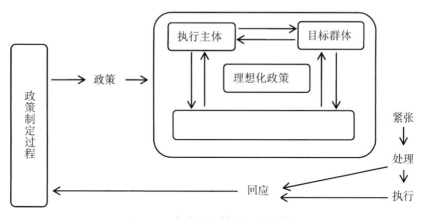

图 3-1　史密斯政策执行过程模型

体育场馆政策的有效执行首先取决于政策的理想化制定，所有公共政策的有效制定都是基于基本事实和大量数据，在征求受众意见后，通过政府和其他方面的充分论证，实现有效推动体育场馆发展的目标；执行机构的执行能力则是有效实现政策目标的决定性因素，政策的实施有赖于良好的执行能力水平。保罗(2004)[①]

---

① 保罗·A.萨巴蒂尔.政策过程理论[M].彭宗超，译.北京：生活·读书·新知三联书店,2004:111-123.

的文章中提到,史密斯认为确保政策执行机构和执行者们理解政策并且最终达到实现最终目标是政策执行过程中最为关键的因素,只有一个稳定的结构组织前来实施和保障政策的执行和有效落实,而且还需要一些非常负责的执行者和高效率、品学兼优的执行人员,才能最终达到预期想要的效果,这样才能为政策执行起到较为重要的作用。提高政策执行能力的途径有:加强有关部门对体育场馆政策执行工作的理性认识、提高政策执行人员的专业水平等。结合史密斯的过程模型理论,探讨如何提升政策执行机构的执行能力,从而可以有效实现政策目标;目标群体自身的素质则决定了公共政策执行的效率高低。如目标群体素质高、适应和接受政策的能力强,就能够顺利推动政策目标的实现,反之则会加大政策执行的难度。提高目标人群的综合水平和理解能力、提升政策执行主体的沟通协调能力,将有效减少政策执行差异,有利于实现政策执行的预期目标;最后在体育场馆政策执行中,营造一个良好的政策执行环境则能推动政策的有效实施,这一点往往容易被忽视。

(二)政策工具理论

政策工具理论由英国学者胡德在 20 世纪 80 年代提出。从其本质看,可以将其视为政策主体的一种行动机制。《公共政策学》对其定义为,这一行动机制的公共部门或社会组织都确立了政府的核心地位,并且其出发点为某一社会问题的解决或相应政策目标的达成。政策工具理论细分较多,本研究选取 Rothwell & Zegveld 的政策工具理论作为政策文本分析首要工具,该工具理论根据政策作用的对象不同,把政策工具分为三种不同类型,即需求型、供给型和环境型。该理论广泛应用于体育政策相关文本,具有较高的可靠性。其分类方法最早运用于评估科技创新和工业再造领域,伴随着理论的逐步成熟与发展,越来越多的研究者将其应用到养老、医疗、科技、教育、文化、体育等各个行业中来构建政策分析模型[①]。该理论在基本分类与结构框架的基础上,能够根据不同领域与现实研究对象的不同进行解析与类目界定,具有多元性与开放性,在国内各行业领域的研究中得到了广泛的应用并获得了显著成效。相较于其他政策工具,该理论突出了供给侧和需求侧的社会主义市场化的特征,强制化特征不显著,与本研究根据供给侧状况和内外部环境的政策文本中工具的运用进行剖析的理念契合,要求在体育场馆政策中淡化政府的强制性手段的作用,更加强调政府的服务职能。

综上所述,将该理论运用于本研究具有较强的可行性。本研究构建分析框架时按照详尽互斥的原则,同时为保证分析框架的科学性,充分借鉴了学术界运用政策工具理论对政策文本内容分析的研究成果,形成初步分析框架。将分析框架带到《意见》政策文件中,对框架的从属、内容完整度进行检验,研判分析框架中具体

---

① Nispen F, Peters B G. Public policy instruments: evaluating the tools of public administration[M]. E. Elgar, 1998: 24.

政策工具的互斥性,得到最终优化的政策分析框架。充分吸收理论成果和中央政策文件精神的类目构建分类方法以弥补本研究自身的不足,可以在一定程度上保证文本分析框架设定的合理性和科学性。

第四节　研究对象、方法及思路

一、研究对象

以《意见》政策文本为研究对象,充分考虑政策文本应具备的纲领性、代表性、指导性及发文主体的权威性,该政策针对全民健身的场地设施,具有明确指向性。

二、研究方法

（一）文献资料法

通过查阅国家体育总局官网、中国政府网、浙江省人民政府网、浙江省体育局官网等网站收集整理政策相关文件 84 个,立足于对相关政策的深度研究后,对于群众性体育场馆政策供给分析。以"政策""体育政策""政策工具""体育政策工具""健身场馆""体育场馆政策""群众体育政策"等中文关键词在中国知网、浙江省图书馆、高校图书馆等专业网站进行中文文献资料搜集,以"Policy""Sports Policy""Policy tools/Policy instrument""Sports Policy tools/instrument""National Fitness""Venue Facilities""Mass sports policy"等英文关键词在 Web of science、EBSCO、Springer 等外文数据库进行外文文献的检索,共查阅中英文期刊文章 269 篇。运用 Endnote 软件对相关文献信息进行整理归纳,通过多方面的资料采集为本研究提供丰富的文献基础,拓宽研究视野,从而进行深层次的政策文本分析。

（二）内容分析法

内容分析法是作为对具有明确特性的传播内容进行的客观、系统、定量描述的研究技术方法,对资料进行解释、描述和判断[1]。近年来已被广泛运用于对体育政策文本的分析,通过读取政策文本相关信息,对文本内容中各项条款进行编码,接着将编码归类量化,从而得到有意义的研究结果。本研究在保证一定科学性和借鉴性的前提下,采用内容分析法对《意见》的内容及特定语句进行客观系统定量的描述,给出 X 维度和 Y 维度的二维分析结构,分析和验证出政策文本制定者的目标及有效性[2],挖掘和探究文本内容背后蕴含的意义与趋势。

---

① Berelson B.Content Analysis in Communication Research[M].New York,US:Free Press,1952:34－37.
② 李纲.公共政策内容分析方法:原理与应用[M].重庆:重庆大学出版社,2007:4.

（三）数理统计法

数理统计法能够综合研究对象的多方面因素，从而以数据的形式呈现研究对象的发展规律和相关趋势走向。本研究运用 VOSviewer 软件对文献题录数据进行分析处理，生成关键词共现图；运用 NVivo12.0 质性数据分析软件建立政策文本的条目及分析单元并进行编码和统计分析；运用 Excel 软件对所统计的数据进行处理，借助量化表格与图表，更加形象与直观地呈现政策文本内容的结构。

三、研究思路

对群众体育政策、体育场馆政策、政策工具等相关文献进行梳理后，基于政策工具理论运用 Nvivo12.0 软件分别对《意见》的政策文本进行编码及量化分析，将内容分析结果按照时间标准维度进行对比，并对政策工具的使用效果进行分析，有针对性地对浙江省全民健身政策的制定和政策工具的使用提出定量依据与优化方案，进而更好地促进全民健身场馆实施计划的落实，为未来全民健身计划的设立提出切实有效的意见与建议。本书研究路线图如图 3-2 所示。

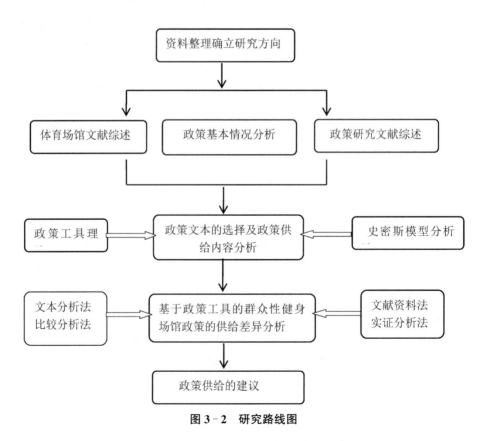

图 3-2　研究路线图

第五节　政策文本分析框架

一、政策文本选择

经济基础决定上层建筑,经济效率较高的区域会获得一定的政策倾斜,其政策发展水平也具有区位优势,全民健身活动的开展水平与政策的引领和区域经济发展水平有着密切的关系,同时跟各地区的体育场馆设施建设和硬件保障密切相关。从国家层面看相关体育场馆的政策性文本约90余件,专业体育场馆性政策文本为15件,其中与群众性健身场馆密切相关的政策文本有《关于加强全民健身场地设施建设发展群众体育的意见》(2020)、《"十四五"时期全民健身设施补短板工程实施方案》(2021)、《关于印发全民健身计划(2021—2025年)的通知》(2021)、《关于构建更高水平的全民健身公共服务体系的意见》(2022)。相较于其他三个政策文本,《关于加强全民健身场地设施建设发展群众体育的意见》(以下简称《意见》)作为政策文本更符合研究主题。本研究以时间维度为标准的视角分析研究国家制定全民健身场馆政策文本的规律变化和决策基本思路。

二、政策分析框架的构建

本研究根据罗斯威尔(Rohewell)与塞戈菲尔德(Zegveld)的政策工具理论[1]来进行分析框架的搭建。这一工具类型削弱了政策工具的强制性特征,强化了政府在政策落实过程中的积极作用,突出了供需政策的引导和激励作用,其特性与《意见》的基本原则一致。该政策工具思想的应用及在体育领域政策文本研究的广泛性[2],也验证了其应用于《意见》的可行性。

（一）政策工具的 X 维度

根据此政策工具理论,将《意见》的政策工具划分为供给型、需求型和环境型三大类,以此作为此政策工具分析框架的 X 维度(见图 3-3)。供给性政策工具主要体现了政府提供的场地设施、管理人员、咨询服务、教育培训、资金投入等基础条件,对政策的落实具有直接推动作用;需求型政策工具主要体现了政府通过购买服务、服务外包、宣传推广等简政放权或激励性政策,对政策的落实具有直接拉动作用;环境型政策工具主要体现了政府的目标规划、法规管制、策略性措施及税收减

① Roy Rothwell, Walter Zegveld. Reindustrialization and Technology[M]. Logman Group Limited, 1985:83 - 104.

② 郝大伟,崔建军,刘春华,等.基于政策工具视角下的中国体育产业政策分析[J].武汉体育学院学报,2004,48(9):55 - 60.

免,对政策的落实具有间接的影响作用①;在三者合力作用下,政策方能产生最佳效果。

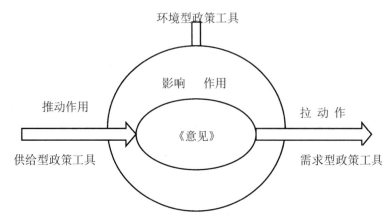

图 3-3　政策工具对《意见》的影响效力图

环境型政策工具通过创立规范标准和要求,建立正式的法规制度,从而影响全民健身实施的内外部环境,主要包含目标规划、法规管制、策略性措施、税收减免四项政策工具。

供给型政策工具体现了政府向全民健身计划的实施提供的路径导向与有效支持,促进资源向有效率的地方流动。通过总结国内体育政策的导向,最终确定体育场地设施、人员管理、咨询服务、教育培训和资金投入为政策工具。

需求型政策工具直接作用于市场维度通过政府购买服务或者服务外包等方式提供明确稳定的市场,减少初期所面临的不确定性。包括政府体育采购、服务外包、示范项目、体育海外交流四项政策工具。

(二) 政策工具的 Y 维度

单一的 X 维度并不能很好地体现出政策的所有特点。引入 Y 维度对政策文本内容进行定性与定量分析,有助于政策工具内容的运用情况进行全面审视和深入,将直接影响到政策的落实、落地及落细。本研究的 Y 维度为政策涉及的 4 个相关主体,即政府部门、建设机构、社区群众、社会组织。基于上述基本政策工具维度与主体维度涉及的具体内容,构建《意见》政策的二维空间分析框架(见图 3-4)。

---

① 赵筱媛,苏竣.基于政策工具的公共科技政策分析框架研究[J].科学学研究,2007,25(1):53.

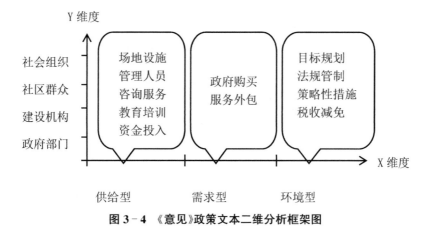

图 3-4　《意见》政策文本二维分析框架图

三、政策文本的内容编码

对《意见》文本内容中的模块、条目、分析单元进行编码。一级编码为内容模块,二级编码为内容条目,三级编码为政策内容分析单元中的具体条款,以"。"为分界,完整的句子为一个编码,形成编码表①,编码总计量 54 个(见表 3-1)。由于政策主体部分的文本内容属于政策文本制定的宏观背景、依据等总括性表述,此部分内容不纳入编码范围。

表 3-1　《意见》政策文本内容分析单元编码结果表

一级编码(政策内容模块)	二级编码(政策内容条目)	三级编码(政策内容分析单元)	编码号
总体要求	指导思想	以习近平新时代中国 特色社会主义思想为指导,深入贯彻党的十九大和十九届二中、三中、四中全会精神,完善健身设施建设顶层设计,增加健身设施有效供给,补齐群众身边的健身设施短板,大力开展群众体育活动,统筹推进新冠肺炎疫情防控和全民健身促进工作	1-1-1
	主要目标	争取到 2025 年,有效解决制约健身设施规划建设的瓶颈问题,相关部门联动工作机制更加健全高效,健身设施配置更加合理,健身环境明显改善,形成群众普遍参加体育健身的良好氛围	1-1-2

---

① 李彩娥,徐月云.基于政策工具对《关于推进学校体育场馆向社会开放的实施意见》的量化分析[J].首都体育学院学报,2021,33(5)498-499.

（续表）

一级编码（政策内容模块）	二级编码（政策内容条目）	三级编码（政策内容分析单元）	编码号
完善顶层设计	摸清底数短板	各地区要抓紧启动本地区健身设施现状调查，评估健身设施布局和开放使用情况，对照相关标准规范和群众需求，摸清健身设施建设短板	2-1-1
		与此同时，要系统梳理可用于建设健身设施的城市空闲地、边角地、公园绿地、城市路桥附属用地、厂房、建筑屋顶等空间资源，以及可复合利用的城市文化娱乐、养老、教育、商业等其他设施资源，制定并向社会公布可用于建设健身设施的非体育用地、非体育建筑目录或指引	2-1-2
	指定行动计划	各地区要结合相关规划，于1年内编制健身设施建设补短板五年行动计划，明确各年度目标任务，聚焦群众就近健身需要，优先规划建设贴近社区、方便可达的全民健身中心、多功能运动场、体育公园、健身步道、健身广场、小型足球场等健身设施，并统筹考虑增加应急避难（防险）功能设置	2-2-1
		对确有必要建设的大型体育场馆，要从严审批、合理布局，兼顾社区使用	2-2-2
	规范审核程序	各地区在组织编制涉及健身设施建设的相关规划时，要就有关健身设施建设的内容征求同级体育主管部门意见；在审查审批建设工程设计方案时，要按照国家关于健身设施规划建设的标准规范严格把关	2-3-1
		对于已建成交付和新建改建的健身设施，要严格用途管理，防止挪作他用	2-3-2
挖掘存量建设用地潜力	盘活城市空闲土地	各地区在不影响相关规划实施及交通、市容、安全等前提下，可应社会主体申请，提供城市空闲土地建设健身设施，并可依法按照兼容用途、依据地方关于临时建设的办法进行管理	3-1-1
	用好城市公益性建设用地	鼓励依法依规利用城市公益性建设用地建设健身设施，并统筹考虑应急避难（险）需要	3-2-1
		在不妨碍防洪、供水安全等前提下，可依法依规在河道湖泊沿岸、滩地建设健身步道等	3-2-2

（续表）

一级编码（政策内容模块）	二级编码（政策内容条目）	三级编码（政策内容分析单元）	编码号
挖掘存量建设用地潜力	支持以租赁方式供地	鼓励各地区在符合城市规划的前提下，以租赁方式向社会力量提供用于建设健身设施的土地，租期不超过 20 年	3-3-1
		以先租后让方式供地的，健身设施建成开放并达到约定条件和年限后，可采取协议方式办理土地出让手续，出让的土地应继续用于健身设施建设运营	3-3-2
		对按用途需要采取招标拍卖挂牌方式出让的土地，依照有关规定办理	3-3-3
		依法必须以招标拍卖挂牌方式出让国有建设用地使用权的土地实行先租后让、租让结合的，招标拍卖挂牌程序可在租赁供应时实施	3-3-4
	倡导复合用地模式	支持对健身设施和其他公共服务设施进行功能整合	3-4-1
		在不改变、不影响建设用地主要用途的前提下，鼓励复合利用土地建设健身设施，通过与具有相容性用途的土地产权人达成使用协议的方式促进健身设施项目落地	3-4-2
		在养老设施规划建设中，要安排充足的健身空间	3-4-3
提升建设运营水平	简化审批程序	各地区要加大健身设施建设审批领域"放管服"改革力度，协调本地区发展改革、财政、自然资源、生态环境、住房城乡建设、体育、水务、应急管理、园林、城市管理等相关职能部门，简化、优化审批程序，提高健身设施项目审批效率	4-1-1
	鼓励改造建设	各地区要统筹体育和公共卫生、应急避难（险）设施建设，推广公共体育场馆平战两用改造，在公共体育场馆新建或改建过程中预留改造条件，强化其在重大疫情防控、避险避灾方面的功能	4-2-1
		有关改造应符合工程建设相关法律法规和技术标准，具体要求由体育总局、住房城乡建设部、国家卫生健康委、应急管理部等部门另行制定	4-2-2

（续表）

一级编码（政策内容模块）	二级编码（政策内容条目）	三级编码（政策内容分析单元）	编码号
提升建设运营水平	鼓励改造建设	支持建设符合环保和安全等要求的气膜结构健身馆、装配式健身馆	4-2-3
		"十四五"期间，在全国新建或改扩建1 000个左右体育公园，打造全民健身新载体	4-2-4
	落实社区配套要求	新建居住小区要按照有关要求和规定配建社区健身设施，并与住宅同步规划、同步建设、同步验收、同步交付，不得挪用或侵占	4-3-1
		支持房地产开发企业结合新建小区实际和应急避难（险）需求配建健身馆等设施	4-3-2
		社区健身设施未达到规划要求或建设标准的既有居住小区，要紧密结合城镇老旧小区改造，统筹建设社区健身设施	4-3-3
		不具备标准健身设施建设条件的，鼓励灵活建设非标准健身设施	4-3-4
	支持社会参与	社会力量投资建设的室外健身设施在符合相关规划要求的前提下，由各相关方协商依法确定健身设施产权归属，建成后5年内不得擅自改变其产权归属和功能用途	4-4-1
		社会力量可申请利用尚未明确用途的城市空闲土地、储备建设用地或者已明确为文化体育用地但尚未完成供地的地块建设临时性室外健身设施，使用时间一般不超过2年，且不能影响土地供应	4-4-2
	推广委托运营	推进公共体育场馆"改造功能、改革机制"工程	4-5-1
		规范委托经营模式，编制和推广政府委托社会力量运营公共体育场馆示范合同文本	4-5-2
		鼓励采取公开招标方式筛选运营团队，鼓励将公共体育场馆预订、赛事信息发布、经营服务统计等工作委托社会力量承担，提高运营效率	4-5-3

（续表）

一级编码(政策内容模块)	二级编码(政策内容条目)	三级编码(政策内容分析单元)	编码号
提升建设运营水平	推动设施开放	完善大型体育场馆免费或低收费开放补助政策,支持体育场馆向社会免费或低收费开放	4-6-1
		挖掘学校体育场地设施开放潜力,在政策范围内采取必要激励机制,鼓励各地区委托专业机构集中运营本地区符合对外开放条件的学校体育场馆,促进学校体育场馆开放	4-6-2
		推动公共体育场馆为学校开展体育活动提供免费或低收费服务	4-6-3
		充分挖潜利用现有城市公共体育设施,加强对公共体育场馆开放使用的评估督导,对开放程度低、使用率低、服务对象满意度低的,要求其限期整改	4-6-4
		加强对公共场所室外健身器材配建工作的监管,确保健身设施符合应急、疏散和消防安全标准,保障各类健身设施使用安全	4-6-5
	加强信息化建设	公共体育场馆管理运营方要积极执行场馆信息化建设标准规范,建立完善预约制度,通过即时通信工具、手机客户端、官方网站、电话等多种渠道开放预约并做好信息登记,确保进出馆人员可追溯,并根据疫情防控要求及时调整入馆限额	4-7-1
		对开放式室外健身设施,其管理者要进行必要的人流监测,发现人员过度聚集时及时疏导	4-7-2
实施群众体育提升行动	丰富社区体育赛事活动	体育总局要加强统筹指导和顶层设计,结合开展"我要上全运"群众体育赛事活动,打造线上与线下比赛相结合、全社会参与、多项目覆盖、多层级联动的"全国社区运动会",充分发挥社区体育赛事在激发拼搏精神、促进邻里交往、增强社区认同感等方面的积极作用	5-1-1
		强化项目推动和综合保障,激发社区组织协办赛事活动的积极性,支持有条件的学校体育俱乐部承办社区体育赛事	5-1-2

（续表）

一级编码（政策内容模块）	二级编码（政策内容条目）	三级编码（政策内容分析单元）	编码号
实施群众体育提升行动	丰富社区体育赛事活动	通过政府购买服务等方式，引导社会力量承接社区体育赛事活动和培训项目	5-1-3
		赛事组织方要严格落实防疫等安全管理要求，制定相关预案	5-1-4
	推进"互联网＋健身"	依托现有平台和资源，委托专业机构开发基于PC端、移动端和第三方平台的国家社区体育活动管理服务系统，集成全国公共健身设施布局、科学健身知识、社会体育指导员情况等内容，实现健身设施查询预订、社会体育指导员咨询、体育培训报名等功能，并作为"全国社区运动会"的总服务保障平台	5-2-1
		依托该平台，运用市场化方式打造"全国社区运动会"品牌，鼓励各地区正在开展或拟开展的线上、线下社区赛事活动自愿加入平台，为相关活动提供组织管理、人才技术等方面支撑，提高全民健身公共服务智能化、信息化、数字化水平	5-2-2
	推动居家健身	按照常态化疫情防控要求，大力推广居家健身和全民健身网络赛事活动，充分发挥全民健身在提升全民健康和免疫水平方面的积极作用	5-3-1
		在健康中国行动系列工作中大力推进居家健身促进计划，鼓励各地区与线上运动平台合作开办居家健身课程	5-3-2
		鼓励体育明星等体育专业技术人才参加健身直播活动，普及运动健身知识、提供科学健身指导、激发群众健身热情	5-3-3
	夯实组织人才基础	各地区要加快制定完善社区体育相关标准和制度规范	5-4-1
		培育发展社会体育指导员协会、社区体育俱乐部等基层体育组织	5-4-2
		加强社会体育指导员队伍建设，优化社会体育指导员等级制度，在组织社区体育活动、指导科学健身方面充分发挥作用	5-4-3

（续表）

一级编码(政策内容模块)	二级编码(政策内容条目)	三级编码(政策内容分析单元)	编码号
加强组织领导	组织实施	体育总局要会同有关部门制定落实本意见的工作计划和工作台账,对各省(自治区、直辖市)政府贯彻落实本意见情况进行跟踪评估并做好督促指导	6-1-1
		各有关部门要加强沟通协调,抓紧细化健身设施规划、用地、开放运营等政策和标准,完善开展社区体育和居家健身的措施,指导地方做好有关工作	6-1-2
		各地区要将健身设施规划建设、开放利用和开展群众体育纳入重点工作安排,建立健全责任明确、分工合理、齐抓共管的工作机制,提出符合本地区实际的具体贯彻落实措施	6-1-3

注:此表根据《意见》整理编码。

第六节　《意见》政策文本的量化分析

一、X 维度分析

对此文本内容进行分析及处理,分为 12 个二级政策工具类型,分别归类到 3 个政策工具类型中,再分别计算各级政策工具类型所包含的条目出现频次、占比(即百分比＝各个二级政策工具类型出现的频次/所有二级政策工具类型总数×100％),计算结果见表 3-2。如表 3-2 显示,供给型、需求型、环境型政策工具条目数分别占《意见》政策条目总数比例的 29.63％、20.37％、50.00％。可见《意见》政策的制定侧重于环境型政策工具的使用,需求型政策工具的使用略少于供给型政策工具。长短期政策的相互配合,使得政策内容更为合理。

（一）供给型政策工具的结构分析

在供给型政策工具中,场地设施条目数占比为 50％;管理人员与资金投入条目数占比均为 6.25％;咨询服务条目数占比 25％;教育培训条目数占比为 12.5％（见图 3-5）。

表 3-2 《意见》政策文本 X 维度政策工具类型分布统计表

政策工具类型	二级政策工具类型	条目编码	频次	合计	占比（%）	总占比（%）
供给型	场地设施	3-1-1,3-2-1,3-2-2,3-4-1,3-4-3,4-2-3,4-3-2,4-6-4	8	16	14.82	29.63
	管理人员	4-7-2	1		1.85	
	资讯服务	2-1-2,4-7-1,5-2-1,5-2-2	4		7.41	
	教育培训	5-4-2,5-4-3	2		3.7	
	资金投入	4-6-1	1		1.85	
需求型	政府购买	5-1-3	1	11	1.85	20.37
	服务外包	3-3-1,3-3-2,3-3-4,4-6-2,5-1-2	5		9.26	
	宣传推广	4-5-2,4-5-3,5-3-1,5-3-2,5-3-3	5		9.26	
环境型	目标规划	1-1-1,1-2-1,4-2-4	3	27	5.56	50.00
	法规管制	2-3-1,3-3-3,4-2-2,4-3-1,4-4-1,4-4-2,4-6-5,5-1-4,5-4-1,6-1-2	10		18.52	
	策略性措施	2-1-1,2-2-1,2-2-2,2-3-2,3-4-2,4-1-1,4-2-1,4-3-3,4-3-4,4-5-1,4-6-3,5-1-1,6-1-1,6-1-3	14		25.92	
	税收减免	N/A	0		0	
合计			54	54	100	100

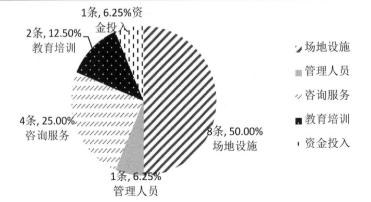

图 3-5 供给型政策工具各条目数量占比图

场地设施是群众体育的基础,包括设施建设、土地开发、开放运营等,是《意见》的主要内容,各地区各部门需细化场地设施规划政策及标准;资金投入提供基础的物质保障;资讯服务包括健身设施向社会主体开放的相关投资、运营及服务信息,是吸引社会力量加强健身设施建设的关键因素;管理人员是参与健身场馆与设施的公共服务人员,对管理人员、体育指导员队伍的培训将对健身场地的环境起到优化作用。

(二)需求型政策工具的结构分析

在需求型政策工具中,政府购买条目数占比 9.10%;服务外包与宣传推广条目数占比均为 45.45%(见图 3-6)。

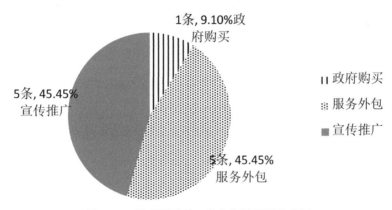

图 3-6　需求型政策工具各条目数量占比图

政府购买是指通过市场机制,把政府直接提供的一部分公共服务事项以及部分政府职能,按照一定的方式和程序交由具备条件的社会力量或事业单位承办,从而使公共服务由社会力量及市场机制来盘活,有利于转变政府部门的职能,满足群众体育的基本与个性化需求;服务外包的较高比重反映了政府注重对社会力量的引入,以提升健身设施建设的质量和效率,实现资源的优化配置;宣传推广是指宣传健身设施建设的相关政策与信息,对更好地发展群众体育进行宣传和解读,实施群众体育提升行动。《意见》中需求型政策工具使用过少,导致政策结构失衡。

(三)环境型政策工具的结构分析

在环境型政策工具中,目标规划条目数占比 11.11%;法规管制条目数占比37.04%;策略性措施条目数占比 51.85%(见图 3-7)。

环境型政策工具决定了政策的价值取向与发展路径。目标规划是为了实现多个目标,通过各个目标的实现,以求得实现总目标的最优,主要包括:指导思想、基本原则、主要目标,明确了我国健身场地设施建设的目标,具有较强的引导性;法规是我国政府制定的在加强全民健身场地设施建设中的相关规定、办法、准则和标准等；策略性措施则体现了我国政府的主导性。政策的制定"以习近平新时代中国特色社会主义思想为指导"，结合当下全民健身的时代背景及体育活动开展思想的转变，通过对环境型政策工具的运用来有效地推动和促进政策的高效实施。《意见》中环境型政策工具使用的频率占比最大，通过规划、监管等手段强化群众体育的外部环境来突破阻碍难题，为我国群众体育的发展营造了良好的政策环境。

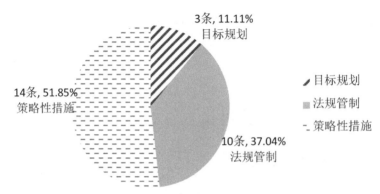

图 3-7　环境型政策工具各条目数量占比图

二、Y 维度分析

在《意见》中，与政府部门及建设机构有关的政策条目数均占比 31.48%、与社区群众有关的政策条目数占比为 16.67%、与社会组织有关的政策条目数占比为 20.37%（见表 3-3 和图 3-8）。

表 3-3　《意见》政策文本 Y 维度内容编码及频次表

政策内容归类	内容编码	频次
政府部门	1-1-1,1-2-1,2-1-1,2-1-2,2-2-1,2-2-2,2-3-1,2-3-2,3-1-1,4-1-1,4-2-2,5-4-1,5-4-2,5-4-3,6-1-1,6-1-2,6-1-3	17
建设机构	3-2-1,3-2-2,3-4-1,3-4-2,3-4-3,4-2-1,4-2-3,4-2-4,4-5-1,4-5-2,4-6-1,4-6-2,4-6-3,4-6-4,4-6-5,4-7-1,4-7-2	17
社区群众	4-3-1,4-3-2,4-3-3,4-3-4,5-1-1,5-1-2,5-3-1,5-3-2,5-3-3	9

（续表）

政策内容归类	内容编码	频次
社会组织	3－3－1,3－3－2,3－3－3,3－3－4,4－4－1,4－4－2,4－5－3,5－1－3, 5－1－4,5－2－1,5－2－2,	11

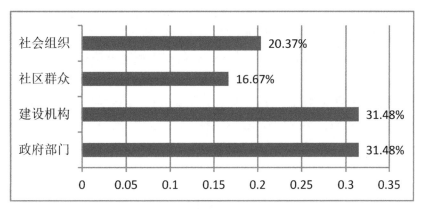

图 3－8　《意见》政策文本内容 Y 维度分析图

政府部门与建设机构在文本中均囊括 17 个编码,体育设施建设机构为主要落实主体,政府相关行政部门为主导,二者为推进政策实施及落实的主要力量。不同部门间的政策协作与合作交流,可以调动各部门的主体性和积极性,保障了政策的有效实施和良性发展。《意见》提供了制度保障,过程中需要包括国家发改委、住房和城乡建设部、自然资源部、财政部、体育总局等多部委协同工作。通过简化审批程序、加强信息化建设的措施,各地区因地制宜设立具体贯彻落实措施,将极大提高健身设施项目审批与建设的效率,提高群众体育的智能化、信息化与数字化水平;盘活城市空闲土地、用好城市公益性建设用地、倡导复合用地模式、适应时代背景改造建设等一系列举措,都将有效增加健身设施的供给,从而补齐群众身边的健身设施短板,大力开展群众体育活动,统筹推进新冠肺炎疫情防控与全民健身促进工作。

社区群众在文本中囊括 9 个编码,涉及“发挥社区体育赛事在激发拼搏精神、促进邻里交往、增强社区认同感等方面的积极作用”等内容。《意见》的核心便是,让广大群众健身有去处。社区作为由若干社会群体和社会组织聚集而成的社会有机体,被视为全民参与身体活动最为基础和重要的单位。弱化政府部门在全民健身活动开展中组织者的角色,将社区作为全民开展身体活动的中枢,进行体育活动的举办、宣传和培训,落实社区配套健身设施,为社区居民提供充足、多元的场地设施和相对应的咨询服务,从而使居民通过社区积极参与日常健身活动[15];社会组织在文本中囊括 11 个编码,涉及"支持以租赁方式供地""推广委托运营"等内容并提供具体政策。社会力量的活跃将极大有利于健身设施的建设、提高场馆运营效率,在政策的落实中发挥着积极作用。

(一)《意见》中政府部门和建设机构的政策工具结构分析

在加强健身场地设施建设的过程中,政府相关部门和建设机构作为主要利益相关方,几者之间要互相配合、相互协调,因此,将《意见》中关于政府部门和建设机构的政策工具条目合并进行分析(见图 3 - 9)。在《意见》中,关于政府部门和建设机构的供给型政策工具条目数占比为 38.24%、需求型政策条目数占比为 5.88%、环境型政策工具条目数占比为 55.88%。关于政府部门和建设机构的供给型政策工具条目数占供给型政策工具条目总数的 81.25%;关于政府部门和建设机构的需求型政策工具条目数占需求型政策工具条目总数的 18.18%;关于政府部门和建设机构的环境型政策工具条目数占环境型政策工具条目总数的 70.37%。

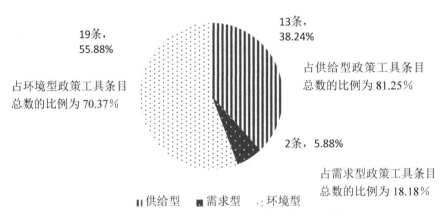

图 3 - 9　与政府部门和建设机构有关的政策工具条目数量及占比图

(二)《意见》中社区群众与社会组织的政策工具结构分析

在《意见》中,社区群众和社会组织是边缘利益相关方,因此,将《意见》中与这两者有关的政策工具条目合并进行分析(如图 3 - 10)。关于社区群众和社会组织的供给型政策工具条目数占比为 15%、需求型政策工具条目数占比为 45%、环境型政策工具条目数占比为 40%,与社区群众和社会组织有关的需求型及环境型政策工具条目数占比较多。与社区群众和社会组织有关的供给型政策工具条目数在《意见》的供给型政策工具条目总数中占比为 18.75%;与社区群众和社会组织有关的需求型政策工具条目数在《意见》的需求型政策工具条目总数中的占比为 81.82%;与社区群众和社会组织有关的环境型政策工具条目数在《意见》的环境型政策工具条目总数中占比为 29.63%。

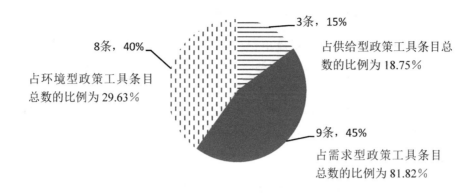

图 3 - 10 与社区群众和社会组织有关的政策工具条目数量及占比图

第七节 基于政策工具的《意见》政策供给建议

一、优化供给型政策工具,增强政策的推动作用

优化供给型政策工具内部比例:第一,合理增加资金投入。资金投入对群众体育事业的发展有着最直接和最明显的作用。第二,加强对体育管理人员的培育。提升体育行业人员的整体素养,使群众体育事业的发展保持积极向上的活力。第三,在未来的计划制定中,政策内容中不仅要有具体的指标,更要有科学的运行与反馈机制。第四,加强体育科技的研发与使用。在现阶段国内新冠肺炎疫情基本平复、国外疫情形势依旧严峻的背景下,重点推动"互联网＋健身"与居家健身,提高群众体育的信息化水平、激发群众健身热情。

二、增加需求型政策工具,扩大政策的拉动作用

需求型政策工具内容的缺失是《意见》中最需完善之处。弥补需求型政策工具的缺失,需要在之后的政策制定中做到:第一,加大政府购买的力度。提高健身设施建设的效率与质量,以实现群众体育的可持续高速发展。第二,加强对全民健身的社区与国际交流。通过搭建全民健身公共服务平台,充分动员社会组织和市场的力量,不断挖掘需求型政策工具对群众体育发展的激励作用,进一步激发群众的健身热情。

三、减少环境型政策工具,提高政策落实精准度

我国现阶段体育相关政策过度依赖环境型工具,尤其是对"策略性措施"的使用,需要对其及内部使用进行优化和调整:第一,合理分配策略性措施的使用,策略性措施使用过多则会导致体育事业的发展失去活力,降低自我发展能力,应根据现实情况,合理使用"策略性措施"。第二,增加税收减免等内容,通过对市场力量的引入,充分调动各方积极性,通过多元途径和手段保障政策的效力,推动群众体育的可持续发展。

四、全面协调政策指向,促进政策主体均衡化

完善各主体的参与度,形成政府部门引导、建设机构主攻、社会组织辅助、社区群众积极参与的政策主体体系。第一,政府部门相互协调与配合。政策的落实涉及中央及地方体育部门、财政部门及其他相关部门,建议由中央人民政府主管部门带头领导与协调,并完善政策落实的监督机制,促进政策更好地执行。第二,简化审批程序。目前我国场地设施建设的动力依旧不足,简化、优化审批程序,有助于提高场地设施项目的审批效率,推动场地设施的建设。第三,在进一步完善群众体育政策的过程中,针对各主体的政策工具类型的使用应更为均衡。建议完善场地设施外包的政策,建立相应的财政补偿机制、制定税收减免政策。通过明确体育社会组织的责权,进一步促进场地设施的建设,以推动群众体育的蓬勃发展。

第八节 本章小结

供给型政策工具总体使用均衡,供给型政策工具占比 29.63%。内部比例中,场地设施占比 50%、咨询服务占比 25%,在供给型政策工具中使用的比重较为合理;管理人员及其教育培训占比 6.25% 和 12.5%,政府资金投入占比 6.25%,这两项政策工具使用的明显不足,直接影响到我国群众体育政策实施的效果,需要适当提高使用比例,进一步优化内部比例。

需求型政策工具有待补充,需求型政策工具的使用占比 20.37%,使用较少。内部比例中,服务外包与宣传推广均占需求型政策工具的 45.45%,使用比重较大;政府购买占比 9.1%,比重过小。导致政策工具内部结构失衡,抑制政府的牵制力,政策执行力度遭到削弱。

环境型政策工具使用"超支",体育相关政策中,整体过度依赖环境型政策工具,《意见》中环境型政策工具达到 50.00%。内部比例中,策略性措施占主导地位,比重达到 51.85%,法规管制使用比例次之,缺少税收减免的相关政策。策略性措

施以"总体要求""贯彻落实""加强完善"等构成。

政策指向明确,《意见》政策的政策主体中,政府部门与建设机构的政策工具使用达到 62.96%,主要集中在环境型政策工具,需求型政策工具不足;社区群众与社会组织占比 37.04%,主要集中在需求型政策工具,缺少供给型政策工具的使用。政府部门与建设机构的关注度明显要高于社区群众与社会力量,社区群众与社会组织的关注度明显偏少,政策主体失衡。

我国在未来制定体育政策时应注重文本内容中供给型、环境型和需求型三类政策工具的合理运用,将显性供需政策工具与隐形环境型政策工具进行有效结合。同时,关注三种类型政策工具内部各项具体政策的均衡,既要借鉴《意见》中培训、咨询、外包服务等方面的有效供给,同时需要完善资金投入的不足,弥补政策在税收减免的缺失,充分调动各方积极性,通过多元途径和手段推动和保障政策的效力。只有做到供给、需求、环境三者协同发展,政策才能发挥其最优作用,产生最佳效果。在场馆建设方面要考虑因时、因地、因需,大力提倡体育综合服务体系、体育公园、废旧厂房及城市金角银边新建、改建、扩建等场所建设,并提高群众体育的信息化、智能化服务水平,激发群众健身热情,形成群众普遍参加体育健身的良好氛围。

第四章 群众性健身场馆建设风险

第一节 研究背景与意义

一、研究背景

体育服务综合体作为新型全民健身城市空间,人民群众健身锻炼的新场所。伴随国家经济实力提升,人民收入水平提高,群众的健康意识也不断提升。群众对运动健身需求的提升不仅局限于多样性、综合性和公益性的运动场地设施,对运动健身服务产业和其他配套健康产业的需求也在不断提升。目前国内基础性健身场地的不平衡不充分提供和群众对健康需求的不断提高形成了新的矛盾。

国务院〔2014〕46 号文件[①]、发改投资〔2014〕2724 号文件[②]、《"健康中国 2030"规划纲要》[③]等政策性文件出台,对场馆建设提出更高要求,"政府+社会资本"合作模式建设健身场馆成必然趋势。2014 年 46 号文件首次提出"以体育设施为载体,打造城市体育服务综合体,推动体育与住宅、休闲、商业综合开发"。2017 年 11 月 23 日体育产业工作座谈会上,国家体育总局领导[④]提出:"要以体育综合体为抓手,着力打造一万个体育综合体。"

近些年以来,随着体育综合体在我国的迅速发展,规模庞大,运营体系复杂,使其具有投资建设周期长、收益回报效率低、建设运营风险高的特点。依靠体育的社会影响力带动周边乃至整个区域的其他产业经济发展,成为带动城市经济发展的新引擎。尽管现阶段国内体育综合体的投资建设进入高速发展阶段,但多数投资者欠缺体育综合体投资建设经验,导致投资建设过程中存在着空间构建不合理、业

---

① 国务院.关于加快发展体育产业促进体育消费的若干意见[Z].国发〔2014〕46 号,2014-10-2.

② 发改委.国家发展改革委关于开展政府和社会资本合作的指导意见[Z].发改投资〔2014〕2724 号,2014-12-2.

③ 国务院."健康中国 2030"规划纲要[EB/OL].(2016-10-25)[2022-5-20].https://www.gov.cn/zhengce/2016-10/25/.

④ 中财网.莱茵体育:2018 年半年度报告摘要[EB/OL].(2018-06-29)[2020-09-07].http://www.cfi.net.cn/p20180829003966.html.

态布局模式较为单一,以及特色亮点不够鲜明等问题。所以现阶段国内体育综合体投资建设过程暗藏风险,容易对投资者造成巨大损失。

目前国内对体育场馆运营风险的研究较多,关于体育场馆建设风险的研究较少,关于体育综合体建设设计、运营方式、发展策略等方向的研究较多,而体育综合体建设风险管理的研究较少。体综合体投资建设存在着哪些风险? 不同组合的业态是否具有相同性质? 如何有效识别投资建设前期的风险并做出合理评价? 如何有效地防范和处理投资建设体育综合体前期的风险? 这些都是当前体育综合体投资建设前期急需解决的问题。本书从层次分析法原理出发对体育综合体投资建设的风险因素进行定性定量分析,结合模糊综合评价法对体育综合体投资建设前期出现的风险因素进行风险识别、风险评价、风险处理,为体育综合体投资建设前期的风险管理提供相关参考依据。

二、研究目的及意义

(一)研究目的

通过对浙江省体育综合体的投资建设前期风险进行识别、评价和处理,构建范围广泛、层次清晰的风险管理指标体系。运用层次分析法和模糊综合评价法建立科学准确的风险评价体系,计算各层指标风险评价结果和组合权重值。通过避免风险、损失管理、风险转移和自留风险 4 种风险处理方式对重要风险指标进行合理处理。通过实证分析验证本研究中体育综合体投资建设前期风险管理过程的科学性和可操作性,并为后续政府和社会投资机构投资建设体育综合体提供风险管理实际参考,为体育综合体投资建设前期的风险管理理论学术基础研究起到促进作用。

(二)研究意义

1. 理论意义

本书基于风险管理理论对我国体育综合体的投资建设前期的风险管理过程进行深入剖析,对国内外体育综合体风险管理的已有研究成果进行总结归纳,延伸了风险管理的理论意义,拓展了我国体育综合体的研究领域,为体育综合体的发展提供理论上的支持。

2. 现实意义

现阶段我国多数体育综合体面临的投资回报率比较低、投资建设存在风险的困境。投资建设体育综合体过程中的风险因素给体育综合体的发展和全民健身运动的开展带来诸多不便。本书从浙江省体育综合体的投资建设前期过程中的经济、政策、选址、技术、社会、决策、开发、自然等风险因素进行实地调查和文献分析,从优化加强体育综合体投资建设前期的风险管理的角度出发,做出符合体育综合体投资建设前期的风险识别、风险评价、风险处理。通过对体育综合体投资建设前期风险管理过程进行研究可以为我国体育综合体的投资建设提供参考,提升体育综合体风险管理水平,更好地服务于全民健身计划开展,助推"十四五规划"和"健康中国 2030"等国家战略。

第二节　群众性体育场馆之体育综合体研究进展

一、体育综合体相关研究

（一）国内体育综合体研究

1. 体育综合体

2014 年 10 月,《国务院关于加快发展体育产业促进体育消费的若干意见》首次提出"以体育设施为载体,打造城市体育服务综合体,推动体育与住宅、休闲、商业综合开发"[①]。

国内关于体育综合体概念的研究有几种不同的方向,其中有专家学者认为体育综合体是体育产业引导下的与其他产业融合发展的一种服务空间聚集地,如曾俊山[②]、钱锋[③]、杨峰[④]、蔡朋龙[⑤]、胡小雨[⑥]都把体育综合体定义为是以体育服务为核心,与其他多个产业相融合,聚集并发扬城市体育文化,促进多种商业功能聚合,实现土地集约化使用,形成多种服务产业集合、多种城市功能聚集、空间集约、统一又复杂的以体育为中心的城市空间聚集区。

周庆[⑦]、滕苗苗[⑧]、王家宏[⑨]、陈晓民[⑩]等学者都认为体育综合体是城市综合体的缩影,体育综合体是城市服务综合体的一个子系统,是一个具有可持续经营与发

① 张强,陈元欣,王华燕,等.我国城市体育服务综合体的发展路径研究[J].成都体育学院学报,2016,42(04):21-26.

② 曾俊山.城市体育服务综合体开发定位与业态布局研究[D].苏州:苏州大学,2018:10-13.

③ 钱锋,姚伊迪.城市更新的催化剂——阿姆斯特丹竞技场的综合化发展过程[J].城市建筑,2018(08):6-9.

④ 杨锋.大型体育服务综合体理论研究与运营案例分析[D].杭州:杭州师范大学,2017:6-15.

⑤ 蔡朋龙,王家宏,李燕领,等.城市体育服务综合体的内涵、功能定位与长效机制[J].南京体育学院学报(社会科学版),2016,30(06):63-68,78.

⑥ 胡小雨.体育产业化背景下体育综合体集约化设计方法研究[D].南京:东南大学,2017:13-14.

⑦ 周庆.我国城市体育综合体的功能及构建研究[J].吉林体育学院学报,2018,34(03):12-15.

⑧ 滕苗苗,陈元欣,何于苗等.我国城市体育服务综合体的发展:进程·困境·对策[J].首都体育学院学报,2018,30(02):113-116.

⑨ 王家宏,蔡朋龙,陶玉流等.我国城市体育服务综合体的发展模式与推进策略[J].武汉体育学院学报,2017,51(07):5-13.

⑩ 陈晓民,李鸿儒,黄颖.大城市小社会——体育综合体改变城市生活[J].城市建筑,2017(01):114-116.

展的体育服务城市空间集聚区与体育生活区,以体育产业与体育场馆设施为载体,将体育产业与商业、旅游、展览、文化、健身等业态结合、相互促进,加入其他城市服务功能。

何夷①认为体育综合体是城市体育场馆设施建设与住宅、休闲、商业等业态融合,为参与体育竞赛、全民健身、体育培训的群体提供配套服务,拉长服务链,把场馆设施打造成以体育为主、功能丰富、综合配套齐全、可经营性强的公共体育服务与聚集体育经济发展的城市服务功能聚集体。董兵②则把体育综合体定义为不同的体育建筑组合而成的综合性建筑群,每座体育建筑之间有机协调,互为关联与补充,在总体设计、专业功能、建筑风格方面形成一组完整的建筑综合体。除此之外,邓婉婕③认为体育综合体指的是将竞技体育、大众体育和体育产业进行融合构成三位一体的综合体。

本书定义体育综合体如下:体育综合体是城市服务综合体的一个子系统,以体育产业为中心,最少融合两个其他产业,包括房地产产业、休闲产业、商务购物产业、文化娱乐产业、旅游产业、健身康体产业、教育培训产业、竞技比赛产业等相关产业,构建一个多业态、多功能、高效聚合、复杂但又有强经营性和活力的公共体育服务与体育产业经济发展汇聚一体的综合体。

2. 体育综合体分类

国内对于体育综合体的分类基本是按照其功能进行分类。何夷④把体育综合体分为体育中心型、商业中心内嵌型、体育旅游型三种,体育中心型则是由旧场馆改造、新场馆重新规划建设而成;商业中心内嵌型则是由商业综合体转型改建的;体育旅游型由体育小镇、旅游基地等以体育旅游为核心的体育新型组织代表。

杨峰⑤依据体育综合体的功能把体育综合体划分为体育运动场馆型体育综合体、体育商务型体育综合体、体育休闲综合型体育综合体。有的学者针对转型改建成的体育综合体进行分类,张强⑥将现有商业综合体转型发展为体育综合体分为以下四类:全民健身类体育综合体、社区体育类体育综合体、体育商务类体育综合体、康体养身类体育综合体。王继松⑦通过对各类体育综合体进行分析,把体育综

① 何夷.湖北省城市体育服务综合体可行性及发展对策研究[D].桂林:广西师范大学,2018:4-11.
② 董兵.体育建筑综合体设计要点初探——以江苏启东恒大国际体育城建筑设计为例[J].江苏建筑,2011(01):9-12.
③ 邓婉婕.体育综合体战略下的艺术体操新型发展路径初探[J].当代体育科技,2018,8(03):187-188.
④ 何夷.湖北省城市体育服务综合体可行性及发展对策研究[D].桂林:广西师范大学,2018:4-11.
⑤ 杨锋.大型体育服务综合体理论研究与运营案例分析[D].杭州:杭州师范大学,2017:6-15.
⑥ 张强,陈元欣,王华燕等.我国城市体育服务综合体的发展路径研究[J].成都体育学院学报,2016,42(04):21-26.
⑦ 王继松.体育综合体的运营模式与分类分析[EB/OL].体育 BANK 微信公众号,(2018-04-08)[2019-04-08].

合体分为大型体育场馆导向型、特色体育资源导向型、六边工程导向型、商业中心内嵌型。

部分学者根据体育综合体的建筑功能进行分类，目前国内体育综合体的建设已经有所成功，城市综合体建设经验对很多体育综合体的建设起到了推进作用。丁宏[1]根据建筑功能把体育综合体分为三类：体育休闲型体育综合体、运动场馆型体育综合体和健身养生型体育综合体。

结合已有的学者对体育综合体分类研究，体育综合体按照功能可以分为：商业中心内嵌型、全民健身中心型、体育中心型、其他型四种类型。

3. 体育综合体设计

从地理空间结构，节省占地面积的角度出发，利用集约化设计来建设体育综合体已经是一股热潮，胡小雨[2]、刘高旺[3]、汤朔宁[4]、董兵[5]都提到了利用集约化设计来建设体育综合体。为了让体育综合体在同样的空间地理环境里能够蕴含更多的城市服务功能，同时也节省城市建筑用地，能够在同样的建筑用地中体现更多的城市功能价值，在设计建设体育综合体的时候，对其建筑功能进行全方位的策划，对体育综合体的建筑空间结构进行资源整合和优化配置。

从区域功能，实用高效的角度出发，汤朔宁[6]又提出了利用城市综合体建设中的混合功能来建设体育综合体。部分学者从建筑设计领域角度做了相关的设计研究，杜凤林[7]研究了科隆坡国家体育综合体的室外体育场的设计建设，该建筑使用了环形索膜屋顶结构。梁山[8]提出利用流线设计来建设体育综合体。刘言[9]从总体布局角度提出了整体布局设计、交通流线设计、平面布局设计。同时从功能空间角度提出了空间组织设计、转换动态设计、复合化设计，建筑形象设计与结构统一。

综合以上学者的研究，国内关于体育综合体的设计主要从地理空间结构、区域功能、建筑设计领域三个角度展开，分别提出了集约化设计、混合功能设计等设计理念。

4. 体育综合体运营现状

我国体育综合体建设改建数量在增多，但是也存在一些问题，针对国内体育综

① 丁宏,金世斌.江苏发展城市体育服务综合体的路径选择[J].体育与科学,2015,36(02):34-37.
② 胡小雨.体育产业化背景下体育综合体集约化设计方法研究[D].南京:东南大学,2017:13-14.
③ 刘高旺."三馆合一"的体育综合体——缅甸国家体育馆设计[J].工程建设与设计,2016(17):55-58.
④ 汤朔宁,赵孔,谭杨.融合与共生——大中型体育中心的复合化设计研究[J].城市建筑,2016(28):35-37.
⑤ 董兵.体育建筑综合体设计要点初探——以江苏启东恒大国际体育城建筑设计为例[J].江苏建筑,2011(01):9-12.
⑥ 汤朔宁,李阳夫.大中型体育中心"混合功能"设计研究[J].建筑与文化,2016(07):154-156.
⑦ 杜凤林.科隆坡国家体育综合体室外体育场,马来西亚[J].世界建筑,2000(09):34-35.
⑧ 梁山.体育综合体设计初探[D].上海:同济大学,2008:43-45.
⑨ 刘言.城市体育综合体系统设计研究[D].青岛:青岛理工大学,2014:45-65.

合体的运营现状,相关学者做出了不同的研究,张强[①]提出了:体育综合体的建设规划利用土地效率不高、投资资金太大与投资回报周期太长、政府与市场合作目标不协调、定位培育与管理机制不完善、服务标准化制度尚未建立等问题。

王家宏[②]提出了大型场馆建设规划不合理,不利于后期改造;配套土地供应结构失衡,发展前景与空间受限;投资资金不够多样化,体育综合体的建设发展进程受阻;管理机制不完善,运营发展受限;特色主题不鲜明,规划开发定位不准确;行业规范程度不高投资建设标准尚未健全;政府财政政策扶持力度不大等问题。

滕苗苗等[③]提出体育综合体目前存在体育赛事市场不够丰富,发展培育还需要加强,运营内容还需要结合当地需求和特色进行改进;体育综合体的前期设计没有考量城市规划,规划缺乏整体性和切合性,后期对体育综合体进行改进和整合的难度较大;体育综合体的管理体制不够先进,落后的体育综合体管理体制会削弱体育综合体的运营活力;体育综合体的发展多元化不够,社会资本进入体育综合体的建设运营不多,不利于体育综合体的多样化、普及化发展;体育综合体运营管理人员能力还需要提升,体育综合体的运营管理人才储备不足等问题。

通过对各位学者的研究结果分析和归纳,目前国内体育综合体存在:规划不合理,土地利用率不高、融资渠道单一,投入回报率低下、管理和服务能力不足,机构不健全、特色亮点不鲜明、政策扶持力度不够等系列问题。

5. 体育综合体发展策略

体育综合体的发展需要依靠改革来走出困境。徐磊[④]、王家宏[⑤]、滕苗苗[⑥]、丁宏[⑦]、何夷[⑧]、曹冲[⑨]、赵慧娣[⑩]和丁云霞[⑪]等都提出加强政府宏观管理规划和土地建

① 张强.我国城市体育服务综合体的发展路径研究[D].武汉:华中师范大学,2017:7－9.

② 王家宏,蔡朋龙,陶玉流,等.我国城市体育服务综合体的发展模式与推进策略[J].武汉体育学院学报,2017,51(07):5－13.

③ 滕苗苗,陈元欣,何于苗,等.我国城市体育服务综合体的发展:进程·困境·对策[J].首都体育学院学报,2018,30(02):113－116.

④ 徐磊,张兵,夏成前.新时代我国体育场馆综合体发展困境与路径探寻[J].吉林体育学院学报,2019,35(01):12－15.

⑤ 王家宏,蔡朋龙,陶玉流,等.我国城市体育服务综合体的发展模式与推进策略[J].武汉体育学院学报,2017,51(07):5－13.

⑥ 滕苗苗,陈元欣,蔡明明等.我国城市体育服务综合体开发模式研究[J].体育科技文献通报,2017,25(02):113－115.

⑦ 丁宏,金世斌.江苏发展城市体育服务综合体的路径选择[J].体育与科学,2015,36(02):34－37.

⑧ 何夷.湖北省城市体育服务综合体可行性及发展对策研究[D].桂林:广西师范大学,2018:4－11.

⑨ 曹冲,李文,薛金霞.云南城市体育服务综合体的发展途径研究[J].江西电力职业技术学院学报,2018,31(03):165－166.

⑩ 赵慧娣.公共服务重要一维:体育服务综合体建设[N].中国社会科学报,2018－09－05(007).

⑪ 丁云霞,张林.体育综合体消费者服务需求研究——基于对江苏省14家体育综合体消费者的样本调查[J].体育与科学,2019,40(02):105－114＋120.

设布局、加强统筹管理；当地政府出台体育综合体扶持政策；激励创新管理机制，优化运营模式；制订行业运行标准，提高体育综合体社会服务能力；加强体育综合体运营人才管理与培训，储备更多的管理运营人才；加强保护投资者利益机制，标准化准入与退出机制；加强土地资源的集约性建设、激励更多社会企业进行体育综合体的投资建设、建立长期有效的体育综合体扶持政策等建议来发展体育综合体。

张强[①]提出了在城市规划建设的时候就对体育综合体进行统筹规划，利用混合所有制制度的优势，采用 PPT 模式、委托合作模式、"订单模式"等形式来实现政府、投资者、社会群众的共赢。在特色型体育综合体的投资建设规划中可以采用试点建设运营，制定规范化服务标准，然后再推广与普及建设。

通过梳理总结，目前国内学者针对体育综合体的发展策略研究提出以下建议：政府加强宏观规划和布局，集约化建设和设计体育综合体、规范民间资本和国有资本的准入退出机制，制定投资者回报及权益保护机制，鼓励多方共建共营体育综合体、加强专业培训，提高管理水平和服务水平、政府应该出台体育综合体的相关地方法律法规和扶持政策，鼓励和扶持体育综合体的建设与运营、做好创新工作，打造特色鲜明的体育综合体。

（二）国外体育综合体研究

美国学者 Burgesg[②] 在 1920 年提出了中央商务区（CBD）这一概念，它是商业汇聚的地方，主要以商业零售、商务办公以及娱乐休闲为主要功能。

Hans Westerbeek 等[③]出版的《管理体育设施和重大事件》一书系统地解释了体育建筑群成功运营的许多关键因素，并系统地讨论了体育建筑群的建设，运营和评估的方法与标准。

美国学者 Gil Fried[④] 出版的《体育设施管理》一书，经国内学者整理成汉语版传入我国，很全面地介绍了体育服务综合体的管理原理和案例分析。该著作从运动场地建设和日常经营生产管理等几个方面进行解释，在运动场地设备建设中会涉及法律领域、人力资源、资金成本等多个方面；在体育综合体的日常运营管理中会涉及营销领域和债务领域等多个领域。

德国学者 Luca Rebeggiani[⑤] 引进美国的体育综合体研究经验，美国学者研究中关于金融税收政策和融资模式被德国专家学者借鉴，对德国的体育综合体投资

① 张强.我国城市体育服务综合体的发展路径研究[D].武汉：华中师范大学，2017：7-9.

② Burgesg EW.The Growth of the city[M].University of Chicago Press，1925：47-62.

③ Hans Westerbeek，Aaron Smith，Paul Turner. Managing Sport Facilities And Major Events[M].Routledge Taylor & Francis Group，2005：7-60.

④ Gil Fried JD.Managing Sport Facilities[M].University of New haven，2008：4-52.

⑤ Luca Rebeggiani.Public Vs. Private Spending For Sportswear Facilities-The case of Germany 2006 [J].Journal of Public Finance and Management，2006：395-435.

建设以及运营管理进行具体分析后强调了德国的金融风险管理方式。

法国的 Can Ricart 体育综合体所在地区经济不发达,市场发展比较萧条。Castells 等[①]认为在 Can Ricart 体育综合体建成之后,该地区在城市发展与经济市场的发展得到了很大的改变。通过体育综合体举办体育活动或体育比赛促进改革地区的社会稳定与和谐,促进社会各阶层人民的和谐发展。Castells 认为体育综合体的投资建设对所在的地区社会发展与市场经济的发展起到了很好的促进作用。

Tecnova[②]认为体育综合体投资建设前期的规划与设计应该对当地的特色与社会文化进行较为详细的了解。各个地区都有自己比较突出的特色,其文化特色与建筑文化特色是体育综合体投资建设前都应该考虑的因素。在规划设计前融入当地的特色文化,不仅是对当地文化特色的尊重,也是为体育综合体注入了新的活力,更能得到当地的认可。在融入当地文化特色的过程中可以考虑把体育综合体打造成当地的标志性建筑物,这样可以更好地宣传体育文化,同时也是体育综合体的发展新契机。

Ed Hill[③]从建设体育综合体的选材和构造做了一系列研究,他认为在建设投资体育综合体的过程中应该采用更加环保与低耗能的材料,在建筑材料的选择中,采用可持续时间长的材料是降低体育综合体投资成本的方法之一。在能源建设中可以选择清洁能源,比如太阳能、风能等高节能设施,这是降低运营成本的一种常见方法。

国外关于体育综合体的研究中关于建筑设计、运营管理、建筑材料等方面的研究较多。从建设运营体育综合体的实际问题出发,根据实证研究,为体育综合体的实际建设和运营提供了更多的建设性意见。

(三)体育综合体研究评述

国内现有的研究中较多学者从概念定义、分类、设计、运营现状、发展策略进行研究。国内学者关于体育综合体的概念定义有多种解释,但均认为体育元素是体育综合体的核心要素,体育元素要结合其他产业融合发展。各学者分别从体育综合体的功能、建筑特征等方面来定义。大致分为两种学术定义,其中一种定义认为体育综合体是一个服务的集约区域,另一种定义认为体育综合体是一个综合的体育建筑,本书认为体育综合体是一个服务的集约区域。

体育综合体分类方法的研究大多从服务功能和建筑特征来进行分类研究,根据不同功能进行分类研究是研究的热点问题,各学者均提出不同见解,本书根据已

①　Don Muret.Windy City Stadium plan spurs questions [J]. Amusement business,2000:50.

②　Larry Penner.Sports stadium do not need subsidies[N]. USA,2004.

③　Crompton,John L. Howard,Dennis R. Var,Turgut. Financing Major League Facilities:status,Evolution and ConflictingForces[J]. Journal Sport Management,2003:56 - 117.

有的研究结果和现实中体育综合体的功能把体育综合体分为商业中心内嵌型、全民健身中心型和、体育中心型和其他型四种类型。

在建筑设计方面国内的研究从地理空间结构、区域功能、建筑设计领域三个角度展开,分别提出了集约化设计、混合功能设计等设计理念,使得体育综合体的设计与建造更加贴合实际、注重人性化。但是通过对体育综合体建筑设计的研究结果进行归纳整理,发现目前国内关于体育综合体的建筑设计领域的学术研究较少。

在运营现状方面,各地区、各类型体育综合体的运营现状均有差距。在体育综合体的运营管理中规划不合理,土地利用率不高、融资渠道单一,投入回报率低下、管理和服务能力不足,机构不健全、特色亮点不鲜明、政策扶持力度不够等系列问题较为普遍。

通过梳理学者们的研究结果发现,针对体育综合体的发展策略研究众说纷纭,提到较多的发展路径有政府要加强宏观规划和布局,集约化建设和设计体育综合体;规范民间资本和国有资本的准入退出机制,制定投资者回报及权益保护机制,鼓励多方共建共营体育综合体;加强运营管理人员的专业培训,提高管理水平和服务水平;政府出台体育综合体的相关的地方法律法规和扶持政策,鼓励和扶持体育综合体的建设与运营;做好创新工作,鼓励投资者结合当地特色打造符合城市文化的特色体育综合体。

国外专家学者对体育综合体的相关研究较早,采用实证研究总结出许多可操作性的发展经验,肯定了体育综合体对体育产业发展和市场经济发展的积极作用。近几年来我国专家学者逐步开始体育服务综合体研究,但与国外的体育综合体研究相比尚有很大的学术研究前景。

二、风险管理相关研究

(一)国内风险管理研究

国内风险管理研究始于20世纪80年代,国外先进的风险管理经验给国内的风险管理提供了发展便利,宋明哲[①]先生的《现代风险管理》是当时研究的标志性成果。

中国的金融风险管理和市场风险管理被逐渐重视起来的原因是1997年亚洲金融危机,让国内的企业家与专家学者发现风险管理的重要性。专家学者从国外引进一大批先进的风险管理思想和处理方法,政府部门对于金融市场的风险开始重视起来,并发布了一系列关于企业风险管理的政策与指导意见。

在学术领域,也有越来越多的专家加入企业风险管理的研究中。田德禄[②]从

①　宋明哲.现代风险管理[M].北京:中国纺织出版社,2003:3-55.
②　田德录,卢凤君.风险管理要素分析[J].中国农业大学学报,1998(06):4-63.

系统的角度研究了风险管理的构成因素。陆跃祥[①]从契约经济学的角度认为,企业风险一方面来自内部交易的不确定性和外部经营环境的复杂性和变化,另一方面来自内部契约的不完全性和管理人员知识的局限性。

2001年,我国加入WTO,外国企业进入中国内地,国内企业竞争进入激烈状态。国内企业对企业管理和企业运行开始高度重视,企业日常决策与运营管理的风险开始被企业高层重视。对日常企业风险管理和重大风险事件控制方面的措施也越来越多,越来越重视,对企业进行风险因素识别、风险评价和风险处理的工作已经进入常态化管理。

2006年,国资委颁布了《中央企业全面风险管理指引》[②],该指引的出台,标志着我国的风险管理理论和实践都进入一个新的历史阶段。为促进国内风险管理体系的设立,2008年,国资委颁布了有关编制《2008年中央企业全面风险管理报告》[③]试点工作的相关事情的报告。2008年,财政部门、证券监督管理委员会等多个部门颁布了《企业内部控制基本规范》[④],该规范的出台意味着我国开始重点关注非金融企业的内部风险控制和全面的风险管理。2010年,银保监会颁发《人身保险公司全面风险管理实施指引》[⑤],2012年,银保监会发布《人身保险公司年度全面风险管理报告框架》[⑥]及风险监测指标。2012年12月17日国资委印发了《关于2013年中央企业开展全面风险管理工作有关事项的通知》[⑦],对中央企业进行全面风险管理。2019年12月31日,国资委印发了《关于2020年中央企业内部控制体系建设与监督工作有关事项的通知》[⑧]规范了国企内部控制和风险管理。

国内关于风险管理的研究和西方国家相比起步较晚,宋明哲等专家学者对于风险管理的研究起到了推动的作用。国家关于风险管理也越来越重视,相继出台了一系列的政策文件来规范风险管理。国内关于风险管理的研究范围较为宽泛,涉及多个领域,研究方法也更为多样。

（二）国外风险管理研究

国外风险管理研究始于20世纪60年代中期,其中有代表性的专家学者是梅尔、赫奇斯和Hedges,他们规范了风险管理的过程,并把风险管理规范成著作《企

① 陆跃祥,游五洋.中国企业风险管理研究[J].山东经济,2000(04):61-64.
② 国资委.中央企业全面风险管理指引[Z].国资发改革〔2006〕108号,2006-6-6.
③ 国资委.2008年中央企业全面风险管理报告[Z].国资发改革〔2008〕05号,2008-12-2-19.
④ 张轶,周吉.风险管理理论综述[J].科技视界,2014(17):241.
⑤ 保监委.人身保险公司全面风险管理实施指引[Z].保监发〔2010〕89号,2010-10-24.
⑥ 保监委.人身保险公司年度全面风险管理报告框架[Z].保监发〔2012〕193号,2012-02-27.
⑦ 国资委.关于2013年中央企业开展全面风险管理工作有关事项的通知[Z].国资发改革〔2012〕89号,2012-12-17.
⑧ 国资委.关于2020年中央企业内部控制体系建设与监督工作有关事项的通知[Z].国资发改革〔2019〕101号,2019-12-31.

业的风险管理》和《风险管理与保险》。著作的出版发表标志着风险管理理论开始被广泛研究和关注。1965 年 Hedges[①]首次提出通过分析风险管理理论,借用风险管理过程,从不同的企业职务和分析角度对企业在发展和运营过程中遇到的风险问题进行处理。

Jerry A. Miccolis[②]在 2005 年通过文献回顾,访谈和调查现有企业的实际风险情况,指出目前企业实施风险管理的潜在障碍及企业可能面临的机会。Deloitte[③](美国德勤会计公司)在 2005 年研究提出了 ERM 风险框架设计的原则及一些在实施企业风险管理框架时需要注意的问题,并且列示了许多已经成功实施 ERM 企业的经验。

2006 年国际风险管理会议的召开表明了风险管理在企业运营中的重要地位,这次会议的召开被专家学者和企业运营高层高度重视。The Conference Board of Canada[④],详细介绍了企业如何从能源企业的 ERM 实践中学习经验,同时指出随着企业的发展和社会的发展,以往的风险管理经验和理论方法已经不再适用现代企业所面临的新型风险,企业应该根据自身情况,结合其他企业成功的风险管理经验,整合出适合自己企业的风险管理方法。

国外关于风险管理的研究比国内早,研究范围广,涉及领域多,研究方法多样。国外的专家学者主要从企业实际风险问题出发,针对多样化风险因素,采取不同的风险管理办法。

(三)风险管理研究评述

国内关于风险管理的研究起步较晚,研究前期主要从国外的文献与专著进行翻译和引进。国外先进的风险管理理论、风险管理操作措施对国内风险管理学者的研究思路和研究理念有了指导性借鉴意义。国内研究风险管理的首批学者是宋明哲和段开龄等人,近年来政府对风险管理逐渐重视,先后出台了一系列法律法规来规范企业的风险管理。

国外学者把研究思路与方法用来研究企业中的风险问题。目前国内的风险管理研究体系不够健全,微观风险管理研究比宏观风险管理的研究要多很多。国外的风险管理研究主要是实践性研究,根据现有企业的风险进行探讨和分析,对风险

---

① 邓亚昊,张涛.国内外对风险管理的综述研究[J].经贸实践,2015(11):347.

② Jerry A. Miccolis, Kevin Hively, 4and BrianW. Merkley. Enterprise Risk Management: Trends and Emerging Practices[EB/OL].(2005 - 01 - 05)[2019 - 07 - 06]. http//www.thiia.com.

③ Deloitte.Enterprise risk management-Apractical approach[EB/OL].(2006 - 06 - 06)[2019 - 07 - 06]. http://www.deloitte.com.

④ The Conference Board of Canada. 2006 Inter-national Risk Management Conference: Integrating Enterprise Risk Management into Business Practices[EB/OL].(2008 - 10 - 06)[2019 - 07 - 15].http://www.conferenceboard.ca/conf/dec06/risk/overview.

现状与处理方法进行总结,根据总结内容进行整理,上升到理论的高度,再利用风险管理理论对其他企业的风险管理进行指导与帮助。

第三节　基本概念与基本理论

一、基本概念

（一）体育综合体

体育综合体是城市服务综合体的子系统,以体育产业为中心,最少融合两个其他产业,包括房地产产业、休闲产业、商务购物产业、文化娱乐产业、旅游产业、健身康体产业、教育培训产业、竞技比赛产业等,构建一个多业态、多功能、高效聚合、复杂但又有强经营性和活力的公共体育服务与体育产业经济发展汇聚一体的综合体。

（二）风险管理

风险管理可以定义为有关纯粹风险的管理决策,其中包括一些不可保的风险,是系统的、复杂的过程,整个风险管理过程中包括大量人力资本和经济成本,假如在风险管理过程中所需成本太高,管理者可能会放弃此种风险管理方案①。具体而言,其本质就是应用一般的管理原理去管理一个组织的资源和活动,并以合理的成本尽可能减少灾害事故损失和它对组织及其环境的不利影响②。本书主要引用许谨良的《风险管理》(第五版)中的风险管理的定义,着重研究风险管理过程中的风险识别和评价。风险管理的过程是企业进行风险识别、风险评价和风险处理的过程。

（三）投资建设前期

投资建设前期在本书中是指在体育综合体建设阶段之前,根据国际上计划阶段的划分,投资建设前期包含项目投标阶段、合同签订与现场施工准备期并一直延续到现场施工正式开始后的一段时间,是建设项目的重要决策阶段,是现场所有工作的开头③。投资建设前期的风险管理对于建设投资体育综合体至关重要,可以为投资者避免损失,对一个建设项目的顺利完成是至关重要的。

---

① 许谨良.风险管理[M].第五版.北京:中国金融出版社,2015:4-14,82-90.

② 张广选.基于 BOT 模式的大型体育场馆风险管理研究[D].西安:西安建筑科技大学,2011:11-15.

③ Laufer, A.Tucker, R. L.Shapira A., and Shenhar, A. J. The multiplicity concept in construction project planning[J] Construction Management and Economics,1994,12(1):53-65.

二、风险管理理论

(一)风险管理理论沿革

国外风险管理研究始于 20 世纪 60 年代中期,其中有代表性的专家学者是梅尔、赫奇斯和 Hedges。20 世纪 70 年代初期,美国的专家学者对风险管理的概念、原则和操作过程进行了系统全面的研究,随后这些理论和方法从美国传播到欧洲、亚洲和拉丁美洲的一些国家。

英国和其他欧洲国家的大学教授所在的欧洲日内瓦研究所建立了欧洲风险和保险经济学家小组,他们对于美国的风险管理定义原理和操作过程进行了讨论和研究。随后英国、日本及中国的台湾、香港等地区相继开始研究风险管理理论,并在学校建立风险管理课程,对学生进行系统的风险管理理论和实际应用教学。

1997 年亚洲金融危机后,国内保险业务复苏,我国也开始重视风险管理的研究。国务院国有资产监督管理委员会制定了一系列风险管理政策和指导文件,对国内企业风险管理进行了详细的规范,建立健全的风险管理识别、决策、监管、预警、处理体系。在政府和国内专家共同研究下,我国关于风险管理的概念定义、管理目标、原则、内容和操作方法进入正规化的阶段。国内研究主要是从传统风险管理向整体综合风险管理变迁。企业管理体系中整体综合风险管理和企业运营管理、决策管理都对企业正常运行起到非常重要的作用。

(二)研究的操作定义

本书依托许谨良①的风险管理理论,将风险管理定义为单纯风险的管理决策,包括一些不可控风险,是人们了解、控制和应对各种风险的行动和行为。本研究的风险管理理论是整体综合风险管理,实际完整的操作定义包括风险识别、风险评价和风险处理。操作流程如图 4 - 1 所示。

图 4 - 1　风险管理操作流程图

---

① 许谨良.风险管理[M].第五版.北京:中国金融出版社,2015:4 - 14,82 - 90.

第四节　研究对象、方法及思路

一、研究对象

以浙江省体育综合体投资建设前期的风险管理过程为研究对象,包括风险识别、风险评价、风险处理三方面的内容。

二、研究方法

(一)文献资料法

运用现代化文献检索手段,以"体育综合体""体育场馆"和"风险管理"为检索词,在知网数据库检索到相关重要中文文献和硕博文献。以"sports complex""investment construction early stage"和"risk management"为检索词,在 SCI、谷歌学术和 SPRINGER LINK 等数据库检索到重要英文文献。在互联网中以"体育综合体"和"风险管理"为检索词检索到重要网络报道信息、政策文件、中文著作。通过对参考文献、文学著作、网络信息与政策文件进行整合梳理,为研究提供理论依据和基础。

(二)问卷调查法

1. 确定指标体系

本书依托刘亮[①]的《城市综合体投资关键风险识别问卷调查表》寻求相关专家的综合意见,结合浙江省体育综合体的特点,利用德尔菲法整理并归纳出体育综合体投资建设前期风险评价指标体系的问卷,最终构建体育综合体投资建设前期的风险评价的指标体系。

具体操作方法如下:

第一步,依托刘亮的《城市综合体投资关键风险识别问卷调查表》,咨询相关专家的综合意见、汇总文献资料获得各级风险指标,设计调查问卷,访谈 2 位专家,专家基本信息如表 4－1,删除无用风险指标,合并重复风险指标。

第二步,设计调查问卷,分别通过线下面对面发放和微信线上推送发放问卷,收集到 2 个专家、3 个政府官员、15 个浙江省体育综合体投资建设高层的意见,整理问卷数据,剔除无效风险指标。

第三步,第一轮意见收集之后,汇总整理第二轮调查问卷,根据各专家、官员、高层的意见进行第二次的修改,各层风险指标数据几乎趋于一致,确定各层指标。

---

① 刘亮.城市综合体投资风险管理研究[D].西安:西安建筑科技大学,2016:87－88.

调查对象基本情况如表 4-2 所示。

表 4-1　访谈专家信息表

序号	姓名	性别	职称
1	陆 XX	男	教授
2	林 XX	女	教授

表 4-2　调研对象信息表

序号	性别	职业	职称/职务	参与问卷调研形式
1	男	专家	教授	预测、正式
2	女	专家	教授	预测、正式
3	女	政府官员	正科	预测、正式
4	男	政府官员	正科	预测、正式
5	男	政府官员	正处	预测、正式
6	男	体育综合体高层	负责人	正式
7	男	体育综合体高层	负责人	正式
8	女	体育综合体高层	经理	预测、正式
9	男	体育综合体高层	负责人	预测、正式
10	男	体育综合体高层	负责人	预测、正式
11	女	体育综合体高层	负责人	正式
12	男	体育综合体高层	负责人	正式
13	女	体育综合体高层	总经理	正式
14	男	体育综合体高层	董事长	正式
15	男	体育综合体高层	负责人	正式
16	男	体育综合体高层	负责人	正式
17	男	体育综合体高层	负责人	正式
18	男	体育综合体高层	负责人	正式
19	男	体育综合体高层	负责人	正式
20	男	体育综合体高层	负责人	正式

2. 信度检验

邀请 2 名专家学者、3 名政府官员、3 名体育综合体投资建设高层对问卷进行预测,针对预测问卷进行信度检验。整个问卷信度系数值为 0.895,大于 0.8,说明问卷数据信度质量高。针对"如果项目已删除 a 系数",分析项被删除后的信度系数值并没有明显的提升,说明所有指标均应有效,具有高信度,应该保留。针对"更正后项目总数相关性"部分小于 0.4,说明此项与其余分析项之间的相关关系较弱,对此项进行修正或者删除处理。

修正后第二轮调查问卷通过线下面对面发放和微信推送负责人发放两种方式对中体 SPORTS 城、绿轴体育公园、众翔城市运动广场等 15 位浙江省体育综合体投资建设方高层、3 名政府官员、2 名专家学者进行问卷调研和指标因素集筛选打分,共发放并回收调查问卷 20 份,剔除无效问卷 5 份。针对回收的 15 份有效问卷进行信度复测,整个问卷重测信度系数值为 0.937,大于 0.9,说明研究数据信度质量很高(见表 4－3)。

表 4－3　信度分析

准则层指标	更正后项目总数相关性	如果项目已删除 a 系数	指标层指标	更正后项目总数相关性	如果项目已删除 a 系数	整体 a 系数
B1 自然风险	0.492	0.929	C1 自然资源	0.552	0.929	
			C2 自然灾害	0.374	0.93	
B2 政策风险	0.764	0.927	C3 政府地产政策	0.702	0.927	
			C4 政府商圈规划	0.71	0.927	
			C5 地方财政能力	0.707	0.927	
			C6 政府财政支持	0.499	0.929	
B3 技术风险	0.81	0.928	C7 整体项目规划	0.498	0.929	0.937
			C8 施工质量安全	0.662	0.928	
			C9 建造工程延期	0.77	0.928	
			C10 建造成本控制	0.548	0.929	
			C11 业态组合布局	0.55	0.929	
B4 选址风险	0.614	0.928	C12 房地产价格	0.811	0.926	
			C13 交通可达性	−0.107	0.937	
			C14 周边配套设施	0.573	0.928	
			C15 选址自然特性	0.489	0.929	

（续表）

准则层指标	更正后项目总数相关性	如果项目已删除 a 系数	指标层指标	更正后项目总数相关性	如果项目已删除 a 系数	整体 a 系数
B5 社会风险	0.62	0.929	C16 区域发展调整	0.801	0.926	0.937
			C17 社会稳定性	0.2	0.931	
			C18 公众干预	0.44	0.93	
			C19 拆迁安置	0.068	0.933	
B6 决策风险	0.334	0.93	C20 市场定位规划	−0.188	0.935	
			C21 产品项目设计	0.183	0.932	
			C22 开发启动时间	0.32	0.93	
			C23 商业调整时机	0.459	0.929	
B7 运营风险	0.545	0.929	C24 资金及融资能力	0.463	0.93	
			C25 开发与运作经验	0.431	0.93	
			C26 内部财务管理	0.32	0.931	
			C27 招商能力	0.431	0.93	
B8 经济风险	0.846	0.926	C28 变现能力	0.764	0.926	
			C29 通货膨胀	0.788	0.927	
			C30 市场供求	0.579	0.928	
			C31 利率变化	0.438	0.93	

（三）访谈法

在深入研究体育综合体的文献资料后，针对3名体育局政府官员进行线下访谈，了解浙江省体育综合体现状和体育综合体投资建设前期风险管理等情况。对15名体育综合体建设投资方高层针对体育综合体现状、体育综合体投资建设前期风险管理等问题进行线上和线下访谈。

（四）实地考察法

通过分析，提出体育综合体投资建设前期的风险评价体系。在此基础上，以中体SPORTS城、绿轴体育公园、奉化众翔城市体育综合体等典型的体育综合体为例进行实地考察和实证分析，验证本研究体育综合体风险管理过程的合理性。实地考察相关信息见表4-4。

表 4 - 4　体育综合体实地考察相关信息表

序号	体育综合体名称	负责人名字	性别	职务	实地考察时间
1	中体 SPORTS 城	陈 XX	男	董事长	2019 年 8 月 24 日
2	镇海绿轴体育公园	丁 XX	女	总经理	2019 年 8 月 22 日
3	奉化众翔城市运动广场	周 XX	男	董事长	2019 年 7 月 25 日
4	温州桃花岛体育中心	王 XX	男	经理	2020 年 12 月 19 日
5	杭州黄龙体育中心	王 XX	男	经理	2021 年 1 月 12 日
6	杭州莱茵体育生活馆	刘 XX	男	经理	2021 年 1 月 21 日

（五）层次分析法

20 世纪 70 年代,美国运筹学家 T.L.Satty 提出的一种将定性与定量分析二者相结合的多准则决策方法,称为层次分析法（AHP）。AHP 的基本思路是先分解整体目标、构建因素集,根据不同因素之间的关联性构建多层分析结构模型,然后再计算各个因素的指标权重,最后综合计算组合指标权重的系统思想。通过方案、措施、指标等对于总目标的相对重要程度的权重值来说明解决问题。工作程序如图 4 - 2 所示。

图 4 - 2　AHP 工作程序图

近些年来,随着体育综合体在我国的迅速发展,呈现出规模庞大、开发周期长、资金投入大、投资风险高的特点。AHP 就是结合实际问题,构建层次结构模型,将体育综合体投资建设的风险因素按照不同特征分解成 3 个层次:目标层、准则层和指标层。

1. 指标权重计算

依托 9 级评级法组建判断矩阵。将判断矩阵令为 $\boldsymbol{A}$,且 $\boldsymbol{A}=(a_{ij})n*n$。

$$\overline{A}=\begin{bmatrix} a_{1,1} & a_{1,2} & \cdots & a_{1,n} \\ a_{2,1} & a_{2,2} & \cdots & a_{2,n} \\ \cdots & \cdots & & \cdots \\ a_{n,1} & a_{n,2} & \cdots & a_{n,n} \end{bmatrix} (i,j=1,2,3,\cdots,n) \tag{4-1}$$

矩阵中的各指标因素具有以下性质:

$$\begin{cases} a_{ij} > 0 \\ a_{ii} = a_{jj} = 1(i, j = 1, 2, 3, \cdots, n) \\ a_{ji} = 1/a_{ij} \end{cases} \qquad (4-2)$$

指标权重计算步骤如下：

步骤 1：将矩阵 $\boldsymbol{A}$ 中的指标按列归一化处理：

$$\overline{a}_{ij} = a_{ij} / \sum_{i=1}^{n} a_{ij} \ (i, j = 1, 2, 3, \cdots, n) \qquad (4-3)$$

步骤 2：将归一化的矩阵 $\boldsymbol{A}$ 中同一行的各列相加：

$$\widetilde{\boldsymbol{w}} = \sum_{j=1}^{n} \overline{a_{ij}} \ (i, j = 1, 2, 3, \cdots, n) \qquad (4-4)$$

步骤 3：将相加后的向量除以 n（计算矩阵 $\boldsymbol{A}$ 中 $n=8$）得到权重向量（w）：

$$w_i = \widetilde{w_i} / n \ (i = 1, 2, 3, \cdots, n) \qquad (4-5)$$

步骤 4：计算 $\overline{A_1}$ 最大特征值：

$$\lambda_{\max} \frac{1}{n} \sum_{i=1}^{n} \frac{(A_w)_i}{w_i} \ (i, j = 1, 2, 3, \cdots, n) \qquad (4-6)$$

公式中 $(\boldsymbol{A}_w)i$ 表示向量 $\boldsymbol{A}_w$ 的第 i 个分量。

AHP 与一般的赋权方法不同，该方法通过判断矩阵一致性检验，在一定程度上避免了主观随意性，减少了人为干扰因素[①]。AHP 计算组合权重值需要进行一致性检验分析。

2. 指标权重检验

层次分析法一致性检验步骤：

步骤 1：一致性检验需要使用到 CI 和 RI 这两个指标值，CI 值可由式（4-7）计算得出，RI 值可对应表 4-5 进行查询。

$$CI = \frac{\lambda_{\max} - n}{n - 1} \qquad (4-7)$$

步骤 2：根据式（4-8）可以计算 CR 值。

$$CR = \frac{CI}{RI} \qquad (4-8)$$

---

① 曲爽笑，王书梅，郭家宁等.基于层次分析法确定小学生健康素养评价指标权重[J].中国学校卫生，2016，37(1)：23—26.

表 4 - 5　随机一致性 RI 指标量表

n 阶	3	4	5	6	7	8	9
RI 值	0.52	0.89	1.12	1.26	1.36	1.41	1.46

在缺乏高效、准确的体育综合体投资建设风险评价体系的当下，充分利用文献梳理、德尔菲法来获取较为全面的风险评价指标，运用 AHP 构建风险评价指标体系、计算指标权重是可行的。

（六）模糊综合评价法

模糊综合评价借助模糊数学的一些概念，对实际的综合评价问题提供评价，即模糊综合评价以模糊数学为基础，应用模糊关系合成原理，将一些边界不清、不易定量的因素定量化，进而进行综合性评价的一种方法[①]。

模糊综合评价法操作步骤主要包括确定评价指标因素集和评语集、确定权重向量矩阵和构造权重判断矩阵和模糊评价计算三个步骤。

1. 确定评价指标因素集和评语集

目标层指标集，设立 $R = \{r_1, r_2, r_3, \cdots, r_n\}$，$i = 1, 2, 3, \cdots, n$，$i$ 为 n 个风险指标构成的目标层指标集。其中 R 表示总目标，即体育综合体投资建设前期的总风险。R_i 表示准则层的第 i 个指标。其权重合集为 $\boldsymbol{W} = (w_1, w_2, \cdots, w_i, \cdots, w_n)^T$，其中 w_i 表示指标 r_i 在 R 中的权重，且满足 $\sum\limits_{i=1}^{n} w_i = 1$。

准则层指标集，每一个准则层指标都对应多个指标层指标，即 $r_i = \{r_{i1}, r_{i2}, \cdots, r_{ij}, \cdots, r_{im}\}$，$j = 1, 2, 3, \cdots, m$，为 m 个指标层风险因素构成的准则层风险指标集。其中 r_{ij} 代表准则层指标 r_i 下设的第 J 个指标层风险指标。准则层指标权重集合为 $\boldsymbol{W}_i = (w_{i1}, w_{i2}, \cdots, w_{ij}, \cdots, w_{im})$，其中 w_{ij} 表示指标层指标 r_{ij} 在准则层指标 r_i 中的权重，且满足 $\sum\limits_{j=1}^{m} w_{ij} = 1$。

根据体育综合体投资建设前期风险评价特征，设立体育综合体投资建设前期风险评价指标评语集。设立评语集 $\boldsymbol{V} = \{v_1, v_2, \cdots, v_g, \cdots, v_h\}$，其中 h 表示评语的个数，$h = 5$，v_g 表示第 g 个评语。

2. 确定权重向量矩阵和构建权重评价判断矩阵

根据式（4 - 1）和式（4 - 2）得到目标层和准则层权重向量两两判断矩阵。通过 AHP 和积法运算对权重向量两两判断矩阵进行指标权重计算，根据式（4 - 3）、式（4 - 4）、式（4 - 5）、式（4 - 6）得到目标层和准则层指标权重。权重评价判断矩阵是

---

① 刘旭.商业银行对战略性新兴产业授信风险的评估[D].包头：内蒙古科技大学，2020：33.

指风险指标权重及各评语的选择频数。构建体育综合体投资建设前期风险评语集后，通过打分的方式从单因素角度确定被评价指标对评语集 V 的隶属程度，得到风险指标权重评价判断矩阵 $X_i = (r_{i1}, r_{i2}, \cdots, r_{ih})$，进而得到模糊评价权重判断矩阵 X。

$$X = \begin{bmatrix} x_{11} & x_{12} & \cdots & x_{1h} \\ x_{21} & x_{22} & \cdots & x_{2h} \\ \vdots & \vdots & \ddots & \vdots \\ x_{m1} & x_{m2} & \cdots & x_{mh} \end{bmatrix} \qquad (4-9)$$

x_{ij} 表示从上一层风险指标来看某个被评价的下一层风险指标对第 j 级模糊子集 v_j 的隶属度，在数值上表示为相对于上层风险指标来讲，v_j 级评语个数 v_{ij} 与总评语个数的商。

$$x_{ij} = \frac{v_{ij}}{\sum_{j=1}^{h} v_{ij}} \quad i = 1,2,3,\cdots,m; j = 1,2,3,\cdots,h \qquad (4-10)$$

3. 模糊评价计算

模糊综合评价共有四种计算方式，通常研究会使用加权平均值这种综合最优的评价方式，为提高体育综合体投资建设前期风险评价的综合性和准确性，本研究采用加权平均型的模糊算子 $M(\cdot, \oplus)$。

体育综合体投资建设前期风险评价建立的指标体系有三层，因此要把指标层指标对准则层指标、指标层指标对目标层指标的评价矩阵 X 做模糊关系运算，最终得到目标层指标对于评语集 V 的隶属向量 B。其中 B 为各级风险评价指标的模糊综合评价结果矢量；A 为模糊权矢量。x_{ij} 为被评价指标从上一层风险指标来看对第 j 级模糊子集 v_j 的隶属度。

$$B = A \cdot X = (a_1, a_2, \cdots, a_m) \begin{bmatrix} x_{11} & x_{12} & \cdots & x_{1h} \\ x_{21} & x_{22} & \cdots & x_{2h} \\ \vdots & \vdots & \ddots & \vdots \\ x_{m1} & x_{m2} & \cdots & x_{mh} \end{bmatrix} \qquad (4-11)$$

采用加权平均值的模糊算子 $M(\cdot, \oplus)$，计算方式如下：

$$b_j = \min\left(1, \sum_{i=1}^{m} a_i x_{ij}\right) j = 1,2,3,\cdots,h \qquad (4-12)$$

最终通过式 $(4-12)$ 可得到总风险指标 R 对于评语集 V 的隶属向量。

$$B = (b_1, b_2, \cdots, b_h) \qquad (4-13)$$

为更加准确地描述体育综合体投资建设前期的总体风险程度，本研究采用加权平均原则，通过设立秩矩阵 $Y = (y_1, y_2, y_3, y_4, y_5)^T$，将隶属向量 B 中的各个分量按照各等级的秩 y_i 加权求和，从而得到风险等级的相对位置 R。

$$R = B \cdot Y = (b_1, b_2, b_3, b_4, b_5) \begin{bmatrix} y_1 \\ y_2 \\ y_3 \\ y_4 \\ y_5 \end{bmatrix} \qquad (4-14)$$

将 R 与评语集 V 比对，R 越大，说明体育综合体投资建设前期的总体风险越大。

三、研究思路

以国家政策文件为导向，居民需求为出发点，梳理相关知识，了解国内外研究动态，以风险理论为依托，调查浙江省体育综合体现状，实地考察、多方访谈基础上，确定体育综合体投资建设前期中的风险因素集。通过层次分析法，构建体育综合体投资建设前期风险评价体系，并对典型案例中体 SPORTS 城的投资建设风险进行模糊评价法验证，提出建设该类群众性健身场馆的建设性建议。具体研究思路演进见图 4-3。

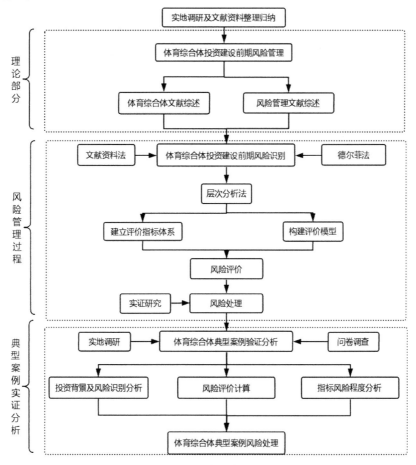

图 4-3 研究思路演进图

第五节　浙江省体育综合体建设现状

一、体育综合体基本信息

体育综合体的基本信息包括建成年份、投资总金额、总投资中的政府投资金额、体育综合体总占地面积。根据问卷统计和现场调研的实际情况最终统计浙江省体育综合体的基本信息。

根据体育综合体基本信息统计结果可以看出浙江省的体育综合体是近几年才大量的新建和改建,调研的样本中建成最早的是北仑艺体中心,时间是 2004 年建成,温州桃花岛体育中心于 2020 年建成并开始试运营,中体 SPORTS 城市于 2020 年 8 月初开始试运行,而宁波奥体中心于 2019 年 6 月开始试运营,并只有部分场馆和设施对外开放,有一部分的体育场馆和体育设施尚处于建设阶段(见表 4-6)。

表 4-6　体育综合体基本信息统计表

体育综合体名称	建成年份	投资总金额（万元）	政府投资金额（万元）	总面积（M²）
余姚创优体育中心	2014	200	0	3 000
余姚华承体育综合体	2009	12 500	12 500	
镇海绿轴体育公园	2015	20 000	0	116 277
杭州湾李宁体育公园	2018	6 000	6 000	13 000
奉化众翔城市运动广场	2018	1 500	0	6 000
中体 SPORTS 城	2019	80 000	0	140 000
宁波奥体中心	2019	340 000	0	190 000
北仑区体艺中心	2004	40 000	40 000	60 000
启明健身体育综合体	2015	220	0	34 800
米高幼儿体育培训	2018	250	0	1 600
余姚全民健身中心	2009	12 500	12 500	92 000
杭州莱茵体育生活馆	2018	10 000	0	13 000
温州桃花岛体育中心	2020	5 000	0	31 500

调查对象的 13 个体育综合体中有 9 个是企业或私人投资建设,分别是余姚创

优体育中心投资 200 万元、余姚华承体育综合体 1.25 亿元、镇海绿轴体育公园投资 2 亿元、众翔城市运动广场投资 1 500 万元、中体 SPORTS 城投资 8 亿元、启明健身体育综合体投资 220 万元、米高幼儿体育培训投资 250 万元、杭州莱茵体育生活馆 1 亿、温州桃花岛体育中心 5 000 万元。其中 4 家是政府投资建设,分别是宁波奥体中心投资 3.4 亿元、杭州湾李宁体育公园投资 6 000 万元、北仑区体艺中心投资 4 亿元、余姚全民健身中心投资 1.25 亿元。在走访的过程中发现政府在体育综合体的建设中给予了大量的支持与帮助,比如,在中体 SPORTS 城的走访中发现中体和政府是 PPP 模式,中体企业承建,并拥有 20 年运营权,建设过程中土地由政府提供。镇海绿轴体育公园在建设过程中政府在土地方面也给予大量的支持,并且在运营过程中镇海体育局每年会给镇海绿轴体育公园部分的资金补助,以扶持镇海绿轴体育公园以低廉价格服务周边居民。

这些体育综合体的总占地面积普遍比较大,其中超过一万平方米的有 9 个,分别是镇海绿轴体育公园 116 277 平方米、杭州湾李宁体育公园 13 000 平方米、中体 SPORTS 城 140 000 平方米、宁波奥体中心 190 000 平方米、北仑区体艺中心 60000 平方米、启明健身体育综合体 34 800 平方米、余姚全民健身中心 92 000 平方米、杭州莱茵体育生活馆 13 000 平方米、温州桃花岛体育中心 31 500 平方米,面积较小的 2 个体育综合体是余姚创优体育中心是 3 000 平方米、米高幼儿体育培训 1 600 平方米。

二、体育综合体分类

（一）体育综合体分类

国内对于体育综合体的分类基本以其功能进行分类,浙江省体育综合体大部分是全民健身中心型的体育综合体(见表 4 - 7)。人民身体健康是当下阶段我们国家的追求目标之一,同时也是国家综合实力的提升,坚定不移地推进全民健身计划的实施是国家政府一直在做的努力,从浙江省的体育综合体类型分类也可以看出,浙江省以满足群众性健身为主的全民健身中心型场馆为主,推行全民健身计划成果显著。

表 4 - 7　体育综合体分类统计表

体育综合体名称	体育中心型	全民健身中心型	商业中心内嵌型	其他型
余姚创优体育中心				√
余姚华承体育综合体		√		
镇海绿轴体育公园		√		

（续表）

体育综合体名称	体育中心型	全民健身中心型	商业中心内嵌型	其他型
杭州湾李宁体育公园		√		
奉化众翔城市运动广场			√	
中体SPORTS城		√		
宁波奥体中心	√			
北仑区体艺中心	√			
启明健身体育综合体		√		
米高幼儿体育培训		√		
余姚全民健身中心		√		
杭州莱茵体育生活馆			√	
温州桃花岛体育中心	√			

（二）运行模式

在体育综合体的运行模式中,较多采用自主运营模式,而采用其他管理模式的场馆相对要少。国内体育产业运营模式改革还不够全面,监督运行机制不够健全,选取合作运营和委托运营的模式尚需不断地摸索。

本次调研的浙江省体育综合体运行模式中发现委托运营的有余姚华承体育综合体、镇海绿轴体育公园综合体、杭州湾李宁体育公园、余姚全民健身中心。自主运营的有余姚创优体育中心、奉化众翔城市运动广场体育综合体、中体SPORTS城、宁波奥体中心、北仑区体艺中心、启明健身体育综合体、杭州莱茵体育生活馆、温州桃花岛体育中心(见表4-8)。米高幼儿体育培训综合体是调查中唯一一家合作运营单位。浙江省体育综合体运行模式主要是自主运营。自主运营的体育综合体占大部分,有8家,占61.53%,委托运营的占30.77%。

表4-8　体育综合体运行模式统计

体育综合体名称	自主运营	合作运营	委托运营
余姚创优体育中心	√		
余姚华承体育综合体			√
镇海绿轴体育公园			√
杭州湾李宁体育公园			√
奉化众翔城市运动广场	√		
中体SPORTS城	√		

（续表）

体育综合体名称	自主运营	合作运营	委托运营
宁波奥体中心	√		
北仑区体艺中心	√		
启明健身体育综合体	√		
米高幼儿体育培训		√	
余姚全民健身中心			√
杭州莱茵体育生活馆	√		
温州桃花岛体育中心	√		

三、体育综合体业务类型与相关产业

（一）主营业务类型

根据文献研究与专家访谈结果，体育综合体的主营业务有体育教育培训、体育娱乐表演、体育健身康复、体育场馆租赁、体育销售展览、体育指导服务 6 种类型（见表 4-9）。

表 4-9　体育综合体主营业务类型统计表

体育综合体名称	体育教育培训	体育娱乐表演	体育健身康复	体育场馆租赁	体育销售展览	体育指导服务	体育赛事服务
余姚创优体育中心	√		√	√			√
余姚华承体育综合体	√		√	√		√	
镇海绿轴体育公园	√	√		√		√	√
杭州湾李宁体育公园	√		√	√		√	
奉化众翔城市运动广场	√		√			√	
中体 SPORTS 城	√	√	√	√	√		√
宁波奥体中心	√		√	√		√	√
北仑区体艺中心	√	√	√	√		√	√
启明健身体育综合体	√		√			√	
米高幼儿体育培训	√	√					
余姚全民健身中心	√		√	√		√	√
杭州莱茵体育生活馆	√			√			

（续表）

体育综合体名称	体育教育培训	体育娱乐表演	体育健身康复	体育场馆租赁	体育销售展览	体育指导服务	体育赛事服务
温州桃花岛体育中心	√	√		√	√		

从表4-9可以看出，13家体育综合体都经营体育教育培训，11家体育综合体经营场馆租赁的业务，10家体育综合体经营体育指导服务。涉及最少的业务是体育销售展览，只有4家体育综合体经营，它们分别是中体SPORTS城、宁波奥体中心、米高幼儿体育培训体育综合体、温州桃花岛体育中心。从数据可以看出青少年的体育教育培训在浙江省的火热程度，而浙江省体育综合体目前主要经营的业务有体育教育培训产业、体育指导服务、体育健身康复产业和体育场馆的租赁产业，对体育销售展览和体育娱乐表演则涉及较少。

（二）周边其他产业

体育综合体的周边产业包括房地产业、休闲娱乐、商业购物等共涉及10类。由体育综合体周边其产业数量统计（表4-10）得知，有12家体育综合体周边涉及教育培训产业，其次就是商业购物、娱乐休闲、酒店住宿等体育综合体涉及较多。周边涉及旅游观赏、竞赛表演是涉及最少的。

体育综合体涉及的多元子系统，构建一个多业态、多功能、高效聚合、复杂但又有强经营性和活力的公共体育服务与体育经济发展聚集区。体育综合体周边产业数量统计数据显示，体育综合体会带动周边的其他产业发展，以教育培训、商业购物、休闲娱乐、酒店住宿、健身康体、房地产等行业为主的其他产业火热发展，多业态融合形成。

表4-10　体育综合体周边产业统计表

体育综合体名称	房地产业	休闲娱乐	商业购物	旅游观赏	健身康体	教育培训	文艺演出	酒店住宿	商业会展	竞赛表演
余姚创优体育中心					√	√				√
余姚华承体育综合体	√	√	√		√	√	√	√		
镇海绿轴体育公园	√		√			√				
杭州湾李宁体育公园	√	√	√		√			√		
奉化众翔城市运动广场	√	√	√		√	√		√		
中体SPORTS城	√	√	√	√	√	√		√	√	√
宁波奥体中心	√	√	√	√	√	√	√	√	√	√

（续表）

体育综合体名称	房地产业	休闲娱乐	商业购物	旅游观赏	健身康体	教育培训	文艺演出	酒店住宿	商业会展	竞赛表演
北仑区体艺中心	√	√	√	√	√	√		√	√	√
启明健身体育综合体		√				√		√		
米高幼儿体育培训		√	√	√		√	√		√	√
余姚全民健身中心	√	√	√		√	√	√			
杭州莱茵体育生活馆		√	√							
温州桃花岛体育中心	√	√				√		√		

四、体育综合体基本场地设施

（一）室内基本场地设施

走访调研情况笔录整理,体育综合体的室内场地设施分为四个部分,分别是球类场地设施、其他运动服务场地设施、其他服务类场地设施、补充部分。涉及室内场地设施分别是:篮球场地、羽毛球场地、乒乓球场地、网球场地等23项。补充部分有:壁球场地、保龄球场地、击剑道等项目(见表4-11)。

这些室内体育场地设施中,设置的数量低于等于三家的有网球、排球、台球、攀岩、壁球场地等13项,其中击剑道作为补充的体育场地设施,共有三家体育综合体拥有,分别是众翔城市运动广场、中体SPORTS城、启明健身体育。中体的江北区全民健身中心拥有4个击剑道,还拥有一个1 500平方米的击剑中心。在室内服务设施中只有桑拿室和餐饮室设置数量少于三家。

室内场地设施中热门的体育场地设施有室内篮球场、羽毛球场地、室内游泳池,13家体育综合体有11家设置了室内篮球场地,只有余姚全民健身中心、温州桃花岛体育中心内没有设置室内篮球场地,其他热门的室内体育场地设施分别是羽毛球10家、室内游泳池是9家。室内的服务基础场地最多设置的是更衣室和洗浴室,可以看出这两个基础的室内服务场地设施是刚需,其次就是VIP室,一共有7家体育综合体设置了VIP室。

目前浙江省体育综合体室内基本场地设施建设中,主要以室内篮球场、羽毛球场地、室内游泳池设施为主,室内的服务基础场地主要以更衣室和洗浴室为主。

（二）室外基本场地设施

体育综合体的室外场地设施分为两个部分,分别是球类场地设施、其他运动服务场地设施。室外场地设施分别是:篮球场地、网球场地、门球场地等10项(见表4-12)。室外篮球场地、足球场地、健身步道是热门的场地设施。室外篮球场地、

表 4-11 体育综合体室内基本场地设施统计表

一级分类	二级分类	余姚创优体育中心	余姚华承体育	镇海绿轴体育公园	李宁体育公园	众翔城市运动广场	中体SPORTS城	宁波奥体中心	北仑区体艺中心	启明健身体育	米高幼儿体育培训	余姚全民健身中心	杭州莱茵体育生活馆	温州桃花岛体育中心
球类场地设施	篮球场地	11	1	1	1	1	1	6	3	1	2	0	3	0
	羽毛球场地	0	3	4	8	1	2	30	8	8	0	6	12	0
	乒乓球桌	0	12	9	6	4	6	20	3	4	0	0	0	0
	网球场地	0	0	1	0	0	0	3	0	0	0	0	1	0
	足球场地	0	0	0	0	0	0	0	0	0	0	0	0	2
	排球场地	0	0	0	0	0	0	0	2	0	0	0	5	0
	台球桌	0	0	0	0	2	0	0	0	3	0	0	4	0
其他运动场地设施	室内游泳池	0	1	0	2	1	3	4	1	1	0	1	1	0
	儿童娱乐场	0	0	0	1	1	1	1	0	1	0	0	1	1
	攀岩场地	0	0	0	0	1	1	0	0	0	0	0	0	0
	瑜伽场地	0	1	0	0	1	2	0	0	2	0	0	0	0
	动感单车	0	1	0	1	1	1	0	0	1	0	1	1	0
	团操场地	0	1	0	1	1	1	0	0	1	0	1	1	0
	多功能器械	0	1	0	0	1	1	1	2	1	0	1	1	0

（续表）

一级分类	二级分类	余姚创优体育中心	余姚华承体育中心	镇海绿轴体育公园	李宁体育公园	众翔城市运动广场	中体SPORTS城	宁波奥体中心	北仑区体艺中心	启明健身体育	米高幼儿体育培训	余姚全民健身中心	杭州莱茵体育生活馆	温州桃花岛体育中心
服务类场地设施	更衣室	0	2	2	6	4	5	0	2	4	0	2	2	0
	桑拿室	0	0	0	0	0	0	0	2	2	0	0	0	0
	洗浴室	0	4	0	6	4	2	0	4	4	0	4	4	0
	休息室	0	1	0	0	2	15	0	0	1	0	1	1	3
	餐饮室	0	0	0	0	1	0	0	0	1	0	0	0	1
	医务急救室	0	0	0	0	1	1	0	2	1	0	0	1	0
	VIP室	0	1	1	0	1	1	0	0	1	0	1	1	0
	康复保健室	0	1	0	0	1	0	0	0	1	0	1	0	0
补充	壁球场地	0	0	0	0	1	0	0	0	0	0	0	0	0
	保龄球场地	0	0	0	0	1	0	0	0	0	0	0	0	0
	击剑道	0	0	0	0	7	4	0	0	1	0	0	0	0
	武道场地	0	0	0	0	1	1	0	0	0	1	0	0	0
	体适能区	0	0	0	0	1	1	0	0	0	0	0	0	0
	搏击场地	0	0	0	0	0	1	0	0	0	0	0	0	0

注：表中数据为场地设施数量。

表4-12 体育综合体室外基本场地设施统计表

一级分类	二级分类	余姚创优体育中心	余姚华承体育	镇海绿轴体育公园	李宁体育公园	众翔城市运动广场	中体SPORTS城	宁波奥体中心	北仑区体艺中心	启明健身体育	米高幼儿体育培训	余姚全民健身中心	杭州莱茵体育生活馆	温州桃花岛体育中心
球类场地设施	篮球场地	0	1	8	0	0	6	2	21	0	0	4	0	0
	羽毛球场地	0	0	0	0	0	0	0	0	0	0	0	0	0
	乒乓球类	0	12	0	0	0	0	0	0	0	0	4	0	0
	网球场地	0	0	3	2	0	2	0	0	0	0	2	0	0
	门球场地	0	0	1	0	0	1	0	0	0	0	2	0	0
	足球场地	0	0	3	7	0	4	3	4	0	0	2	1	0
	排球场地	0	0	0	0	0	0	2	2	0	0	1	0	0
	儿童娱乐场	0	0	3	0	0	2	0	0	0	0	0	1	0
	健身步道	0	0	1	1	0	1	0	1	0	0	1	0	0
	小型舞台	0	0	0	1	0	1	0	0	0	0	0	0	0

注：表中数据为场地设施数量。

足球场地都有 6 家体育综合体设置,健身步道有 4 家设置。室外的攀岩场地、室外台球桌、室外羽毛球场地都没有体育综合体设置,室外小型舞台、室外乒乓球桌均只有 2 家体育综合体设置。目前浙江省体育综合体室外基本场地设施建设中,主要以室外篮球场地、足球场地、健身步道设施为主。

第六节　体育综合体投资建设前期风险识别

一、风险因素体系构建

体育综合体投资建设风险指标因素集的构建是结合体育综合体投资建设内部风险和外部风险特征,依据许谨良[52]著《风险管理》中的风险评价原理,通过梳理张强、丁云霞、田德录、刘亮等专家学者的文献提取相关指标,最后通过德尔菲法确定体育综合体投资建设的风险指标因素体系,如图 4-4 所示。

图 4-4　风险因素体系图

二、风险因素识别

依托德尔菲法与层次分析法,通过二轮线下面对面发放和微信推送负责人发放两种方式,以问卷调查方式对中体 SPORTS 城、绿轴体育公园、众翔城市运动广场等 15 位浙江省体育综合体投资建设方高层、3 名政府官员、2 名专家学者进行问卷调研和指标因素集筛选打分,共发放并回收调查问卷 20 份,剔除无效问卷 5 份。针对回收的 15 份有效问卷进行信度复测,整个问卷的指标体系重测信度系数值为0.937,大于 0.9,说明体育综合体投资建设前期风险因素识别信度高,指标体系设置合理。

（一）风险因素外部指标

体育综合体的外部风险因素是指在投资建设前期由外部环境影响造成的自然风险、经济风险、政策风险和社会风险。

自然风险主要有两种类型,第一种是各种台风、地震等自然灾害对体育综合体投资造成的危害;第二种是自然资源缺乏在一定程度上对体育综合体的深度开发造成投资收益亏损。体育综合体投资建设的自然风险主要考虑自然灾害和自然资源这两个因素。

经济风险是指社会中外部经济环境变化和政府调控而产生的一些影响,这些变化因素对体育综合体投资建设产生的风险。经济风险通过结构分解和因素归纳为变现能力、通货膨胀、市场供求、利率变化。

政策风险是指各地政府的税收减免、水电天然气费用减免、土地和资金支持的扶持政策不同,给体育综合体的投资建设带来一些经济损失的风险。政策风险通过结构分解和因素归纳为房地产政策、政府商圈规划、地方政府财政能力与政府财政支持。

社会风险是通过社会环境的变化对体育产业市场的影响,进一步影响体育综合体的投资建设,给体育综合体的投资者带来风险。社会风险通过结构分解和因素归纳为区域发展调整、社会稳定、公众干预和拆迁安置风险。

(二)风险因素内部指标

体育综合体的风险因素内部指标是由投资建设前期中投资方内部原因造成的风险,包括技术风险、决策风险、选址风险、运营风险。

技术风险是指由科学技术进步、工程技术水平提升、建筑设计智能化给体育综合体投资建设带来的风险,包括体育综合体的整体规划、施工质量安全、建造工期延期、业态组合布局。

选址风险是由于体育综合体建设地点周围的城市服务功能是否健全、居民小区密集程度等因素导致体育综合体收益低。选址风险通过结构分解和因素归纳为房地产价格、交通可达性、周边配套设施、选址自然特征。

决策风险是由于体育综合体投资建设高层决策失误使预期收益存在风险。公司决策者的工作水准、业务能力及市场定位会对公司的决策产生风险。决策风险可以细化为市场定位规划、产品项目设计、开发启动时间和商业调整时机。

运营风险是在投资建设的过程中,企业内部的条件对体育综合体的投资建设影响。企业运营过程中,自身资金成本与融资能力、社会名誉和商业荣誉、运营经验及能力、企业决策运营层的业务能力、企业管理模式等条件是非常重要的。缺乏这些运营条件会导致体育综合体在投资建设前期中资金链断裂、融资失败、功能开发不合理、招商困难等问题。运营风险可以降维为资金及融资能力、开发与运作经验、内部财务管理、招商能力等。

三、风险评价指标因素集

根据风险因素指标体系,结合风险因素识别结果,设立体育综合体投资建设前期风险评价指标因素集,详见图 4 - 5。

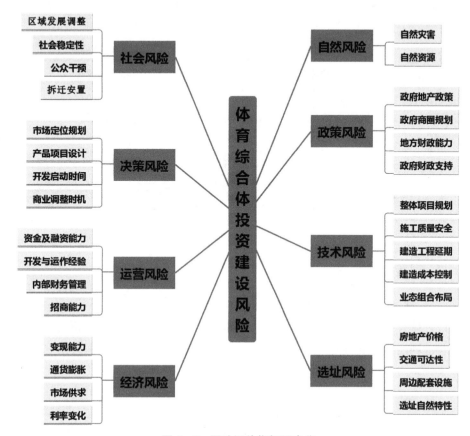

图 4 - 5　风险评价指标因素集

第七节　体育综合体投资建设前期风险评价

一、风险评价指标体系

构建体育综合体投资建设风险评价分层指标则需要从我国体育综合体场馆的投资建设风险现状出发,根据新建综合体自身的成分特征和风险特征,将风险划分为外部风险和内部风险。把体育综合体投资建设前期风险指标设定为目标层、准则层、指标层 3 个层次,目标层是体育综合体投资建设前期风险;准则层包括自然风险、经济风险、社会风险等 8 个指标;指标层包括交通可达性、周边配套设施、开发与运作经验等 31 个指标(见表 4 - 13)。

表 4-13　风险评价指标体系

目标层	准则层	指标层
体育综合体投资建设风险	自然风险	自然灾害、自然资源
	政策风险	政府地产政策、政府商圈规划、地方财政能力、政府财政支持
	技术风险	整体项目规划、施工质量安全、建造工程延期、建造成本控制、业态组合布局
	选址风险	房地产价格、交通可达性、周边配套设施、选址自然特性
	社会风险	区域发展调整、社会稳定性、公众干预、拆迁安置
	决策风险	市场定位规划、产品项目设计、开发启动时间、商业调整时机
	运营风险	资金及融资能力、开发与运作经验、内部财务管理、招商能力
	经济风险	变现能力、通货膨胀、市场供求、利率变化

二、风险指标权重计算及检验

（一）设置指标权重标度

设置体育综合体投资建设的风险指标的权重标度,采取层次分析法 9 级评级法对各准则层指标和其对应的指标层指标进行重要性的比较,根据各级指标的重要性来判定级别(见表 4-14)。

表 4-14　权重向量判断矩阵标度及含义

赋值(a_{ij})	含义
1	指标 i 和指标 j 相比,两者具有相同的重要性
3	指标 i 和指标 j 相比,前者比后者稍微重要
5	指标 i 和指标 j 相比,前者比后者比较重要
7	指标 i 和指标 j 相比,前者比后者十分重要
9	指标 i 和指标 j 相比,前者比后者绝对重要
2,4,6,8	指标 i 和指标 j 相比,重要程度介于上述相邻两者之间
倒数	指标 j 和指标 i 相比的结果

（二）构建权重向量判断矩阵

依据表 4-14 的标度对权重向量判断矩阵进行赋值,汇总各位专家打分情况,根据公式(4-1)和公式(4-2)得到目标层权重向量两两判断矩阵:体育综合体投资建设前期风险矩阵(A);准则层权重向量两两判断矩阵:自然风险矩阵(A_1)、政策风险矩阵(A_2)、技术风险矩阵(A_3)、选址风险矩阵(A_4)、社会风险矩阵(A_5)、决策风险矩阵(A_6)、运营风险矩阵(A_7)、经济风险矩阵(A_8)(见表 4–15 至表4–23)。

表 4–15 体育综合体投资建设风险权重向量判断矩阵(A)

准则层	自然风险	政策风险	技术风险	选址风险	社会风险	决策风险	运营风险
自然风险	1	0.5	0.5	0.3333	1	0.5	0.5
政策风险	2	1	0.5	0.5	2	2	1
技术风险	2	2	1	0.5	1	1	0.5
选址风险	3	2	2	1	3	2	2
社会风险	1	0.5	1	0.3333	1	1	0.5
决策风险	2	0.5	1	0.5	1	1	0.5
运营风险	2	1	2	0.5	2	2	1
经济风险	2	0.5	1	0.5	1	1	0.5

表 4–16 自然风险权重向量判断矩阵(A_1)

自然风险	自然灾害	自然资源
自然灾害	1	1
自然资源	1	1

表 4–17 政策风险权重向量判断矩阵(A_2)

政策风险	政府地产政策	政府商圈规划	地方财政能力	政府财政支持
政府地产政策	1	0.5	1	0.5
政府商圈规划	2	1	2	1
地方财政能力	1	0.5	1	1
政府财政支持	2	1	1	1

表 4–18 技术风险权重向量判断矩阵(A_3)

技术风险	整体项目规划	施工质量安全	建造工程延期	建造成本控制	业态组合布局
整体项目规划	1	1	2	1	2

（续表）

技术风险	整体项目规划	施工质量安全	建造工程延期	建造成本控制	业态组合布局
施工质量安全	1	1	1	1	1
建造工程延期	0.5	1	1	0.5	1
建造成本控制	1	1	2	1	2
业态组合布局	0.5	1	1	0.5	1

表 4-19　选址风险权重向量判断矩阵（A_4）

选址风险	房地产价格	交通可达性	周边配套设施	选址自然特性
房地产价格	1	0.3333	0.5	1
交通可达性	3	1	2	3
周边配套设施	2	0.5	1	2
选址自然特性	1	0.3333	0.5	1

表 4-20　社会风险权重向量判断矩阵（A_5）

社会风险	区域发展调整	社会稳定性	公众干预	拆迁安置
区域发展调整	1	2	2	2
社会稳定性	0.5	1	1	0.5
公众干预	0.5	1	1	1
拆迁安置	0.5	2	1	1

表 4-21　决策风险权重向量判断矩阵（A_6）

决策风险	市场定位规划	产品项目设计	开发启动时间	商业调整时机
市场定位规划	1	1	3	2
产品项目设计	1	1	3	2
开发启动时间	0.3333	0.3333	1	0.5
商业调整时机	0.5	0.5	2	1

表 4－22　运营风险权重向量判断矩阵(A_7)

运营风险	资金及融资能力	开发与运作经验	内部财务管理	招商能力
资金及融资能力	1	0.5	2	2
开发与运作经验	2	1	3	3
内部财务管理	0.5	0.3333	1	1
招商能力	0.5	0.3333	1	1

表 4－23　经济风险权重向量判断矩阵(A_8)

经济风险	变现能力	通货膨胀	市场供求	利率变化
变现能力	1	3	0.5	3
通货膨胀	0.3333	1	0.3333	1
市场供求	2	3	1	3
利率变化	0.3333	1	0.3333	1

（三）指标权重计算

通过 AHP 和积法运算对矩阵(A)进行指标权重计算,根据公式(4-3)、公式(4-4)、公式(4-5)、公式(4-6)得到准则层的 8 个一级指标的权重自然风险5.78%、经济风险 9.52%、社会风险 7.61%等。通过同样 AHP 和积法运算步骤对矩阵(A_1)、(A_2)、(A_3)、(A_4)、(A_5)、(A_6)、(A_7)、(A_8)进行指标权重计算,准则层指标权重分别与隶属的 31 个指标层指标权重相乘,其结果为该 31 个风险指标的组合权重,得到指标层 31 个二级指标组合权重,分别是交通可达性 9.66%、周边配套设施 5.59%、开发与运作经验 7.32%等(见表 4-24)。

表 4－24　风险评价指标权重

目标层	准则层	权重值	指标层	权重值	组合权重
体育综合体投资建设风险	自然风险	0.0578	自然灾害	0.5000	0.0289
			自然资源	0.5000	0.0289
	政策风险	0.1697	政府地产政策	0.1691	0.0287
			政府商圈规划	0.3381	0.0574
			地方财政能力	0.2048	0.0348
			政府财政支持	0.2881	0.0489

（续表）

目标层	准则层	权重值	指标层	权重值	组合权重
体育综合体投资建设风险	技术风险	0.0952	整体项目规划	0.2543	0.0242
			施工质量安全	0.1971	0.0188
			建造工程延期	0.1471	0.0140
			建造成本控制	0.2543	0.0242
			业态组合布局	0.1471	0.0140
	选址风险	0.2125	房地产价格	0.1411	0.0300
			交通可达性	0.4547	0.0966
			周边配套设施	0.2631	0.0559
			选址自然特性	0.1411	0.0300
	社会风险	0.0761	区域发展调整	0.3944	0.0300
			社会稳定性	0.1694	0.0129
			公众干预	0.1972	0.0150
			拆迁安置	0.2389	0.0182
	决策风险	0.1323	市场定位规划	0.3507	0.0464
			产品项目设计	0.3507	0.0464
			开发启动时间	0.1093	0.0145
			商业调整时机	0.1893	0.0250
	运营风险	0.1611	资金及融资能力	0.2631	0.0424
			开发与运作经验	0.4547	0.0732
			内部财务管理	0.1411	0.0227
			招商能力	0.1411	0.0227
	经济风险	0.0952	变现能力	0.3134	0.0298
			通货膨胀	0.1237	0.0118
			市场供求	0.4393	0.0418
			利率变化	0.1237	0.0118

（四）指标权重一致性检验

各矩阵指标去权重权向量需要进行一致性检验，一致性检验中 CR 值小于 0.1，则判断矩阵满足一致性检验。如果 CR 值大于 0.1，则说明不具有一致性，应检查数据准确性、矩阵是否存在错误。根据式（4-7）和式（4-8）可以计算出各矩阵一致性检验结果如下（见表 4-25）。

表 4 - 25　权重向量判断矩阵检验结果

矩阵	最大特征根	CI 值	RI 值	CR 值	一致性检验结果
A	8.26	0.037	1.41	0.026	通过
A_1	2	0	0	0	通过
A_2	4.061	0.02	0.89	0.023	通过
A_3	5.078	0.019	1.12	0.017	通过
A_4	4.01	0.003	0.89	0.004	通过
A_5	4.061	0.02	0.89	0.023	通过
A_6	4.01	0.003	0.89	0.004	通过
A_7	4.01	0.003	0.89	0.004	通过
A_8	4.06	0.02	0.89	0.023	通过

目标层矩阵(A)一致性检验结果为 $CR(A)=0.026$，满足 $CR<0.1$。准则层 8 个矩阵经一致性检验结果为 $CR(A_1)=0$、$CR(A_2)=0.023$、$CR(A_3)=0.017$ 等，CR 值均满足 $CR<0.1$。所有权重向量两两判断矩阵的一致性检验结果都符合要求，准则层指标和指标层指标的权重数据均有效，证明体育综合体投资建设前期风险评价指标体系构建规范，风险评价指标权重计算正确合理。

三、模糊综合风险评价

模糊综合评价法主要包括确定评价指标因素集和评语集、确定权重向量矩阵和构建权重评价判断矩阵、模糊评价计算三个步骤。根据表 4 - 15 至表 4 - 23 可以获取确定权重向量判断矩阵。因此，在模糊综合风险评价过程中只需要构建风险评价评语集、构建权重评价判断矩阵和进行模糊评价计算。

（一）构建风险评价评语集

依据建立的风险评价指标体系，体育综合体投资建设前期的风险评价标准包括五档。体育综合体风险评价指标的评语由低到高设置为低风险、较低风险、中等风险、较高风险、极高风险（见表 4 - 26）。

为了最终体育综合体投资建设前期风险评价结果更准确且合乎事实，本研究采用专家打分的方式来确定评价指标的风险程度（打分数据见附录 D）。构建体育综合体投资建设前期风险评语集后，通过线上和线下的方式收集到 2 个专家、3 个政府官员、15 个浙江省体育综合体投资建设高层的打分表，剔除无效数据 5 份汇总结果见表 4 - 27。

表 4-26 风险评价评语集对应表

风险等级	V₁	V₂	V₃	V₄	V₅
评价语	低风险	较低风险	中等风险	较高风险	极高风险
评分值	1	2	3	4	5

表 4-27 指标层风险指标评语专家打分结果表

专家编号 指标 \ 分值	1	2	3	4	5	6	7	8	9	10	11	12	13	14	15
变现能力	3	3	5	4	4	1	3	4	1	1	1	1	1	1	2
通货膨胀	3	1	3	1	2	1	2	2	1	1	1	1	1	1	1
市场供求	4	4	4	4	4	3	1	2	2	2	1	2	3	1	2
利率变化	2	1	2	2	2	1	4	2	1	1	1	1	1	1	1
政府地产政策	2	3	4	3	3	2	1	3	3	2	1	1	1	3	1
政府商圈规划	3	4	4	2	4	3	2	3	3	2	1	2	1	4	1
地方财政能力	2	2	5	2	4	2	2	2	3	3	2	2	1	2	1
政府财政支持	2	3	4	2	3	4	2	3	3	3	2	1	1	2	1
整体项目规划	3	3	3	2	3	3	2	2	2	1	2	1	3	2	1
施工质量安全	2	2	3	2	3	2	3	2	2	3	2	1	1	2	1
建造工程延期	3	2	3	2	2	1	2	2	2	2	2	2	1	1	1
建造成本控制	2	2	4	1	3	1	3	2	2	2	2	2	2	3	1
业态组合布局	1	3	4	2	3	2	2	2	2	1	2	1	2	1	1
房地产价格	3	3	4	2	2	1	2	3	2	2	1	3	1	2	1
交通可达性	2	4	5	3	1	4	2	3	4	4	1	4	4	5	3
周边配套设施	4	4	5	3	2	3	3	3	4	4	1	3	1	1	2
选址自然特性	1	3	4	3	4	1	2	3	1	2	1	5	2	1	1
区域发展调整	3	2	4	2	3	2	2	3	3	1	1	1	2	2	1
社会稳定性	2	3	1	2	1	1	3	2	2	2	1	1	1	1	1
公众干预	4	2	2	2	1	2	2	1	1	2	1	1	1	1	1
拆迁安置	3	2	2	2	2	1	2	2	1	1	4	1	3	1	1
市场定位规划	2	2	1	2	3	3	2	2	3	2	2	5	2	2	2
产品项目设计	2	4	2	2	4	2	2	2	2	3	2	4	2	2	2
开发启动时间	1	1	2	2	3	1	2	2	1	2	1	1	1	1	2

（续表）

专家编号 指标　分　值	1	2	3	4	5	6	7	8	9	10	11	12	13	14	15
商业调整时机	4	1	2	2	3	1	2	3	1	1	1	3	2	1	2
资金及融资能力	3	3	2	4	4	1	2	3	2	1	1	5	2	2	1
开发与运作经验	4	3	2	4	5	3	2	3	4	3	1	4	2	4	1
内部财务管理	4	1	2	2	2	2	1	2	4	2	1	2	1	3	1
招商能力	5	1	2	2	3	2	2	2	2	2	1	2	1	4	1
自然灾害	3	1	3	1	1	1	2	2	1	1	3	1	1	1	1
自然资源	3	1	3	1	3	1	2	2	1	1	3	1	1	1	1

（二）构建权重评价判断矩阵

权重评价判断矩阵是指标项及各评语的选择频数。构建体育综合体投资建设前期风险评语集后，通过专家打分的方式确定被评价指标对评语集的隶属程度，得到权重评价判断矩阵。根据式（4-9）、式（4-10）可以得到权重评价判断矩阵，详见表4-28至表4-35。

表4-28　自然风险权重评价判断矩阵（X_1）

指标项	指标权重项	低风险	较低风险	中等风险	较高风险	极高风险
自然灾害	0.5000	10	2	3	0	0
自然资源	0.5000	9	2	4	0	0

表4-29　政策风险权重评价判断矩阵（X_2）

指标项	指标权重项	低风险	较低风险	中等风险	较高风险	极高风险
政府地产政策	0.1691	5	4	5	1	0
政府商圈规划	0.3381	3	4	4	4	0
地方财政能力	0.2048	3	7	4	0	1
政府财政支持	0.2881	3	5	5	2	0

表 4-30 技术风险权重评价判断矩阵(X_3)

指标项	指标权重项	低风险	较低风险	中等风险	较高风险	极高风险
整体项目规划	0.2543	3	6	6	0	0
施工质量安全	0.1971	3	9	3	0	0
建造工程延期	0.1471	4	9	2	0	0
建造成本控制	0.2543	3	8	3	1	0
业态组合布局	0.1471	6	6	2	1	0

表 4-31 选址风险权重评价判断矩阵(X_4)

指标项	指标权重项	低风险	较低风险	中等风险	较高风险	极高风险
房地产价格	0.1411	4	6	4	1	0
交通可达性	0.4547	2	2	3	6	2
周边配套设施	0.2631	3	2	5	4	1
选址自然特性	0.1411	6	3	3	2	1

表 4-32 社会风险权重评价判断矩阵(X_5)

指标项	指标权重项	低风险	较低风险	中等风险	较高风险	极高风险
区域发展调整	0.3944	4	6	4	1	0
社会稳定性	0.1694	8	5	2	0	0
公众干预	0.1972	7	7	0	1	0
拆迁安置	0.2389	6	6	2	1	0

表 4-33 决策风险权重评价判断矩阵(X_6)

指标项	指标权重项	低风险	较低风险	中等风险	较高风险	极高风险
市场定位规划	0.3507	1	10	4	0	1
产品项目设计	0.3507	0	11	1	3	0
开发启动时间	0.1093	8	6	1	0	0
商业调整时机	0.1893	6	5	3	1	0

表 4 - 34　运营风险权重评价判断矩阵(X_7)

指标项	指标权重项	低风险	较低风险	中等风险	较高风险	极高风险
资金及融资能力	0.2631	4	5	3	2	1
开发与运作经验	0.4547	2	3	4	5	1
内部财务管理	0.1411	5	7	1	2	0
招商能力	0.1411	4	8	1	1	1

表 4 - 35　经济风险权重评价判断矩阵(X_8)

指标项	指标权重项	低风险	较低风险	中等风险	较高风险	极高风险
变现能力	0.3134	7	1	3	3	1
通货膨胀	0.1237	10	3	2	0	0
市场供求	0.4393	3	5	2	5	0
利率变化	0.1237	9	5	0	1	0

（三）模糊评价计算

1. 准则层模糊综合风险评价计算

针对自然风险的 2 个指标层指标，以及评语集（表 4 - 26）进行模糊综合评价，首先根据评价指标权重向量矩阵（表 4 - 16），以及构建出 2×5 权重判断矩阵（表 4 - 27），并且使用公式（4 - 11）和公式（4 - 12）进行计算；最终进行分析得出 5 个评语集的权重值，分别是：0.633,0.133,0.233,0.000,0.000（表 4 - 36）。

针对政策风险的 4 个指标层指标，以及评语集进行模糊综合评价，首先根据评价指标权重向量矩阵（表 4 - 17），以及构建出 2×5 权重判断矩阵（表 4 - 28），并且使用公式（4 - 11）和公式（4 - 12）进行计算；最终进行分析得出 5 个评语集的权重值，分别是：0.233,0.333,0.300,0.117,0.017（表 4 - 36）。

针对技术风险的 5 个指标层指标，以及评语集进行模糊综合评价，首先根据评价指标权重向量矩阵（表 4 - 18），以及构建出 5×5 权重判断矩阵（表 4 - 29），并且使用公式（4 - 11）和公式（4 - 12）进行计算；最终进行分析得出 5 个评语集的权重值，分别是：0.253,0.507,0.213,0.027,0.000（表 4 - 36）。

针对选址风险的 4 个指标层指标，以及评语集进行模糊综合评价，首先根据评价指标权重向量矩阵（表 4 - 19），以及构建出 4×5 权重判断矩阵（表 4 - 30），并且使用公式（4 - 11）和公式（4 - 12）进行计算；最终进行分析得出 5 个评语集的权重值,分别是:0.250,0.217,0.250,0.217,0.067(见表4-36)。

　　针对社会风险的4个指标层指标,以及评语集进行模糊综合评价,首先根据评价指标权重向量矩阵(表4-20),以及构建出4×5权重判断矩阵(表4-31),并且使用公式(4-11)和公式(4-12)进行计算;最终进行分析得出5个评语集的权重值,分别是:0.417,0.400,0.133,0.050,0.000(见表4-36)。

　　针对决策风险的4个指标层指标,以及评语集进行模糊综合评价,首先根据评价指标权重向量矩阵(表4-21),以及构建出4×5权重判断矩阵(表4-32),并且使用公式(4-11)和公式(4-12)进行计算;最终进行分析得出5个评语集的权重值,分别是:0.249,0.523,0.146,0.067,0.016(见表4-36)。

　　针对运营风险的4个指标层指标,以及评语集进行模糊综合评价,首先根据评价指标权重向量矩阵(表4-22),以及构建出4×5权重判断矩阵(表4-33),并且使用公式(4-11)和公式(4-12)进行计算;最终进行分析得出5个评语集的权重值,分别是:0.250,0.383,0.150,0.167,0.050(见表4-36)。

　　针对经济风险的4个指标层指标,以及评语集进行模糊综合评价,首先根据评价指标权重向量矩阵(表4-23),以及构建出4×5权重判断矩阵(表4-34),并且使用公式(4-11)和公式(4-12)进行计算;最终进行分析得出5个评语集的权重值,分别是:0.483,0.233,0.117,0.150,0.017(见表4-36)。

表4-36　准则层指标隶属度汇总表

准则层指标	低风险	较低风险	中等风险	较高风险	极高风险
自然风险	0.633	0.133	0.233	0.000	0.000
政策风险	0.233	0.333	0.300	0.117	0.017
技术风险	0.253	0.507	0.213	0.027	0.000
选址风险	0.250	0.217	0.250	0.217	0.067
社会风险	0.417	0.400	0.133	0.050	0.000
决策风险	0.249	0.523	0.146	0.067	0.016
运营风险	0.250	0.383	0.150	0.167	0.050
经济风险	0.483	0.233	0.117	0.150	0.017

　　自然风险的5个评语集中低风险的权重值最高(0.633),政策风险的5个评语集中较低风险的权重值最高(0.333),技术风险的5个评语集中较低风险的权重值最高(0.507),选址风险的5个评语集中低风险和中等风险的权重值最高(0.250),社会风险的4个评语集中低风险的权重值最高(0.417),决策风险的4个评语集中

较低风险的权重值最高(0.523)，运营风险的4个评语集中较低风险的权重值最高(0.383)，经济风险的4个评语集中低风险的权重值最高(0.483)。结合最大隶属度法则，利用公式(4-13)和公式(4-14)进行计算，得到准则层各指标的模糊风险评价结果(表4-37)。

表4-37　准则层指标模糊风险评价结果统计表

准则层指标	指标权重值	模糊评价分数	评价结果
自然风险	0.0578	1.598	较低风险
政策风险	0.1697	2.352	较低风险
技术风险	0.0952	2.014	较低风险
选址风险	0.2125	2.637	中等风险
社会风险	0.0761	1.816	较低风险
决策风险	0.1323	2.081	较低风险
运营风险	0.1611	2.384	较低风险
经济风险	0.0952	1.985	较低风险

2. 目标层模糊综合风险评价计算

体育综合体投资建设前期风险评价建立的指标体系有三层，因此要计算准则层指标对目标层的模糊评价矩阵 X，做加权平衡模糊关系运算，得到准则层指标对于评语集 V 的隶属向量 B。根据公式(4-11)可以得到目标层隶属计算过程：

$$B = A \circ X = (a_1, a_2, a_3, a_4, a_5) \begin{bmatrix} X_{11} & X_{12} & X_{13} & X_{14} & X_{15} \\ X_{21} & X_{22} & X_{23} & X_{24} & X_{25} \\ X_{31} & X_{32} & X_{33} & X_{34} & X_{35} \\ X_{41} & X_{42} & X_{43} & X_{44} & X_{45} \\ X_{51} & X_{52} & X_{53} & X_{54} & X_{55} \end{bmatrix} = (b_1, b_2, b_3, b_4, b_5)$$

根据表4-24可以得到准则层指标权重值，根据表4-25可以得到准则层指标隶属向量，数据代入以上计算过程，结果如下：

$$\boldsymbol{B}=\boldsymbol{A}\cdot\boldsymbol{X}=(0.0578,0.1697,0.0952,0.2125,0.0761,0.1323,0.1611,0.0952)$$

$$\begin{bmatrix} 0.633 & 0.133 & 0.233 & 0.000 & 0.000 \\ 0.233 & 0.333 & 0.300 & 0.117 & 0.017 \\ 0.253 & 0.507 & 0.213 & 0.027 & 0.000 \\ 0.250 & 0.217 & 0.250 & 0.217 & 0.067 \\ 0.417 & 0.400 & 1.133 & 0.050 & 0.000 \\ 0.249 & 0.523 & 0.146 & 0.067 & 0.016 \\ 0.250 & 0.383 & 0.150 & 0.167 & 0.050 \\ 0.483 & 0.233 & 0.117 & 0.150 & 1.017 \end{bmatrix} = (0.3043,0.3421,0.2025,0.1224,0.0289)$$

根据公式(4-13)可以得到:

$$\boldsymbol{B}=(0.3043,0.3421,0.2025,0.1124,0.0289)$$

为更加准确地描述目标层(体育综合体投资建设前期风险)的总体风险程度,通过设立秩矩阵 $\boldsymbol{Y}=(1,2,3,4,5)^5$,其中1代表低风险、2代表较低风险,3代表中等风险、4代表较高风险、5代表极风险。将目标层隶属向量 $\boldsymbol{B}$ 中的各个分量按照各等级的秩加权求和,从而得到体育综合体投资建设前期风险等级的相对位置 $\boldsymbol{R}$,根据公式(4-14)计算过程如下:

$$\boldsymbol{R}=\boldsymbol{B}\cdot\boldsymbol{Y}=(0.3043,0.3421,0.2025,0.1124,0.0289)\begin{bmatrix}1\\2\\3\\4\\5\end{bmatrix}=2.1901$$

将 $R=2.1901$ 与评语集 $\boldsymbol{V}$(表4-26)比对,通过层次分析法和模糊综合评价法得到体育综合体投资建设前期总体风险评价结果是较低风险。依托层次分析法与模糊综合评价法,得到体育综合体投资建设前期风险指标评价结果(表4-38)。

表4-38 体育综合体投资建设前期风险评价结果

目标层	风险评价	准则层	权重值	风险评价	指标层	组合权重
体育综合体投资建设风险	较低风险	自然风险	0.0578	较低风险	自然灾害	0.0289
					自然资源	0.0289
		政策风险	0.1697	较低风险	政府地产政策	0.0287
					政府商圈规划	0.0574
					地方财政能力	0.0348
					政府财政支持	0.0489

（续表）

目标层	风险评价	准则层	权重值	风险评价	指标层	组合权重
体育综合体投资建设风险	较低风险	技术风险	0.0952	较低风险	整体项目规划	0.0242
					施工质量安全	0.0188
					建造工程延期	0.0140
					建造成本控制	0.0242
					业态组合布局	0.0140
		选址风险	0.2125	中等风险	房地产价格	0.0300
					交通可达性	0.0966
					周边配套设施	0.0559
					选址自然特性	0.0300
		社会风险	0.0761	较低风险	区域发展调整	0.0300
					社会稳定性	0.0129
					公众干预	0.0150
					拆迁安置	0.0182
		决策风险	0.1323	较低风险	市场定位规划	0.0464
					产品项目设计	0.0464
					开发启动时间	0.0145
					商业调整时机	0.0250
		运营风险	0.1611	较低风险	资金及融资能力	0.0424
					开发与运作经验	0.0732
					内部财务管理	0.0227
					招商能力	0.0227
		经济风险	0.0952	较低风险	变现能力	0.0298
					通货膨胀	0.0118
					市场供求	0.0418
					利率变化	0.0118

第八节　体育综合体投资建设前期风险处理

一、风险处理方法

通过对体育综合体投资建设前期进行风险识别和风险评价,结合体育综合体投资建设前期风险评价结果,可以得出体育综合体投资建设前期发生各种风险的概率及损失程度,进而决定应该采用什么措施处理风险。风险处理的方法一般有避免风险、损失管理、风险转移和自留风险 4 种方式。

（一）避免风险

风险识别和风险评价后,企业风险管理人员对大概率发生的高风险指标进行评估,如果造成的损失比较大,可以放弃该风险指标项,或者采用某种方法让企业不承担该风险的方式就是避免风险。避免风险处理方式可以杜绝风险的发生,是处理风险常采用的方式。避免危险的处理方式适用于以下 3 种情况:风险因素发生概率太大而无法规避;风险因素对企业而言发生的概率不大,但是造成的损失是企业不能承担的,该损失无法通过其他渠道得到补偿;对企业造成风险的风险因素发生后对企业造成非常大的损失,但是企业为了防止该损失的产生而采取相应的措施去处理风险,风险处理代价大过风险产生损失的时候。

（二）损失管理

因为避免风险固有的限定,所以企业在风险处理过程中会受到很大的限制。对于企业进行风险处理而言,损失管理也是企业高层在进行风险处理过程中经常采用的方法。在风险因素对企业即将产生风险影响的时候,企业风险管理人员可以有意识、有计划地采取相应的防范措施,杜绝风险的发生,或者是最大限度地减少风险发生的概率。损失管理还有一种常见的处理方式是在风险因素已经对企业造成损失的时候,采取相应的措施来减轻该风险因素对企业的正常运营造成的损失。所以在风险损失管理过程中,提前防御风险的方式和风险发生后减轻风险损失两种方式都很重要。企业风险管理人员应该根据风险因素类型、风险发生概率、风险造成损失程度进行评价和估算,再选择损失管理的处理方式。

（三）风险转移

企业风险处理方式除避免风险和损失管理以外,还有常见的风险转移处理方式。风险转移是指在风险因素即将对企业造成损失前,将企业所面临的风险进行转移。通常需要采用风险转移的情况有两种:在企业正常运营过程中,风险因素对企业造成财产方面的损失;在企业正常运营中因为某风险因素,对企业和企业员工造成人身安全的损失。在企业进行风险转移过程中通常会把高风险业务或者大概率风险业务进行转移,即"外包"或委托经营生产。部分企业风险管理人员在进行风险转移过程中会采取法律措施,在合同和协议中对高风险项目进行转移或免责处理。

（四）自留风险

在企业风险处理过程中,避免风险、损失管理和风险转移基本属于风险还未发生的状态下进行防范和处理。在风险已经发生时,或者已知该风险因素存在,但企业发展和改革不能让企业规避该风险因素,企业风险管理人员通常采取自留风险的处理方式。在收益大于风险时,通常会采取自留风险的处理方式。

自留风险的处理方式通常有主动和被动两种。主动自留风险就是在收益大于风险的时候,或者对风险的程度进行了较低的评价,企业决策者通常有意识地采取主动自留风险的处理方式。被动自留风险是企业风险管理者已知该风险因素的存在,但是不能规避该风险因素,或者没有意识到危险存在,通常采取被动自留风险的处理方式。

二、风险分析与处理

（一）准则层指标风险处理

根据表4-38可知,准则层指标的8个指标权重为:自然风险5.78%,经济风险9.52%,社会风险7.61%,政策风险16.79%,技术风险9.52%,决策风险13.23%,选址风险21.25%,运营风险16.11%（见图4-6）。根据模糊综合评价结果可知,选址风险是中等风险,剩下的指标均为较低风险。准则层指标的平均权重为12.5%,超过平均权重的分别为:选址风险21.25%,政策风险16.79%,运营风险16.11%,决策风险13.23%,对政策风险、运营风险和决策风险进行风险处理。

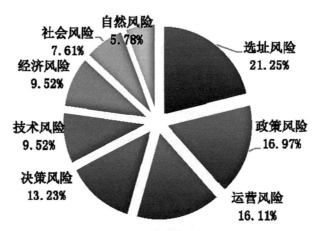

图4-6　准则层指标权重占比图

1. 选址风险

体育综合体投资建设选址的重要性在于建设地点选择差异可能导致潜在消费者不足，获得运营收益不高。投资建设体育综合体须契合城市发展，考虑城市服务功能配置、结合社区规划、商圈规划，契合城市"3公里生活圈"的发展定位，避免出现资源重叠浪费。对于投资建设选址风险，应该采取自留风险。体育综合体投资建设决策层风险管理人员就选址情况进行分析利弊，识别不同地址建设体育综合体存在的风险，并对其损失后果获得较为准确的评价，比较各种体育综合体风险处理措施后，确定建设体育综合体的地址，应主动地、有计划地自留风险。

2. 政策风险

体育综合体投资建设收益回收周期长，无法在短时间内回收投资成本和产生盈利，阻碍体育综合体的投资建设，影响社会民间企业对体育综合体的投资。当地政府的财政、税收和规划等部门需要成立一套长期扶持政策来解决体育综合体在投资建设过程中遇到的一些难题，鼓励民间资本参与到体育综合体的投资建设中来。政策风险对体育综合体投资建设前期的影响很大，可以考虑投资建设体育综合体所用土地减半征收房产税，或者为体育综合体的投资建设提供免费使用土地政策，为综合体提供良好的投资建设环境。对于政策风险的处理，应该采用损失管理。在投资建设体育综合体之前，应向当地体育局全面了解当地关于体育综合体或综合性体育馆的投资建设扶持政策，减少因为不了解政策而发生的损失。同时，在后续改建和新建体育综合体的功能时应结合当地政策进行规划，以免不能享受相关扶持政策。

3. 运营风险

运营风险同样是相对重要的风险指标。体育综合体在设计建设时自身的资金及融资能力、开发与运作经验、内部财务管理、招商能力也非常重要。体育综合体资金回收周期较长，因此需要充分考虑自身的资金及融资能力。如果是初次投资建设体育综合体，则需要在开发运作和财务方面做好准备，同时需要充分考虑体育场馆的后期使用率、消费者多元化的消费需求，尽可能在满足赛事需求的前提下，进行满足当地居民消费需求和具有创新特色的项目开发。对于运营风险的处理，应该采用风险转移或者自留风险。运营风险的转移是将投资者在面对不熟悉的领域或者不想承担风险的时候，可以把风险转移给其他个人或单位去承担。例如把招商部分外包给其他相关方面的专业公司去运作，签订免除责任协议，利用合同中的转移责任条款的方式转移体育综合体在投资建设前期存在的运营风险。自留风险则适合拥有丰富的资金链和运作经验的体育综合体投资者选择。体育综合体的风险管理人员在了解体育综合体的投资建设前期运营风险后，作出不转移潜在风险的决策，选择由自己公司来承担，这就是运营风险中主动地自留风险。

4. 决策风险

体育综合体的决策风险是准则层风险中比较重要的风险,在投资建设之前做好体育综合体的市场定位,是做商业内嵌性质还是全民健身性质的体育综合体,对体育综合体需要设置的项目、功能做好决策。对于体育综合体的开发启动时间的把握,商业调整时机的把握同样是体育综合体投资者需要做好决策的。针对体育综合体投资建设前期的决策风险建议采用损失管理,防损措施和减损措施一起采用。在投资建设体育综合体的前期做好决策,提前考虑好存在的风险因素,做好损失预防措施,能够减少因为决策失误而发生的损失。在决策后发生的风险,需要采用减损措施,重新根据出现的问题和风险进行二次风险决策,以减轻损失的程度和不利后果,即尽力保护因为决策失误而造成的损失。

技术风险、经济风险、社会风险、自然风险为准则层相对不是重要风险指标,这里不再阐述。

(二)指标层指标风险处理

指标层指标风险评价结果需要参考组合权重值,其中组合权重占总权重前25%的是交通可达性、开发与运作经验、政府商圈规划、周边配套设施、政府财政支持、市场定位规划、产品项目设计、资金及融资能力、市场供求组合权重值分别为9.66%、7.32%、5.74%、5.59%、4.89%、4.64%、4.64%、4.24%、4.18%(表4-24)。结合准则层高风险指标风险处理结果,本研究对交通可达性、开发与运作经验、政府商圈规划、周边配套设施、政府财政支持、市场定位规划、产品项目设计、资金及融资能力和市场供求共9个指标层高风险指标进行风险处理。低于总权重20%的是开发启动时间、建造工程延期、业态组合布局、社会稳定性、通货膨胀、利率变化,组合权重分别为1.45%、1.4%、1.4%、1.29%、1.18%、1.18%(见图4-7)。

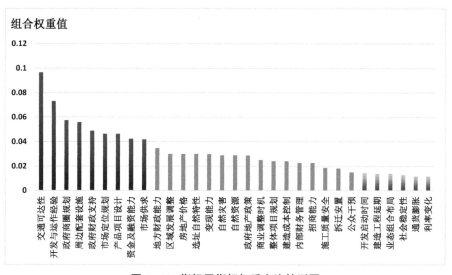

图 4-7 指标层指标权重占比柱形图

1. 交通可达性

对体育综合体来说，它是城市综合体的一个子系统，以体育产业为中心，包含着居住、休闲、购物、娱乐、文化、旅游、健身、培训、竞技等其他城市功能产业，是一个经济发展聚集区。交通可达性就显得非常重要，需要切合当下很火热的"3公里生活圈"。也就是在聚集性城市体育功能区需要做到交通便利，不论是公共交通还是私家车出行，又或者是步行，都需要做到交通便利。在人民需要健身运动和其他健康的城市功能的时候，有很多的交通选择权利，并能很便捷、快速地到达体育综合体功能区。这对于体育综合体的投资建设来说至关重要，所以交通可达性风险的组合风险权重值也是指标层风险指标中最大的。对于体育综合体投资建设前期的交通可达性风险的处理可以采用避免风险的处理方式。在对于投资建设体育综合体的交通可达性作出风险识别和分析、风险衡量以后，若投资建设体育综合体的风险管理人员发现对于目标地区的体育综合体交通可达性很低时，会产生较大损失，可以采取主动放弃选择在该地区投资建设体育综合体，从而继续选择交通可达性较高的地区进行建设投资体育综合体。

2. 开发与运作经验

开发与运作经验对于体育综合体的投资建设很重要，如果投资者是再次投资建设体育综合体就意味着其已经经历过体育综合体投资建设前期的风险管理。对于再次投资建设体育综合体就有了风险预期与判断，可以提前避免和规避很多风险因素。如果投资者没有体育综合体投资建设开发运作经验，其只能借鉴其他体育综合体的投资建设风险管理经验，并不能完全获得全部的风险管理经验，对于投资建设体育综合体就会存在潜在风险。针对体育综合体投资建设前期的开发运作经营风险可以选择损失管理和风险转移的处理方式。采用损失管理需要主动在投资建设前做好开发运作经验的学习，借鉴成熟的体育综合体投资建设开发与运作经验。在损失发生之前，全面地减少损失发生的可能性。在风险已经发生之后可以被动地采用损失管理，努力减轻损失的程度，可以结合风险转移的处理方法。采用风险的转移需要投资者在对不熟悉的领域或者不想承担风险的时候，可以把风险转移给其他个人或单位去承担。例如在开发运作体育综合体投资建设的过程中遇到处理不了的问题，可以外包给其他专业相关领域的公司处理，在签订合同时，同时把风险转移出去，出现损失后可以借助合同与法律来转移风险，这也是一种常见的风险处理方法。

3. 政府商圈规划

城市化进程加快，国民消费结构升级，以体育综合体为核心的新式商圈也在崛起。政府商圈规划是商业发展的重要表现形式，商圈构建为各行业的企业提供了聚集性经济发展空间，更为体育消费者多方位生活消费提供了服务场所。体育综合体一般会选择在城市商圈投资建设,这样可以拉动体育消费,同时还有复合式消费的产生,为体育综合体中其他项目起到拉动的作用。体育综合体投资建设前期的政府商圈规划应该采用避免风险的处理方式。在投建前期风险管理人员应该做好信息收集归纳,避免因为没有商圈规划而影响体育综合体后期的经营盈利,从而造成风险。采用避免风险可以避免因为政府商圈规划而造成的损失。

4. 周边配套设施

体育综合体的建设应考虑周边配套设施,以及周边群众的社会需求,其建设目的是促进发展。体育综合体的建设可以结合周边其他城市配套设施进行规划设计,以一个全民健身中心为辐射点,结合周边社区、餐饮、休闲等城市服务功能,可以构建一个类似镇海绿轴体育公园的体育综合体。以体育竞赛、体育表演等元素为核心,结合周边配套服务和赛事表演产业,可以构建一个像北仑艺体中心一样的业态垂直分布的体育综合体。商业和体育紧密结合,利用商业带动体育的发展,同时利用体育产业为商业的其他项目带来潜在客户和利益,例如宁波中体 SPORTS城。周边配套设施风险应该采用损失管理。体育综合体投资者在投资建设前期有意识地来考虑周边城市配套设施,根据现有资源,结合选址附近城市居民需求,设定体育综合体的发展定位,避免没有全面考虑体育综合体周边配套设施而造成的经济及社会损失。

5. 政府财政支持

体育综合体有经济功能,也有社会服务功能,社会服务功能离不开政府财政支持。浙江省各级别体育政府部门在体育综合体的建设中给予了大量的支持与帮助,比如,中体 SPORTS 城和政府是 PPP 模式、中体企业承建,并拥有 20 年运营权,建设过程中土地由政府提供。镇海绿轴体育公园在建设过程中政府在土地方面也给予大量的支持,并且在运营过程中镇海体育局每年会给镇海绿轴体育公园部分的资金补助,以扶持镇海绿轴体育公园以低廉价格服务周边居民。体育综合体投资建设前期的政府财政支持风险应该采用损失管理。防损措施和减损措施一起采用。损失预防措施能够减少因为没有政府财政支持而产生损失的频率,预防措施是及时与当地政府体育部门沟通联系,可以采用低价提供市民健身康体需求来促使政府体育部门进行财政支持。损失预防的措施是在风险生后,需要采用减损措施,以减轻损失的程度和不利后果,即在错过政府财政支持后可以在第二年继续申请政府财政扶持,或者申请其他财政扶持项目,以此来减少因为政府财政支持风险而带来的损失。

6. 市场定位规划

市场定位规划是在体育综合体投资建设前期时决策者必须做的规划。在投资建设体育综合体前需要企业市场部的工作人员做好市场调研,了解选址地区的市场消费能力、群众消费习惯等情况。只有对所投资建设的体育综合体进行详细的市场定位规划，才能避免在体育综合体运行阶段缺少市场需求的服务功能或者定位不准确而造成消费者流失、投资成本过高，成本回收困难等风险。在应对体育综合体投资建设前期的市场定位规划风险时应该采用避免风险和被动损失管理相结合的风险处理方法。在投资建设体育综合体前应该做好市场调研，结合投资者自身资金与融资能力，分析选址地区市场消费习惯和能力，做好市场定位。如果投资方自身条件不太符合该市场定位，可以选择放弃该市场，进行重新选址或者重新做决策建设符合该市场的定位规划，这是避免风险的处理方法。在做市场调研的过程中发现，该市场虽然不太适合自己企业的定位规划，但是前景很好，就可以选择暂时接受风险。在风险出现时被动地进行降低风险的操作，也就是重新做市场定位规划，对体育综合体进行改建，增建市场需求的服务产业或者其他相关产业模块，这是被动损失管理。

7. 产品项目设计

体育综合体在投资建设前期需要决策层对服务项目进行规划设计。目前体育综合体设置有体育教育培训、体育娱乐表演、体育健身康复、体育场馆租赁、体育销售展览、体育指导服务 6 种常见的项目类型。对于体育综合体投资建设前期的开发项目设计风险应该采用避免风险和自留风险相结合的处理方式。风险管理人员在决策时应该在投资建设前对本企业的运营管理经验、市场需求、资金与融资能力进行综合考量后，选择适合自己的产品项目，舍弃不适合的开发项目，这就是避免风险的处理方式。在全方位的调研和考量后决定尝试打造符合本体育综合体的项目组合设计，或者符合选址所在地区的发展规划，拥有较好的前景，就应该做好自留风险的处理方式，同时也可以做好降低自留风险的管理措施，以免风险太大对体育综合体的运营造成严重损失。

8. 资金及融资能力

投资建设体育综合体的投资方资金及金融融资能力在投资建设体育综合体的前期也很重要。体育综合体和体育场馆一样，投资回收周期较长，需要较大的现金流，因此需要充分考虑投资方本身资金及融资能力。对于前期决策投建体育综合体时需要综合考量本身的资金流来制定投资建设方案，可以根据本身的资金与融资能力来决定投建设体育综合体的规模和类型，后续还可以继续新建二期工程或者改建、新建其他功能区。对于体育综合体投资建设前期的资金与融资能力风险可以采用避免风险与被动损失管理的方式来处理。在投资方风险管理人员对本方的资金与融资能力做出评估和衡量后可以选择避免投资建设因为资金和融资能力不足而会造成较大损失的体育综合体类型，从而避免在投资建设体育综合体后会造成较大的亏损。而对于投资者而言，机遇都是伴随着风险，高风险就意味着可能有高回报,如果在投资建设体育综合体前期存在风险危险,可以采用被动损失管理。可以寻求政府介入在政策上进行扶持,也可以引进其他体育公司进行合作运营,把体育综合体的某部分功能区域进行外包处理,进行资金回笼,从而起到风险降低的作用,这也是在风险发生后采用被动损失管理的常用方法。

9. 市场供求

有需求就有市场,自由市场在需求大于供应的时候就会产生。目前随着国家综合实力提升,社会稳定,人民更加富裕,同时健康意识逐渐增强,群众对健身的场所与环境要求逐渐提高。当人民对综合性健身场所需求的提升与落后的体育场地供应形成了矛盾体,体育综合体的投资建设就成了国家和人民的需求。从投资者的角度考虑,拥有很高的市场需求也是投资建设体育综合体的动力。对于体育综合体的投资建设前期的市场供求风险可以采用避免风险的处理方式。在进行风险评价后,若投资建设体育综合体的风险管理人员发现对于目标地区某种体育综合体类型的市场需求不高,发生风险损失的可能性很大,可以采取主动放弃选择投资建设该类型的体育综合体。针对市场需求很高的体育综合体类型可以选择投资建设。

开发启动时间、建造工程延期、业态组合布局、社会稳定性、通货膨胀、利率变化为指标层比较不重要的风险指标。其他指标层指标风险一般,可以酌情采用风险避免、损失管理、风险转移、自留风险等风险处理方式。

指标层指标对体育综合体投资建设的风险指标分析结果与准则层指标分析结果类似,即做好选址、提高运营能力、政府加大政策扶持力度、提高技术能力对体育综合体投资建设影响更大。究其原因,交通可达性、周边配套设施、开发与运作经验、资金及金融融资能力、市场供求、政府商圈规划、政府财政支持这类被公众熟知的因素仍然是影响体育综合体投资建设的关键条件,对体育综合体的投资建设影响深远。彭鸿志[1]把市场定位风险、资金筹集风险、设计风险、招商风险、选址风险、商业调整时机选择风险作为重点处理风险,与本书中的重点风险处理有很多相同性。交通可达性、开发与运作经验、政府商圈规划、周边配套设施、政府财政支持、市场定位规划、产品项目设计、资金及融资能力、市场供求是本书中的重点处理风险,有 4 个风险指标是相同或者相近的。而诸如社会稳定性、通货膨胀、利率变化、开发启动时间等因素对体育综合体投资建设的影响较小,在指标体系中组合权重值占比最小。

各指标权重从侧面也说明了目前随着国家综合实力提升,社会稳定,人民更加富裕,同时健康意识逐渐增强,群众对健身的场所与环境要求逐渐提高。当群众对

---

① 彭鸿志.城市综合体项目风险管理研究[D].成都:西南交通大学,2015:12.

综合性健身场所需求的提高同落后的体育场地形成了矛盾体,投资建设体育综合体就成为新的趋势。

第九节　实证分析

在实地考察绿轴体育公园、中体 SPORTS 城、温州桃花岛体育中心、杭州莱茵体育生活馆、杭州湾李宁体育公园等体育服务综合体的基础上,最后确定以城市嵌入式健身型体育服务综合体——中体 SPORTS 城为例进行实证研究与分析,验证本研究体育综合体风险管理过程的合理性,主要验证风险评价体系合理性与准确性。中体 SPORTS 城的投资建设前期的风险管理与实际运营管理过程是中体集团"建设一管理一运营",因此选择已建设完成的中体 SPORTS 城作为实证研究对象较为合理。

一、中体 SPORTS 城简介

中体 SPORTS 城位于宁波市江北区,姚江北岸,面积超过 140 000 平方米,属于全民健身中心型体育综合体,集商贸、娱乐(影院)、住宅、办公、宾馆、体育多业态融合的大型综合体,也是中体产业在全国第一家投资建设的体育服务型综合体。

中体 SPORTS 城以"体育＋商业"模式打造宁波市体验式商业标杆项目。作为标准的商业内嵌式体育综合体,拥有专业化运动设施,多样化业态组成"体育＋商业"混搭的模式。室内场地设施包括篮球中心、羽毛球中心、排球中心、团建中心、乒乓球中心、击剑中心、搏击中心、跆拳道中心、全息健身中心、动感单车中心、团操中心、游泳池等。室外场地设施包括儿童水上和陆上乐园、足球场、篮球场、门球场、网球场、木球场、五力健身区等。

政府提供商业用地,中体 SPORTS 城管理运营的江北区全民健身中心采用智能化管理,会员面部识别,线上预约运动场地,全息健身场地体验等服务。选址和商圈规划发展方面,都很重视与周边设施的融合。中体 SPORTS 城的理念是要打造"3 公里生活圈"和"15 分钟健身圈"这样的城市区域功能空间。消费者从家到中体 SPORTS 城参加健身和运动的路程花费时间不会超过 15 分钟,做到 3 公里以内的居民吃、喝、玩、乐都可以在中体 SPORTS 城完成。中体 SPORTS 城的投资建设现状都说明了交通可达性、政府商圈规划、政府财政支持、产品项目设计和周边配套设施等重要风险指标对体育综合体的重要性。

二、投资建设前期风险评价

依托风险评价指标体系(表 4 - 13),采取层次分析法 9 级评级法(表 4 - 14),邀请2位专家学者、3位政府官员、中体SPORTS城董事长和体育项目总经理共计7人对中体SPORTS城的准则层指标和对应的指标层指标进行权重向量判断打分，结合公式(4-1)、公式(4-2)构建风险评价指标权重向量判断矩阵(表4-39至表4-47)。依托层次分析法的公式(4-3)、公式(4-4)、公式(4-5)和公式(4-6)对权重向量判断矩阵进行运算，得到中体SPORTS投资建设前期准则层和指标层各风险指标的权重值，其中权重值最高的为政策风险和选址风险，都为0.2164，运营风险和经济风险权重值最低，为0.0111(表4-48)。

表4-39　中体SPORTS城风险评价权重向量判断矩阵(A)

准则层	自然风险	政策风险	技术风险	选址风险	社会风险	决策风险	运营风险
自然风险	1	0.3333	0.5	0.3333	0.5	0.5	0.3333
政策风险	3	1	2	1	3	3	2
技术风险	2	0.5	1	0.5	1	1	0.5
选址风险	3	1	2	1	3	3	2
社会风险	2	0.3333	1	0.3333	1	1	0.5
决策风险	2	0.3333	1	0.3333	1	1	0.5
运营风险	3	0.5	2	0.5	2	2	1
经济风险	3	0.5	2	0.5	2	2	1

表4-40　中体SPORTS城自然风险权重向量判断矩阵(A_1)

自然风险	自然灾害	自然资源
自然灾害	1	0.5
自然资源	2	1

表4-41　中体SPORTS城政策风险权重向量判断矩阵(A_2)

政策风险	政府地产政策	政府商圈规划	地方财政能力	政府财政支持
政府地产政策	1	0.5	1	1
政府商圈规划	2	1	2	2
地方财政能力	1	0.5	1	0.5
政府财政支持	1	0.5	2	1

表4-42　中体SPORTS城技术风险权重向量判断矩阵（A_3）

技术风险	整体项目规划	施工质量安全	建造工程延期	建造成本控制	业态组合布局
整体项目规划	1	2	2	2	2
施工质量安全	0.5	1	1	1	1
建造工程延期	0.5	1	1	1	0.5
建造成本控制	0.5	1	1	1	0.5
业态组合布局	0.5	1	2	2	1

表4-43　中体SPORTS城选址风险权重向量判断矩阵（A_4）

选址风险	房地产价格	交通可达性	周边配套设施	选址自然特性
房地产价格	1	0.5	0.3333	1
交通可达性	2	1	0.3333	2
周边配套设施	3	3	1	2
选址自然特性	1	0.5	0.5	1

表4-44　中体SPORTS城社会风险权重向量判断矩阵（A_5）

社会风险	区域发展调整	社会稳定性	公众干预	拆迁安置
区域发展调整	1	3	2	2
社会稳定性	0.3333	1	0.5	0.5
公众干预	0.5	2	1	1
拆迁安置	0.5	2	1	1

表4-45　中体SPORTS城决策风险权重向量判断矩阵（A_6）

决策风险	市场定位规划	产品项目设计	开发启动时间	商业调整时机
市场定位规划	1	0.5	2	1
产品项目设计	2	1	3	2
开发启动时间	0.5	0.3333	1	0.5
商业调整时机	1	0.5	2	1

表 4-46　中体 SPORTS 城运营风险权重向量判断矩阵（A_7）

运营风险	资金及融资能力	开发与运作经验	内部财务管理	招商能力
资金及融资能力	1	0.5	2	2
开发与运作经验	2	1	4	3
内部财务管理	0.5	0.25	1	0.5
招商能力	0.5	0.3333	2	1

表 4-47　中体 SPORTS 城经济风险权重向量判断矩阵（A_8）

经济风险	变现能力	通货膨胀	市场供求	利率变化
变现能力	1	3	1	5
通货膨胀	0.3333	1	0.25	1
市场供求	1	4	1	5
利率变化	0.2	1	0.2	1

表 4-48　中体 SPORTS 城风险指标权重值

目标层	准则层	权重值	指标层	权重值	组合权重
中体 SPORTS 投资建设 前期风险	自然风险	0.0504	自然灾害	0.3333	0.0168
			自然资源	0.6667	0.0336
	政策风险	0.2164	政府地产政策	0.1972	0.0427
			政府商圈规划	0.3944	0.0853
			地方财政能力	0.1694	0.0367
			政府财政支持	0.2389	0.0517
	技术风险	0.0863	整体项目规划	0.3276	0.0283
			施工质量安全	0.1638	0.0141
			建造工程延期	0.1438	0.0124
			建造成本控制	0.1438	0.0124
			业态组合布局	0.2210	0.0191
	选址风险	0.2164	房地产价格	0.1408	0.0305
			交通可达性	0.2432	0.0526
			周边配套设施	0.4559	0.0987
			选址自然特性	0.1601	0.0346

（续表）

目标层	准则层	权重值	指标层	权重值	组合权重
中体SPORTS投资建设前期风险	社会风险	0.0770	区域发展调整	0.4231	0.0326
			社会稳定性	0.1225	0.0094
			公众干预	0.2272	0.0175
			拆迁安置	0.2272	0.0175
	决策风险	0.0770	市场定位规划	0.2272	0.0175
			产品项目设计	0.4231	0.0326
			开发启动时间	0.1225	0.0094
			商业调整时机	0.2272	0.0175
	运营风险	0.0111	资金及融资能力	0.2550	0.0028
			开发与运作经验	0.4715	0.0052
			内部财务管理	0.1083	0.0012
			招商能力	0.1653	0.0018
	经济风险	0.0111	变现能力	0.3882	0.0043
			通货膨胀	0.1070	0.0012
			市场供求	0.4160	0.0046
			利率变化	0.0888	0.0010

中体 SPORTS 城风险指标权重值需要进行一致性检验,根据公式(4-7)和公式(4-8)可以计算出一致性检验结果(表4-49)。根据表4-49可以看出所有权重向量判断矩阵的一致性检验结果都符合要求,中体 SPORTS 城风险评价准则层指标和指标层指标的权重数据均有效,证明中体 SPORTS 城投资建设前期风险评价指标体系构建规范,风险评价指标权重计算合理且正确。

表 4-49 中体 SPORTS 城权重向量判断矩阵检验结果

矩阵	最大特征根	CI 值	RI 值	CR 值	一致性检验结果
A	8.122	0.017	1.41	0.012	通过
A_1	2	0	0	0	通过
A_2	4.061	0.02	0.89	0.023	通过
A_3	5.078	0.019	1.12	0.017	通过
A_4	4.118	0.039	0.89	0.044	通过

（续表）

矩阵	最大特征根	CI 值	RI 值	CR 值	一致性检验结果
A_5	4.01	0.003	0.89	0.004	通过
A_6	4.01	0.003	0.89	0.004	通过
A_7	4.046	0.015	0.89	0.017	通过
A_8	4.025	0.008	0.89	0.009	通过

依托风险评价评语集,采取 5 级评级法,邀请 2 位专家学者、3 位政府官员、中体 SPORTS 城董事长和体育项目总经理共计 7 人对中体 SPORTS 城风险指标进行风险评价打分(表 4-50)。

表 4-50　中体 SPORTS 城指标层风险指标评语打分结果表

专家编号　指标　分值	1	2	3	4	5	6	7
变现能力	3	3	5	4	4	1	4
通货膨胀	3	1	3	1	2	1	2
市场供求	4	4	4	4	4	3	2
利率变化	2	1	2	2	2	1	2
政府地产政策	2	3	4	3	3	2	3
政府商圈规划	3	4	4	2	4	3	3
地方财政能力	2	2	5	2	3	2	3
政府财政支持	2	3	4	2	3	4	3
整体项目规划	3	3	3	2	3	3	2
施工质量安全	2	2	3	2	3	2	2
建造工程延期	3	2	3	2	2	1	2
建造成本控制	2	2	4	1	3	1	2
业态组合布局	1	3	4	2	3	2	2
房地产价格	3	3	4	2	2	1	3
交通可达性	2	4	5	3	1	4	3
周边配套设施	4	4	5	3	2	3	3
选址自然特性	1	3	4	3	4	1	3
区域发展调整	3	2	4	2	3	2	3

（续表）

专家编号 分　值 指标	1	2	3	4	5	6	7
社会稳定性	2	3	1	2	1	1	2
公众干预	4	2	2	2	1	2	2
拆迁安置	3	2	2	2	2	1	2
市场定位规划	2	2	1	2	3	3	2
产品项目设计	2	4	2	2	4	2	2
开发启动时间	1	1	2	2	3	1	2
商业调整时机	4	1	2	2	3	1	3
资金及融资能力	3	3	2	4	4	1	3
开发与运作经验	4	3	2	4	5	3	3
内部财务管理	4	1	2	2	2	2	2
招商能力	5	1	2	2	3	2	2
自然灾害	3	1	3	1	1	1	2
自然资源	3	1	3	1	3	1	2

　　结合中体 SPORTS 城风险指标权重值（表 4 - 48）和专家风险评价结果（表 4 - 50），依托模糊综合评价法的公式（4 - 9）和公式（4 - 10）构建权重评价判断矩阵（表 4 - 51 至表 4 - 58）。

表 4 - 51　中体 SPORTS 城自然风险权重评价判断矩阵（X_1）

指标项	指标权重项	低风险	较低风险	中等风险	较高风险	极高风险
自然灾害	0.3333	4	1	2	0	0
自然资源	0.6667	3	1	3	0	0

表 4 - 52　中体 SPORTS 城政策风险权重评价判断矩阵（X_2）

指标项	指标权重项	低风险	较低风险	中等风险	较高风险	极高风险
政府地产政策	0.1972	0	2	4	1	0
政府商圈规划	0.3944	0	1	3	3	0
地方财政能力	0.1694	0	4	2	0	1
政府财政支持	0.2389	0	2	3	2	0

表 4 - 53 中体 SPORTS 城技术风险权重评价判断矩阵(X_3)

指标项	指标权重项	低风险	较低风险	中等风险	较高风险	极高风险
整体项目规划	0.3276	0	1	5	0	0
施工质量安全	0.1638	0	5	2	0	0
建造工程延期	0.1438	1	4	2	0	0
建造成本控制	0.1438	2	3	1	1	0
业态组合布局	0.2210	1	3	2	0	0

表 4 - 54 中体 SPORTS 城选址风险权重评价判断矩阵(X_4)

指标项	指标权重项	低风险	较低风险	中等风险	较高风险	极高风险
房地产价格	0.1408	1	2	3	1	0
交通可达性	0.2432	1	1	2	2	1
周边配套设施	0.4559	0	1	3	2	1
选址自然特性	0.1601	2	0	3	2	0

表 4 - 55 中体 SPORTS 城社会风险权重评价判断矩阵(X_5)

指标项	指标权重项	低风险	较低风险	中等风险	较高风险	极高风险
区域发展调整	0.4231	0	3	3	1	0
社会稳定性	0.1225	3	3	1	0	0
公众干预	0.2272	1	5	0	1	0
拆迁安置	0.2272	1	5	1	0	0

表 4 - 56 中体 SPORTS 城决策风险权重评价判断矩阵(X_6)

指标项	指标权重项	低风险	较低风险	中等风险	较高风险	极高风险
市场定位规划	0.2272	1	4	2	0	0
产品项目设计	0.4231	0	5	0	2	0
开发启动时间	0.1225	3	3	1	0	0
商业调整时机	0.2272	2	2	2	1	0

表 4 - 57　中体 SPORTS 城运营风险权重评价判断矩阵(X_7)

指标项	指标权重项	低风险	较低风险	中等风险	较高风险	极高风险
资金及融资能力	0.2550	1	1	3	2	0
开发与运作经验	0.4715	0	1	3	2	1
内部财务管理	0.1083	1	5	0	1	0
招商能力	0.1653	1	4	1	0	1

表 4 - 58　中体 SPORTS 城经济风险权重评价判断矩阵(X_8)

指标项	指标权重项	低风险	较低风险	中等风险	较高风险	极高风险
变现能力	0.3882	1	0	2	3	1
通货膨胀	0.1070	3	2	2	0	0
市场供求	0.4160	0	1	1	5	0
利率变化	0.0888	2	5	0	0	0

依托模糊综合评价法的公式(4 - 11)和公式(4 - 12)对中体 SPORTS 城投资建设前期风险权重评价判断矩阵进行加权平均计算,得到准则层指标风险评价结果。依托模糊综合评价法的公式(4 - 13)和公式(4 - 14)对准则层指标隶属度与权重进行加权平均计算,得到总风险评价结果,计算过程如下:

$$\boldsymbol{B} = \boldsymbol{A} \cdot \boldsymbol{X} = (0.504, 0.2164, 0.0863, 0.2164, 0.0770, 0.0111, 0.0111)$$

$$\begin{bmatrix} 0.500 & 0.143 & 0.357 & 0.000 & 0.000 \\ 0.000 & 0.321 & 0.429 & 0.214 & 0.036 \\ 0.107 & 0.393 & 0.250 & 0.179 & 0.071 \\ 0.143 & 0.143 & 0.393 & 0.250 & 0.071 \\ 0.179 & 0.571 & 0.179 & 0.071 & 0.000 \\ 0.214 & 0.500 & 0.179 & 0.107 & 0.000 \\ 0.214 & 0.286 & 0.179 & 0.289 & 0.036 \\ 0.114 & 0.462 & 0.367 & 0.057 & 0.000 \end{bmatrix} = (0.0993, 0.2323, 0.2511, 0.1334, 0.0297)$$

$$\boldsymbol{R} = \boldsymbol{B} \cdot \boldsymbol{Y} = (0.0993, 0.2323, 0.2511, 0.1334, 0.0297) \begin{bmatrix} 1 \\ 2 \\ 3 \\ 4 \\ 5 \end{bmatrix} = 1.999$$

将 $\boldsymbol{R} = 1.999$ 与评语集 $\boldsymbol{V}$(表 4 - 25)比对,最终通过层次分析法结合模糊综合

评价法得到中体 SPORTS 城体育综合体投资建设前期总体风险评价结果是较低风险。中体 SPORTS 城指标模糊风险评价结果见表 4 - 59。

表 4 - 59 中体 SPORTS 城指标模糊风险评价结果统计表

目标层指标	模糊评价分数	评价结果	准则层指标	指标权重值	模糊评价分数	评价结果
中体 SPORTS 城投资建设前期风险	1.9990	较低风险	自然风险	0.0504	1.857	较低风险
			政策风险	0.2164	2.965	中等风险
			技术风险	0.0863	2.367	较低风险
			选址风险	0.2164	2.963	中等风险
			社会风险	0.0770	2.142	较低风险
			决策风险	0.0770	2.179	较低风险
			运营风险	0.0111	2.714	中等风险
			经济风险	0.0111	2.647	中等风险

整理中体 SPORTS 城各层指标权重值与中体 SPORTS 城各层指标模糊风险评价结果,汇总数据可以得到中体 SPORTS 城风险综合评价结果(表 4 - 60)。

表 4 - 60 中体 SPORTS 城投资建设前期风险综合评价结果

目标层	风险评价	准则层	权重值	风险评价	指标层	组合权重
体育综合体投资建设风险	较低风险	自然风险	0.0504	较低风险	自然灾害	0.0289
					自然资源	0.0289
		政策风险	0.2164	中等风险	政府地产政策	0.0287
					政府商圈规划	0.0574
					地方财政能力	0.0348
					政府财政支持	0.0489
		技术风险	0.0863	较低风险	整体项目规划	0.0242
					施工质量安全	0.0188
					建造工程延期	0.0140
					建造成本控制	0.0242
					业态组合布局	0.0140

（续表）

目标层	风险评价	准则层	权重值	风险评价	指标层	组合权重
体育综合体投资建设风险	较低风险	选址风险	0.2164	中等风险	房地产价格	0.0300
					交通可达性	0.0966
					周边配套设施	0.0559
					选址自然特性	0.0300
		社会风险	0.0770	较低风险	区域发展调整	0.0300
					社会稳定性	0.0129
					公众干预	0.0150
					拆迁安置	0.0182
		决策风险	0.0770	较低风险	市场定位规划	0.0464
					产品项目设计	0.0464
					开发启动时间	0.0145
					商业调整时机	0.0250
		运营风险	0.0111	中等风险	资金及融资能力	0.0424
					开发与运作经验	0.0732
					内部财务管理	0.0227
					招商能力	0.0227
		经济风险	0.0111	中等风险	变现能力	0.0298
					通货膨胀	0.0118
					市场供求	0.0418
					利率变化	0.0118

三、风险评价结果对比分析

根据风险管理原理和操作定义，依托层次分析法和模糊综合评价法，对中体 SPORTS 城体育综合体的风险评价进行计算与整理。把中体 SPORTS 城体育综合体的风险评价结果（表 4-60）与本研究风险评价结果（表 4-38）进行对比与分析。

目标层指标风险评价结果一致，均为较低风险。准则层指标风险评价中选址风险均为中等风险，在中体 SPORTS 城准则层风险评价中政策风险、选址风险、运营风险和经济风险评价结果为中等风险，而原风险评价结果中这些指标的评价结果为较低风险。对准则层指标两组对比数据进行绘制散点图观察（图 4-8），发现两组数据分布趋势趋于一致。准则层指标风险评价分数散点图中横向坐标 1～8 分别代表准则层指标自然风险、政策风险、技术风险、选址风险、社会风险、决策风险、运营风险和经济风险。模糊风险评价结果数据来源于表 4-36 和表 4-59。

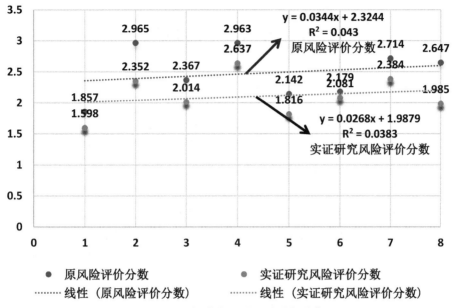

图 4-8 准则层指标风险评价分数散点图

对中体 SPORTS 城准则层风险评价结果和原风险评价结果进行相关性分析。分析结果如表 4-61。

表 4-61 准则层指标风险评价分数 Pearson 相关性分析

项	平均值	标准差	原风险评价分数	实证研究风险评价分数
原风险评价分数	2.479	0.407	1	
实证研究风险评价分数	2.108	0.335	0.895**	1

注:* $p < 0.05$ 相关,** $p < 0.01$ 显著相关。

利用相关分析研究准则层指标原风险评价分数和中体 SPORTS 城准则层指标风险评价分数之间的相关关系,使用 Pearson 相关系数去表示相关关系的强弱情况(表 4-61)。具体分析可知:准则层指标原风险评价分数和中体 SPORTS 城准则层指标风险评价分数之间的相关系数值为 0.895,并且呈现出非常显著性差异,因而说明准则层指标原风险评价分数和中体 SPORTS 城准则层指标风险评价分数之间有着显著的正相关关系。

通过对中体 SPORTS 城实证风险评价与本研究提出的风险评价体系进行对比与分析,结果证明:本研究提出的风险评价体系准确合理,风险管理过程符合科学性、准确性和逻辑严谨性。

第十节 本章小结及展望

一、小结

浙江省体育综合体以自主运营的全民健身中心型为主。投资建设场地设施齐全,以球类、游泳池为主要建设设施,其他服务型设施建设和安全风险性设备不够完善。主营业务类型较丰富,以体育教育培训和体育指导服务为主,周边其他产业类型较为丰富。构建了体育综合体投资建设前期风险评价指标体系,目标层是体育综合体投资建设前期风险;准则层包括自然风险、经济风险等 8 个指标;指标层包括交通可达性、周边配套设施等 31 个指标。指标体系构建切合实际、繁简合适、覆盖范围广泛、逻辑性强、客观严谨。体育综合体投资建设前期风险指标权重评价结果,准则层中选址风险是中等风险指标;指标层中,交通可达性、开发与运作经验、政府商圈规划、周边配套设施、政府财政支持、市场定位规划、产品项目设计、资金及融资能力和市场供求为重要风险指标。风险评价体系具有较强科学性和客观性。各层次风险指标组合权重值与风险评价结果,选取合适的体育综合体投资建设前期的风险处理方法,主要有避免风险、损失管理、风险转移和自留风险 4 种方式。依托构建指标体系对中体 SPORTS 城综合体的前期投资建设的风险进行实证分析,该综合体投资建设总体风险较低。体育综合体投资者可运用风险评价体系和指标组合权重值对体育综合体投资建设前期风险因素进行评估,也可借鉴本书风险处理方法加强高风险因素的规避和处理,进而实现降低投资建设体育综合体风险。

二、展望

本书的实证研究对象针对宁波市中体 SPORTS 城,未来可以对其他类型体育综合体如体育中心型和商业中心内嵌式等典型案例做更多的实证研究分析,以修正评价指标体系,也更好更合理地评价投资建设风险,以达到更好的风险规避。体育综合体投资建设前期风险管理过程由风险识别、风险评价、风险管理三个部分组成,本书着重研究风险管理过程中的风险识别和评价,对于风险处理的研究可能不够深入,在未来的研究中继续深入研究。期望本书可以起到抛砖引玉的作用,能对我国体育综合的风险管理带来新的研究视角,为我国体育综合体的前期投资建设风险管理提供参考,更好地服务于全民健身,共同推进我国体育综合体的蓬勃发展。

第五章　群众性健身场馆建设布局

第一节　研究背景与意义

一、研究背景

为了满足人民群众日益增长的体育健身需求,改善人民生活品质,推进体育强国建设,国家发展和改革委员会、国家体育总局等七部委出台《关于推进体育公园建设的指导意见》①(以下简称《指导意见》)中提出推进体育公园建设,《指导意见》提出到 2025 年全国新建或改扩建 1000 个左右体育公园,逐步形成覆盖面广、类型多样、特色鲜明、普惠性强的体育公园体系的发展目标,其中浙江省体育公园建设指导目标数 47 个。全民健身国家战略深入实施,全民健身参与程度不断提高,体育场地设施需求持续扩大。据国家统计局数据②显示,2021 年末,全国共有体育场地 397.1 万个,人均体育场地面积达 2.41 平方米,2020 年全国 7 岁及以上人口中经常参加体育锻炼人数比例达 37.2%。2018 年开始实施的《城市居住区规划设计标准》(GB50180-2018)③提出"十五分钟生活圈居住区""十分钟生活圈居住区""五分钟生活圈居住区""居住街坊"概念;规定各级居住区集中设置具有一定规模,能开展休闲、体育活动的公园,对公园绿地面积提出指标要求;设立各级居住区配套体育馆(场)或全民健身中心,大、中、小型多功能运动场地等体育设施设置标准。《"十四五"时期全民健身设施补短板工程实施方案》④提出当前人均体育面积未达

---

① 国家发展和改革委员会,国家体育总局等.关于推进体育公园建设的指导意见[Z].发改社会〔2021〕1497号,2021-10-23.

② 国家统计局.新理念引领新发展 新时代开创新局面——党的十八大以来经济社会发展成就系列报告之一[EB/OL].(2022-09-13)[2022-10-19].http://www.stats.gov.cn/xxgk/jd/sjjd2020/202209/t20220913_1888196.html.

③ 中华人民共和国住房和城乡建设部.住房城乡建设部关于发布国家标准《城市居住区规划设计标准》的公告[EB/OL].(2018-07-10)[2022-10-20].https://www.mohurd.gov.cn/gongkai/fdzdgknr/tzgg/201811/20181130_238590.html.

④ 国家发展和改革委员会,国家体育总局."十四五"时期全民健身设施补短板工程实施方案[Z].发改社会〔2021〕555号,2021-04-20.

到发达国家水平,体育场地健身设施种类单一,与自然生态、生活空间融合程度低等短板制约全民健身战略的推进,构建更高水平的全民健身设施网络成为题中应有之义。《"十四五"体育发展规划》①提出人均体育场地面积达到 2.6 平方米,经常参加体育锻炼人数比例达到 38.5%,每千人拥有社会体育指导员 2.16 名的目标;推进全民健身场地设施建设,利用中央资金支持地方重点推进体育公园等公共服务设施建设,支持新建或改扩建 2000 个以上体育公园等公共服务设施;加快体育场地设施数字化改造,推动地方数字化升级改造一批智慧化体育场馆,建设一批智慧化健身场地设施。《浙江省全民健身实施计划(2021—2025 年)》②提出到 2025 年全省经常参加体育锻炼人数比例达到 43.5% 以上,人均体育场地面积达到 2.8 平方米以上,城市社区"10 分钟健身圈"基本建成。从"15 分钟健身圈"到"10 分钟健身圈",全民健身设施供给侧调整优化,统筹发展,新型、智能、多元全民健身设施需求不断扩大。

　　体育公园作为多功能绿色公共空间,在增加全民健身场地、优化城市绿地系统、改善人民生活品质、提升城市形象方面具有重要作用。科学、合理规划体育公园的布局成为构建体育公园体系的重中之重,以坚持绿色生态、绿化用地面积占比不得低于 65% 为底线,以老、中、青、幼人群多层次需求为导向,以服务半径、人口规模、城市发展为基点,以新建、改建、扩建等多种方法,构建一批全龄友好、布局科学、智慧化程度高、可达性强、利用率高、服务覆盖面广的体育公园,成为全民健身设施补短板工程重要抓手。为积极响应国家构建更高水平全民健身公共服务体系的目标和更高质量建设体育公园,浙江省体育局和浙江省发展和改革委员会印发《浙江省"十四五"体育公园建设实施方案》③,方案进一步强调体育公园建设基本原则,提出到 2025 年浙江全省新建或改扩建体育公园 50 个左右的建设目标,以加强科学规划布局、丰富体育公园类型、分类明确建设规模、强化建设运维保障为建设路径,精细化、科学化地对全省各市提出不同的建设指导目标,浙江省体育公园建设指导目标数 52 个,其中杭州市 8 个、宁波市 8 个、温州市 8 个、湖州市 3 个、嘉兴市 2 个、绍兴市 3 个、金华市 4 个、衢州市 3 个、舟山市 1 个、台州市 10 个、丽水市 2 个,并提出建设面积不低于 4 万平方米、绿化用地占比不低于 65% 的要求。

二、研究目的与意义

(一)研究目的

体育公园作为城市运动空间和绿化空间的有机构成部分,满足"15 分钟生活

---

① 国家体育总局."十四五"体育发展规划[Z].体发〔2021〕2 号,2021 - 10 - 08.
② 浙江省人民政府.浙江省全民健身实施计划(2021—2025 年)[Z].浙政发〔2021〕33 号,2021 - 11 - 06.
③ 浙江省体育局,浙江省发展和改革委员会.浙江省"十四五"体育公园建设实施方案[Z].浙体群〔2022〕178 号,2022 - 06 - 30.

圈居住区""10分钟生活圈居住区""5分钟生活圈居住区"相关人均体育面积、人均绿化面积规划要求。通过实地调研浙江省体育公园规模、地理位置、布局现状,制定不同分类标准将浙江省体育公园进行分类。以GIS空间分析法和交通网络分析法为主要研究方法,以核密度指数、最邻近指数、地理集中指数、多环缓冲区分析以及泰森多边形分析等方法分析浙江省体育公园外部空间布局特征和服务覆盖范围,以交通网络通达度和连接度分析体育公园内部体育设施和体育场地布局特征。为浙江省进一步新建、改扩建高质量体育公园提出科学、有效的对策。

（二）研究意义

1. 理论意义

丰富体育公园空间布局理论体系。目前我国体育公园空间布局相关研究较少,体育公园的研究多局限于现状、发展对策,将GIS空间分析法和交通网络分析法引入体育公园空间布局研究中,通过数据支撑呈现空间布局的特征,以最邻近指数、核密度指数、地理集中指数等指标描述体育公园外部空间特征,以交通网络通达度和连接度分析体育公园内部体育设施和体育场地布局特征。对浙江省体育公园进行分类,基于空间分析对体育公园位置的合理性评价,为建设高质量浙江省体育公园提供理论支撑。

2. 实践意义

通过实地调研进一步厘清浙江省体育公园数量、规模、类型,进一步定位体育公园在城市空间位置、结构层次,协调浙江省体育公园发展建设,实现浙江省"十四五"体育公园建设目标。通过发放问卷了解浙江省体育公园使用者需求,针对需求进一步制定体育公园内部体育设施与体育场地的建设方案。浙江省作为共同富裕示范区,在体育公园建设发展中要发挥带头作用,通过科学制定目标、优化建设路径,建设具有代表性的高质量"样板房"体育公园,为全国其他省市建设体育公园提供参考。

第二节　体育公园研究进展

一、体育公园研究

（一）体育公园发展历程

体育公园的出现与古希腊运动场有着不可分割的联系,古希腊运动场多建于自然之中,绿化面积高,引导具有生态功能的体育公园出现。19世纪,城市化进程及城市公园运动促进了美国体育公园的出现,1851年纽约市长安布罗斯·金斯兰德(Ambrose Kingsland)划拨160英亩的土地建造中央公园,中央公园为人们进行溜冰、棒球、游泳等活动提供了场地①,纽约中央公园的建立,满足了市民在公园中健身的需求。到20世纪90年代,体育公园的概念被提出,西方国家开始效仿古希腊将场地设置在绿地附近建设体育公园,后来演变成在城市中划出土地布置体育设施。相较于国外,我国体育公园的发展较晚,郑芳学者在《文化生态学视野下我国城市体育公园发展研究》②一书中将我国城市体育公园发展分为三个时期:20世纪50年代末到90年代末为体育公园的萌芽阶段;2000—2008年为初步发展阶段;2008年至今为生态发展阶段。在北京奥运会成功举办后,全民健身理念日益深入人心,在2008年后掀起了建设和研究体育公园的热潮,但未能保持下去,而全民健身战略、"健康中国"和《指导意见》的发布再一次掀起体育公园建设和研究的热潮,出现了一批高质量的体育公园。

（二）体育公园存在问题研究

张晶晶等人(2018)③将大连市的体育公园分为单一运动主题体育公园、健身公园、山体公园、大型综合性体育公园、旅游景点类体育公园五类,认为大连市体育公园存在规划布局不合理、配套设施不完备、设施管理维护不及时等问题。矫龙(2021)④将天津市的体育公园分为老旧改造型体育公园、新建型体育公园和商业配建型体育公园,认为天津市体育公园存在活动组织和信息宣传欠缺、营利能力差、场地器材配备不均衡、场地设施使用率低、缺乏特色和主题等问题。兰倩(2018)⑤以成都市体育公园为研究对象,选取熊猫体育公园等五个体育公园为调查对象,发现成都市体育公园存在政府扶持程度低、布局不合理、资金来源单一、缺乏特色、管理与服务能力差等问题。王光安(2018)⑥以河南省体育公园运行状况为研究对象,选取洛阳市新区体育公园等六个体育公园为调查对象,发现河南省体育公园存在政策法规保障不完善、运动项目同质化严重、管理和经营效益低、健身服务及设施少、宣传能力差等问题。

杨金娥等人(2022)⑦基于体育公园政策视角,研究得出存在政策相关建设面积指标易导致体育公园建设盲目扩大规模、复合建设用地使用许可手续办理难、政策资金支持方式易加剧区域不平衡、缺乏体育公园规划指引和建设标准、体育公园

① Gerald R.Gems,Linda J.Borish,Gertrud Pfister.美国体育史(上)[M].霍传颂,宋秀平,等译.北京:人民体育出版社,2019:120-123.
② 郑霞.文化生态学视野下我国城市体育公园发展研究[M].北京:北京体育大学出版社,2018:28-29.
③ 张晶晶,李柏.大连市体育公园建设现状分析及发展规划探究[J].辽宁体育科技,2018,40(04):35-39.
④ 矫龙.全民健身背景下天津市体育公园现状调查研究[D].天津:天津体育学院,2021:17,42-44.
⑤ 兰倩.健康中国建设背景下成都市体育公园建设现状与对策[D].成都:成都体育学院,2018:17,28-30.
⑥ 王光安.河南省城区体育公园运行状况及发展策略研究[D].开封:河南大学,2018:4-5,57-58.
⑦ 杨金娥,陈元欣,郑芒芒,等.我国体育公园支持政策的现存问题、域外经验与优化策略[J].武汉体育学院学报,2022,56(09):31-32.

用地保障力度小和委托经营导致公益性和营利性失衡等问题。

以上学者选取不同省市具有代表性的体育公园为对象开展调查、研究,对体育公园的发展现状展开描述,根据学者们的研究结果显示,我国体育公园普遍存在主题和特色欠缺、制度化和标准化低、体育服务和健身设施不完善、缺少管理制度和管理人才、运动场地类型单一、市场化程度不足等问题。

(三)体育公园发展路径研究

付帅等人(2022)[①]通过对福建、北京等地的智慧体育公园进行实地调研,提出了城市体育公园智慧化发展的价值、发展障碍和路径。臧博等人(2022)[②]对山东省淄博市临淄区蹴鞠公园和浙江省宁波市慈溪市城市森林公园进行实地考察,从不同经营主体的优劣势、成本与营收的构成、公益性和营利性的冲突、运营困境等方面展开研究,提出相应对策。袁建伟等人(2022)[③]从国家政策、城市发展及转型的视角,提出科学规划、居民需求、个体效益、运营模式四个方面的建设发展路向。郑霞等人(2015)[④]和王晓晓等人(2019)[⑤]以江浙沪地区部分体育公园为研究对象,提出完善各项配套服务设施、结合当地文化建设特色体育公园、强调人性化设计、创造多元运动空间、规划设计时预留空间等发展建议。姜晓涵(2021)[⑥]从生态体育视角,从自然生态、社会生态、经济生态三个方面提出处理好生态环境与体育公园建设平衡等发展路径。

以上学者普遍认为体育公园具有满足居民健身需求、增添城市绿色空间等价值,存在缺乏明确的分类和统一标准、运营模式低效、收益低等困境,为解决体育公园发展中的困境及问题,学者们从改进运营模式、满足居民多层次和多样化需求、加强顶层规划设计、平衡公益性和营利性方面提出发展路径。

(四)体育公园空间布局研究

宋铁男等人(2022)[⑦]运用程序化扎根理论,对城市滨水体育公园空间布局展开研究,探索构建城市体育公园空间布局理论框架,提出基础体育生活圈、基本体育生活圈和机会体育生活圈三个空间划分范围,同时将体育公园空间构成要素分

① 付帅,董欣.城市体育公园智慧化发展价值、障碍与路径[J].体育文化导刊,2022(09):14-20.
② 臧博,邱招义.城市体育公园综合体发展动力、实践困境及应对策略[J].体育文化导刊,2022(07):45-50,57.
③ 袁建伟,谢翔,沈玉霞.我国城市体育公园建设价值、机遇与实践路向[J].体育文化导刊,2022(05):55-60,74.
④ 郑霞,沈婷.生态需求视角下温州城市体育公园发展研究[J].浙江体育科学,2015,37(04):29-36,41.
⑤ 王晓晓,周颖.城市体育公园发展研究——以江浙沪地区为例[J].山东体育学院学报,2019,35(05):49-55.
⑥ 姜晓涵.生态体育视角下城市体育公园发展路径研究[J].湖北体育科技,2021,40(11):970-972.
⑦ 宋铁男,来龙,陈庆杰.基于更高水平全民健身公共服务的城市体育公园空间布局研究[J].西安体育学院学报,2022,39(03):319-324.

为康体要素、健身要素和辅助要素。陈尔男等人(2015)[①]按照不同运动种类,将体育公园健身空间分为半开敞线状空间、开敞或半开敞的点面状空间、开敞或半开敞的点状空间、开敞面状空间四种类型,提出从地形、植物等自然要素,遮阴设施、铺装、健身活动与园路、健身设施与人文景观等人工要素角度分析健身空间的构建。曾洪发等人(2022)[②]采用匹配度分析模型与灰色关联度模型,以最邻近点指数、地理集中指数、不均衡指数、核密度指数以及网格维数分析法和空间自相关分析法对我国体育公园的空间布局特征进行分析。刘梦妮(2022)[③]以空间均衡理论为基础,从社区体育公园服务面积覆盖率、人口覆盖率以及体育公园空间可达性角度分析体育公园空间布局均衡性。

根据以上学者研究发现空间布局相关研究较少,其中大部分是对体育公园空间进行划分,以相关指数及模型分析空间布局的研究较少,缺乏数据支撑的定量研究。

(五)体育公园规划设计研究

胡卓(2020)[④]、刘梅伊(2018)[⑤]从体育公园外部空间角度,将体育公园空间进行分类,分析体育公园的外部空间特征,提出城市体育公园外部空间建构与设计策略。王雯皓(2020)[⑥]、郑莉维(2020)[⑦]、阚常蕾(2022)[⑧]、段晓旭(2019)[⑨]、潘博雅(2016)[⑩]将体育公园划分为不同的功能区域,根据不同功能区的特点进行景观设计,针对体育公园"区""轴""线""点"各部分形成闭环进行规划设计。方天昊(2021)[⑪]、杨子献(2018)[⑫]对体育公园运动区景观现状分析,得出运动区景观构成要素及特点,并以某一体育公园为例规划设计运动区景观。魏丽君(2019)[⑬]基于海绵城市理论,从提升抗雨洪能力视角对体育公园进行规划设计。杨蕙榕

① 陈尔男,赵伟韬.体育公园健身空间的布局与营造[J].现代园艺,2015(05):94-95+116.
② 曾洪发,左逸帆.我国体育公园空间分布格局及其影响因素[J].武汉体育学院学报,2022,56(04):49-57.
③ 刘梦妮.均等化下佛山市桂城街道农村社区体育公园空间布局研究[D].广州:广东工业大学,2022:19-21.
④ 胡卓.长沙地区城市体育公园外部空间设计研究[D].长沙:湖南大学,2020:5.
⑤ 刘梅伊.基于环境行为学的体育公园外部空间设计研究[D].昆明:昆明理工大学,2018:7.
⑥ 王雯皓.基于全民健身需求的河北定州市体育公园规划设计[D].保定:河北农业大学,2020:3.
⑦ 郑莉维.重庆江与城体育公园景观规划与设计研究[D].哈尔滨:东北农业大学,2020:10.
⑧ 阚常蕾.日照滨海体育公园规划设计研究[D].济南:山东建筑大学,2022:4.
⑨ 段晓旭.体育公园景观设计研究[D].洛阳:河南科技大学,2019:3.
⑩ 潘博雅.体育公园规划设计研究[D].济南:山东建筑大学,2016:4-5.
⑪ 方天昊.成都市体育公园运动空间景观优化发展研究[D].成都:四川师范大学,2021:3.
⑫ 杨子献.城市体育公园中休闲运动区景观设计研究[D].北京:中国林业科学研究院,2018:5.
⑬ 魏丽君.基于海绵城市理念下的体育公园规划设计研究[D].咸阳:西北农林科技大学,2019:6.

(2020)①基于老年人视角,分析季节变化对老年人使用体育公园的影响,从多个角度提出体育公园适老化规划设计策略。蓝梦雪(2020)②、富诗语(2021)③、吴晨(2019)④则从山地、北方寒地、喀斯特地貌等特殊地形视角,提出重庆城市社区体育公园、北方寒地体育公园、六枝特区山地体育公园规划设计策略。

以上学者基本以园林学和建筑学理论为基础,对体育公园进行规划设计,大部分研究将体育公园空间进行分类,根据不同特征进行规划设计,缺乏从体育学角度出发,对体育公园空间分类,分析空间体育特性并进行规划设计的研究。

二、体育设施布局研究

(一)基于 GIS 空间分析的体育设施外部空间布局研究

公共体育场地空间布局方面。诸葛田野(2020)⑤运用网络分析模块中的服务区分析图层,生成体育设施的服务区,计算公共体育设施的可达性,对杭州市公共体育场馆设施进行空间布局与优化研究;刘偲偲(2014)⑥以 GIS 技术的缓冲区分析、邻近距离计算、空间融合管理等功能,分析成都市五城区公共体育场馆的空间布局特征;梁天亮(2021)⑦从空间布局合理性视角,运用空间可达性分析、空间耦合性分析和空间多样性分析对南京市建邺区公共体育场地设施布局进行评价。

城市体育空间布局方面。Gary Higgs 等人(2015)⑧基于 GIS 分析中的可达性分析,探索 Wales 城市体育设施网络可达性与居民体育参与率与体育活动水平变化之间的关系;Nathalie Billaudeau 等人(2011)⑨利用圆形缓冲区和直线缓冲距离得出体育设施的数量及可达性,利用核密度估计法得出区域收入指标和人口密度,分析法国巴黎地区收入与体育空间的存在或这些体育空间的有利特征之间的联系;李书颜(2022)⑩以城市圈层分析、点密度分析、多环缓冲区分析、泰森多边形分

① 杨蕙榕. 夏热冬冷地区综合性体育公园适老化设计研究[D]. 南京:东南大学,2020:4.
② 蓝梦雪. 基于用地条件的山地城市社区体育公园规划设计研究[D]. 重庆:重庆大学,2020:3.
③ 富诗语. 北方寒地城市体育公园规划设计研究[D]. 张家口:河北建筑工程学院,2021:3.
④ 吴晨. 六枝特区山地体育公园外部空间环境适应性设计研究[D]. 沈阳:沈阳建筑大学,2019:4.
⑤ 诸葛田野. 杭州市公共体育设施空间布局与优化研究[D]. 杭州:浙江大学,2020:15.
⑥ 刘偲偲. 基于 GIS 的城市公共体育场馆空间特征分析[D]. 成都:成都体育学院,2014:4.
⑦ 梁天亮. 公共体育场地设施空间布局合理性评价研究[D]. 南京:南京师范大学,2021:3.
⑧ Gary Higgs, Mitch Langford, Paul Norman. Accessibility to sport facilities in Wales:A GIS-based analysis of socio-economic variations in provision[J].Geoforum,Volume 62,2015(06):117.
⑨ Nathalie Billaudeau, Jean-Michel Oppert, et al. Investigating disparities in spatial accessibility to and characteristics of sport facilities:Direction, strength, and spatial scale of associations with area income [J].Health & Place,Volume 17, Issue 1,2011(01):115 - 116.
⑩ 李书颜. 基于 GIS 技术的开封市城市体育空间结构布局研究[D]. 开封:河南大学,2022:32 - 34.

析对开封市城市体育空间结构布局进行研究；胡雪薇等人（2022）[①]以核密度分析、方向分析和缓冲区分析为主要方法，对杭州八个主要城区的运动空间总体空间分布特征和不同类型运动空间分布特征进行分析。马锡海（2019）[②]基于广义可达性，以苏州市姑苏区社区体育设施为研究对象，从可获得性、可进入性、可适应性、可接受性、可负担性等层面提出各类要素空间布局与设计的策略。

健身路径方面。朱海鹏（2019）[③]运用 GIS 分析法中的叠加分析、插值分析、泰森多边形分析、承载力分析、网络分析、覆盖范围分析、最小阻抗分析方法，得出沣东新城全民健身路径与居民点、健身路径与人口密度之间的关联度，以及健身路径的服务范围、服务能力、可达性、未覆盖健身路径数量和新增健身路径数量。

冰雪运动场地设施方面。陈睿（2020）[④]运用缓冲区分析法等方法构建城市冰场选址模型，对长春市城市冰场选址位置进行求解；骆炳浩（2020）[⑤]运用最邻近指数、核密度估算、空间自相关等空间分析方法，分析中国滑雪场的空间分布特征。

以上学者运用 GIS 中的可达性分析、核密度分析、缓冲区分析等方法，对体育场馆、体育空间的外部空间布局进行分析，通过数据、图表直观展现外部空间布局特征。

（二）体育设施内部空间布局和规划设计研究

体育设施内部空间布局研究集中在体育公园的规划设计，除体育公园外，以体育小镇、城市公园、社区的体育设施规划设计为主。陈滨志等人（2022）[⑥]基于社区内部的服务半径和居民可达性，从社区有氧运动设施、社区抗阻运动设施、社区柔韧运动设施三个方面对居住区内的体育设施进行布局设计。高煊（2020）[⑦]以百丈漈运动休闲小镇为对象，针对山地地形多、地形变化多的特点设置运动休闲项目分区，将山地运动休闲区分为南北两区，在宽阔水域位置设立水上运动休闲区。于扬（2020）[⑧]基于居民需求，针对不同年龄人群设立不同步行距离的体育设施，根据居民需求进行有针对性的体育设施布局，将体育设施按动静程度进行分开设置，在增加体育设施数量的基础上，提出宅前体育休憩场所、小区体育场地、社区体育中心

① 胡雪薇，徐雯雯. 健康导向下的城市运动空间布局特征研究——以杭州市 8 个主要城区为例[J]. 建筑与文化，2022（09）：94 - 96.
② 马锡海. 基于广义可达性的社区体育设施空间布局研究[D]. 苏州：苏州科技大学，2019：6.
③ 朱海鹏. 基于 GIS 技术视角下西安市沣东新城全民健身路径空间布局的研究[D]. 西安：西安体育学院，2019：3.
④ 陈睿. 城市冰场空间布局及优化策略研究[D]. 长春：吉林体育学院，2020：3.
⑤ 骆炳浩. 中国滑雪场空间分布特征与影响因素研究[D]. 北京：北京体育大学，2020：3.
⑥ 陈滨志，张向宁，朱莹. 体医融合模式下社区运动设施设计策略研究——以汇龙花溪半岛居住区规划为例[J]. 城市建筑，2022，19（17）：67 - 70.
⑦ 高煊. 基于休闲学理论的百丈漈运动休闲小镇景观规划设计研究[D]. 杭州：浙江工业大学，2020：37 - 38.
⑧ 于扬. 基于居民需求的社区体育设施规划研究[D]. 北京：北方工业大学，2020：80 - 81.

以及区域体育中心四级体系的体育设施布局模式。

以上学者针对不同的地形、服务半径、服务对象、服务需求将体育设施内部空间进行分区,根据不同分区的特点进行体育设施建设,提高体育设施服务率。

(三)体育场地设施布局现状及优化对策研究

国内体育场地设施布局的研究主要从社区、农村、城市等区域视角进行布局研究,以体育公园等单一个体内部进行体育设施布局的研究较少。刘彦敏(2017)[①]以浙江省体育场地设施为研究对象,依托全国第六次体育场地普查数据,对浙江省体育场地总量、类型、分布、运营等方面进行研究。高玉(2013)[②]对浙江省小康体育村体育场地设施建设情况、满意度及建设需求进行分析,杨小明等人(2022)[③]则基于乡村振兴背景,对不同类型村庄提出相应的体育场地设施布局策略。王永胜(2022)[④]、高鲁川(2018)[⑤]、张文静(2019)[⑥]、钟娜(2015)[⑦]从城市社区视角,对社区体育场地设施现状及存在问题进行分析,同时以居民需求为导向,调查居民对社区体育场地设施了解程度及满意度,基于实际需求提出优化对策。

以上学者多是从满意度、现状等方面分析体育场地设施布局现状,以需求为导向提出对策,为本书进行研究设计提供了思路。

(四)体育设施布局对人的行为影响研究

Stride V 等人(2017)[⑧]基于老年人视角,从多个维度评估老年人对体育公园内户外健身房的可接受性,为体育公园是否建设户外健身房提供理论支持。Daisuke Takagi 等人(2022)[⑨]提到公园和体育设施等建筑环境与居民的身体活动和社会互动有关,研究分析公园或体育设施的数量与男性功能残疾发病之间的关系随分布

---

① 刘彦敏.浙江省全民健身场地设施的优化研究[D]. 杭州:杭州师范大学,2017:5.

② 高玉.浙江省小康体育村体育场地设施建设研究[D]. 宁波:宁波大学,2013:4.

③ 杨小明,姚磊.乡村振兴背景下不同类型村庄体育场地设施布局策略[J]. 体育教育学刊,2022,38(03):77-80.

④ 王永胜.高密度城市社区体育场地设施建设策略研究[D]. 开封:河南大学,2022:4-5.

⑤ 高鲁川.体育场地设施布局规划问题及对策研究[D]. 烟台:鲁东大学,2018:6-7.

⑥ 张文静.北京市海淀区北太平庄街道社区体育场地设施状况及对策研究[D]. 北京:首都体育学院,2019:5.

⑦ 钟娜.武汉市洪山区新建居民小区体育场地设施现状及其居民满意度调查分析[D]. 武汉:华中师范大学,2015:5.

⑧ Stride V, Cranney L, Scott A, et al. Outdoor gyms and older adults acceptability, enablers andbarriers: a survey of park users[J]. Health Promotion Journal of Australia, 2017(03):243-246.

⑨ Daisuke Takagi, Naoki Kondo, et al.Parks/sports facilities in local communities and the onset of functional disability among older adults in Japan: The J-shaped spatial spillover effects[J].Health & Place, Volume 75,2022(05):3-4.

距离改变是否变化。Jenny Veitcha 等人(2021)[①]通过在澳大利亚墨尔本公园安装户外健身器材和运动场,研究安装体育设施对公园总人数和游客参与体育活动的影响,同时研究了成人公园游客使用体育设施的促进和阻碍因素。Zhai 等人(2022)[②]运用 GPS 跟踪器,追踪老年人在不同体育设施的区域中的活跃性,分析不同体育设施布局与老年人活动之间的关联性。

以上学者研究体育设施对人民参与体育活动或社会互动等行为的影响,结合研究来看增设体育设施对人群的体育行为有积极影响。

三、研究评述

体育公园进入我国时间较晚,发展较西方及日韩国家一定程度落后,相关制度标准制定不完善,我国体育公园的研究经历两个激增时期,目前我国体育公园的研究主要以现状、问题对策、功能、发展路径、规划设计为主,运用 GIS 空间分析空间布局的研究较少,且以建筑学、园林学学者为主,体育学学者进行研究较少,体育公园规划设计虽有一定数量学者进行研究,但缺乏体育学学者视角易造成体育公园健身核心功能不完善。我国体育公园普遍存在主题和特色欠缺、制度化和标准化低、体育服务和健身设施不完善、缺少管理制度和管理人才、运动场地类型单一、市场化程度不足等问题,为解决体育公园发展中的困境及问题,学者们提出从改进运营模式、满足居民多层次和多样化需求、加强顶层规划设计、平衡公益性和营利性方面提出发展路径。

在体育设施布局研究中,学者们从空间布局、规划布局等角度进行研究,通过使用者或居民需求,将体育设施根据地形、年龄、需求等条件进行合理分布,有效提高体育设施使用率,运用 GIS 空间分析体育设施布局特征,有效提高体育设施的可达性、可入性。同时国外学者的研究结果显示体育设施对人的行为有积极影响,为体育公园增设体育设施提供一定的理论支撑。

结合国内外学者的研究,本研究在进行空间布局分析和提出优化对策时着重考虑居民、使用者的需求,平衡公益性和营利性,丰富体育设施种类,考虑体育公园的可达性,提高体育公园的使用率和使用者的满意度。

---

① Jenny Veitch, Jo Salmon, et al. Understanding the impact of the installation of outdoor fitness equipment and a multi-sports court on park visitation and park-based physical activity: A natural experiment[J]. Health & Place, Volume 71, 2021(09):1.

② Yujia Zhai, Dongying Li, et al. Spatial distribution, activity zone preference, and activity intensity of senior park users in ametropolitan area[J]. Urban Forestry & Urban Greening, 2022(10):1.

第三节 基本概念及基础理论

一、基本概念

（一）体育公园

《世界公园》[①]描述体育公园是将体育设施、运动场设在景色如画的园林空间中，举办体育系统培训活动、体育表演和竞技比赛及保健活动的公园，提出体育公园具有多种类型，有为某一项体育运动、某一年龄组或某一功能作用使用的体育公园；有供运动员进行训练和比赛，游人休憩、体育娱乐、健身运动的多功能的综合体育公园。住房城乡建设部发布的《城市绿地分类标准》(CJJ/T85－2017)[②]中并未将体育公园进行单独分类，而是作为专类公园里的一种具有特定主题内容的绿地。

马俊等人(2005)[③]认为仅在公园中简单放置健身器材、开辟少许活动场地，并不能称之为是体育公园。体育公园作为绿色空间，为满足各类人群消除紧张的城市生活提供康体休闲运动场所，具有系统性、技术性、阶段性、持续性、安全性等特征。陈冬平等人(2010)[④]认为体育公园是指开放式的，集生态功能、体育竞赛、体育训练、表演、健身娱乐休闲、旅游观光，融体育商业、体育科技为一体的体育主题休闲(生态)公园。郑霞(2018)[⑤]和张静等人(2011)[⑥]在结合国内外体育公园定义下，认为体育公园将城市绿地的观赏性与实用性很好地结合起来，依托体育运动场地，以生态环境为载体，以休闲体育为主题，以大量体育运动设施构建完善的运动恢复保健体系的复合型绿色运动场所。

除以上学者对体育公园的定义，其他学者也大多认为体育公园作为绿色运动空间，在生态环境、功能多样性、休闲游憩方面比其他体育场地更具特色和吸引力。在各位学者研究成果的基础上，本书将体育公园定义为具有体育主题，集生态功能、健身功能、休闲娱乐功能、经济功能于一体的复合型绿色运动空间，满足体育场地设施标准化、不同人群需求多元化、公益性和营利性均衡化的新型体育空间。

---

① 弗·阿·戈罗霍夫，勒·布·伦茨.世界公园[M].郦芷若，杨乃琴，等译.北京：中国科学技术出版社，1992(05)：197，208.
② 中华人民共和国住房和城乡建设部.住房城乡建设部关于发布行业标准《城市绿地分类标准》的公告[EB/OL].(2017－11－28)[2022－11－02].https://www.mohurd.gov.cn/gongkai/fdzdgknr/tzgg/201806/20180626_236545.html.
③ 马俊，孟祥彬.关于中国体育公园的现代认识[J].中国园林，2005(04)：35－38.
④ 陈冬平，张军.体育公园的分类及可持续发展方向研究[J].西安交通大学学报(社会科学版)，2010，30(04)：58－60.
⑤ 郑霞.文化生态学视野下我国城市体育公园发展研究[M].北京：北京体育大学出版社，2018：28－29.
⑥ 张静，潘郡.华南地区体育公园发展初探[J].北方园艺，2011(13)：102－105.

（二）体育场馆设施

林建君在《体育场馆与管理》[①]一书中提出体育场馆是进行体育活动的硬件设施，是人们进行体育运动训练、举办体育运动竞赛和参与身体锻炼活动和各种大型体育文化活动的专业性场所，以及举行活动用的体育建筑、场地、室外设施以及体育器材等的总称。体育设施是普及群众性健身锻炼体育运动的基础保障，是现代城市建设不可或缺的一部分。

本书中的体育公园场馆设施指体育公园整体，为体育设施中的一类。体育公园作为新型体育场馆设施，占地面积大，绿化面积占比高，为内部多种体育设施设立提供有利条件。而本书中的体育场馆设施专指在体育公园内部，以满足全民健身需求为首要目的，具备健身和体育娱乐、体育教学、训练、竞赛功能的室内外体育场地（馆）、体育设施和体育器材。

（三）空间布局

布鲁诺·赛维在《建筑空间论》[②]一书中提出每一个建筑物都会构成两种类型的空间：内部空间，全部由建筑物本身所形成；外部空间，由建筑物和它周围的东西所构成。詹和平在《空间》[③]一书中将建筑空间分为三种类型，即外部空间、灰空间和内部空间。他认为内部空间则是与外部空间相对应的空间，是"地板""墙壁""天花板"三种基本要素作为限定建筑空间的实体部分，其内壁围合而成的虚空部分。内部空间可以按照使用功能的要求，进行灵活自由地分隔。日本学者芦原义信在《外部空间设计》[④]一书中提出地板、墙壁、天花板是限定建筑空间的三要素，而外部空间是用比建筑少一个要素的二要素所创造的空间，是"没有屋顶的建筑"。他认为外部空间是由人创造的、有目的的外部环境，是从自然当中由框架所划定的空间，同时由于被框架所包围，外部空间建立起从框架向内的向心秩序，在该框架中创造出满足人的意图和功能的积极空间。龙宏等人在《外部空间设计》[⑤]中将外部空间分为积极和消极两大部分，提出外部空间主要是指在限定范围内建立起向心秩序，满足人的意图、功能和目的的积极空间，这类空间的构成方法是分区组织，按照一定内容分成几个部分，再根据各部分中的活动规律谋求空间的细分化，最后把被明确区分的各空间联系起来形成流动的整体。

曾建明（2013）[⑥]对"空间布局""空间选址"和"空间分布"三个概念进行解释辨析，他提出空间布局是较为宏观的概念，既是对区域或设施的总体规划，又是反映

① 林建君,曹雪莹,陈巧燕.体育场馆与管理[M].上海:上海交通大学出版社,2023:15.

② ［意］布鲁诺·赛维.建筑空间论[M].张似赞,译.北京:中国建筑工业出版社,1985:16.

③ 詹和平.空间[M].南京:东南大学出版社,2011:45-47.

④ ［日］芦原义信.外部空间设计[M].尹培桐,译.南京:江苏凤凰文艺出版社,2017:16-20.

⑤ 龙宏,谢勋.外部空间设计[M].重庆:西南师范大学出版社,2018:6-7.

⑥ 曾建明.我国大型体育赛事场馆的空间布局研究[D].武汉:华中师范大学,2013:7.

着区域或设施的空间分布情况;空间选址是相对微观的概念,单个或多个设施选址要遵循区域或设施的总体布局要求,同时,科学选址亦是优化区域或设施布局的基本前提和有效途径;一系列设施布局和选址结果,最终必定呈现在一定区域空间上,形成均衡或非均衡的空间分布形态,同时,分析现有设施分布情况是进行科学布局与选址的有效途径。

在各位学者定义的概念基础上,本研究的体育公园场地设施空间布局是对浙江省内体育公园位置的总体规划,分析体育公园外部空间布局与选址在地理空间上呈现出的分布形状和特征,同时对体育公园场地设施内部空间的布局特征进行分析。本研究中的外部空间主要是指在限定区域中建立起向心秩序,实现体育公园功能和满足全民健身需求的积极空间;是把体育公园作为一个建筑实体,其"外壁"与周边城市空间组合形成的空间;是由地板和墙壁两个要素所创造的空间;内部空间为体育公园场地设施内部体育设施空间,而不考虑绿化、停车场、洗手间等其他公共设施空间。

二、相关理论基础

(一)"点—轴系统"理论

陆大道于 1984 年初步提出"点—轴系统"模式,但并未对"点—轴系统"内部形成机制进行详细阐述,经过十余年实践和研究,"点—轴系统"理论在科学基础的发展和内在机制的分析方面得到完善。陆大道在《论区域的最佳结构与最佳发展——提出"点—轴系统"和"T"型结构以来的回顾与再分析》[①]《关于"点—轴"空间结构系统的形成机理分析》[②]中对"点—轴系统"进行进一步阐述,在中心地理论、增长极理论等科学原理基础上,从 4 个方面对"点—轴系统"理论进行分析论证:首先,大部分社会经济要素集中在"点"上,"点"与"点"之间形成由线状基础设施连接形成的"轴","轴"具有很强的经济吸引力和凝聚力,同时"轴"也是"点"中包含的社会经济要素扩散的方向;其次,随着社会经济的发展,"点—轴"向"点—轴—集聚区"转变,"集聚区"即各方面扩大的"点";再次,"点—轴系统"理论的核心是关于区域的"最佳结构与最佳发展",是区域实现最佳发展的必要途径;最后,区域或国家的社会经济发展,是由发展轴线和中心地带动的,轴线通过自身集聚和凝聚功能,向附近区域生产的物质要素和非物质要素,推动社会经济的发展。

"点—轴系统"理论多用于区域经济的发展相关研究,近年来逐渐应用于旅游发展相关研究,在体育领域内,包含探索体育非遗元素融入旅游的研究以及体育设

---

① 陆大道.论区域的最佳结构与最佳发展——提出"点—轴系统"和"T"型结构以来的回顾与再分析[J].地理学报,2001(02):129-130.

② 陆大道.关于"点—轴"空间结构系统的形成机理分析[J].地理科学,2002(01):1-6.

施空间布局的研究。本研究基于"点—轴系统"理论,分析浙江省体育公园的"点—轴"空间布局特征,结合浙江省及各市发展轴,对体育公园布局合理性作出评价。

（二）区位论

白光润在《应用区位论》[①]中提出"区位"专指人类布局或设计的事物,是人类活动的空间位置及其与外部的空间联系和所具有的社会经济意义。传统区位论包含杜能农业区位论、韦伯工业区位论、胡佛运输区位论、廖什市场区位论、帕兰德市场区位论和中心地理论,其特点是追求最小成本或最大利润、忽视环境因素、距离因子起主导作用、逻辑辩证思维、可操作性差。现代区位论在生态化、信息化、全球化的发展趋势下,研究领域大范围扩大,几乎涉及所有人类事物的位置问题。从传统区位论到现代区位论的发展,选择最佳区位的目标从追求经营者的经济利益到追求经营者经济利益、消费者效用、公众的环境效应和社会效益的复合效益最大化。

应用区位论有时空标定、受环境和行为因素影响的区位理论,包含区位的尺度观、时序观、环境观、行为观和结构观五个维度。其中区位的尺度观指区位大体上可以分为宏观、中观、微观三个尺度;区位的环境观指区位考虑人类社会经济活动对资源、能源、自然环境的依赖和偏好,人类社会经济活动对自然环境的影响以及政治经济环境和社会文化环境。

（三）GIS 空间分析

刘湘南等人在《GIS 空间分析》[②]中提出 GIS 空间分析是地球科学的基本工具,用于分析和解释地理特征间的关系及空间模式,主要包括空间分布和格局、资源配置与规划、空间关系与影响、空间动态过程等几类问题。在空间分布分析中,通常以分布密度、均值、分布中心、离散度、空间集聚度及粗糙度等指标进行空间分布格局的描述,通过空间分布检验确定地理对象的聚集、分散、均匀、随机等分布类型。

第四节　研究对象、方法及思路

一、研究对象

本书以浙江省体育公园场地设施空间布局为研究对象,体育公园场地设施空间布局包含内、外部空间布局,内部空间布局研究为体育公园内部体育场地设施的空间布局,外部空间布局研究为体育公园外部空间的空间布局。

---

① 白光润.应用区位论[M].北京:科学出版社,2009:1-52.

② 刘湘南,等.GIS 空间分析[M].第三版.北京:科学出版社,2017:34.

二、研究方法

（一）文献资料法

本书前期浏览国家体育总局、浙江省人民政府、浙江省体育局等官方网站相关电子公告、政策文件，了解、分析政策导向及政府发展和建设方向。确定研究方向后在 CNKI 以"体育公园"为关键词查阅到相关研究 1 884 篇、以"体育设施布局"为关键词查阅到相关研究 344 篇、以"体育空间布局"为关键词查阅到相关研究 288 篇。同时在外文数据库以"sports park""sports facilities""sports space layout"为关键词进行检索。查阅体育公园、GIS 空间分析法、点—轴理论、区位论、区域经济学相关书籍 20 余本，对本书研究对象及研究方法进一步深入了解。通过以上文献、文件、书籍的查阅浏览，为本书撰写提供了思路和理论基础。

（二）GIS 空间分析法

1. 核密度指数

核密度估计根据单变量的样本点群，计算其空间平滑估计值，用于分析体育公园分布密度，核密度指数越大，体育公园密度越大。核密度指数表达式如公式(5-1)，其中 k 为核函数，为事先给定的倒 U 型函数，n 为体育公园数量，h 为带宽，用来定义平滑量的大小，根据曾洪发等人的研究设定我国体育公园的合理搜索带宽 h 为 500km[①]。

$$F(x) = \frac{1}{nh} \sum_{i=1}^{n} k\left(\frac{x - x_i}{h}\right) \tag{5-1}$$

2. 最邻近指数

浙江省体育公园在省域尺度内的空间分布表现为点状。最邻近指数为实际最邻近指数与理论最邻近指数之比，反映浙江省体育公园在空间分布中的集散程度。最邻近指数表达式如公式(5-2)，其中 $\overline{R_e}$ 为理论最邻近指数，其中 n 代表浙江省体育公园作为点状在一定区域内的数量，A 代表区域的面积，D 代表点密度，$\overline{R_1}$ 为实际最邻近指数，代表各点位与其最邻近点之间的欧式距离的平均值[②]。

$$\overline{R_e} = \frac{1}{2\sqrt{n/A}} = \frac{1}{2\sqrt{D}}, R = \frac{R_1}{R_e} = 2\sqrt{D} \times R_1 \tag{5-2}$$

R 小于 1 时，说明浙江省体育公园点要素趋于集聚分布；R 等于 1 时，说明浙江省体育公园点要素趋于随机分布；R 大于 1 时，说明浙江省体育公园点要素趋于均匀分布。

① 曾洪发,左逸帆.我国体育公园空间分布格局及其影响因素[J].武汉体育学院学报,2022,56(04):51.
② 骆炳浩.中国滑雪场空间分布特征与影响因素研究[D].北京:北京体育大学,2020:21.

3. 地理集中指数

地理集中指数表示浙江省体育公园在地理分布上的集中化程度。地理集中指数的表示式如公式(5-3),其中 x_i 表示第 i 个市体育公园的数量,N 为浙江省体育公园总数,n 为浙江省市总数,G 为地理集中指数,$0<G<100$,G 越接近 100,说明体育公园的空间分布越集中,反之则越分散,假设平均分布时 $G=G_0$,若 $G>G_0$,则体育公园集中分布;若 $G<G_0$,则体育公园分散分布[①]。

$$G = 100 \times \sqrt{\sum_{i=1}^{n}(x_i/N)^2} \tag{5-3}$$

4. 缓冲区分析

缓冲区分析是通过围绕某一种类的地理要素建立一定范围的邻近多边形(即缓冲区),进行描述该类地理要素的影响范围,缓冲区的形态可以分为点、线、面三种基本形态[②]。本研究进行缓冲区分析时将体育公园看作点要素,缓冲区形态为面,按照体育公园的规模不同选取不同的缓冲距离,从大到小依次为 $R_1=10\text{km}$,$R_2=5\text{km}$,$R_3=3\text{km}$,$R_4=1\text{km}$ 进行单环缓冲区分析。

5. 泰森多边形分析

泰森多边形(Thiessen Polygons)是根据有限的采样点数据生成多个面区域,每个区域内只包含一个采样点,且各个面区域到其内采样点的距离小于任何到其他采样点的距离。本研究利用泰森多边形分析体育公园的密度,多边形面积越大,体育公园覆盖范围越大,密度越小;多边形面积越小,体育公园覆盖范围越小,密度越大。同时结合多环缓冲区分析,对体育公园的位置合理性进行评估。基于多边形面积,使用自然断点法将其分为 7 级。

(三)交通网络分析法

交通网由基本的点和线组成相互联系的网络,评价网络时通常依据密度和结构两个标准,其中结构包括连接度、通达度两部分。密度越大、连接度越高、通达度越好,则表示该交通网络越完善。

1. 交通网络连接度

通常用贝塔指数来表示交通网络的发达程度,贝塔指数为边的数量与顶点数量之比,计算公式如公式(5-4),其中 β 为交通网的连接度、E 为交通网中边的数量、V 为交通网中顶点的数量[③]。贝塔指数越大,交通网的连接度越好,交通越便捷;贝塔指数越小,交通网的连接度越差,交通越不方便。

$$\beta = \frac{E}{V} \tag{5-4}$$

① 张建国,徐睨.浙江省森林公园空间布局与旅游发展研究[J].浙江农林大学学报,2022,39(05):1126.

② 刘湘南,等.GIS空间分析[M].第三版.北京:科学出版社,2017:68-70,72-73.

③ 方大春.区域经济学:理论与方法[M].上海:上海财经大学出版社,2017:254-255.

2. 交通网络通达度

通达度是衡量网络中点之间移动的难易程度,用通达指数和分散指数来衡量。

通达指数是网络中从一个点到其他顶点的最短距离,通达指数越小,表示该点通达性越好。计算公式如公式(5-5),其中 A_i 为通达指数,D_{ij} 表示顶点 i 到顶点 j 的最短距离(可以用边来简单表述)。

$$A_i = \sum_{i=1}^{n} D_{ij} \tag{5-5}$$

分散指数是用来衡量网络系统中总的通达程度,分散指数越小,说明该交通网络内部联系水平越高,通达性越好。计算公式如公式(5-6),其中 D 为分散指数,D_{ij} 表示顶点 i 到顶点 j 的最短距离(可以用边来简单表述)。

$$D = \sum_{i=1}^{n} \sum_{j=1}^{n} D_{ij} \tag{5-6}$$

（四）实地考察法

选取浙江省内具有代表性的体育公园,如杭州市城北体育公园、运河体育公园、良渚门户体育公园、李宁体育公园;宁波市绿轴体育公园、万象体育公园、万象水上运动公园、西大河体育公园、江北区滨江体育公园;温州市桃花岛体育休闲公园;绍兴市滨江体育公园;台州市大桥体育公园、仙居县市民体育公园等进行实地调研,深入了解体育公园体育场地设施布局情况、体育场地设施维修情况、交通及配套设施合理情况等,结合文献资料对浙江省体育公园进行"理论＋实践"的全面认识。

三、研究思路

以浙江省体育公园作为主要群众性健身场馆的建设布局为切入点,首先对浙江省库存体育公园现状作分析,运用 GIS 空间分析中的多环缓冲区分析和泰森多边形分析等方法,以核密度指数、最邻近指数、地理集中指数等对各地级市体育公园空间分布类型、特征进行描述。运用点—轴系统、空间均衡理论对浙江省及各地级市体育公园的点、线、轴的特征进行展现,评价浙江省各地级市体育公园外部、内部空间布局合理性,并提出建议。研究演进思路见图 5-1。

第五节　浙江省体育公园现状

一、体育公园存量

截至 2023 年 10 月,通过 GPS 爬虫整理后获取 243 个体育公园数据,筛除正在建设、未投入使用的体育公园,确定用于本研究分析的体育公园共 232 个,其中宁波市体育公园存量最多,为 48 个;丽水市体育公园存量最少,为 5 个。浙江省每

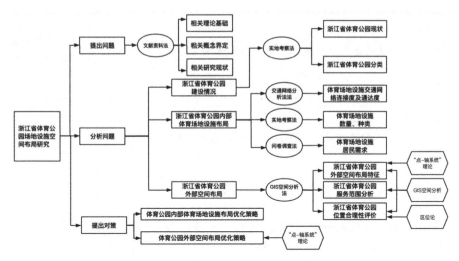

图 5-1　研究演进思路图

万人拥有体育公园 0.0355 个,其中湖州市人均拥有体育公园数量最多,每万人拥有体育公园 0.0822 个;丽水市人均拥有体育公园数量最少,每万人拥有体育公园 0.0075 个(见表 5-1)。

表 5-1　浙江省及各地级市体育公园数量

区域	收集数量	筛选后数量	筛选后比例	常住人口①（万人）	人均体育公园数量（个/万人）
浙江省	243	232	—	6540.0	0.0355
杭州市	44	43	18.53％	1220.4	0.0352
宁波市	51	48	20.69％	954.4	0.0503
温州市	29	29	12.50％	964.5	0.0301
绍兴市	20	20	8.62％	551.6	0.0363
湖州市	31	28	12.07％	340.7	0.0822
嘉兴市	13	11	4.74％	533.7	0.0206
金华市	11	10	4.31％	712.0	0.0140
衢州市	7	7	3.02％	228.7	0.0306
台州市	26	25	10.78％	116.5	0.2146

① 浙江省统计局.2022 年浙江统计年鉴［EB/OL］.(2022-10-11)［2023-04-14］.http://zjjcmspublic.oss-cn-hangzhou-zwynet-d01-a.internet.cloud.zj.gov.cn/jcms_files/jcms1/web3077/site/flash/tjj/Reports1/2022浙江统计年鉴/indexcn.html.

区域	收集数量	筛选后数量	筛选后比例	常住人口（万人）	人均体育公园数量（个/万人）
丽水市	5	5	2.16%	666.1	0.0075
舟山市	6	6	2.59%	251.4	0.0239

注：常住人口数据来自浙江省统计局《2022年浙江统计年鉴》中2021年末常住人口相关数据。

二、体育公园分类

在本书调研整理的资料基础上，针对浙江省体育公园存量情况，将浙江省体育公园按体量、功能定位、建造方式、特色四个标准进行分类，并对各类型体育公园特征进行分析。

（一）体量分类

《体育公园配置要求》国家标准计划（计划号：20210625－T－451）[①]中将体育公园进行分级分类，同时对不同分级分类的体育公园用地配比做出规定（见表5－2）。

表5－2　体育公园分级分类及用地配比表

分级	微型	小型	中型	大型
公园总面积 $A(\text{hm}^2)$	$A<4$	$4\leqslant A<6$	$6\leqslant A<10$	$A\geqslant10$
宜建设该类体育公园的行政区域的常住人口 B（万人）	$B<20$	$20\leqslant B<30$	$30\leqslant B<50$	$B\geqslant50$
主要服务半径 $C(\text{km})$	1	1	5	—
绿化用地占比（%）	≥65	≥65	≥65	≥65
健身设施用地（%）	≥20	≥20	≥20	≥15
常规球类运动场地用地（块）	≥2	≥4	≥8	≥10

依据该标准，本研究将浙江省体育公园分为大型、中型、小型、微型，其中大型体育公园23个，中型体育公园5个，小型体育公园26个，微型体育公园178个。大型体育公园存量最多的地级市是杭州市，数量为7个；拥有中型体育公园的地级

---

① 国家体育总局.体育总局办公厅关于征求《体育公园配置要求（征求意见稿）》意见的函[EB/OL].(2022－07－25)[2023－03－29].https://www.sport.gov.cn/n315/n20001395/c24519324/content.html.

市是杭州市、绍兴市、金华市、衢州市、台州市,数量均为 1 个;小型体育公园存量最多的地级市是宁波市,数量为 7 个;微型体育公园数量最多的地级市是宁波市,数量为 35 个。

《指导意见》提倡建设 4 万平方米以上的体育公园,同时要求体育部门将建设面积不低于 4 万平方米的体育公园纳入各地指导目标完成情况统计范围。基于《指导意见》要求,将浙江省 4 万平方米以上的体育公园,即大型、中型、小型体育公园分别进行整理,浙江省符合要求的体育公园总共有 54 个,其中杭州市符合要求的体育公园数量最多,为 14 个;舟山市最少,为 0 个(见表 5-3)。

表 5-3　浙江省各地级市大、中、小型体育公园数量及名称表

区域	数量	大型	中型	小型
杭州市	14	城北体育公园、临平体育公园、杭州运河体育公园、东部湾体育公园、北塘河体育公园、洋安亚运主题公园、三渡山地运动公园	临平山运动休闲公园	富春湾新城创客体育休闲公园、良渚门户体育公园、湘湖郊野(国际)体育公园、三清园户外运动公园、李宁体育公园、丰彩体育公园
宁波市	13	西大河体育公园、宁波欢乐海岸生态体育公园、李宁体育公园、绿轴体育公园、宁波滨江体育公园、青林湾体育公园	—	古林镇体育公园、横街镇体育公园、机场北路斜坡体育公园、泗门镇体育公园、明月湖体育公园、万象体育公园、霞客体育公园
温州市	3	新外滩体育公园、桃花岛体育休闲公园	—	海洋体育公园
绍兴市	4	上虞滨江体育公园、镜湖直江运功公园	诸暨市体育公园	店口镇文化体育公园
湖州市	5	营盘山体育公园、八里店农民体育公园、仁皇山体育公园	—	南太湖体育公园、外庄体育公园
嘉兴市	3	—	—	秀湖体育主题公园、嘉善体育公园、姚庄体育公园
金华市	3	—	黄大仙体育公园	苏溪体育公园、白峰村休闲体育公园
衢州市	4	衢州市体育公园、虎山运动公园	西港运动公园	常山县体育公园

（续表）

区域	数量	大型	中型	小型
台州市	4	—	中央山体育公园	仙居县市民体育公园、大桥体育公园、五龙山体育公园
丽水市	1	丽水市生态体育公园	—	—
舟山市	0	—	—	—

（二）功能定位分类

依据体育公园不同功能定位，将浙江省体育公园分为体育竞技型、全民健身型、休闲娱乐型、经营型四类（见表5-4）。

体育竞技型为具有能承办官方赛事，符合比赛标准的体育场（馆），具备专业性和竞技性特性的体育公园；全民健身型为全民健身载体，满足居民健身需求，提供体育场地及体育设施，以服务全民健身为首要目的体育公园；休闲娱乐型为满足居民闲暇时间休闲娱乐需求，具备一定景观及绿化的体育公园；经营型为政府或私营企业运营，以营利为主要目的，提供体育场地及体育设施，开展体育培训收费或收取体育场地及体育设施使用费用的体育公园。

表5-4　浙江省体育公园功能定位分类数据表

区域	体育竞赛型		全民健身型		休闲娱乐型		经营型	
	数量	比例	数量	比例	数量	比例	数量	比例
浙江省	9	3.88%	229	98.71%	182	78.45%	56	24.14%
杭州市	3	6.98%	42	97.67%	32	74.42%	14	32.56%
宁波市	0	0	48	100%	39	81.25%	10	20.83%
温州市	0	0	29	100%	18	62.07%	15	51.72%
绍兴市	0	0	20	100%	17	85%	3	15%
湖州市	0	0	27	96.43%	27	96.43%	5	17.86%
嘉兴市	2	18.18%	11	100%	7	63.64%	1	9.09%
金华市	0	0	9	90%	5	50%	4	40%
衢州市	3	42.86%	7	100%	6	85.71%	0	0
台州市	1	4%	25	100%	22	88%	3	12%
丽水市	0	0	5	100%	4	80%	0	0

（续表）

区域	体育竞赛型		全民健身型		休闲娱乐型		经营型	
	数量	比例	数量	比例	数量	比例	数量	比例
舟山市	0	0	6	100％	5	83.33％	1	16.67％

注：一个体育公园可同时具备多个功能定位，在各个类型中存在重复统计情况。比例为该类型体育公园数量与省（市）体育公园数量的比例。

浙江省绝大多数体育公园都具备全民健身功能和休闲娱乐功能，体育竞赛型体育公园一般同时具备全民健身和休闲娱乐功能，经营型体育公园一般都具备全民健身功能。浙江省及各地级市拥有最多类型的体育公园是全民健身型和休闲娱乐型，拥有体育竞赛型体育公园数量最少，只有杭州市、嘉兴市、衢州市、台州市拥有。温州市经营型体育公园占温州市体育公园比重最高，私营企业运营化程度高。虽然经营型体育公园为全民健身提供了场地，缓解了政府建设体育公园的压力，但因为营利性大多数经营型体育公园绿化面积低，未体现体育公园生态内涵，亟待提出优化路径。

（三）建造方式分类

依照体育公园建造方式，将浙江省体育公园分为新建、改（扩）建、体育设施进公园三类。浙江省体育局提倡在绿色空间有机嵌入运动设施，合理利用城市公园、郊野公园建设体育公园。浙江省及各地级市体育公园建造方式主要以新建为主，体育设施进公园和改（扩）建为辅（见表5-5）。

体育设施进公园建造方式部分为在已有公园中简单放置体育设施，将公园改名为体育公园，虽然兜底绿化占比底线，但未考虑体育公园体育性，未体现体育主题，虽然浙江省体育局提倡体育设施进公园方式建造体育公园，增加体育公园存量，但高质量建设体育公园不在于数量，更在乎质量，关键一步是如何设定体育设施进公园和体育公园的区分标准。

表5-5　浙江省体育公园建造方式分类数据表

区域	新建		改（扩）建		体育设施进公园	
	数量	比例	数量	比例	数量	比例
浙江省	192	82.75％	15	6.47％	25	10.78％
杭州市	35	81.40％	4	9.30％	4	9.30％
宁波市	34	70.83％	3	6.25％	11	22.92％
温州市	26	89.66％	1	3.45％	2	6.90％

(续表)

区域	新建		改(扩)建		体育设施进公园	
	数量	比例	数量	比例	数量	比例
绍兴市	19	95%	1	5%	0	0
湖州市	27	96.43%	0	0	1	3.57%
嘉兴市	9	81.82%	1	9.09%	1	9.09%
金华市	8	80%	0	0	2	20%
衢州市	4	57.14%	1	14.26%	2	28.57%
台州市	23	92%	2	8%	0	0
丽水市	3	60%	2	20%	0	0
舟山市	4	66.67%	0	0	2	33.33%

注:比例为该类型体育公园数量与省(市)体育公园数量的比例。

(四)特色分类

根据体育公园特色,将浙江省体育公园分为立体空间利用、闲置废弃地改造、临近水体、依靠山体、智能化五类(见表5-6)。

表5-6 浙江省体育公园特色分类数据表

区域	立体空间利用		闲置废弃地改造		临近水体		依靠山体		智能化	
	数量	比例	数量	比例	数量	比例	数量	比例	数量	比例
浙江省	28	12.07%	14	6.03%	35	15.09%	17	7.33%	14	6.03%
杭州市	8	18.60%	4	9.30%	8	18.60%	3	6.98%	4	9.30%
宁波市	8	16.67%	1	2.08%	11	22.92%	1	2.08%	2	4.17%
温州市	2	6.90%	4	13.79%	2	6.90%	0	0	0	0
绍兴市	1	5.00%	1	5.00%	4	20.00%	1	5.00%	2	10.00%
湖州市	2	7.14%	0	0	2	7.14%	3	10.71%	1	3.57%
嘉兴市	0	0	1	9.09%	4	36.36%	0	0	0	0
金华市	1	10.00%	1	10.00%	1	10.00%	2	20.00%	0	0
衢州市	1	14.29%	0	0	1	14.29%	3	42.86%	3	42.86%
台州市	4	16.00%	1	4.00%	1	4.00%	4	16.00%	1	4.00%
丽水市	0	0	1	20.00%	0	0	0	0	0	0
舟山市	1	16.67%	0	0	1	16.67%	0	0	1	16.67%

注:一个体育公园可同时具备多个特色,在各个类型中存在重复统计情况。一个体育公园存在不具备以上特色的可能性,不计入统计。比例为该类型体育公园数量与省(市)体育公园总数的比例。

立体空间利用类型具体表现为：一是利用高架、大桥下空间建设体育公园，合理利用城市"金边银角"，提升空间利用率，如宁波市羽航体育利用高架下空间建设羽航体育首南体育公园、羽航体育潘火体育公园、羽航体育福庆体育公园三个体育公园，为周边居民提供体育健身场地，满足居民需求；二是在商场或建筑楼顶建设露天体育场地，如仙居县市民体育公园将体育馆下沉，在体育馆建筑顶上建设露天网球场、篮球场，既提高了空间利用率，又使体育场更亲近绿化景观；三是架设空中跑道，如李宁体育公园、万象体育公园架设空中跑道，将跑步与散步人群分离，保障了居民运动的安全性，同时增加了体育场地面积。

闲置废弃场地改造类型具体表现为：一是老旧厂房等建筑改造，如杭州市钱江世纪城体育公园和临平山运动休闲公园在老旧厂房位置上进行改造，将闲置地盘活，建造了高质量的体育公园；二是垃圾处理厂等"脏乱差"地带改造，如温州市桃花岛体育休闲公园前身是垃圾填埋场、污水处理厂、粪便处理厂等市政设施，尤其是杨府山垃圾填埋场被称为"垃圾山"，经过改造建设后，城市"脏乱差"变成了居民喜闻乐见的体育休闲公园，提升了居民幸福感，实现体育公园功能价值。

临近水体类型具体表现为靠近江、河等自然水体，借助水体提供景观供体育公园使用者欣赏，如绍兴市上虞区滨江体育公园，临近曹娥江建设沿江步道，居民在跑步、散步运动时能欣赏曹娥江风景，有效缓解疲劳。

依靠山体类型具体表现为依靠山体、临近山体，在山上或山脚下建造体育公园，借助山体提供景观。衢州市体育公园巧妙借助山体，形成"消失的"体育场（馆），聚焦生态功能，将体育场（馆）真正实现与自然融合，实现绿化景观的延伸，而不是将其与绿化景观分离。

智能化类型具体表现为体育公园智能跑道、智能全民健身设施、人脸识别、智能线上地图、智能标识和大数据平台搭建，线上预约场地（馆）不计入统计。其中衢州市万田乡体育公园，可以通过二维码付费租借足球，足球场设置智能足球墙，通过扫二维码可触发多种闯关游戏模式，增加体育运动趣味性。

浙江省体育公园依托地形地貌，借助水体、山体资源打造城市绿色景观，巧妙实现生态功能。在智慧化服务板块，依托浙里办 App，实现体育公园纳入大数据平台，构建全民健身网络；设置智能跑道、智能健身器材、智能地图、智能标示牌打造智能化体育公园。

第六节　浙江省体育公园外部空间布局分析

一、浙江省体育公园外部空间布局特征

浙江省体育公园 POI(Point of Interest)数据以高德地图经、纬度坐标为准,截至 2023 年 10 月,共获取 243 个数据,经过筛选剔除后最终使用 232 个数据,将数据导入到 ArcGIS10.8 中对浙江省体育公园外部空间进行 GIS 空间分析。

（一）核密度指数分析

浙江省体育公园核密度指数较小,反映出浙江省整体体育公园密度较小。各地级市中核密度指数最大的为宁波市,核密度指数最小的是舟山市(见表 5-7)。

表 5-7　浙江省体育公园核密度指数表

区域	核密度指数	区域	核密度指数
浙江省	0.0019102	嘉兴市	0.002582555
杭州市	0.002489683	金华市	0.000921824
宁波市	0.004114637	衢州市	0.000805776
温州市	0.00221275	台州市	0.001670446
绍兴市	0.002417777	丽水市	0.000256556
湖州市	0.003559653	舟山市	0.001952284

（二）最邻近指数分析

浙江省体育公园最邻近指数小于 1,呈集聚分布。其中杭州市、宁波市、温州市、绍兴市、台州市体育公园最邻近指数小于 1,呈集聚分布;湖州市、嘉兴市、金华市、衢州市、丽水市、舟山市最邻近指数大于 1,呈均匀分布(见表 5-8)。

表 5-8　浙江省体育公园最邻近指数表

区域	最邻近指数	分布类型	区域	最邻近指数	分布类型
浙江省	0.634947	集聚分布	嘉兴市	1.152178	均匀分布
杭州市	0.695566	集聚分布	金华市	1.140188	均匀分布
宁波市	0.787788	集聚分布	衢州市	1.091747	均匀分布
温州市	0.708125	集聚分布	台州市	0.749134	集聚分布
绍兴市	0.798932	集聚分布	丽水市	2.012612	均匀分布

区域	最邻近指数	分布类型	区域	最邻近指数	分布类型
湖州市	1.039655	均匀分布	舟山市	2.191511	均匀分布

（三）地理集中指数分析

浙江省及各地级市均 $G > G_0$，呈集中分布，其中舟山市集中化程度最高，为 62.36，但舟山市面积较小，除舟山市外衢州市集中化程度最高，为 62.27（见表 5-9）。

表5-9　浙江省体育公园地理集中指数表

区域	G	G_0	集中化程度	区域	G	G_0	集中化程度
浙江省	36.41	30.15	集中分布	嘉兴市	41.66	37.80	集中分布
杭州市	40.35	27.74	集中分布	金华市	48.99	33.33	集中分布
宁波市	32.62	31.62	集中分布	衢州市	62.27	40.82	集中分布
温州市	41.24	28.87	集中分布	台州市	47.16	33.33	集中分布
绍兴市	46.37	40.82	集中分布	丽水市	52.92	33.33	集中分布
湖州市	56.47	44.72	集中分布	舟山市	62.36	50.00	集中分布

（四）点—轴系统分析

依据浙江省体育公园核密度指数，利用 ArcGIS 10.8 生成浙江省体育公园区域布局密度图（见图 5-2），从宏观尺度分析，浙江省体育公园区域布局呈现"三区、两轴、多点"特征，"三区"为三个集聚区，一为杭州市东北部，二为宁波市中部，三为温州市中部。从宏观尺度分析，这三个区域同时也是三个地级市的中心城区所在位置，人口密度较大，体育公园需求程度较高。"两轴"为以湖州市、杭州市东北部、宁波市为基础的"浙东-浙北"轴及以温州市中部和台州市南部为基础的"浙南"轴；"多点"则是在衢州市、金华市、绍兴市、嘉兴市基础上形成的分散的小集聚区。

二、浙江省体育公园外部空间布局合理性评价

根据图 5-3 显示，浙江省北部和东部多边形面积小、密度高，中部、南部和西部多边形面积大、密度小。根据图 5-4 显示，浙江省北部和东部、南部体育公园影响范围大，中部和西部影响范围小。根据图 5-5 显示，人口密度北部、东部、南部较高，中部及西部较低。结合泰森多边形、分级单环缓冲区分析结果和人口密度，得出浙江省体育公园区域布局合理性较高。

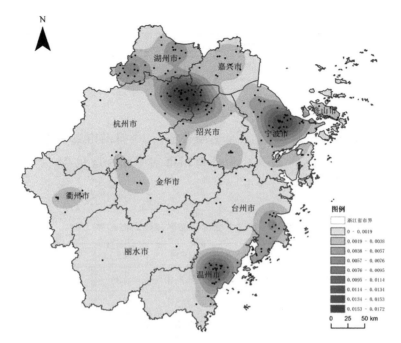

图 5‑2　浙江省体育公园区域布局密度图

　　其中湖州市多边形面积较小,密度较大,结合人口密度和体育影响范围,体育公园布局合理性高,人均拥有体育公园面积和数量高。杭州市、宁波市、温州市、绍兴市多边形面积呈现两极性,人口密度高的区域多边形面积小、密度高,其余部分多边形面积大、密度小,结合体育公园影响范围,布局合理性较高。衢州市多边形面积大,密度小,人口密度较小,体育公园布局合理性较高。舟山市体育公园密度、体育公园影响范围与人口密度相符合,布局合理性较高。金华市、台州市和嘉兴市人口密度较高,体育公园覆盖面积大,但体育公园影响范围小,布局合理性较低。丽水市人口密度低,体育公园密度小、数量少,布局合理性一般。

第七节　浙江省体育公园内部体育场馆设施布局分析

一、浙江省体育公园内部体育场馆设施现状

　　截至 2023 年 11 月,通过对浙江省 12 个代表性体育公园实地调研,结合收集资料对代表性体育公园内部体育场地设施的类型和数量进行整理,共包含 26 种体育场地设施类型(见表 5‑10、表 5‑11、表 5‑12)。

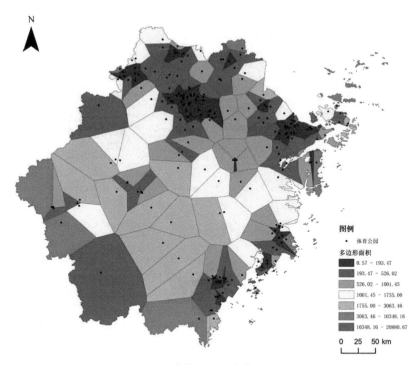

图5-3　浙江省体育公园泰森多边形分析图

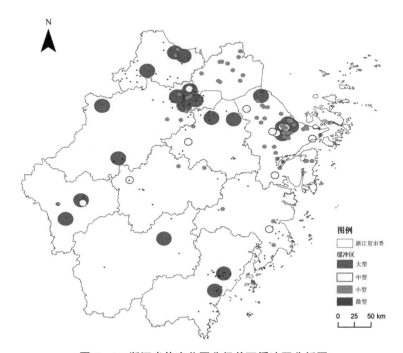

图5-4　浙江省体育公园分级单环缓冲区分析图

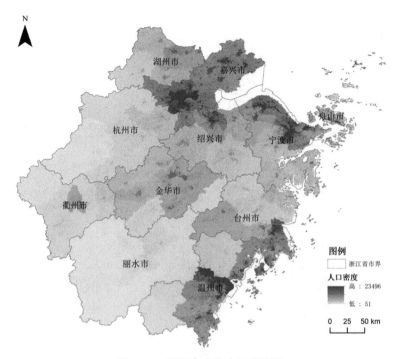

图 5 - 5　浙江省常住人口密度图

注：数据来源于中国科学院资源环境科学数据中心，空间分辨率为 1km①。

　　从宏观角度分析，杭州市、宁波市代表性体育公园建设质量高，温州市、绍兴市、台州市代表性体育公园建设质量稍低于杭州和宁波市。各代表性体育公园均拥有丰富的体育场地设施类型，其中杭州市城北体育公园体育场地设施类型数量最多，共 13 种；温州市桃花岛体育休闲公园体育场地设施类型数量最少，仅 5 种。各代表性体育公园共有的类型基本为具有基础性、全民性、普及性、使用率高等特点的体育场地设施，如全民健身设施、健身步道/跑步道、室外篮球场等。部分体育公园拥有不同规模的体育馆及体育场，而部分体育公园仅拥有小规模的体育场。部分体育公园兼具公益性和营利性，即提供免费体育场地设施供居民锻炼使用，也提供收费场地设施供高要求、高需求运动人群使用，满足居民多层次的需求。

①　徐新良.中国 GDP 空间分布公里网格数据集［EB/OL］.中国科学院资源环境科学数据中心数据注册与出版系统(http：//www.resdc.cn/DOI)，2017.

表 5‑10　杭州市代表性体育公园体育场馆设施类型及数量表

体育场馆设施类型	数量			
	城北体育公园	运河体育公园	李宁体育公园	良渚门户体育公园
室外篮球场	√(6)	√(3)		√(3)
室内篮球场		√(3)	√(2)	√
室外足球场	√(3)		√	√(2)
室外网球场	√(6)			√
室内/风雨网球场	√(2)			
室外排球场				
室内排球场			√	
室外乒乓球场	√(3)			√
室内乒乓球场		√	√(12)	
室外羽毛球场	√			
室内羽毛球场	√(9)	√(17)	√	
健身步道/跑步道	√	√	√	√
骑行道	√			
滑板/轮滑场(馆)		√		√
攀岩场(馆)			√	√
蹦床馆			√	
智能健身设施		√		
全民健身设施	√	√	√	√
游泳馆	√		√	
曲棍球场		√		
门球场(馆)	√			
高尔夫球场(馆)			√	
地掷球场				
田径场				
武术馆	√			
滑雪场(馆)				

注:"√"表示拥有该类型体育场地设施;"√"后如有括号,括号内数字为对应体育场地设施数量;空即表示未拥有该类型体育场地设施。

在特色体育场馆方面,不同体育公园呈现不同的特色,如温州市桃花岛体育休闲公园拥有滑雪馆,在全国体育公园中都具有一定的独特性,而滑雪馆也作为其一张名牌吸引了周边的居民参与使用体育公园。杭州运河体育公园、李宁体育公园等拥有滑板/轮滑场(馆)、攀岩场(馆),满足年轻人极限运动需求;杭州城北体育公园、宁波市绿轴体育公园、台州市大桥体育公园等拥有门球场、地掷球场等符合老年人运动的场地,真正实现体育公园全龄友好的目标,满足居民多元化需求。

表 5-11　宁波市代表性体育公园体育场地设施类型及数量表

体育场馆设施类型	数量			
	绿轴体育公园	万象体育公园/万象水上运动公园	西大河体育公园	滨江体育公园
室外篮球场	√(8)	√(2)	√(2)	√(9)
室内篮球场	√			
室外足球场	√(2)	√(2)	√	√(2)
室外网球场	√(3)	√(2)	√	
室内/风雨网球场	√			
室外排球场				√(4)
室内排球场				
室外乒乓球场		√(2)		
室内乒乓球场	√			
室外羽毛球场				
室内羽毛球场	√(9)			
健身步道/跑步道	√	√	√	√
骑行道		√		√
滑板/轮滑场(馆)	√	√		
攀岩场(馆)		√		
蹦床馆				
智能健身设施				
全民健身设施	√	√		
游泳馆		√		
曲棍球场				
门球场(馆)	√(2)		√	√
高尔夫球场(馆)				√

（续表）

体育场馆设施类型	数量			
	绿轴体育公园	万象体育公园/万象水上运动公园	西大河体育公园	滨江体育公园
地掷球场				√
田径场			√	
武术馆	√			
滑雪场（馆）				

注："√"表示拥有该类型体育场地设施；"√"后如有括号，括号内数字为对应体育场地设施数量；空即表示未拥有该类型体育场地设施。

表5‑12　温州市、绍兴市、台州市代表性体育公园体育场地设施类型及数量表

体育场地设施类型	数量			
	温州市桃花岛体育休闲公园	绍兴市上虞滨江体育公园	台州市大桥体育公园	台州市仙居县市民体育公园
室外篮球场		√（6）	√	√
室内篮球场	√			√
室外足球场	√	√	√	√
室外网球场				√
室内/风雨网球场				
室外排球场			√（3）	
室内排球场				
室外乒乓球场				
室内乒乓球场				
室外羽毛球场		√（4）		
室内羽毛球场				
健身步道/跑步道	√	√	√	√
骑行道		√		
滑板/轮滑场（馆）				
攀岩场（馆）				
蹦床馆				
智能健身设施		√	√	√
全民健身设施	√	√	√	

（续表）

体育场地设施类型	数量			
	温州市桃花岛体育休闲公园	绍兴市上虞滨江体育公园	台州市大桥体育公园	台州市仙居县市民体育公园
游泳馆				
曲棍球场				
门球场(馆)			√(2)	
高尔夫球场(馆)				
地掷球场			√(3)	
田径场				
武术馆				√
滑雪场(馆)	√			

注:"√"表示拥有该类型体育场地设施;"√"后如有括号,括号内数字为对应体育场地设施数量;空即表示未拥有该类型体育场地设施。

二、体育场地设施布局交通网络分析

对浙江省 12 个体育公园体育场地设施进行交通网络分析时(见表 5-13),不同类型的体育场地设施及同一类型的不同空间位置的体育场地设施视为不同的顶点,点与点之间的距离以边的形式进行计算,忽略边的长短,故该分析存在一定的局限性,仅作为体育公园交通网络评价的参考。

计算连接度的贝塔指数时使用公式(5-4),结果保留两位小数;计算通达度的通达指数时使用公式(5-5),计算分散指数时使用公式(5-6);另外本研究计算通达度时在通达指数和分散指数的基础上增加一个顶点平均值,计算公式为分散指数除以顶点数量,保留两位小数,反映每个顶点平均通达指数,更有效评价体育公园内部体育场地设施布局合理性。

表 5-13　体育公园体育场馆设施布局交通网络分析表

体育公园名称	交通网络顶点数量	顶点名称	通达度			连接度
			通达指数	分散指数	顶点平均值	贝塔指数
杭州市城北体育公园(注[1])	15	室外篮球场1	24	338	22.53	2.13
		室外篮球场2	24			
		室外足球场1	23			

（续表）

体育公园名称	交通网络顶点数量	顶点名称	通达度			连接度
			通达指数	分散指数	顶点平均值	贝塔指数
杭州市城北体育公园（注¹）	15	室外足球场2	23			
		室外网球场	20			
		室内/风雨网球场	22			
		室外乒乓球场	24			
		室外羽毛球场	24			
		室内羽毛球场	18			
		健身步道/跑步道	16			
		骑行道	17			
		全民健身设施	24			
		游泳馆	25			
		门球场（馆）	29			
		武术馆	25			
杭州市运河体育公园（注²）	12	室外篮球场	18	201	16.75	1.58
		室内篮球场	15			
		室内乒乓球场1	16			
		室内乒乓球场2	15			
		室内羽毛球场1	15			
		室内羽毛球场2	18			
		健身步道/跑步道	11			
		滑板/轮滑场（馆）	16			
		智能健身设施	25			
		全民健身设施	15			
		曲棍球场1	18			
		曲棍球场2	19			
杭州市李宁体育公园（注³）	11	室内篮球场	2			
		室外足球场	2			
		室内排球场	2			
		室内乒乓球场	2			
		室内羽毛球场	2			
		健身步道/跑步道	10			

体育公园名称	交通网络顶点数量	顶点名称	通达度			连接度
			通达指数	分散指数	顶点平均值	贝塔指数
杭州市李宁体育公园（注3）	11	攀岩场（馆）	2	38	3.45	0.27
		蹦床馆	2			
		全民健身设施	2			
		游泳馆	10			
		高尔夫球场（馆）	2			
杭州市良渚门户体育公园	8	室外篮球场	11	86	10.75	1.75
		室内篮球场	12			
		室外足球场	11			
		室外网球场	10			
		室外乒乓球场	11			
		健身步道/跑步道	7			
		滑板/轮滑场（馆）	12			
		攀岩场（馆）	12			
宁波市绿轴体育公园（注4）	13	室外篮球场1	20	236	18.15	1.69
		室外篮球场2	19			
		室内篮球场	16			
		室外足球场	19			
		室外网球场	20			
		室内/风雨网球场	16			
		室内乒乓球场	16			
		室内羽毛球场	16			
		健身步道/跑步道	12			
		滑板/轮滑场（馆）	21			
		全民健身设施	21			
		门球场（馆）	19			
		武术馆	21			

（续表）

体育公园名称	交通网络顶点数量	顶点名称	通达度			连接度
			通达指数	分散指数	顶点平均值	贝塔指数
宁波市万象体育公园/万象水上运动公园（注5）	11	室外篮球场	16	189	17.18	1.36
		室外足球场1	18			
		室外足球场2	17			
		室外网球场	20			
		室外乒乓球场	16			
		健身步道/跑步道	11			
		骑行道	16			
		滑板/轮滑场（馆）	23			
		攀岩场（馆）	17			
		全民健身设施	19			
		游泳馆（池）	16			
宁波市西大河体育公园（注6）	6	室外篮球场	5	34	5.67	1.33
		室外足球场	5			
		室外网球场	6			
		健身步道/跑步道	5			
		门球场（馆）	8			
		田径场	5			
宁波市滨江体育公园（注7）	10	室外篮球场1	15	129	12.9	2.1
		室外篮球场2	11			
		室外篮球场3	14			
		室外足球场	13			
		室外排球场	14			
		健身步道/跑步道	9			
		骑行道	14			
		门球场（馆）	12			
		高尔夫球场（馆）	15			
		地掷球场	12			

（续表）

体育公园名称	交通网络顶点数量	顶点名称	通达度			连接度
			通达指数	分散指数	顶点平均值	贝塔指数
温州市桃花岛体育休闲公园	5	室内篮球场	7	34	6.8	1.2
		室外足球场	5			
		健身步道/跑步道	6			
		全民健身设施	9			
		滑雪场（馆）	7			
绍兴市滨江体育公园（注8）	9	室外篮球场1	13	120	13.33	1.56
		室外篮球场2	12			
		室外足球场1	12			
		室外足球场2	13			
		室外羽毛球场	12			
		健身步道/跑步道	11			
		骑行道	9			
		智能健身设施	19			
		全民健身设施	19			
台州市大桥体育公园（注9）	9	室外篮球场	12	112	12.44	1.67
		室外足球场	13			
		室外排球场	9			
		健身步道/跑步道1	10			
		健身步道/跑步道2	14			
		智能健身设施	17			
		全民健身设施	17			
		门球场（馆）	9			
		地掷球场	11			
台州市仙居县市民体育公园（注10）	6	室外篮球场	2	16	2.67	0.83
		室内篮球场	4			
		室外足球场	2			
		室外网球场	2			
		健身步道/跑步道	4			
		武术馆	2			

注1:室外羽毛球场、室外乒乓球场、全民健身设施均位于同一空间内,在交通网络分析时将其视为交通网中的3个顶点,其之间的边为0;武术馆和游泳馆位于同一空间内,在交通网络分析时将其视为交通网中的2个顶点,其之间的边为0。室外足球场和室外篮球场各包含两个地理位置的场地,在交通网络分析时将其各视为交通网中的2个顶点。

注2:室内篮球场、室内羽毛球场1、全民健身设施、室内乒乓球场2均位于同一空间内,在交通网络分析时将其视为交通网中的4个顶点,其之间的边为0。室内乒乓球场和室内羽毛球场各包含两个地理位置的场地,在交通网络分析时将其各视为交通网中的2个顶点。

注3:室内篮球场、室外足球场、室内排球场、室内乒乓球场、室内羽毛球场、攀岩场(馆)、蹦床馆、全民健身设施、高尔夫球场(馆)均位于同一垂直空间内,在交通网络分析时将其视为交通网中的9个顶点,其之间的边为0。

注4:室内篮球场、室内网球场、室内乒乓球场、室内羽毛球场均位于同一垂直空间内,在交通网络分析时将其视为交通网中的4个顶点,其之间的边为0。室外篮球场包含两个地理位置的场地,在交通网络分析时将其视为交通网中的2个顶点。

注5:室外乒乓球场和室外篮球场位于同一空间内,在交通网络分析时将其视为交通网中的2个顶点,其之间的边为0。室外足球场包含两个不同地理位置的场地,在交通网络分析时将其视为交通网中的2个顶点。

注6:室外足球场和田径场位于同一空间内,在交通网络分析时将其视为交通网中的2个顶点,其之间的边为0。

注7:门球场(馆)和地掷球场位于同一空间内,在交通网络分析时将其视为交通网中的2个顶点,其之间的边为0。室外篮球场包含三个不同地理位置的场地,在交通网络分析时将其视为交通网中的3个顶点。

注8:室外篮球场1、室外羽毛球场位于同一空间内,在交通网络分析时将其视为交通网中的2个顶点,其之间的边为0。室外篮球场包含两个不同地理位置的场地,在交通网络分析时将其视为交通网中的2个顶点。

注9:室外排球场、门球场(馆)位于同一空间内,在交通网络分析时将其视为交通网中的2个顶点,其之间的边为0。健身步道/跑步道包含两条不同地理位置的场地,在交通网络分析时将其视为交通网中的2个顶点。

注10:室外篮球场、室外足球场、室外网球场、武术馆位于同一垂直空间内,在交通网络分析时将其视为交通网中的4个顶点,其之间的边为0。

12个体育公园贝塔指数从大到小依次为杭州市城北体育公园、宁波市滨江体育公园、杭州市良渚门户体育公园、宁波市绿轴体育公园、台州市大桥体育公园、杭州市运河体育公园、绍兴市滨江体育公园、宁波市万象体育公园/万象水上运动公园、宁波市西大河体育公园、温州市桃花岛体育休闲公园、台州市仙居县市民体育公园、杭州市李宁体育公园,其中杭州市城北体育公园贝塔指数最高,交通网的连接度最好。

12个体育公园顶点平均通达指数由小到大依次为台州市仙居县市民体育公

园、杭州市李宁体育公园、宁波市西大河体育公园、温州市桃花岛体育休闲公园、杭州市良渚门户体育公园、台州市大桥体育公园、宁波市滨江体育公园、绍兴市滨江体育公园、杭州市运河体育公园、宁波市万象体育公园/万象水上运动公园、宁波市绿轴体育公园、杭州市城北体育公园,其中台州市仙居县市民体育公园和杭州市李宁体育公园存在多种类型体育场地设施存在于同一空间情况,对于平均通达指数反映效果有一定影响。

基于交通网络顶点数、通达度、连接度,结合体育公园面积、体育场地数量情况分析,浙江省体育公园内部体育场地设施布局情况良好,每一类型体育场地设施与其他类型体育场地设施之间平均有 1 条左右的边,说明体育场地设施之间道路建设情况较好,便于居民交换使用体育场地设施。

其中杭州市良渚门户体育公园和台州市大桥体育公园在代表性体育公园中布局合理性较其他公园更合理,交通网连接度和通达度均较好,交通网络比较完善;杭州市城北体育公园、宁波市绿轴体育公园和宁波市滨江体育公园交通网连接度好,交通便捷,但内部联系水平不高,交通网络存在优化空间;杭州市运河体育公园、绍兴市滨江体育公园和宁波市万象体育公园/万象水上运动公园交通网连接度和通达度均为一般,交通网络完善程度一般,在连接度和通达度上均有改善空间,但运河体育公园布局为以一场一馆南北分布;宁波市西大河体育公园和温州市桃花岛体育休闲公园通达度较好,内部联系水平较高,但连接度方面表现较差,交通便捷程度低,交通网络有待完善;台州市仙居县市民体育公园和杭州市李宁体育公园通达度好,内部联系水平高,虽然连接度方面表现较差,交通便捷程度低,但考虑其存在多种类型体育场地设施存在于同一空间的情况,交通网络较为完善。

第八节　浙江省体育公园内部体育场地设施布局优化策略

一、以优化布局为方针,走好发展每一步棋

针对浙江省体育公园外部空间布局的特征,在"三区、两轴、多点"的基础上,结合人口密度加强点与轴的联系,促使更多点集聚形成"集聚区",增加浙江省体育公园整体影响范围。

积极利用 GIS 分析等工具,以科学合理布局为目标,对布局合理性高的地级市,如杭州市、宁波市、湖州市等进行精细化、精准化优化布局,使布局更合理;对布局合理性低的地级市,如嘉兴市、金华市等进行查漏补缺,让所有居民享受时代发展的红利,真正实现发展成果由人民共享。不落下一个角落,走好发展的每一步棋子,使浙江省体育公园均衡发展,打造共同富裕示范区体育公园金字招牌,践行城

乡区域协调发展引领区的战略定位。

二、以可达便捷为抓手,优化交通网络结构

部分体育场地设施闲置浪费的重要影响因素之一为可达性,青少年和老年人群交通出行方式选择广度低于中年人群,可达远度也低于中年人群,在建设和改造主要使用对象为青少年和老年人群的体育公园和体育公园内部体育场地设施时要将其更接近公共交通设施,如地铁站、公交站,以及更靠近公园进出大门。在地理位置的选择时考虑海拔、与居民区距离等因素。

体育公园内部各体育场地设施布局时要兼顾类型相似性,如健身步道和跑步道、健身路径和健身步道使用人群相似,可将其交通网络通达指数降低,使体育场地与体育场地之间交通更便捷、可达性更好;兼顾类型冲突性,具有对抗、竞争特性的体育场地设施,如篮球场、足球场等与无对抗、非竞争的体育场地设施,如健身步道、健身路径等保持安全使用距离,避免使用群体出现安全事故及发生争执。

三、以增量提质为目标,灵活运用建造方式

在已有体育公园和公园基础上,灵活运用改(扩)建和体育设施进公园方式,在已有体育公园基础上增加体量,对部分公园进行合理规划,科学布局体育场地及体育设施,利用体育项目介绍、运动知识普及、体育雕塑等方式展示体育主题,实现体育公园升级优化。

体育公园大多数由政府投资建设,尤其大型体育公园前期建设和后期运营成本高,增加财政支出。政府鼓励社会力量利用高架下、建筑楼顶等"金边银角"建设体育公园、简化审批流程、减少税收,通过政策倾斜探索社会力量建设体育公园体育场地及体育设施、政府建设体育公园绿化模式。以体育公园作为城市的一扇窗口,展示文明和谐美丽家园形象,实现人与自然和谐共处、人民生活幸福美满的目标。

四、以居民需求为导向,丰富体育场地类型

浙江省体育公园体育场地类型以常规球类场地和健身路径为主,缺乏符合年轻人喜好和时兴的体育场地,如滑板场、飞盘场地等,本着全龄友好的原则,体育公园不仅要建设全民健身设施,也要建设符合老年人、年轻人、儿童喜好的体育场地,满足不同年龄、不同居民多元化需求。鼓励借助大数据采集大众运动偏好信息,为体育公园场地设施规划提供支撑[①]。

---

① 刘冬华,周铭扬,缪律.体育公园建设时代价值与推进路径[J].体育文化导刊,2023(06):32-37,74.

同时鼓励体育公园营利性和公共性统一,既保障体育公园收益,激发社会力量建设体育公园,又保障社会效益。提供高质量、私人性体育场地以供居民消费,提供普通化、大众性的体育场地供居民免费使用,有效做到营利性与公共性有机统一,满足居民多层次需求,践行高质量发展高品质生活先行区战略定位。

五、以复合人才为基础,解决管理效率问题

当前很多体育公园存在设施故障无法解决、智能设施无人管理等问题,其原因是组织管理能力和组织管理思维不匹配①。社会体育指导员作为基层社会体育的重要力量,并未得到充分利用,体育公园打造"复合型"社会体育指导员,除去其指导体育锻炼能力外,挖掘其管理能力,赋予体育公园"园丁"使命,对于出现故障的体育设施和体育场地,及时反馈信息,对于居民使用体育公园感受进行收集并向体育公园运营者进行反馈,灵活运用已有人力资源,提高服务效能,提升体育公园使用者满意度。

六、以智能智服为标准,打造"运动加油站"

除去智能跑道和智能健身路径外,利用 VR 技术打造虚拟运动等新型运动方式;设置智能屏幕进行运动互动,增设人脸识别和线上预约等方式使用付费体育场地;同时增设智能标示牌和智能地图,以更立体的形式呈现体育公园布局。

设立"运动加油站",通过扫码等方式租借体育器材、购买体育用品,方便居民运动,同时可增设社会体育指导员或体育教学视频提供体育锻炼指导,引导居民科学健身。

第九节　本章小结

浙江省体育公园存量 244 个,符合本研究要求的存量为 232 个,其中宁波市存量最多,丽水市存量最少,4 万平方米及以上的体育公园共有 54 个。在存量基础上,从四个不同的角度将浙江省体育公园分为不同类型,按体量分为大型、中型、小型、微型四类;按功能定位分为体育竞技型、全民健身型、休闲娱乐型、经营型四类;按建造方式分为新建、改(扩)建、体育设施进公园三类;按特色分为立体空间利用、闲置废弃地改造、临近水体、依靠山体、智能化五类。

浙江省体育公园外部空间布局合理性较高,呈现出"三区、两轴、多点"的特征。浙江省体育公园密度较小,其中宁波市密度最大、舟山市密度最小;浙江省体育公

---

① 付帅,董欣.城市体育公园智慧化发展价值、障碍与路径[J].体育文化导刊,2022(09):14 - 20.

园呈集聚分布,其中杭州市、宁波市、温州市、绍兴市、台州市呈集聚分布,湖州市、嘉兴市、金华市、衢州市、丽水市、舟山市呈均匀分布;浙江省及各地级市体育公园均呈集中分布,其中舟山市集中化程度最高,温州市集中化程度最低。

　　浙江省代表性体育公园内部体育场地设施布局合理,交通网络完善程度良好,体育场地设施类型丰富,其中杭州市城北体育公园体育场地设施类型数量最多,共13种。基于交通网络顶点数、通达度、连接度,浙江省总体内部结构合理,部分体育公园内部布局可调整。

第六章 群众性健身场馆服务质量

第一节 研究背景与意义

一、研究背景

(一)公众健身意识的提升

十九大报告①提出中国特色社会主义发展进入新时代,社会主要矛盾已经转化为人民日益增长的美好生活需要和不平衡不充分发展之间的矛盾。近年来,国家颁布并实施的各种关于全民健身和促进体育产业、事业发展等的政策,都体现着国家对体育的重视和对公众身体素质的关注。2019 年,国务院办公厅 40 号文件②提出:要充分发挥体育在建设社会主义现代化国家新征程中的重要作用,持续提升体育发展的质量和效益,不断满足公众对美好生活的需要,在五大战略任务中,倡导完善全民健身公共服务体系,激发市场主体活力,加快发展体育产业,培育经济转型新动能。连同以上的政策性文件,都彰显着体育对国家、社会和个人发展的重要性。

当前,生活水平提升,各种慢性病随之而来,影响了公众的健康和生活质量,而体力活动不足是各种慢性疾病的主要原因。因此,公众越来越关注自己的身体状况,体育锻炼的意识也逐步增强。加之经济的发展,社会文明程度的提高以及体育场馆、设施等大量建设,公众对体育健身和体育服务的需求也越来越多元化。

(二)体验经济阶段的到来

体验经济是一种经济形态,是以顾客为主,以商品或服务为辅,企业为顾客提供"愉快""深刻"和让人"难以忘怀"等的体验感受,使顾客获得物质与精神上的双重收获,进而提升顾客对商品或服务的满意度及再购行为。在社会环境的影响和激烈的市场竞争之下,不少企业为了寻求消费者的关注,将顾客体验感设为追逐的

---

① 人民网.习近平在中国共产党第十九次全国代表大会上的报告[EB/OL].(2017 - 10 - 28)[2020 - 10 - 20].http://cpc.people.com.cn/n1/2017/1028/c64094-29613660.html.

② 国务院办公厅.体育强国建设纲要[Z].国办发[2019]40 号,2019 - 8 - 10.

目标,以满足顾客的多元化需求来获得顾客的青睐,从而达到盈利的目的。美国著名学者约瑟夫·派恩和詹姆斯·吉尔摩在《体验经济》[①]一书中,从人类经济生活的角度将历史划分为四个阶段,即农业经济阶段、工业经济阶段、服务经济阶段和体验经济阶段。根据国内学者的研究,当前,我国已经处于体验经济阶段,经济稳步增长,人民的生活水平提高,生活观念发生转变,社会文明程度较高,因此顾客需求呈现多元化、个性化状态,也越来越注重自己感官上的体验。

（三）体育公园建设热的掀起

体育公园作为体育健身、体育竞赛和体育消费等的重要载体,不仅能够满足公众在体育锻炼方面的需求,还能激发公众体育消费潜力。近年来,体育公园已经在全国各地被迅速建立起来。从国家的相关政策分析,加强城市绿道、健身步道、体育公园等场地设施的建设仍然是大势所趋。如2020年,国办发36号文件[②]指出要挖掘存量建设用地潜力用于建设健身场地、设施,所以体育公园的建设热仍将持续。

与以往的体育中心不同,体育公园可运用城市绿地或在现有的城市公园基础上添加"体育"的元素,使整个园区集体育、休闲、文化于一体,不仅满足了公众的多元化需求,还能美化城市、促进经济发展。因此,在体育公园建设热掀起的趋势之下,体育公园运营方如何为顾客提供优质服务和提升顾客的体验感、满意度,以保留顾客数量和吸引更多的顾客就成了当务之急。

二、研究目的及意义

（一）研究目的

了解顾客对绿轴体育公园体验感和服务满意度的高低,探求顾客实际需求,发现体育公园存在的相关问题;在此基础上提出提高体验和服务满意度的措施,以满足顾客多元化的体育需求,激发顾客参与体育锻炼的积极性和体育消费潜能;同时提升体育公园的运营效能和竞争力,促进体育公园的发展。

（二）研究意义

1. 理论意义

丰富体育公园的相关研究。当前,国内学术界对体育公园服务方面的研究较少,但随着体育公园运营外包的趋势,除了从案例分析方面借鉴其他体育公园的运营、服务经验外,更需要从理论层面进行突破。采用跨学科的方式,将经济学与体育公园相结合,可以丰富和完善体育公园的相关研究。

① 张曼.基于虚拟旅游体验的游客行为影响研究[D].重庆:重庆师范大学,2018:17.
② 国务院办公厅.国务院办公厅关于加强全民健身场地设施建设发展群众体育的意见[Z].国办发〔2020〕36号,2020－10－10.

拓宽顾客满意度理论的应用范围。以体育公园为切入点,探索顾客对体育公园的服务满意度,进一步拓宽了顾客满意度理论的应用范围。

2. 现实意义

提升体育公园的竞争力。探求顾客对体育公园的真正需求,改善体育公园的设施和服务,以此提升顾客体验的满意度,从而提升顾客的再购行为。更大范围来看,也能为其他体育公园建设、运营和管理等提供经验上的借鉴。

提高顾客参与锻炼的积极性。通过对体育公园功能体验的改善,能够使顾客在参与锻炼的过程中体验到更愉快的感受,满足顾客对情感和社会归属感的需求,进而提高顾客体育锻炼的积极性,增强个人的身心素质,同时也能促进全民健身的开展。

第二节　国内外相关研究进展

一、体育公园国内外相关研究

(一)国内的体育公园

1. 国内体育公园的特征研究

吴小彩(2013)[①]、徐伟伟(2012)[②]认为体育公园具有公共性、生态性、文化性、多元性、技术性、安全性、持续性、更新性和艺术性等特点。赵敏(2016)[③]则指出体育公园除了体育性以外,还具备休闲娱乐性和人文教育性。徐征(2007)[④]、孙福林(2009)[⑤]和李香君(2008)[⑥]都表示体育公园的场地、场馆和设施具有齐全性。另外,李香君还提出了体育主题公园具备以下特性:选址及可行性分析的严密性;项目开发应具备大众性、区域性、特色性;高风险、高投入;集健身和娱乐于一体;目标市场的层次性;社会、经济效益的广泛性。周皎(2009)等人[⑦]指出,体育公园还具备"五性、四化","五性"指系统性、技术性、阶段性、持续性和安全性,"四化"指灵性化、人文化、绿色化和人性化。

2. 国内体育公园的运营与管理研究

体育公园的运营与管理是当前的研究热点,学者通常针对运营模式、经营主

① 吴小彩.全民健身背景下成都市体育公园的建设、运营与管理研究[D].成都:成都体育学院,2013:10 - 11.
② 徐伟伟.体育公园使用后评估研究初探[D].杭州:浙江大学,2012:6.
③ 赵敏.全民健身视角下山东省体育公园发展前景研究[D].曲阜:曲阜师范大学,2016:8 - 9.
④ 徐征.中国城市体育公园空间布局的研究[D].北京:北京体育大学,2007:11 - 12.
⑤ 孙福林.体育公园初步研究[D].北京:北京林业大学,2009:8 - 9.
⑥ 李香君.体育主题公园的分类及特点[J].体育成人教育学刊,2008(01):15 - 17.
⑦ 周皎,马慧敏.体育与体育主题公园[J].太原科技,2009(08):64 - 65,68.

体、经济效益和社会效益几个方面入手。张静文等人(2020)①按照运营方式的不同,将体育公园分为传统事业型、委托运营型和企业化运营型这三类。就体育公园运营与管理的现状而言,邓逢明(2005)②和王建民等人(2015)③认为我国城市体育公园存在运作项目单一,经营管理运作模式落后陈旧,运营管理方处理不好公益性和经营性的关系,最终导致体育公园经济和社会效益低下。姚德利等人(2008)④和王永平等人(2018)⑤则认为,体育公园的运营多是由政府全权负责,盈利点与立足点不在体育公园,这样为园区持续良性发展带来困难,很难取得良好的经济效益。张晶晶等人(2018)⑥提到体育公园存在管理维护不到位和缺乏反馈机制的问题。纵观我国体育公园的运营与管理,目前存在:体育公园运营管理多是由政府主导,运营模式单一落后,体育公园发展不均衡;民间资本参与较少,政府财政压力大;园区配套设施不足,使用率较低,资源闲置与浪费严重;设施维护不到位;经济与社会效益低下等问题。

3. 国内体育公园的评价研究

张妤(2006)⑦和张志强等人(2018)⑧对体育公园的评价都引入了POE理论,前者采用封闭式问题问卷和语义差别量表问卷两种方式,后者则使用了行为痕迹分析法和问卷调查法。刘杰(2012)⑨采用层次分析法探索公众对体育公园的满意度。王光安(2019)⑩从体育公园的开放时间、开设的体育健身活动、提供的体育健身场地设施、健身服务、体育健身氛围、组织管理、信息宣传和收费标准这9个方面来探索体育公园的满意度。徐伟伟(2012)⑪主要从体育公园的设计与管理两个角度,立足公园、游客及其互动关系评价体育公园的使用状况。张晓莉(2016)⑫对体育公园场馆、场馆指标(园林景观、空间设计、环境卫生、配备设施、设备维修等)等

① 张静文,林建君,王许达.体育公园的运营冲突特征及规避机制研究[J].浙江体育科学,2020,42(05):18 - 23.
② 邓逢明.浅谈城市生态体育公园的市场运作思路[J].吉林广播电视大学学报,2005(01):36 - 39.
③ 王建民,毛建民,香成福,等.城市生态体育公园的建设价值及发展策略研究[J].兰州文理学院学报(自然科学版),2015,29(06):66 - 70.
④ 姚德利,杜泽超.初探聊城市体育公园建设、运营与管理[J].商场现代化,2008(13):116 - 117.
⑤ 王永平,赵岷,赵炎.运动休闲视域下大同市体育公园建设及运营研究[J].山西大同大学学报(自然科学版),2018,34(05):76 - 78,86.
⑥ 张晶晶,李柏.大连市体育公园建设现状分析及发展规划探究[J].辽宁体育科技,2018,40(04):35 - 39.
⑦ 张妤.哈尔滨市城市公园使用状况评价初步研究[D].哈尔滨:东北林业大学,2006:18 - 19.
⑧ 张志强,周思琪,张敏莉.扬州体育公园使用后评价——以宋夹城体育休闲公园为例[J].价值工程,2018,37(22):6 - 9.
⑨ 刘杰.基于AHP法的体育公园景观重要性研究[D].雅安:四川农业大学,2012:59.
⑩ 王光安.河南省城区体育公园运行状况及发展策略研究[D].郑州:河南大学,2018:59 - 61.
⑪ 徐伟伟.体育公园使用后评估研究初探[D].杭州:浙江大学,2012(01):2 - 3.
⑫ 张晓莉.社区体育公园建成后使用满意度评估——以珠海市大镜山体育公园为例[J].广州体育学报,2016,36(04):30 - 33.

进行满意度评价,得出市民对大镜山体育公园的整体满意度评分偏高。目前,国内学者对体育公园的评价较为局限,多是以使用后评价为主,切入点主要是从景观、设计和设施层面展开评价,对满意度评价的研究较少。体育公园满意度的评价方式和评价体系尚未形成统一的标准,主要参考体育场馆、城市公园、旅游景区和餐饮业的评价方式。

(二)国外的体育公园

1. 国外体育公园的设计研究

Rutlecgs(1981)①认为体育公园的设计应该关注公众的需求和公园的功能性。Stride V(2017)②提到体育公园的设计受到"老年人更倾向于使用户外运动空间"的启示。Malfas M(2004)③认为体育公园可能面临使用效率降低的情况,应予以重视。美国体育公园的设计围绕"以人为本"的核心理念而建,旨在创造优美的环境和健全的设施,注重体现系统化、专业化、科学化、特色化和人性化④。章俊华(2001)⑤在对日本体育公园的论述中提到,日本的运动公园标准面积是15～75hm²,1.5m²/人,要基于公众健身需求和自然条件,以修建运动设施为主,兼顾景观设施和自然步道,注重便利性。21世纪初,日本在设计体育公园时结合人口老龄化的特征,修建能供老年人和不常运动的人使用且以体育场馆为主的体育公园,体现了时代性,而后逐渐与自然相结合,更加向城市公园靠近。德国慕尼黑奥林匹克公园的设计注重交通的便利性,场馆的安全性,景观的优美性,建筑的特色性,特别强调大型赛事后使用的可持续性⑥。英国的体育公园在设计中注重因地制宜,将自然环境和社会环境相融合,打造配套设施丰富的园区;除此之外该国也非常注重人文关怀,在设计中兼顾各年龄层次人的锻炼需求,特别关照残障人士⑦。英国在《城市绿地规划》⑧中明确提到各地应根据当地公众的运动喜好设置体育项目。

2. 国外体育公园的运营与管理研究

Peggy O'Dell(2013)⑨调查发现,美国体育公园大多数采用委托民营企业等方

① Rutlecgs. Albert. J.A. A Visual Approach to Part Design[M]. New York: Garland STPM Press,1981, 9-11.

② Stride V, Cranney L, Scott A, et al. Outdoor gyms and older adults acceptability, enablers andbarriers: a survey of park users[J]. Health Promotion Journal of Australia, 2017, (3):243-246.

③ Malfas M, Theodoraki E, Houlihan B. Impacts of the Olympic Games as mega-events[J]. Proceedings of the Institution of Civil Engineers—Municipal Engineer, 2004, (3):209-220.

④ 赵丹.关于美国体育公园的研究[D].苏州:苏州大学,2010:15-19.

⑤ 章俊华.日本城市绿地空间(上)[J].中国园林,2001(05):38-42.

⑥ 胡一可,宋睿琦.慕尼黑奥林匹克公园规划与城市生活[J].建筑师,2008(03):52-59.

⑦ 姬园园.福州市体育公园景观建设与评价研究[D].福州:福建农林大学,2013:7.

⑧ (日)高原荣重.城市绿地规划[M].杨增志,译.北京:中国建筑工业出版社,1983:120-135.

⑨ Peggy O'Dell. The Sports Park Service Role in Urban Areas[J]. Journal of Leisure Research,2013, 12 (6): 153-163.

式进行市场化运作管理,其中包含体育公园的设计、建设、赛事运营和设施、设备维修。Ryan L. Sharp(2014)[1]提到,在美国,体育公园的运营者运用新媒体和新信息技术吸引公众到体育公园参与各类体育活动。除此之外,美国有完善的法律保障为体育公园的运营提供支持。Harold J. Nolan(2014)认为体育公园应提升和创建自身品牌价值。日本在体育公园的运营上也采用市场化的运作管理,如在园区利用体育设施举办、承接各类体育赛事,开办体育培训班,还将体育与旅游相结合,全面提升体育公园运营效能[2]。德国慕尼黑市成立专业的管理机构——奥林匹克有限公司(OMG)对慕尼黑奥林匹克公园进行运营与管理,园区承接表演、展览、音乐会和各类竞赛,涉及体育、娱乐和文化等方面,在运作过程中吸引公众参与其中,以了解公众的需求[3]。

二、顾客体验相关研究

(一)顾客体验的性质划分

主观性。温韬(2007)[4]认为顾客体验受到主观色彩的影响,与顾客对产品的需求、期望的差异相关。李若楠(2008)[5]提出在体验的生产过程和体验的消费中,顾客体验有主观性。

异质性。Lewis(1989)[6]和徐凤增等人(2015)[7]一致认为:面对同样的产品与服务,顾客的体验有差异性且不易达成一致。这主要受到个体之间性别、年龄、学历、职业、三观、态度等方面的影响。

参与性。朱世平(2003)[8]、郭红丽(2006)[9]和聂鹏洁(2013)[10]认为顾客体验是发生在顾客与企业之间的,需要顾客与企业间进行互动,才能产生顾客体验。

即时性及延续性。李若楠(2008)认为在消费过程中顾客能够获得即时的感受并在顾客心中延续。

动态性。温韬(2007)提出顾客居于不同的情景、阶段下,其与商品、服务等产

① 勾庆勇.杭州市代表性体育公园使用效益的研究[D].杭州:杭州师范大学,2020:16.
② 钱伟.苏州市区体育公园公共体育服务供需问题研究[D].苏州:苏州大学,2020:8.
③ 胡一可,宋睿琦.慕尼黑奥林匹克公园规划与城市生活[J].建筑师,2008(03):52-59.
④ 温韬.顾客体验对服务品牌权益的影响[D].大连:大连理工大学,2007:16.
⑤ 李若楠.顾客体验需求识别管理实证研究[D].成都:西南交通大学,2008:16.
⑥ Lewis B R.Consumer Care in Service Organizations[J]. Marketing Intelligence and Planning,1989:18-22.
⑦ 徐凤增,周键,李云贺.高档酒店顾客体验量表的设计与检验[J].山东大学学报(哲学社会科学版),2015(05):141-149.
⑧ 朱世平.体验营销及其模型构造[J].商业经济与管理,2003(5):25-27.
⑨ 郭红丽.客户体验管理的理论与方法研究[D].上海:同济大学,2006:16-17.
⑩ 聂鹏洁.节事消费下的顾客体验与顾客满意的关系探究[D].青岛:青岛理工大学,2013:14.

生互动关系的过程中所产生的感知有所不同。

（二）顾客体验的维度划分

关于顾客体验的维度划分，国内外学者对此有大量研究，目前无论是哪个领域，都没有统一的划分标准。如表 6-1 所示，不同研究者根据自己的研究领域和实际情况为顾客体验维度注入新的元素。李海廷（2004）[①]将顾客体验分为两个维度；Holbrook M B(1982)[②]、李建州等人（2006）[③]和 O'Loughlinetal（2004）[④]将顾客体验分为三个维度；Pine(1999)[⑤]、Brakus 等人（2009）[⑥]和王鉴忠等人（2011）[⑦]将顾客体验分为四个维度；王潇等（2014）[⑧]、皮平凡等人（2009）[⑨]、张振兴等人（2011）[⑩]和徐凤增等人（2015）[⑪]则认为顾客体验可分为五个维度；Lofman(1991)[⑫]将顾客体验分为六个维度，具体分法汇总见表 6-1。

表 6-1　顾客体验维度划分

维度	学者	顾客体验维度划分
二维	李海廷	生理上的体验，情感上的体验
三维	Holbrook M B	先前想象、真实感受以及获得的娱乐体验
	O'Loughlinetal	品牌、交易和关系体验
	李建州等人	功能、情感和社会体验

① 李海廷.体验产品定价策略研究[J].江苏商论,2004(09):47-49.

② Holbrook M B, Hirschman E C. The Experiential Aspects of Consumption: Consumer Fantasies, Feelings, and Fun[J].Journal of Consumer Research,1982,9(2):132-140.

③ 李建州,范秀成.三维度服务体验实证研究[J].旅游科学,2006(02):54-59.

④ Deirdre O'Loughlin, Isabelle Szmigin, Peter Turnbull. From relationships to experiences in retail financial services[J].The International Journal of Bank Marketing,2004,22,(6/7):522-539.

⑤ Pine B J, Gilmore J H. The Experience Economy: Work is Theatre & Every Business a&tage[J].SGB, 1999,18(6):129-130.

⑥ Brakus, J.J., Schmitt, B. H., Zarantonello, L. Brand experience: what is it? How is it measured Does it affect loyalty[J].Journal of Marketing,2009,73(3),52-68.

⑦ 王鉴忠,徐虹,杨玥.顾客体验视角的旅游目的地品牌化研究[J].现代管理科学,2011(09):90-92.

⑧ 王潇,王世通,王迎军.服务体验对顾客消费情感与满意度的影响研究[J].商业研究,2014,(06):113-124.

⑨ 皮平凡,刘晓斌.酒店顾客体验价值研究[J].商业研究,2009(12):167-170.

⑩ 张振兴,边雅静.品牌体验—概念、维度与量表构建[J].统计与决策,2011(11):177-179.

⑪ 徐凤增,周键,李云贺.高档酒店顾客体验量表的设计与检验[J].山东大学学报(哲学社会科学版),2015(05):141-149.

⑫ Lofman B. Elements of experiential consumption: An exploratory study[J]. Advances in Consumer Research.,1991,18(1):729-735.

（续表）

维度	学者	顾客体验维度划分
四维	Pine	消遣、教育、审美和逃避现实体验
	Brakus 等人	感知、情感、认知和行为体验
	王鉴忠等人	认知、情感、亲历和心灵体验
五维	王潇等人	服务场景、核心服务质量、附加服务表现和员工的情绪劳动体验
	皮平凡等人	生理、安全、归属和爱、尊重和自我实现体验
	张振兴等人	情感、感官、思考、关系和道德体验
	徐凤增等人	环境、便捷性、满意度、激励和转换成本体验
六维	Lofman	环境、感觉、思考、情感、活动和评估体验

（三）顾客体验的影响效应

查阅了国内外大量专家、学者的研究成果，顾客体验影响效应的种类较多，但主要是以影响顾客的满意度、顾客忠诚度和顾客的再购行为。

1. 顾客体验影响顾客满意度

国内专家、学者，如曾峥（2008）[①]、束海峰（2012）[②]、安贺新（2012）[③]和梁宇轩等人（2017）[④]在研究顾客体验的基础之上，分别基于影院、中国联通宽带服务、酒店和航空服务行业领域探寻了顾客体验与顾客满意度间的关系，一致认为顾客体验影响顾客满意度。

2. 顾客体验影响顾客忠诚度

国内外专家、学者对顾客忠诚进行了定义，Newman（1973）[⑤]认为顾客忠诚度是指顾客反复购买某个商品的可能性并在认定该商品的情况下不会去了解其他品牌。Oliver（1999）[⑥]认为顾客忠诚是顾客对在其未来进行购买某种类似产品或者服务时的一种发自内心的承诺，这种承诺会导致顾客在选择产品或者服务的时候，

---

① 曾峥.消费体验对顾客忠诚影响的实证研究[D].成都:西南财经大学,2009:61.

② 束海峰.顾客体验对顾客满意度和顾客忠诚度的影响[D].北京:北京邮电大学,2012:47.

③ 安贺新.服务公平对顾客体验、顾客满意与顾客忠诚影响机理的实证研究——基于对北京市部分酒店的调查数据[J].中央财经大学学报,2012(01):76-81.

④ 梁宇轩,杨宇帆,刘容.顾客体验对顾客满意和顾客忠诚的影响[J].税务与经济,2017(01):42-49.

⑤ Newman J.W., Richard A.W.. Multivariate Analysis of Brand Loyalty for Major Household Appliances [J].Journal of Marketing Research,1973,10(4):404-409.

⑥ Oliver R. L. Whence consumer loyalty? [J].Journal of Marketing,1999, 34(63):33-44.

趋向选择同一品牌或者公司的产品。陆娟(2005)①、Lewis(2006)②、吴泗宗等人(2010)③和茅彦青(2013)④都将顾客忠诚度定义为顾客积极的态度和再次购买商品的行为的统一。在此基础上,专家、学者对满意度与忠诚度之间的相关关系进行了研究,史达(2009)⑤、刘蓉(2017)⑥、杨奎等人(2017)⑦和杨奇星等人(2019)⑧验证了顾客体验与顾客忠诚之间呈现显著正相关。杨捷(2016)⑨以主题酒店为研究对象,结果显示顾客体验通过影响中间变量来对顾客忠诚度产生作用。曾峥(2008)认为顾客体验对顾客忠诚度起间接影响,但不同顾客体验的影响力在影响程度上有差异。

3. 顾客体验影响顾客再购行为

再购行为指的是顾客再次购买同样的商品或服务的举动。在顾客体验的研究当中,专家、学者们基于不同的领域和研究对象,对顾客体验和再购行为进行了研究。如夏立坤(2009)⑩、郭成(2015)⑪、向珍娟(2017)⑫、张涛(2018)⑬、王娇(2019)⑭和耿闯闯(2019)⑮通过实证分析验证了顾客体验影响顾客的再购行为。

三、顾客满意度相关研究

(一) 顾客满意度的发展

顾客满意理论自20世纪初被提出以后,从心理学领域跨越到市场营销领域,影响了包括商业和服务业等的行业,受到世界各个国家的专家、学者的重视。经过

① 陆娟.服务忠诚驱动因素与驱动机理——基于国内外相关理论和实证研究的系统分析[J].管理世界,2005(6):107-114.
② Chandra shekaran, M., K Rotte, S. S. Tax and R. Grewal. Satisfaction Strength and Customer Loyalty[J]. Journal of Marketing Research, 2009, 12(6): 153-163.
③ 吴泗宗,施蕾.体验经济模式下百货商店顾客忠诚驱动模型研究[J].当代财经,2010(7):63-70.
④ 茅彦青.电子商务环境下快递企业的顾客忠诚度研究[D].南京:南京邮电大学,2013:6.
⑤ 史达.互联网顾客体验与顾客网站忠诚度的关系研究——以结构方程模型为基础[J].财经问题研究,2009(01):30-36.
⑥ 刘蓉.顾客体验、关系质量和顾客忠诚关系实证研究[D].合肥:安徽大学,2017:41.
⑦ 杨奎,杨贵红.餐饮业体验营销对顾客忠诚度的影响[J].企业改革与管理,2017(11):109-110.
⑧ 杨奇星,王京安,欧瑞秋.二三线城市购物中心顾客体验、顾客满意和顾客忠诚关系的实证研究[J].商业经济,2019(01):125-129.
⑨ 杨捷.主题酒店顾客体验对顾客忠诚度的影响研究[D].上海:上海师范大学,2016:69.
⑩ 夏立坤.电信行业顾客体验对购买意愿的影响研究[D].大连:大连理工大学,2009:42-43.
⑪ 郭成.O2O模式下移动打车的顾客体验对行为意向影响研究[D].沈阳:东北大学,2015:56.
⑫ 向珍娟.基于顾客体验视角的当代大学生在线冲动性购买行为研究[D].长沙:湖南大学,2017:47.
⑬ 张涛.线上线下顾客体验对行为意愿影响的比较研究[D].西安:陕西师范大学,2018:60.
⑭ 王娇.购物网站微信营销对消费者重复购买意愿的影响[D].秦皇岛:燕山大学,2019:60.
⑮ 耿闯闯.虚拟品牌社区顾客体验、品牌价值观一致性与顾客行为意向的关系研究[D].兰州:兰州财经大学,2019:34.

大量的科学运算和实证研究,顾客满意理论已经日渐成熟。

　　Cardozo(1965)[①]首次将心理学界的"满意度"引入营销界,通过对期望、努力与满意的研究,证实满意度影响顾客再消费行为。Kano(1979)[②]认为产品质量与顾客满意度存在相关关系并构建了 Kano 模型;Cadotte 等人(1987)[③]提出顾客满意度是对特定产品或服务的消费等行为引起的感知反应。Fornell(1989)[④]提出了Fornell 模型(简称 CSI),在此基础上又和研究团队一起构建了瑞典 SCSB(Swedish Customer Satisfaction Barometer)模型,详见图 6-1。Oliver(1993)[⑤]提出了表现性与顾客期望的差异模型。Fornell(1999)[⑥]在研究中提到美国在 1994年正式启动了顾客满意度指数测评模型(American Customer Satisfaction Index,ACSI),详见图 6-2。在这之后,欧洲逐步建立起顾客满意度指数测评模型(European Customer Satisfaction Index,ECSI),详见图 6-3。

　　从现有的顾客满意度模型研究中看,学术界公认且具有代表性的三个模型就是以上提到的瑞典 SCSB 模型、美国 ACSI 模型以及欧洲 ECSI 模型。依据这三个模型提出的时间顺序可见,瑞典 SCSB 模型最早被提出,美国及欧洲的满意度测评模型则是在前者的基础之上结合实际情况进行改进和补充的。

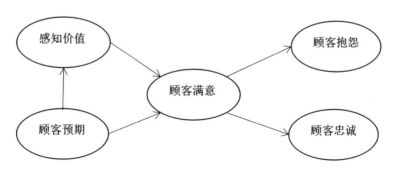

图 6-1　瑞典 SCSB 模型

①　Cardozo,Richard N.An Experimental Study of Consumer Effort, Expectation and Satisfaction[J]. Journal of Marketing Research,1965(8):244～249.

②　束海峰.顾客体验对顾客满意度和顾客忠诚度的影响[D].北京:北京邮电大学,2012:26.

③　Cadotte, Ermest R., Robert B. Woodruff, and Roger I. Jenkins. Expectations and Norns in Models of Consumer Satisfaction[J]. Journal of Marketing Research,1987,24(8): 305-314.

④　Fornell C.A national customer satisfaction barometer:The Swedish experience[J]. Journal of Marketing,1989(56):6-21.

⑤　Oliver R.L.Cognitive, affective, and attribute bases of the satisfaction response[J].Journal of Consumer Research,1993(20):431-440.

⑥　Fornell,C. Customer Satisfaction and Shareholder Value[C].Fourth World Congress for Total Quality Management,Sheffield,1999(6):28-30.

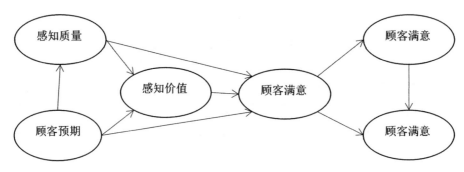

图 6-2　美国 ACSI 模型

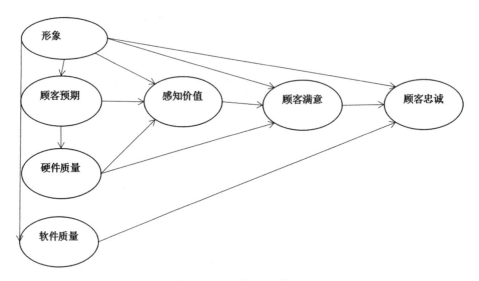

图 6-3　欧洲 ECSI 模型

（二）顾客满意度的基本特征

主观性。郭莉（2019）[①]、柏玉霞（2020）[②]认为顾客满意度受到顾客自身受教育程度、经济状况、生活习惯、宗教信仰等主观因素的影响。

层次性。马斯洛需求理论提出了人的五大需求层次，但每个人生于不同的环境，受教育程度不同，社会地位有差异，因此需求有所不同，对同样的产品和服务的感知也有不同。

阶段性。顾客在消费商品及服务时会形成主观的体验感，随着商品及服务的更迭，顾客体验感也随之逐渐累积起来，所以顾客的满意度是具有阶段性的。

---

① 郭莉.HT 热电厂顾客满意度提升策略研究［D］.呼和浩特：内蒙古财经大学，2019：7.
② 柏玉霞.格力空调顾客满意度评价及提升研究［D］.兰州：兰州理工大学，2020：10.

相对性。顾客在消费过程中会比较同类型的商品或服务,所以满意度是相对而言的。但是顾客通常不会对自己已购得的商品或者服务进行更为深入地研究。

(三)顾客满意度影响因素的研究现状

张一凡(2013)[①]认为在高校体育场馆经营服务中场馆软服务、场馆环境、配套设施、场馆设施和健身体验价值这几大因素影响满意度。刘倩(2014)[②]将场馆硬件设施与收费价格,场馆人员服务,场馆软件服务,场馆整体质量,场馆交通设施和开放时间归为影响场馆公共服务满意度的要素。王延婷(2015)[③]认为在体育公园中,人员服务、核心服务、相关服务、园区内环境和园区周围环境这五大因素影响顾客满意度。肖彦俊(2015)[④]将体育健身公共服务形象、体育健身组织服务质量感知、体育健身场地设施服务质量感知、体育健身信息服务质量感知、体育健身活动服务质量感知、居民健身收益和居民体育健身公共服务满意度归为公共服务满意度的影响因素。李梦汝(2016)[⑤]影响顾客满意度因素从高到低分别是:感知质量、品牌形象、预期质量、感知价值、顾客满意、顾客忠诚。尤梦茹(2017)[⑥]认为在健身俱乐部中教练、硬件设施和俱乐部服务、管理态度是影响会员满意度的主要因素。吴立川(2018)[⑦]认为体育场馆设施与环境、体育场馆活动组织、体育场馆管理与服务以及体育场馆对外开放是影响体育场馆公共服务的要素。

(四)体育领域有关于顾客满意度的研究

国内体育领域的专家、学者对顾客满意度进行了研究。李绍银(2011)[⑧]和田庄(2012)[⑨]都对体育场馆进行了顾客满意度的调查研究。侯婵莉(2013)[⑩]和许彩明(2014)[⑪]对健身俱乐部进行了顾客满意度的调查研究。刘倩等人(2014)[⑫]以洪山体育中心为例对场馆的公共服务满意度进行调查分析。何潮(2015)[⑬]对湘潭市

① 张一凡.高校体育场馆经营服务满意度调查研究[J].武汉体育学院学报,2013,47(06):54-57,62.
② 刘倩,陈元欣,李震.大型体育场馆公共服务满意度调查分析——以洪山体育中心为例[J].武汉体育学院学报,2014,48(09):24-28.
③ 王延婷.基于顾客体验运动品牌企业体育公园满意度研究[D].福州:福建师范大学,2015:65-67.
④ 肖彦俊.山东省城市社区体育健身公共服务满意度研究[D].曲阜:曲阜师范大学,2015:31
⑤ 李梦汝.济南市健身俱乐部顾客满意度现状及其提升策略研究[D].济南:山东大学,2016:45.
⑥ 尤梦茹.石家庄市商业健身俱乐部会员满意度研究[D].石家庄:河北师范大学,2017:42-45.
⑦ 吴立川.长三角地区大型体育场馆公共服务满意度研究[D].沈阳:沈阳师范大学,2018:21.
⑧ 李绍银.成都市羽毛球场馆服务质量满意度的调查研究[D].成都:成都体育学院,2013:27.
⑨ 田庄.基于服务质量的北京市网球场馆消费者满意度的实证研究[D].北京:北京体育大学,2012:21-38.
⑩ 曾优美.上海市部分健身俱乐部瑜伽课程开设的现状调查及对策分析[D].南昌:江西师范大学,2014:17-31.
⑪ 许彩明,汤雪桃.江苏省健身俱乐部顾客满意度影响因素的研究[J].体育与科学,2014,35(02):78-82.
⑫ 刘倩,陈元欣,李震.大型体育场馆公共服务满意度调查分析——以洪山体育中心为例[J].武汉体育学院学报,2014,48(09):24-28.
⑬ 何潮.游泳场馆有偿服务公众满意度测评研究[D].湘潭:湖南科技大学,2015:29-68.

具有典型有偿服务的 8 个游泳馆进行有偿服务公众满意度测评研究,对器材设施服务、经营管理服务、相关配套服务、文化建设服务和技能培训服务 5 个方面进行调查。王延婷(2015)[①]和马尔伊赛(2018)[②]都使用了 IPA 分析法,分别对体育公园、瑜伽健身会所进行了顾客满意度的研究。从以上学者的研究来看,顾客满意度评价已经成为国内体育场馆经营、体育公共服务供给等的一个重要环节。学者们多是以体育场馆为载体,研究公众对场馆的服务质量、环境、设施和开设的服务项目等进行满意度的评价,评价时学者多是测量顾客的感知以判断满意度的高低。

四、研究评述

纵观国内外,专家、学者对体育公园的研究呈日益增多的趋势,研究领域不断拓宽,研究程度不断加深。从国内的研究概况来看,学者对体育公园的概念认识深入,对体育公园的分类具体,采用与其他学科相结合的方法切入体育公园的运营、评价方面,再结合科学运算,能够较好地作用于体育公园。对比国外,专家、学者主要从体育学、社会学、经济学和建筑学方面对体育公园进行研究。国外体育公园无论是其设计、建造还是运营方面都有较为丰富的经验。在设计方面,国外的体育公园通常设计简洁、大气,具有人性化特色;在运营管理方面,主要秉承"以人为本"的理念,结合区域和国情实际,提供多元化的服务,如体育健身、教育培训、赛事表演、休闲娱乐、旅游观光等,兼具经济性和公益性。

国外专家、学者对顾客体验、满意度的研究更加成熟。国内则从更多行业、领域为切入点,结合行业实际情况和顾客的特征,在国外的研究成果上进一步改进、创新。但纵观国内外,专家、学者都倾向于将顾客体验与顾客满意度二者相结合起来研究,对顾客体验、顾客满意度赋予不同的概念,探索二者之间的相关关系,应用于不同行业,这使得顾客体验与顾客满意度的理论不断被丰富和完善。

第三节　基本概念及基础理论

一、基本概念

(一)体育公园

《城市绿地分类标准》[③]中认为体育公园是专类公园的一种,是具有"体育"主

---

① 王延婷.基于顾客体验运动品牌企业体育公园满意度研究[D].福州:福建师范大学,2015:31-58.

② 马尔伊赛.基于 IPA 模型的瑜伽健身会所顾客满意度研究[D].上海:上海体育学院,2018:11-41.

③ 中华人民共和国建设部.城市绿地分类标准(CJJ/T85-2002)[M].北京:中国建筑工业出版社,2002:3.

题内容的绿地。随后,体育公园的定义不断被完善和丰富,陈冬平等人(2010)[①]、董海军等人(2011)[②]和李香君(2012)[③]等将体育公园定义为以体育运动为主题,体现生态、科技、休闲观光、健身娱乐、竞赛表演功能性的复合型场所。颜玉璞(2008)[④]、高森(2011)[⑤]和赵利红(2018)[⑥]则认为体育公园是一个为使用者提供绿色、健康、优美的综合性绿色运动环境的公园。与其相似的观点还有徐伟伟(2012)[⑦]和姬圆圆(2013)[⑧],他们认为体育公园是体育运动、生态自然与休闲游憩相结合的绿色有氧运动公园。关于体育公园的定义,目前国内还没有统一的概念。从以上学者的研究成果可以看出,目前学术界对体育公园的定义较为全面,主要是从其发挥的功能,具备的性质和空间布局为切入点,共同点是以"体育"为主题,同时满足健身、休闲、生态这三大要素。在此基础上,不同的学者又根据实际情况丰富了体育公园的定义。基于以上学者的研究成果,本书将体育公园定义为:以体育为主题,为满足大众强身健体、休闲娱乐、教育训练需求的,拥有较好生态环境的开放式公园。

(二)顾客体验

当前,无论是国内还是国外,对顾客体验的定义都没有形成一致的观点。但纵观国内外的研究,学者们多是从管理学、经济学和心理学这三个学科的角度出发,再结合具体研究内容对顾客体验进行定义。国外学者的研究中,Theodore(1941)[⑨]认为:比起产品或服务,顾客更加注重产品或服务带给自身的感受。Pine(1999)[⑩]则将体验定义为一种出现于商品、产品、服务之后,并能够产生经济价值的新的经济提供物。Tynan(2009)[⑪]认为顾客体验体现在消费者与企业发生互动的全部过程中。在国内,朱世平(2003)[⑫]和郭红丽(2006)[⑬]定义顾客体验是顾客与

① 陈冬平,张军.体育公园的分类及可持续发展方向研究[J].西安交通大学学报(社会科学版),2010,30(04):58-60.

② 董海军,倪伟,俞峰.上海市体育公园发展现状及建议[J].体育科研,2011,32(02):50-55.

③ 李香君.中美体育主题公园开发之比较研究[J].甘肃联合大学学报(自然科版),2012,26(01):81-84.

④ 颜玉璞.现代体育公园规划设计初探[D].北京:北京林业大学,2008:13-14.

⑤ 高森.城市体育公园公共服务设施设计研究[D].西安:长安大学,2011:4-5.

⑥ 赵利红.山西省体育公园的体育公共服务供给问题研究[D].武汉:武汉体育学院,2018:5.

⑦ 徐伟伟.体育公园使用后评估研究初探[D].杭州:浙江大学,2012:5.

⑧ 姬圆圆.福州市体育公园景观建设与评价研究[D].福州:福建农林大学,2013:3-4.

⑨ Theodore N.Torus Anatomy and Nectary Charateristics as Phylogenetic Criteria in the Rhoeadales[J].American Journal of Botany,1941,28(2):101-113.

⑩ Pine B J,Gilmore J H.The Experience Economy:Work is The are & Every Business a Stage[J].SGB.1999,18(6):129-130.

⑪ Tynan C,Mckechnie S.Experience marketing:a review and reassessment[J].Journal of Marketing Management,2009,25(5-6):501-517.

⑫ 朱世平.体验营销及其模型构造[J].商业经济与管理,2003(5):25-27.

⑬ 郭红丽.客户体验管理的理论与方法研究[D].上海:同济大学,2006:16-17.

企业之间互动而产生的感受。温韬(2007)[①]指出顾客体验是在特定的情景下,消费者在企业提供产品、相关服务等产生共变关系的情绪中所引发的心理情感和情境的反应。综上所述,国内外的专家、学者基于不同行业和领域,对顾客体验的定义注入了不同的元素,但主要体现的都是产品和服务带给人的感受。基于体育公园的实际情况,本书将顾客体验定义为:顾客在体育公园进行体育锻炼的过程中,体育公园所提供的服务项目或服务带给顾客的一系列感受。

（三）顾客满意度

自 20 世纪中期开始,便有了顾客满意的相关研究,但没有统一的概念。在国外,LaBarbera(1983)[②]认为满意度是在产品、服务购买或消费后,对感知的某种消费过程中带来的惊喜进行的评价。Parasuraman(1994)[③]概括顾客满意度为产品与服务的质量以及价格之间的函数。在国内,罗晓光(2006)[④]定义满意度是在顾客购买、消费产品或服务后,通过将其感受到的实际情况与其采用的关于产品的认知标准进行比较后,所形成的不同强度的情感反应。邹凯(2008)[⑤]和徐娜(2011)[⑥]都认为满意度是预期效用和消费后的实际相比较,对之间形成的差距的认知。刘慧(2011)[⑦]从高校学生角度出发,将学生设定为顾客,定义满意度为:将自己接受教育服务的结果与自身期望进行比较的过程中,所产生的高兴、愉悦或失望的一种心理感受。

综上所述,满意度的研究已经深入到公共服务、教育、商业等领域,使用范围广泛。可以将学者们定义的满意度大致归纳为三类:一是顾客在消费商品、服务后的实际感知和预期间的差距;二是顾客在消费商品和服务后的主观评估判断、感知反应;三是对感知的消费商品和服务过程中带来的惊喜进行的评价。本研究倾向于将满意度定义为第二种,即顾客在体育公园内消费商品和服务后的主观评估判断、感知反应。

---

① 温韬.顾客体验理论的进展、比较及展望[J].四川大学学报(哲学社会科学),2007(02):133-139.

② LaBarbera,Priscilla A. and David Mazursky. A Longitudinal Assessment of Consumer Satisfaction/Dissatisfaction: The Dynamic Aspect of the Cognitive Process[J].Journalof Marketing Research,1983,20(11):393-404.

③ Parasuraman, A, V. A. Zeithaml, and L. L. Berry. Reassessment of Expectations As A Comparison Standard in Measuring Service Quality: Implications for Further Research[J].Journal ofMarketing,1994(58):111-123.

④ 罗晓光.基于顾客购后行为的顾客满意度评价研究[D].哈尔滨:哈尔滨工程大学,2006:54-57.

⑤ 邹凯.社区服务公众满意度测评理论、方法及应用研究[D].长沙:国防科技大学,2008:37.

⑥ 徐娜.基于公众满意度的政府公共服务绩效测评及提升策略研究——以广东、江苏、湖北、江西、广西、吉林 6 省份问卷调查结果为分析依据[D].武汉:华中师范大学,2011:2.

⑦ 刘慧.基于 PLS—SEM 的中国高等教育学生满意度测评研究[D].镇江:江苏大学,2011:44.

二、相关理论及模型

（一）顾客体验理论

顾客体验理论在经济学、管理学、心理学和市场营销学方面都被广泛运用。纵观国内外专家、学者对顾客体验理论的研究，国内专家、学者多是在国外成熟的研究基础上，结合各领域的实际情况进行扩充。在国外的研究中，较为著名的几大顾客体验理论主要是以 Toffler 为代表的"心理体验说"，以 Csikszentmihalyi 为代表的"流体验说"，以 Holbrook 和 Hirschman 为代表的"体验二元说"，以 Pine 和 Gilmore 为代表的"PINE Ⅱ 组合体验说"和以 Schmitt 为代表的"战略体验模块说"[①]。以上五种学说的研究视角主要是从企业和顾客出发，基本包含了感官、情感和社会三个层次。

结合部分体育公园的实际情况以及园区周边居民对心理需要、社会归属感需要的特征，对体育公园服务满意度的评价选取李建州等人（2006）[②]的三维度体验（功能体验、情感和社会体验三个维度）作为理论依据，这实际上是一种服务体验，即在服务业中，顾客从与服务商的互动中获取知识或在感观上得到信息时就会产生体验感。

（二）IPA 模型

Martilla J A（1977）[③]等人首次提出了 IPA 模型，全称为 Importance-performance analysis，是一种测量顾客满意度的方法。自 Martilla J A 等人提出使用 IPA 模型测量顾客满意度后，国内外包括体育、教育、旅游和餐饮业等领域的专家学者广泛使用了该模型，使该模型不断得到验证和推广。如图 6‐4 所示，IPA 模型的使用需要以问卷调查的方式，获取顾客对商品或服务的重要性、满意程度的评分，计算出每个指标重要性和满意程度的均值以及重要性、满意程度的总均值，在此基础上，以重要性总均值与满意度总均值作为分割点，分割为 4 个象限。

第一象限——优势区（高重要性、高满意度）。企业应该继续保持并发挥此区域的优势。

第二象限——保持区（低重要性、高满意度）。该区域的指标属于供给过剩的，说明企业应该继续保持该区域内的指标，但是无须优先发展。

第三象限——改进区（低重要性、低满意度）。企业可对该象限的指标进行改善，但不用优先改善。

第四象限——弱势区（高重要性、低满意度）。企业应该重点改进该区域中的

---

① 肖莉.酒店顾客体验对品牌忠诚影响的实证研究[D].长沙:湖南大学,2014:8.

② 李建州,范秀成.三维度服务体验实证研究[J].旅游科学,2006(02):54‐59.

③ Martilla J A,James J C.Importance-performance analysis[J].Journal of Marketing,1977:41.

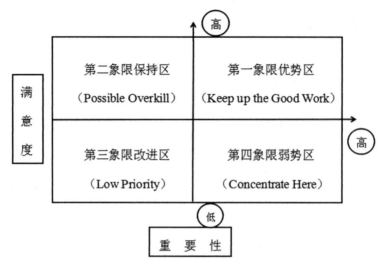

图 6-4　IPA 分析图架构

指标,以此来增强自身的核心竞争力和对顾客的吸引力。

第四节　研究对象、方法及思路

一、研究对象

基于顾客体验理论,从功能体验、情感体验和社会体验出发,以顾客对体育公园的服务满意度为研究对象,以在体育公园锻炼的顾客人群为调查对象,探寻体育公园的服务质量问题。

二、研究方法

（一）文献资料法

运用现代化文献检索手段,以"顾客体验""体育公园"和"顾客满意度"等为主题词在中国知网搜集相关文献 35 421 篇,查找国家发布的关于体育公园的文件 5 份。以"sports park"" customer experience"和 "customer satisfaction"为关键词在"Elsevier""Springer"等外文数据库网站查阅外文文献 124 篇。通过阅读并筛选,共有 135 篇文献为本部分研究采纳使用,其中英文文献 24 篇,中文文献 111 篇,为研究框架设定奠定基础。

（二）问卷调查法

1. 问卷设计

体育公园服务满意度调查问卷主要分为三部分：第一部分为基本信息，其中包括性别、年龄、学历、职业和月均收入。第二部分为锻炼情况，其中包括锻炼的时长、每周来园锻炼次数、锻炼的时间段以及来园需耗费的时间。第三部分为重要性和满意程度调查，量表采用李克特五级量表计分法，顾客需对重要性和满意度分别进行评分。

2. 效度、信度检验

本书在参考国内学者满意度调查问卷的基础之上，结合专家咨询完成了问卷的设计。为确保调研数据的可靠性和有效性，用该问卷做了预调查。

问卷的效度检验。专家就问卷效度进行了评分，效度采用李克特五点量表，分别对五个等级赋值，即非常合理——5 分，比较合理——4 分，合理——3 分，不合理——2 分，非常不合理——1 分。专家问卷效度评价见表 6-2，通过表 6-2 统计显示，调查问卷达到一定科研的标准，具备有效性，可以使用该问卷进行问卷调查。

问卷的信度检验。对问卷信度的检验采用重测信度检验法。2020 年 11 月 14 日，在绿轴体育公园内向参与羽毛球培训锻炼的顾客面对面发放纸质问卷 35 份，回收问卷 32 份，剔除无效问卷 2 份。两周后以同样的方式向人群发放纸质问卷 36 份，回收问卷 34 份，剔除无效问卷 4 份。将两次收集到的问卷数据录入到 SPSS 中运算，获得 Pearson 相关性系数为 0.69，即问卷的信度较高，满足社会学调查的要求。

表 6-2　专家对问卷效度的评价（$N=10$）

效度	非常合理	比较合理	合理	不合理	非常不合理
内容效度	3	5	1	0	0
结构效度	4	6	0	0	0
整体效度	4	6	0	0	0

3. 问卷的发放与回收

2020 年 12 月 27 日到 2021 年 1 月 4 日，以面对面的形式在宁波市镇海绿轴体育公园、杭州湾李宁体育公园、滨江体育公园、东港体育健身公园等来园锻炼的顾客随机发放纸质问卷，发放地点集中在篮球场、羽毛球馆、网球场以及停车场这四个地方。共发放问卷 230 份，回收问卷 226 份，回收率 98.26%。剔除已回收问卷中的多选、漏选和所有题目选择同一个选项的无效问卷 23 份，剩下有效问卷 203

份,有效问卷回收率为 89.82%。

(三)访谈法

在深入研究体育公园的文献资料后,寻找了 10 名长期在镇海绿轴体育公园参与体育锻炼的顾客进行访谈。男、女性顾客各 5 名,18 周岁以下男、女顾客各 1 名,18~40 岁男、女顾客各 2 名,41~65 岁男、女顾客各 2 名。访谈的主要内容是了解顾客对体育公园设施、环境、服务、体验感以及整体满意度等方面的看法,以及寻求整改体育公园现存问题的相关措施。

(四)个案研究法

以宁波市镇海绿轴体育公园为个案,通过调研并结合问卷调查,了解顾客对该体育公园的服务满意度,结合 IPA 分析法,发现体育公园的相关问题,在此基础上提出相应的解决措施,以促进体育公园的运营和发展。

(五)IPA 分析法

IPA 分析法的使用需要以问卷调查的方式,收集顾客对商品或服务的重要性及满意程度的评分,再用重要性、满意度的均值作为分割点。运用 IPA 分析法对绿轴体育公园的服务满意度进行测量,根据指标在 4 个象限中的分布判断顾客对体育公园功能体验、情感体验和社会体验的满意度。

三、研究思路

依托顾客满意度理论,以顾客体验的三维度(功能体验、情感体验、社会体验)为研究的切入点,首先构建满意度评价量表,通过实证调研方法获取数据资料,采用 IPA 分析法对体育公园进行满意度评价分析,通过顾客满意度反馈,提出相应的发展举措,并更好地推进体育公园发展和全民健身,也为其他地区体育公园的设计、建造、运营等提供现实依据。

第五节　体育公园服务满意度评价量表构建

采用 Delphi 法构建体育公园服务满意度评价量表,具体操作流程如下。

一、专家的遴选

结合实际情况,遴选了 10 名专家参与问卷的设计。如表 6-3 所示,10 名专家的男女比例为 1:1,其中教授 6 名,副教授 1 名,处长 1 名,经理 1 名。

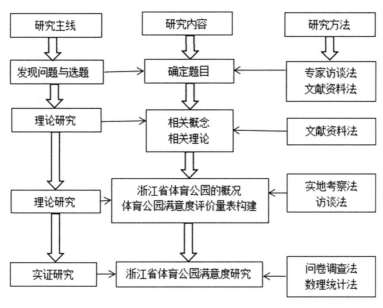

图 6-5　研究思路进展图

表 6-3　遴选专家的相关信息

序号	性别	姓氏	职称
1	男	陆 **	教授
2	女	童 **	教授
3	女	林 **	教授
4	男	杨 *	副教授
5	男	李 **	教授
6	男	杨 **	教授
7	女	陈 **	教授
8	女	胡 **	处长
9	男	计 **	主任
10	女	丁 **	经理

二、指标设置

问卷指标设计基于李建州等人[①]的顾客体验为理论框架。如表 6 - 4 所示,指标设置参照了蒋媛(2015)[②]、何潮(2015)[③]和王延婷(2015)[④]的调查问卷,经过访谈形成第一轮专家咨询问卷。第一轮专家咨询问卷包括 3 个一级指标和 35 个二级指标。

表 6 - 4   指标设置的参考问卷

作者	研究对象	问卷名称
蒋媛	上海市公共体育场馆的服务内容	上海居民对公共体育场馆提供的公共体育服务满意度研究调查问卷
何潮	游泳场馆有偿服务公众满意度测评	游泳场馆有偿服务公众满意度测评调查问卷
王延婷	运动品牌企业体育公园满意度	李宁体育园顾客体验与顾客满意度的调查表

三、指标赋值

根据以往使用 Delphi 法制定指标的研究,通常在判断专家的权威程度上,需清楚专家对指标的熟悉程度及判断依据。问卷指标的筛选采用李克特五点量表。根据专家对体育公园以及满意度研究领域的熟悉程度、判断依据及问卷指标相应的赋值,形成第二轮指标重要性程度表(见表 6 - 5)。

表 6 - 5   顾客体验指标重要性程度表

一级指标	二级指标	重要程度				
		很重要	重要	一般	较不重要	不重要
A 功能体验	A1 场馆、健身设施及设备完善					
	A2 场馆健身设施及设备质量					
	A3 场馆收费合理					
	A4 配套设施完善					

① 李建州,范秀成.三维度服务体验实证研究[J].旅游科学,2006(02):54 - 59.
② 蒋媛.上海市公共体育场馆服务的居民满意度与需求研究[D].上海:上海体育学院,2015:42 - 46.
③ 何潮.游泳场馆有偿服务公众满意度测评研究[D].湘潭:湖南科技大学,2015:85 - 87.
④ 王延婷.基于顾客体验运动品牌企业体育公园满意度研究[D].福州:福建师范大学,2015:65 - 67.

（续表）

一级指标	二级指标	重要程度				
		很重要	重要	一般	较不重要	不重要
A 功能体验	A5 配套服务完善					
	A6 体育设施、设备使用说明详细					
	A7 场馆开放时间便利性					
	A8 运动环境的卫生状况					
	A9 运动环境的舒适程度					
	A10 健身培训课程的开设					
	A11 体育文化氛围浓郁					
	A12 专业的运动指导					
	A13 园区景观的生态性					
	A14 休闲娱乐设施的完善					
	A15 园区周边交通的便捷					
	A16 园区提供的优质服务					
	A17 停车场的车位充足					
B 情感体验	B1 在园区内体育锻炼体验到成就感					
	B2 在园区内体育锻炼体验到减压感					
	B3 在园区内体育锻炼体验到幸福感					
	B4 在园区内体育锻炼体验到安全感					
	B5 在园区内体育锻炼体验到舒适感					
C 社会体验	C1 在园区内体育锻炼体验到被尊重感					
	C2 在园区内体育锻炼体验到认同感					
	C3 在园区内体育锻炼体验到社会归属感					
	C4 在园区内锻炼能与他人建立社会联系					

四、指标筛选

筛选指标时，对指标重要性得分＞3.5，变异系数＜0.25，满分比＞0.2，同时满足以上 3 项的予以保留[①]。在第一轮专家咨询后,按照以上的条件筛选指标。根据专家提出的意见,调整指标,形成第二轮咨询问卷。在第二轮专家咨询后,按照同样的方法筛选指标,最终形成正式评价量表问卷(见表 6-6)。

表 6-6 顾客体验的重要度、满足度量表

指标		重要程度					满意程度				
一级指标	二级指标	非常重要	重要	一般	不重要	非常不重要	非常满意	满意	一般	不满意	非常不满意
功能体验	场馆、健身设施及设备完善										
	场馆健身设施及设备质量										
	园区及场馆收费合理										
	配套设施完善										
	体育设施、设备使用说明详细										
	园区及场馆开放时间的便利性										
	运动环境的卫生状况										
	运动环境的舒适程度										
	专业的运动指导										
	休闲娱乐设施的完善										
	园区周边交通的便捷										
	停车场的车位充足										
情感体验	在园区内体育锻炼体验到成就感										
	在园区内体育锻炼体验到减压感										
	在园区内体育锻炼体验到安全感										
	在园区内体育锻炼体验到舒适感										
社会体验	在园区内体育锻炼体验到被尊重感										
	在园区内体育锻炼体验到认同感										
	在园区内体育锻炼体验到社会归属感										
	在园区内锻炼能与他人建立社会联系										

---

① 苏婷,唐万珍.德尔菲法构建护理硕士专业学位研究生临床培养目标体系的研究[J].中国医药导报,2018,15(25):173-177.

五、数据处理

(一)积极系数与权威程度

问卷回收率和意见提出率可表示专家的积极系数,积极系数越高代表专家对研究的关注越高[1]。如表 6 - 7 所示,两轮咨询的问卷回收率皆为 100%,高于 50%,意见的提出率也较高。权威系数反映了权威程度,即(熟悉程度+影响程度)/2,通常权威系数≥0.7 被认为有意义[2]。如表 6 - 8 所示,在两轮专家咨询中,权威系数皆大于 0.7。

表 6 - 7　积极系数汇总表

轮数	问卷发放数	问卷回收数	问卷回收率	意见提出人数	意见提出率
第一轮	10	10	100%	7	70%
第二轮	10	10	100%	6	60%

表 6 - 8　权威系数汇总表

轮数	熟悉程度均值	影响程度均值	权威系数
第一轮	0.920	0.890	0.905
第二轮	0.900	0.880	0.890

(二)集中程度与变异系数

在第一轮专家咨询后,服务满意度的测量指标由 35 个调整为 26 个;在第二轮专家咨询后,指标由 26 个调整为 20 个。如表 6 - 9 所示,两轮专家咨询中各维度得分均高于 3.5,变异系数皆低于 0.3,即专家意见的集中程度、一致性较好。总体看来,专家对问卷的认同度较好。

表 6 - 9　两轮专家咨询的集中程度与变异系数

测量变量	第一轮		第二轮	
	得分	变异系数	得分	变异系数
功能体验	4.13±0.72	0.18	4.09±0.76	0.21

①　邢秋萍.南昌三甲综合医院临床在婚护理人员二孩生育意愿及影响因素分析[D].南昌:南昌大学,2017:15.
②　唐小璐.护理硕士专业学位研究生临床能力评价指标体系的构建[D].重庆:重庆医科大学,2015:25.

（续表）

测量变量	第一轮		第二轮	
	得分	变异系数	得分	变异系数
情感体验	4.15±0.77	0.19	4.20±0.77	0.19
社会体验	3.76±0.89	0.24	4.10±0.88	0.21

（三）Kendall 协调系数

Kendall 协调系数和渐进显著性(P 值)能够反映专家咨询意见的一致性程度。通常 Kendall 协调系数在 $0 \sim 1$，越接近于 1，则专家咨询意见的一致性程度越高，渐进显著性应有差异($P < 0.05$)才具有统计学意义[①]。如表 6 - 10 所示，两轮专家咨询的 $P = 0.000 < 0.05$，第二轮 Kendall 协调系数高于第一轮。

表 6 - 10　两轮专家咨询的 Kendall 系数

轮数	Kendall 协调系数	渐进显著性
第一轮	0.259	0.000
第二轮	0.389	0.000

六、体育公园服务满意度评价量表构建结果

（一）删除指标

根据第一轮专家咨询的结果，按照指标筛选的条件，在 A 功能体验维度中，有 6 项指标不符合筛选条件；在 B 情感体验维度中，有 1 项指标不符合筛选条件；在 C 社会体验维度中，有 4 项指标不符合筛选条件；故删除以上指标。根据第二轮专家咨询结果，按照指标筛选的条件，在 A 功能体验维度中，有 5 项指标不符合筛选条件；在 B 情感体验维度中，有 1 项指标不符合筛选条件；故删除以上指标，如表 6 - 11 所示。

---

① 王蕾.国际医疗质量指标与国内医疗质量关键指标的对比研究[D].石河子：石河子大学，2015：14.

表 6 - 11　删除指标汇总表

咨询轮数	维度	删除的指标	删除的指标数量
第一轮	A 功能体验	赛事活动的组织、开展	6 项
		健身培训课程的收费	
		园区景色的优美程度	
		休闲娱乐活动的开展频率	
		休闲娱乐场所的收费	
		休闲娱乐的氛围	
	B 情感体验	在园区内体育锻炼体验到自豪感	1 项
	C 社会体验	在园区内锻炼体现人生观	4 项
		在园区内锻炼体现价值观	
		在园区内锻炼体现消费观	
		在园区内锻炼定位社会身份	
第二轮	A 功能体验	配套服务的完善	5 项
		健身培训课程的开设	
		体育文化氛围浓郁	
		园区景观的生态性	
		园区提供的优质服务	
	B 情感体验	在园区内体育锻炼体验到幸福感	1 项

（二）修改指标

第一轮专家咨询中,结合专家的建议,将功能体验维度的 4 项指标和社会体验的 1 项指标进行了修改。第二轮专家咨询中,对功能体验维度中的 2 项指标进行了修改,具体修改情况见表 6 - 12。

表 6 - 12　修改指标汇总表

咨询轮数	维度	修改前的指标	修改后的指标
第一轮	A 功能体验	场馆、设施及设备的完善	场馆、健身设施及设备完善
		场馆、设施及设备质量	场馆健身设施及设备质量
		场馆的合理收费	场馆收费合理
		浓郁的运动氛围	体育文化氛围浓郁
	C 社会体验	在园区内锻炼有获得尊重感	在园区内锻炼体验到被尊重感

（续表）

咨询轮数	维度	修改前的指标	修改后的指标
第二轮	A 功能体验	场馆收费合理	园区及场馆收费合理
		场馆开放时间便利性	园区及场馆开放时间的便利性

（三）增加指标

通过两轮专家咨询，仅在第一轮专家咨询中，就有 2 名专家建议在功能体验维度中增加"设施设备使用说明详细"和"配套服务的完善"两个指标。

第六节　浙江省部分体育公园运营

一、体育公园运营模式

谭建湘等将目前国内体育场馆运营模式分为 5 类：传统事业型、事业单位企业化管理、事业企业双轨制、委托经营和企业化运营[①]。通过资料查找，我国体育公园的运营模式大致分传统事业型、委托运营、企业化运营和事业、企业合作运行这 4 类。传统事业型运营模式是指政府或事业单位投资、建设并在后期继续运营体育公园。委托运营模式是政府、事业单位将体育公园经营权委托给专业化的企业、社会组织运营。企业化运营指由企业或社会组织投资、建造并按照企业的运作模式运营体育公园。事业、企业合作运营模式是指事业单位和民营企业相互协作，在双方约定的责任范围内共同运营体育公园。

根据互联网的查找及实地调查，共计 18 家体育公园单位，如表 6 - 13 所示，浙江省体育公园主要采用的运营模式为传统事业型、委托运营和企业化运营，最常用的是委托运营方式。

表 6 - 13　浙江省部分体育公园运营模式统计

地区	体育公园名称	传统事业型	委托运营	企业化运营
杭州市	杭州城北体育公园		√	
	钱江世纪城体育公园		√	
	东联体育公园			√
	郑武体育公园			√

---

① 谭建湘.我国公共体育场馆企业化改革的基本特征与制度设想[J].天津体育学院学报,2007(06):480 - 482.

（续表）

地区	体育公园名称	传统事业型	委托运营	企业化运营
宁波市	镇海绿轴体育公园		√	
	潘火体育公园			√
	滨江体育公园		√	
	西大河体育公园	√		
	凤山体育公园		√	
	反弹工厂蹦床体育公园			√
	杭州湾李宁体育公园		√	
温州市	绿茵·杜克体育公园			√
	七都体育公园		√	
嘉兴市	中央体育公园		√	
	学林体育公园		√	
绍兴市	上虞滨江体育公园	√		
金华市	有家空中体育公园			√
舟山市	普陀东港体育健身公园	√		
台州市	白云山体育公园	√		

二、体育公园运营服务功能

体育工作作为全民健身主要场馆,多业态组合,多数体育公园多种类运营模式提供多功能服务,主要体现在以下几个方面:体育服务功能、休闲观光服务功能、公益性赛事活动服务功能和商业餐饮服务功能。以实地走访调查的国家体育公园示范区——镇海绿轴体育公园为例阐述。

（一）体育服务功能

"生态环保、全季全民"是绿轴体育公园的设计主题,体育综合场馆约0.7万平方米,四个场馆分别为羽毛球场6片,篮球场1片,乒乓球场9片、网球场1片。室外球场处介绍;室外球场约0.96万方,五个运动场地分别为五人制足球场2片,网球场3片、篮球场8片、门球场2片、极限运动场1片,每个场地前分别设有运动景观雕塑,儿童游乐区有2片室外儿童游乐区,分别为海盗船大型滑梯1处、小型滑梯2处、拓展场地1处、沙池1片(172方),为确保游客及小朋友游玩的安全性。园区能够满足不同年龄人群的全季、全天候运动健身需求。在体育公园的西区,公众可进行自行车、轮滑和跑步等运动。除了能提供场馆、场地这些硬件设施之外,该体育公园还能够提供体育竞赛、体育培训、体育教育和场馆（地）租赁等方面的体育综合服务。

（二）休闲观光服务功能

绿轴体育公园拥有绿化面积约 58 800 平方米，植被覆盖率较高，园区内外水系发达，占地约 27 143 平方米。体育公园有专业的园艺工人对植被进行种植、修整和更换等，保证了园区优美的生态环境。园内铺设塑胶跑道长 1 050 米，健身步道环绕整个体育公园，内外水系约 2.7 万立方米，栏杆 4 900 米，为公众提供了休闲观光服务。园区每周接待约 2 万人次。

（三）赛事及活动服务功能

绿轴体育公园常年举办各类赛事和活动，还承办各类民间健身活动，如健步走、老年运动会、乐跑、篮球赛、足球赛和红十字会模拟应急救援宣讲等。举办赛事和各类活动，主要体现公益性，服务周边居民为主。2017 年举办各类赛事和活动共 51 场，2018 年举办各类赛事和活动共 67 场。2019 年在镇海绿轴体育公园综合体成功免费举办的活动就有疯跑团活动、三八妇女节活动、垃圾分类宣传、第三届睦邻友好文化节活动、宁波市诗歌朗诵会、光大跑团、轮滑比赛、八一篮球赛、跳蚤市场、农林局农副产品展销会等近 50 项的公益活动，其他各类赛事和活动共 30 余项，共计 84 场赛事和活动。

（四）商业餐饮服务功能

综合性体育公园附属配套设施俱全，镇海绿轴体育公园内设绿轴驿站，经营餐饮、奶茶、咖啡、水果等零售，并提供桌椅沙发等休闲区域。

（五）配套服务设施功能

机动车停车位 320 个，极限运动区服务房占地面积 463 平方米，公厕 175 平方米，硬质铺装面积约 29 507 平方米。为便利顾客参加体育锻炼，建有更衣室 2 处，VIP 室 1 间。

集大众强身健体、教育训练、休闲娱乐、观光旅游于一体的拥有较好生态环境的开放式公园，是典型以"公园＋体育"为特点的辐射于周边居民的公园，也是有别于传统公园和体育场馆的公园。该体育公园与城市公园相比，有更充足的体育运动场地，更丰富的体育元素，更多的体育锻炼人群；与传统体育场、体育中心相比，有更优美、舒适的锻炼环境，为来园顾客提供更好健身体验感。

第七节　来园顾客情况分析

一、顾客的基本信息

如表 6 - 14 所示，在受调查顾客中，男性顾客占 37.93％，女性顾客占 62.07％；

顾客的年龄集中在 18～40 周岁,占总调查顾客数的 81.28%,说明在体育公园内参与锻炼的顾客年龄结构呈现年轻化;顾客的学历以本科和大专居多,说明顾客的受教育程度较高;在顾客的职业方面,商业、服务业人员最多,其次是专业技术人员;有 23.15% 的顾客月均收入为 4 001～6 000 元,有 20.20% 的顾客月均收入为 6 001～8 000 元。从描述性统计分析来看,此次调查的样本结构较为合理。

表 6‐14　基本信息的描述性统计结果

类别	选项	人数	占比
性别	男	77	37.93%
	女	126	62.07%
年龄	18～40 周岁	165	81.28%
	41～65 周岁	18	8.87%
	18 周岁以下	14	6.90%
	66 周岁以上	6	2.96%
学历	本科	84	41.38%
	大专	49	24.14%
	初中及以下	32	15.76%
	高中及中专	24	11.82%
	硕士研究生及以上	14	6.90%
职业	商业、服务业人员	43	21.18%
	专业技术人员	38	18.72%
	不便分类的其他从业人员	35	17.24%
	国家机关、党群组织、企业、事业单位负责人	30	14.78%
	办事人员和有关人员	23	11.33%
	学生	17	8.37%
	生产、运输设备操作人员及有关人员	9	4.43%
	农、林、牧、渔、水利业生产人员	6	2.96%
	军人	2	0.99%

（续表）

类别	选项	人数	占比
月均 收入	4 001～6 000 元	47	23.15%
	6 001～8 000 元	41	20.20%
	10 001～15 000 元	30	14.78%
	2 000 元以下	27	13.30%
	8 001～10 000 元	22	10.84%
	2 001～4 000 元	18	8.87%
	20 000 元以上	10	4.93%
	15 001～20 000 元	8	3.94%

二、顾客的锻炼情况

如图 6-6 所示,在受调查的顾客中,有 42.86% 的顾客每次锻炼 30～60 分钟,仅有 11.33% 的顾客每次锻炼 90 分钟以上,说明顾客们更加倾向于参与短时间和中等时间的锻炼。

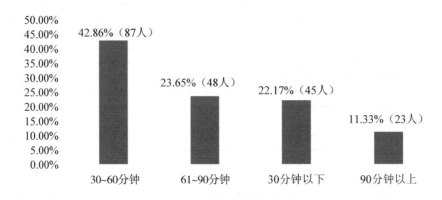

图 6-6　顾客来园锻炼的时长

如图 6-7 所示,有 74.88% 的顾客每周来园锻炼 1～2 次,仅有不到 1% 的顾客每周来园锻炼 7 次及以上。20～40 周岁的顾客占受调查总人数的 81.28%,所以锻炼次数可能受到顾客年龄结构和双休日闲暇时间的影响。

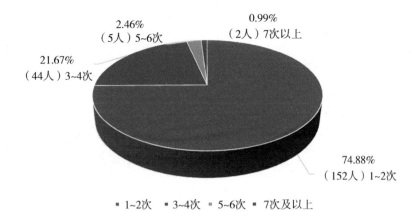

图 6 - 7　每周来园锻炼的次数

如图 6 - 8 所示,14:01—18:00 参与锻炼的顾客比例为 37.44%,05:00—09:00
参与锻炼的顾客比例仅为 4.93%。根据以上数据可得出,顾客参与锻炼的时间段
通常集中在下午,因此体育公园一般在下午的客流量较大。

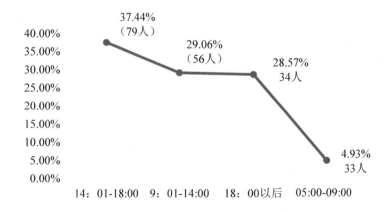

图 6 - 8　顾客来园锻炼的时间段

如图 6 - 9 所示,顾客来园需耗费的时间在 15 分钟以内的占比为 39.11%,在
15~30 分钟的占比为 27.72%,这说明在绿轴体育公园内参与锻炼的顾客有多数
居住、工作在体育公园附近。

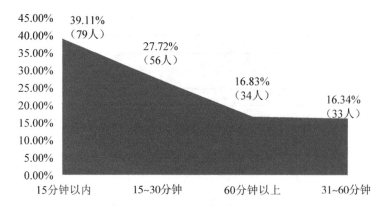

图 6 - 9　顾客来园需耗费的时间

三、顾客体验三维度的相关性分析

对人口学(年龄、学历、月均收入)变量和顾客体验的三个维度进行了相关性分析。如表 6 - 15 所示,年龄与功能体验的相关系数为 -0.293,呈现显著的负相关关系,即年龄越大对功能体验的满意度就越低。主要原因可能是:年龄越大的顾客越倾向于自主锻炼,对专业的运动指导需求更大。而除门球场之外,绿轴体育公园可供老年顾客使用的健身场馆、设施少,社会体育指导员的配备数量不足以满足老年顾客的需求。

学历与月均收入的相关系数为 0.560,呈显著正相关关系。说明学历越高,收入越高。学历越高的顾客在学习能力、专业素养和技能等方面可能更强,因此更能且更有机会从事高收入工作。

功能体验满意度与情感体验满意度的相关系数为 0.610,呈显著正相关关系。当顾客对体育公园功能体验的满意度评价高,就会影响顾客的感受,如体验到更多的舒适感、安全感、减压感和成就感,因此顾客对情感体验的满意度就随之升高。

功能体验满意度与社会体验满意度的相关系数为 0.533,呈显著正相关关系。当顾客对体育公园功能体验的满意度评价高,说明体育公园能够让顾客在园区内体验到被尊重感、认同感、社会归属感和能与他人建立社会联系,因此顾客对社会体验的满意度随着功能体验满意度的升高而升高。

情感体验与社会体验的相关系数为 0.774,呈显著正相关关系,即情感体验的满意度越高,社会体验的满意度就越高。剩下的一些变量可能受到样本量大小或其他方面的影响,从而呈现出无相关性。

表 6 - 15　变量间的 Pearson 相关分析表

变量		年龄	学历	月均收入	功能体验	情感体验
年龄	Pearson					
	显著性					
学历	Pearson	0.057				
	显著性	0.423				
月均收入	Pearson	0.127	0.560 **			
	显著性	0.071	0.000			
功能体验	Pearson	−0.293 **	0.052	0.011		
	显著性	0.000	0.462	0.874		
情感体验	Pearson	0.012	−0.059	−0.041	0.610 **	
	显著性	0.863	0.402	0.564	0.000	
社会体验	Pearson	0.052	−0.092	−0.038	0.533 **	0.774 **
	显著性	0.461	0.194	0.592	0.000	0.000

注：** ,表示 $P<0.01$,非常显著相关。

第八节　顾客服务满意度的变量差异分析

一、不同性别顾客服务满意度的差异性分析

对不同性别顾客服务满意度的差异进行分析,如图 6 - 10 所示,在功能体验维度,男性的满意度略低于女性;在情感体验维度,男性和女性的满意度均值相等,都为 4.046;在社会体验维度,男性的满意度略高于女性;总体上男性和女性对三个维度的满意度几乎相等。对性别与顾客体验的三个维度进行独立样本 T 检验。如表 6 - 16 所示,在 Levene 检验中,功能体验维度的 $P=0.044<0.05$,故应拒绝虚无假设。情感体验维度的 $P=0.991>0.05$,社会体验维度的 $P=0.475>0.05$,故应接受虚无假设。

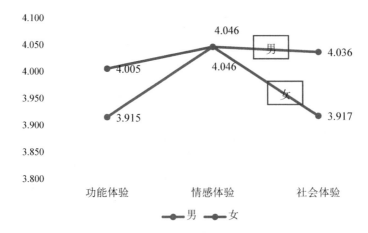

图 6-10 不同性别顾客服务满意度的差异比较

表 6-16 不同性别顾客服务满意度的独立样本 T 检验表

维度		方差方程的 Levene 检验		均值方程的 T 检验	
		F	Sig.	t	Sig.（双侧）
功能体验	假设方差相等	4.095	0.044	−1.211	0.227
	假设方差不相等			−1.158	0.249
情感体验	假设方差相等	0.000	0.991	−0.002	0.998
	假设方差不相等			−0.002	0.998
社会体验	假设方差相等	0.513	0.475	1.343	0.181
	假设方差不相等			1.315	0.191

在均值方程 T 检验中，功能体验维度的 $P=0.249>0.05$，情感体验维度的 $P=0.998>0.05$，社会体验维度的 $P=0.181>0.05$，综合图 6-10 来看，男性和女性对功能体验、情感体验和社会体验三个维度的满意度无显著性差异。

二、不同年龄顾客服务满意度的差异性分析

对不同年龄的顾客和顾客体验三个维度进行了描述性统计，如图 6-11 所示，在功能体验维度，不同年龄顾客服务满意度均值在 3.472~4.232；在情感体验维度，不同年龄顾客的服务满意度均值在 4.011~4.333；在社会体验维度，不同年龄顾客的服务满意度均值在 3.921~4.143。18 周岁以下的顾客对三个维度的服务满意度都较高；18~40 周岁的顾客在情感体验和社会体验维度的服务满意度均低于其他年龄阶段；65 周岁以上的顾客在功能体验维度的服务满意度低于其他年龄

阶段。

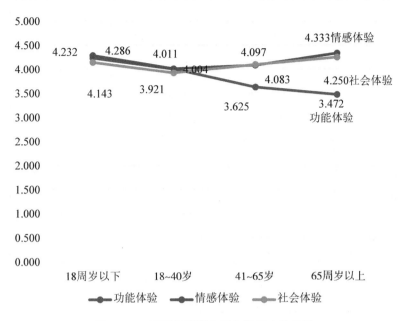

图 6-11　不同年龄顾客服务满意度的差异

经过方差同质性检验,如表 6-17 所示,在顾客体验的三维度上,显著性均高于 0.05,故应接受虚无假设。

表 6-17　不同年龄顾客服务满意度的方差同质性检验表PH

维度	Levene 统计量	df_1	df_2	显著性
功能体验	2.446	3	199	0.065
情感体验	2.384	3	199	0.071
社会体验	0.371	3	199	0.774

根据方差分析表 6-18,功能体验维度的 F 检验的 $P=0.000<0.05$,故应拒绝虚无假设,接受对立假设,需进行事后比较。情感体验和社会体验两个维度的 F 检验的 P 值均大于 0.05,故应接受虚无假设,不必进行事后比较。

表 6-18　不同年龄顾客服务满意度的单因素方差分析表

维度		平方和	df	均方	F	显著性
功能体验	组间	4.782	3	1.594	6.496	0.000
	组内	48.832	199	0.245		
情感体验	组间	1.532	3	0.511	1.419	0.238
	组内	71.609	199	0.360		
社会体验	组间	1.559	3	0.520	1.387	0.248
	组内	74.582	199	0.375		

　　为进一步了解不同年龄顾客在功能体验满意度上的差异,采用 LSD 多重比较法进行数据分析,如表 6-19 所示,18 周岁以下与 41～65 周岁、65 周岁以上的顾客存在显著性差异;18 周岁以下与 18～40 周岁的顾客不存在显著性差异;18～40 周岁与 41～65 周岁、65 周岁以上的顾客存在显著性差异;41～65 周岁与 65 周岁以上的顾客不存在显著性差异。根据访谈,主要原因可能是 40 周岁以下的顾客年龄较为年轻,大多参与的是强度较高的剧烈运动项目,如篮球、足球和轮滑等,绿轴体育公园能为其提供多元化的场地选择;且绿轴体育公园开设了包括足球、篮球、网球、轮滑和羽毛球等体育培训课程,可为参与培训的顾客提供专业的运动指导,而参与培训的顾客主要是 18 周岁以下的青少年;加之 18～40 周岁的顾客中多数都有稳定的收入,因此有经济能力支付园区的各种费用。40 周岁以上的顾客更多倾向于自我锻炼,对整个园区的环境和卫生状况要求更高,对社会体育指导员的需求更大,加之场馆实行网上预约和电话预约制度,可能出现顾客不懂如何预约或不便预约的情况,以上的情况都可能影响顾客的满意度。

表 6-19　不同年龄与功能体验的多重比较分析表

因变量	(I) 年龄	(J) 年龄	均值差 (I-J)	标准误	显著性
功能体验	18 周岁以下	41～65 周岁	0.60714 *	0.17652	0.001
		65 周岁以上	0.75992 *	0.24171	0.002
	18～40 周岁	41～65 周岁	0.37904 *	0.12296	0.002
		65 周岁以上	0.53182 *	0.20588	0.011
	41～65 周岁	18 周岁以下	−0.60714 *	0.17652	0.001
		18～40 周岁	−0.37904 *	0.12296	0.002
	65 周岁以上	18 周岁以下	−0.75992 *	0.24171	0.002
		18～40 周岁	−0.53182 *	0.20588	0.011

三、不同学历顾客服务满意度的差异性分析

对不同学历顾客的服务满意度进行了描述性统计。如图 6‐12 所示,不同学历顾客对顾客体验三维度的服务满意度均值皆在 4 上下浮动。

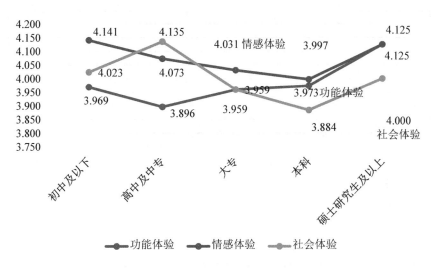

图 6‐12 不同学历顾客服务满意度的差异

以学历为自变量,对所得数据进行单因素方差分析。如表 6‐20 所示,经过方差同质性检验,在顾客体验的三维度上,方差同质性检验的显著性均高于 0.05,即未达到显著水平,故应接受虚无假设。

表 6‐20 不同学历顾客服务满意度的方差同质性检验表

维度	Levene 统计量	df_1	df_2	显著性
功能体验	1.807	4	198	0.129
情感体验	1.232	4	198	0.299
社会体验	1.692	4	198	0.153

根据方差分析摘要表 6‐21,顾客体验三个维度的 F 检验的 P 值均大于 0.05,故应接受虚无假设,不必进行事后比较,即不同学历的顾客在三个维度上的满意度评价无显著性差异。

表 6 - 21　不同学历顾客服务满意度的单因素方差分析表

维度		平方和	df	均方	F	显著性
功能体验	组间	0.475	4	0.119	0.442	0.778
	组内	53.139	198	0.268		
情感体验	组间	0.604	4	0.151	0.412	0.800
	组内	72.537	198	0.366		
社会体验	组间	1.375	4	0.344	0.91	0.459
	组内	74.766	198	0.378		

四、不同职业顾客服务满意度的差异性分析

对不同职业顾客的服务满意度进行了描述性统计。如表 6 - 22 所示,不同职业的顾客在功能体验维度的满意度均值上差异较大;情感体验维度的满意度均值在 4 左右,社会体验维度的满意度均值差异较大。

表 6 - 22　不同职业顾客服务满意度的差异表

维度	职业	N	均值	标准差
功能体验	国家机关、党群组织、企业、事业单位负责人	30	3.989	0.487
	专业技术人员	38	3.871	0.503
	办事人员和有关人员	23	4.094	0.509
	商业、服务业人员	43	4.052	0.435
	农、林、牧、渔、水利业生产人员	6	3.861	0.838
	生产、运输设备操作人员及有关人员	9	3.500	0.400
	军人	2	3.458	0.412
	学生	17	4.230	0.645
	不便分类的其他从业人员	35	3.924	0.462

（续表）

维度	职业	N	均值	标准差
情感体验	国家机关、党群组织、企业、事业单位负责人	30	4.033	0.656
	专业技术人员	38	3.947	0.602
	办事人员和有关人员	23	4.109	0.578
	商业、服务业人员	43	4.116	0.606
	农、林、牧、渔、水利业生产人员	6	4.208	0.679
	生产、运输设备操作人员及有关人员	9	3.861	0.486
	军人	2	3.875	0.530
	学生	17	4.221	0.780
	不便分类的其他从业人员	35	3.979	0.498
社会体验	国家机关、党群组织、企业、事业单位负责人	30	4.017	0.565
	专业技术人员	38	3.895	0.677
	办事人员和有关人员	23	3.924	0.614
	商业、服务业人员	43	3.959	0.592
	农、林、牧、渔、水利业生产人员	6	4.083	0.585
	生产、运输设备操作人员及有关人员	9	3.944	0.512
	军人	2	3.250	0.000
	学生	17	4.074	0.749
	不便分类的其他从业人员	35	3.986	0.606

　　经过方差同质性检验，如表 6-23 所示。在顾客体验的三维度上，方差同质性检验的显著性均高于 0.05，即未达到显著水平，故应接受虚无假设。

表 6-23　不同职业顾客服务满意度的方差同质性检验表

维度	Levene 统计量	df_1	df_2	显著性
功能体验	1.549	8	194	0.143
情感体验	1.127	8	194	0.347
社会体验	1.213	8	194	0.293

　　根据方差分析表 6-24，功能体验维度的 F 检验的 $P=0.017<0.05$，故应拒绝虚无假设，接受对立假设，需进行事后比较。情感体验和社会体验两个维度的 F 检验的 P 值均大于 0.05，应接受虚无假设，不必进行事后比较。

表 6 - 24　不同职业顾客服务满意度的单因素方差分析表

维度		平方和	*df*	均方	F	显著性
功能体验	组间	4.842	8	0.605	2.408	0.017
	组内	48.772	194	0.251		
情感体验	组间	1.879	8	0.235	0.639	0.744
	组内	71.262	194	0.367		
社会体验	组间	1.631	8	0.204	0.531	0.832
	组内	74.51	194	0.384		

为进一步了解不同职业顾客对功能体验满意度的差异,采用 LSD 多重比较法进行数据分析。如表 6 - 25 所示,生产、运输设备操作人员及有关人员分别与国家机关、党群组织、企业、事业单位负责人,专业技术人员,办事人员和有关人员,商业、服务业人员,学生,不便分类的其他从业人员存在显著性差异;学生与专业技术人员、军人、不便分类的其他从业人员存在显著性差异。

表 6 - 25　不同职业对功能体验维度满意度的 LSD 多重比较表

(I) 职业	(J) 职业	均值差 (I-J)	显著性
国家机关、党群组织、企业、事业单位负责人	生产、运输设备操作人员及有关人员	0.48889 *	0.011
专业技术人员	生产、运输设备操作人员及有关人员	0.37061 *	0.048
	学生	−0.35978 *	0.015
办事人员和有关人员	生产、运输设备操作人员及有关人员	0.59420 *	0.003
商业、服务业人员	生产、运输设备操作人员及有关人员	0.55233 *	0.003
生产、运输设备操作人员及有关人员	国家机关、党群组织、企业、事业单位负责人	−0.48889 *	0.011
	专业技术人员	−0.37061 *	0.048
	办事人员和有关人员	−0.59420 *	0.003
	商业、服务业人员	−0.55233 *	0.003
	学生	−0.73039 *	0.001
	不便分类的其他从业人员	−0.42381 *	0.025
军人	学生	−0.77206 *	0.041

（续表）

（I）职业	（J）职业	均值差（I-J）	显著性
学生	专业技术人员	0.35978 *	0.015
	生产、运输设备操作人员及有关人员	0.73039 *	0.001
	军人	0.77206 *	0.041
	不便分类的其他从业人员	0.30658 *	0.040
不便分类的其他从业人员	生产、运输设备操作人员及有关人员	0.42381 *	0.025
	学生	−0.30658 *	0.040

五、不同收入顾客服务满意度的差异性分析

对不同收入顾客的服务满意度进行了描述性统计。如图 6 - 13 所示，不同收入的顾客对顾客体验三维度的满意度均值皆在 4 上下浮动。

经过方差同质性检验，如表 6 - 26 所示，在功能体验维度，方差同质性检验的显著性均高于 0.05，即未达到显著水平，故应接受虚无假设。在情感体验和社会体验维度，方差同质性检验的显著性均低于 0.05，即已达到显著水平，故应拒绝虚无假设，采用 Tamhane's T2(M) 进行事后比较。

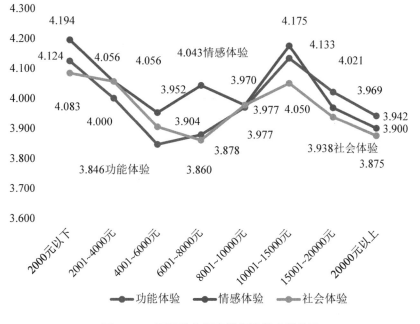

图 6 - 13　不同收入顾客服务满意度的差异

表 6‑26　不同收入顾客服务满意度的方差同质性检验

维度	Levene 统计量	df_1	df_2	显著性
功能体验	1.227	7	195	0.289
情感体验	2.202	7	195	0.036
社会体验	2.106	7	195	0.045

根据方差分析摘要表 6‑27,功能体验维度的 F 检验的 $P=0.210>0.05$,故应接受虚无假设,拒绝对立假设,不必进行事后比较。

表 6‑27　不同收入顾客服务满意度的单因素方差分析表

维度		平方和	df	均方	F	显著性
功能体验	组间	2.553	7	0.365	1.393	0.210
	组内	51.061	195	0.262		
情感体验	组间	1.875	7	0.268	0.733	0.644
	组内	71.266	195	0.365		
社会体验	组间	1.458	7	0.208	0.544	0.800
	组内	74.683	195	0.383		

第九节　体育公园的服务满意度分析

一、顾客体验三维度的重要性、满意度得分情况

为了解顾客对功能体验、情感体验和社会体验的重要性、满意度情况,对问卷中的所有题项进行了描述性统计分析。如表 6‑28 所示,在重要性上,功能体验、情感体验和社会体验三个维度的重要性均值皆大于 4,即顾客认为这三个维度都重要。重要性程度的排序为:功能体验>情感体验>社会体验。在满意度上,顾客对功能体验和社会体验的满意度都接近 4,对情感体验的满意度大于 4,说明顾客对体育公园都感到满意。满意度的排序为:情感体验>功能体验>社会体验。

表 6 - 28　顾客体验的重要性与满意程度统计分析

维度	N	极小值	极大值	均值	标准差
功能体验重要性	203	2.920	5.000	4.309	0.500
情感体验重要性	203	2.000	5.000	4.214	0.621
社会体验重要性	203	2.000	5.000	4.086	0.727
功能体验满意度	203	2.830	5.000	3.970	0.515
情感体验满意度	203	2.500	5.000	4.046	0.602
社会体验满意度	203	2.500	5.000	3.962	0.614

二、基于 IPA 分析法的体育公园服务满意度分析

使用 SPSS19.0 对每个指标做重要性和满意程度的描述性统计,如表 6 - 29 所示,重要性的总体均值为 4.245,顾客体验三个维度的满意度总体均值为 3.984,将重要性和满意度的总体平均值作为中心点进行划分。根据表 6 - 28 中的数据,绘制出图 6 - 14,对图中的四个象限分区进行分析。

表 6 - 29　重要性与满意程度的均值及其总体均值表

维度	指标	重要性均值	满意度均值
功能体验	1. 场馆、健身设施及设备完善	4.369	3.911
	2. 场馆、健身设施及设备的质量	4.498	4.172
	3. 园区及场馆收费合理	3.995	4.005
	4. 配套设施完善	4.350	3.887
	5. 设施设备使用说明详细	4.158	3.729
	6. 园区及场馆开放时间的便利性	4.493	4.271
	7. 运动环境的卫生状况	4.586	4.187
	8. 运动环境的舒适程度	4.488	4.123
	9. 专业的运动指导	3.901	3.542
	10. 休闲娱乐设施的完善	4.207	3.887
	11. 园区周边交通的便捷	4.266	3.931
	12. 停车场的车位充足	4.394	4.000

（续表）

维度	指标	重要性均值	满意度均值
情感体验	13. 在园区内体育锻炼体验到成就感	3.970	3.911
	14. 在园区内体育锻炼体验到减压感	4.202	4.049
	15. 在园区内体育锻炼体验到安全感	4.320	4.133
	16. 在园区内体育锻炼体验到舒适感	4.365	4.089
社会体验	17. 在园区内体育锻炼体验到被尊重感	4.123	4.044
	18. 在园区内体育锻炼体验到认同感	4.064	3.990
	19. 在园区内体育锻炼体验到社会归属感	4.099	3.901
	20. 在园区内锻炼能与他人建立社会联系	4.059	3.911

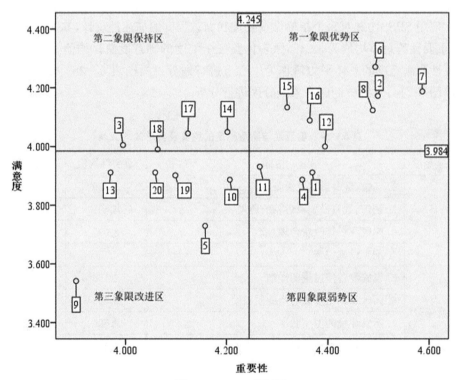

图 6 - 14　IPA 分析图

（一）第一象限——优势区

如表 6-30 所示，位居第一象限优势区中的指标共有 7 项，集中在功能体验和情感体验两个维度，顾客认为这 7 项指标重要性高且满意度高。通过对绿轴体育公园、滨江体育公园进行实地调研和考察，两体育公园采用委托运营模式，绿轴体育公园由万科物业进行日常管理,又由万科引进宁波沃客体育文化传播有限公司进行专业化运作;滨江体育公园由宁波市江北区体育局与中体城(宁波)运营管理有限公司合作,委托其运营管理,中体产业作为全国专业运营体育公司,有成熟的管理团队和经验,更加注重顾客的感受和需求。

表 6–30　第一象限优势区中的指标和所在的维度

象限	指标	顾客体验维度
第一象限优势区	2. 场馆、健身设施及设备的质量	功能体验
	6. 园区及场馆开放时间的便利性	
	7. 运动环境的卫生状况	
	8. 运动环境的舒适程度	
	12. 停车场的车位充足	
	15. 在园区内体育锻炼体验到安全感	情感体验
	16. 在园区内体育锻炼体验到舒适感	

　　功能体验维度:体育公园作为一项以体育健身为重要元素,集生态、民生、休闲、健身于一体的工程,其规模体量大小不一,总投资庞大,最终呈现为地方一大景观。设计与建造都经政府层层把关,经过实地考察,体育公园场馆、设施和相关设备的质量都很好,且有专人负责日常的维护与检修。园区 24 小时全天候开放,场馆根据运动项目的不同,开放时间各不相同,但时间段主要集中在 08:00—22:00,方便顾客在不同时间段进行锻炼和休闲娱乐。无论是园区周边、园区内还是场馆内,都有专人负责清洁卫生,特别是在周末节假日,清洁人员保证全天候流动性清扫,保持园区周边、园区内和场馆内良好的卫生状况。

　　针对绿轴体育公园、滨江体育公园等实地调研和对来园者的访谈,体育公园绿植面积都很高,达到国家对体育公园的绿植标准"体育公园绿化用地占公园陆地面积的比例不得低于 65%"①的要求。景观优美,观赏水域宽阔,四处可见体育运动宣传标语,各种培训、竞赛有序开展,都为顾客提供了一个舒适的运动环境。同时公园停车位充足,方便机动车和非机动车停放,给来园锻炼的顾客提供了便利。

　　情感体验维度:园区的监控设备覆盖面广,安保人员全天候进行流动性巡逻;加之场馆、设施质量良好,还配备有专业的应急设施设备及人员,这些都能提升顾客的安全感。园区拥有良好的自然环境和人文环境,能够给顾客带来舒适感。因

---

① 国家发展改革委,国家体育总局,自然资源部等.关于推进体育公园建设的指导意见[Z].发改社会〔2021〕1497 号,2021 – 10 – 23.

此体育公园的运营方应继续保持这 7 项指标的优势。

（二）第二象限——保持区

如表 6-31 所示,位于第二象限保持区中的指标顾客认为是重要性低但满意度高的指标。这 4 项指标均匀分布于功能体验、情感体验和社会体验三个维度,在体育公园的运营与管理中,只需对这 4 项指标继续保持但无须进行优先发展。

表 6-31　第二象限保持区中的指标和所在的维度

象限	指标	顾客体验维度
第二象限保持区	3. 园区及场馆收费合理	功能体验
	14. 在园区内体育锻炼体验到减压感	情感体验
	17. 在园区内体育锻炼体验到被尊重感	社会体验
	18. 在园区内体育锻炼体验到认同感	

功能体验维度:宁波位于东部沿海城市,2020 年 GDP 达 12 408.7 亿元,排名全国 12 位,在经济水平较高的情况下,居民生活水平也较高,因此有能力支付体育公园的各项收费。根据新闻报道显示,镇海区体育局每年根据 CPI 指数为绿轴体育公园提供相应的补贴,以维持体育公园的正常运行和员工工资开支;庄市街道每年补助万科物业 180 万元服务费用于园区的管理,整个体育公园在资金上较为充足,在场馆收费上较合理,顾客也感到满意。

情感体验维度:根据访谈,顾客认为园区运动环境优美,人文环境良好,运动氛围浓郁,顾客在园区进行一定负荷的体育锻炼及与其他顾客进行相应的交流能够让其体验到减压感。

社会体验维度:根据访谈,园区的工作人员服务态度良好,加之来园锻炼的年轻顾客较多,受教育程度较高,素养好,顾客在体育公园中能够体验到被尊重感。Theodorson 在现代社会学字典中将认同定义为:一种内化他人或社会群体行为的社会心理过程,它需要将他人以及社会群体的标准、期望以及价值观内化到个体自身的行为与观念中来[①]。绿轴体育公园常年客流量大,顾客在体育公园内锻炼、消费的过程中会接触到其他参与锻炼的顾客和工作人员等,因此可能会将他人的期望、价值观等内化到自身的行为与观念中来。

（三）第三象限——改进区

如表 6-32 所示,位于第三象限改进区中的指标有 6 项,顾客认为是重要性低且满意度低的指标,均匀分布于功能体验、情感体验和社会体验三个维度。在体育

---

① 林媛.重庆市高职学前教育专业学生专业认同感的现状研究[D].重庆:重庆师范大学,2016:7.

公园的运营与管理中,无须对这 6 项指标进行优先发展。

表 6-32　第三象限改进区中的指标和所在的维度

象限	指标	顾客体验维度
第三象限改进区	5. 设施设备使用说明详细	功能体验
	9. 专业的运动指导	
	10. 休闲娱乐设施的完善	
	13. 在园区内体育锻炼体验到成就感	情感体验
	19. 在园区内体育锻炼体验到社会归属感	社会体验
	20. 在园区内锻炼能与他人建立社会联系	

功能体验维度:通过访谈得知,顾客通常在体育设施、设备的使用前不会有意识地去详细阅读使用说明,也有不便展示的设施、设备使用说明,顾客认为该项指标的重要性不高且满意度也低。多处收费体育场馆功能区,锻炼的顾客以年轻人为主,多以自我锻炼为主,对专业的运动指导需求不大,因此显示重要性不高。虽然园区配备有专业的社会体育指导员,但是对于有需求的中老年人来说,配备数量不足以满足其实际需要,这可能导致该指标满意度低。像绿轴体育公园在建设之初,定位就是生态工程,服务于周边居民的群众性健身场馆,促进全民健身发展,园区内大多数都以体育健身设施为主,供顾客休闲娱乐的功能区域较少,仅有供儿童玩耍的沙池和门球场地,平时偶尔作为娱乐区域,所以该项指标的重要性和满意度较低。

情感体验层面:在大多数体育公园中,参与培训和竞赛的顾客相对较少。部分顾客表示通常参与体育锻炼是以放松为主,认为成就感对自身的重要性不高。

社会体验层面:根据访谈,园区常举办篮球、足球、乒乓球和羽毛球比赛,也有网球、篮球和门球协会等驻点开展活动,加之夜跑团的存在,所以顾客拥有与他人建立社会联系的平台,也有可供其选择的体育协会、组织。但可能受调查样本的影响,顾客未加入体育组织或体育活动、比赛中,导致其对"在园区内体育锻炼体验到社会归属感"和"在园区内锻炼能与他人建立社会联系"两项指标感到不满意。

(四)第四象限——弱势区

如表 6-33 所示,位于第四象限弱势区中的指标共有 3 项,均属于功能体验层面,是顾客认为重要但满意度低的指标,也是体育公园运营方亟待解决和改善的地方。

表 6‑33　第四象限弱势区中的指标和所在的维度

象限	指标	顾客体验维度
第四象限弱势区	1. 场馆、健身设施及设备完善	功能体验
	4. 配套设施完善	
	11. 园区周边交通的便捷	

经过走访调查,总体上体育公园的球类场馆较为丰富,如潘火体育公园就是以球类场馆为主体的体育公园,城市金角银边改建而成的体育公园也以大众喜欢的球类场馆为主。面积超过 40 000 平方米的大型体育公园,属于综合性体育公园,设施相对齐全,但调查中发现,主体球类项目更受群众健身喜欢,群众的偏好需求导致建设群众性场馆时的偏向,其他场馆不足,缺乏供成年顾客使用的室外健身设施,加之顾客越来越多元化的需求,因此顾客对"场馆、健身设施及设备完善"指标感到重要性高但满意度低。另外,某些专业的小项目如极限运动场、戏水游泳池等存在危险性和季节性,受众偏少,闲置存在。作为休闲、健身目的地,配套设施如可供售卖各类饮料和甜品店或自动售卖机、可供公众休憩桌椅和沙发、垃圾箱配备、直饮水配备、公厕、更衣室等,随着参与健身锻炼的顾客人群层次差异,需求多元,要求随之提升,部分体育公园的配套设施,特别是国家倡导智慧化设施升级、智能化服务转型,可能是导致顾客对"配套设施完善"指标满意度评价低的原因。

第十节　本章小结

浙江省体育公园主要运营以委托运营为主,体育公园主要提供体育服务、休闲服务、赛事及活动服务功能和商贸服务功能。年龄变量与功能体验的服务满意度呈显著的负相关关系;功能体验的满意度与情感体验、社会体验的满意度呈显著的正相关关系;情感体验的满意度与社会体验的满意度呈显著的正相关关系。不同性别、学历和收入的顾客对体育公园的满意度不存在差异。不同年龄顾客对体育公园功能体验的满意度存在着显著性差异;不同职业顾客对体育公园功能体验的满意度存在着显著性差异:生产、运输设备操作人员及有关人员与国家机关、党群组织、企业、事业单位负责人,专业技术人员,办事人员和有关人员,商业、服务业人员,学生,不便分类的其他从业人员存在显著差异;学生与专业技术人员,军人,不便分类的其他从业人员存在显著差异。顾客对体育公园功能体验、情感体验和社会体验的重要性评分较高,重要性程度的排序为:功能体验>情感体验>社会体验。顾客对体育公园情感体验的满意度评分较高,满意度的排序为:情感体验>功能体验>社会体验。体育公园的场馆、健身设施及设备总体质量好;运动环境卫生状况好,舒适程度高;在园区内锻炼能使顾客体验到安全感、舒适感、减压感、被尊重感和认同感。体育公园的场馆、健身设施设备,配套设施和休闲娱乐设施不够完善;体育设施、设备的使用说明不够详细;园区内配备的社会体育指导员数量不足;园区周边的交通不够便捷;顾客在园区内体育锻炼感受到的成就感和社会归属感较低,属于弱势区域。通过服务满意度调研,了解顾客对体育公园的体验感和服务满意度,探求顾客的真正需求,以需求促供给,提出体育公园类群众性健身场馆发展,从而提高体育公园的服务质量和竞争力。

第七章　群众性健身场馆运营效益

第一节　研究背景与意义

一、研究背景

为振兴我国体育事业,加速发展体育产业,国家每年投资相当的资金建设体育场馆基础设施,以满足人民群众多样化的体育健身需求。确实体育场馆设施的优劣是直接影响我国向体育强国迈进的重要因素之一。我国体育场馆设施建设起步较晚,但建设速度惊人,投资规模与日俱增。1949 年以前,我国共有 13 个较为正规的体育馆和 13 个体育场,且大多数在上海、北京、天津、广州等少数城市[①]。第六次场地普查(2013 年 12 月 31 日)显示,体育场地 169.46 万个,比第五次普查多了一倍多[②]。这跟我国多层面多次出台的相关政策密切相连,也跟各省(市、地区)经济水平相关。国家从经济战略发展考虑,国务院(2000)[③]决定实施"西部大开发"战略、中央(2004)[④]执行"东北振兴"战略和中央(2012)[⑤]决定实施"中部崛起"战略。国家调整经济结构和布局战略,投入大量财政补助用于中西部基础设施建设。国家体育总局倡导国家发展战略,建设发展资金转向中西部,以支援发展中西部及东北体育场馆设施建设。加强对国有资产的管理和无形资产的开发。盘活国有资产存量,促进国有资产合理、有效使用和保值增值。到 2010 年,规范体育产业统计,统一统计指标体系,建立资产评估机制,寄希望国有资产资源配置最优化。目前我国大型体育场馆投资建设资金主要来源于政府,投资结构单一,给国家造成了巨大的经济压力和社会压力,应鼓励社会资源建设体育场馆以及多样化管理与经营。2010 年 3 月,国务院就国家形势及体育产业发展,提出了新一轮快速发展体

---

① 沈福隆.体育建筑设备学[M].北京:北京体育大学出版社,1994:3.

② 第六次全国体育场地普查数据公报[N].中国体育报,2014 - 12 - 26 - 3.

③ 国务院.关于实施西部大开发若干政策措施的通知[Z].国发〔2000〕33 号,2000 - 10 - 26.

④ 国务院.关于印发 2004 年振兴东北地区等老工业基地工作要点的通知[Z].国办发〔2004〕39 号,2004 - 4 - 26.

⑤ 国务院.关于大力实施促进中部地区崛起战略的若干意见[Z]. 国发〔2012〕43 号,2012 - 9 - 1.

育产业的指导意见,政策的出台无疑给体育产业的腾飞注射一支"兴奋剂"。其中"主要政策与措施"第六条指出:加强公共体育设施建设和管理,认真做好政府投资建设的公共体育场馆及其配套设施的监管工作,防止闲置浪费或挪作他用①。2014 年 10 月 20 日,国务院颁发《关于加快发展体育产业促进体育消费的若干意见》②提出:"创新体育场馆运营机制。积极推进场馆管理体制改革和运营机制创新,引入和运用现代企业制度,激发场馆活力。推行场馆设计、建设、运营管理一体化模式,将赛事功能需要与赛后综合利用有机结合。鼓励场馆运营管理实体通过品牌输出、管理输出、资本输出等形式实现规模化、专业化运营。增强体育场馆复合经营能力,拓展服务领域,延伸配套服务,实现最佳运营效益。"推动场馆设施开放利用,加快推进企事业单位等体育设施向社会开放,充分发挥体育场馆的社会效益的同时,充分发挥市场在资源配置中的作用,提升体育场馆的经济效益。2015年 7 月 31 日前,我国全部省市要求都出台相应的地方政策,落实国务院的实施意见,总体目标到 2025 年体育产值达 5 万亿元,作为发展体育的硬件设施,充分挖掘大型体育场馆的经济效益和社会效益,怎样评价体育场馆投资效益将是众所关注的问题。

二、研究意义

本书试图根据我国体育场馆投资效益评价为研究出发点,各省市体育政策及区域区位优势不同,体育场馆固定增量资源配置存在差异,表现为增量资源发展速度超过或低于发展的平均程度。选择经济学中可度量的投入产出指标,采用 DEA 模型评价分析,在体育场馆研究中具有创新的理论价值,为今后研究此类问题做借鉴。通过不同区域体育场馆最新统计数据以及第六次场地普查数据对体育场馆投资发展优势作比较分析,调整策略,优化资源配置,在政府主导固定资产投资的背景下,测算投资效率,对于避免投资过热或因投资结构不合理而造成的资源浪费具有重要的意义。为今后制定体育场馆规划发展和体育场馆各种优惠政策提供一定的理论依据,具有现实应用价值。

研究体育场馆效应评价具有以下四点意义:第一,体育场馆效益评价运用定量分析尚处于起步阶段,运用 DEA 模型深入评价分析体育场馆问题,完善效益评价理论体系;第二,我国体育产业区域发展显著,可进一步揭示体育场馆发展规律、提高投资效率,调整投资趋向和不同区域体育场馆资源配置的发展机制;第三,对政府制定区域体育场馆建设发展政策,合理调整场馆设施建设布局,促进产业升级及路径选择具有理论指导意义;第四,对不同地区制定其可持续长远的发展具有参考意义。

---

① 国务院.关于加快发展体育产业的指导意见[Z].国办发〔2010〕22 号,2010 - 3 - 19.

② 国务院.关于加快发展体育产业 促进体育消费的若干意见[Z].国发〔2014〕46 号,2014 - 10 - 20.

第二节　国内外研究进展

一、国外体育场馆研究

(一)国外体育场馆建设情况

体育场馆作为开展体育运动的硬件保障,备受各国重点关注和投入。很多国家将建设体育场馆设施以相关法律文件出台给予政策性资助和优惠。美国体育场馆设施资源丰富,是目前世界上体育场馆设施最为完备的国家之一。二战以后美国颁布相关法律文件,规定配备的标准,通过一定的财政拨款及相关基金建设社区体育场馆。美国第 66 号令中又增加了体育设施的配套标准。当前美国运动队使用公共体育场馆进行职业体育比赛的情况很常见,但并不是一直如此。在职业体育发展的早期,公共体育场馆的使用只是少数情况。直到 1950 年代,大量的公共体育场馆开始兴建,从 1953 到 1970 年,全美各地出现了 30 个新兴的职业体育比赛体育场馆,而之前美国的此类体育场馆也只有 28 个。这 30 个职业体育场馆中,有 27 个得到了财政的不同程度的支持,共计 4.5 亿美元,约占建设总投资的 70%。公共基金成为提供资金的主要途径。在 1962—1991 年期间,美国经历体育场馆建设快速增长期,新的体育场馆投入使用,使得占用他们的球队更加出名[1]。1958年,新加坡区域面积不大,但国家体育场地设施充足,制定实施"体育设施蓝图计划",采用调查体育场馆设施建设进程与国民需求,对场地设施的建设方案进行及时合理的调整和补给。德国早在 1960 年代开始实施三个"黄金计划",其间不断增加体育场地设施建设投入。Leonor Gallardo(2009)[2]等研究中提出,西班牙区一级政府和体育局规划一起建设体育设施。西班牙"体育法"赋予地方当局合作,负责全国体育设施普查(CNID),以帮助规划和决策体育场馆建设与运营。同时鼓励私人投资公共体育设施建设发展。建设体育设施被认为确保健康的人口有间接影响的政策。20 世纪 90 年代英国出台"精英体育发展政策(elite sport development)"[3],在 90 年代以前期主要政策针对群众参与的体育活动,支持体育娱乐的基础设施建设,称作为"全民运动"。2000 年后,国外大型体育场馆建设,特别是奥运场馆建设

---

① Dave Barry. Introduction: How Walter O'Malley Changed the Landscape of Sports [J]. The Public Finance of Sports: The Market for Sports Franchises.1999,151 - 186.

② Leonor Gallardo et al. The Ranking of the Regions With Regard to Their Sports Facilities to Improve Their Planning in Sport: The Case of Spain[J]. Soc Indic Res,2009(94).

③ Mike Green. Changing policy priorities for sport in England: the emergence of elite sport development as a key policy concern[J]. Leisure Studies, 2004(4): 365 - 385.

趋向于多功能化,倡导绿色、环保、经济,赛后可充分利用的可持续发展方向建设①。

(二)国外体育场馆设施建设的资金来源

国外体育场馆设施主要投入来源有三种。第一,主要是财政投资,该投资主要针对一个国家体育基础设施的建设,包括社区的健身设施以及大型体育场、馆、池。美国政府的公共场馆和设施的建设,在很大程度上依赖于公共资金的支出,如全美49个橄榄球场地,其中44个是公共资金投资建设②。在2006年前近700亿投入新建体育场馆设施,成为建设体育场馆热潮期③。Zachary A. Phelps(2004)④的研究中提出用税收激励政策促进加速体育场馆建设。同时阐述美国联邦政府建设体育场馆的融资发展史,联邦税收结构调整补助体育设施特别是球场建设的补助,使用公共资金来打造体育场馆体育产业,通过立法(税法)改革,并建立激励机制。再如日本政府在其2010年出台的《体育立国战略》⑤中比较多的是发展健身休闲的设施建设,保证国民参加体育活动能选择就近的体育设施。谭刚(2015)⑥针对中美两国财政补贴体育场馆建设研究得出,美国政府在大型体育场(馆)的财政补贴上亦具有很强产业特征,可视作国家对体育场(馆)业的经济扶持政策。第二,减税倾斜政策,所有的体育场馆建设都需要财政计划的支持,而财政计划中的关键部分就是税收法规的使用。其中包括体育产业企业运行中的各类税收,美国政府鼓励投资者投资于体育产业,给予投资体育产业者非常大的税收优惠,如投资者投资建设高水平、大型的体育场馆,很多州政府给予其相应的税收减免,具体减免根据美国《税法》执行。Scott A. Jensen (2000)⑦同样在其研究中体现联邦政府税收减免政策支持下体育场馆建设,特别是美国的四大球赛场馆具有不可磨灭的功绩。王龙飞(2015)⑧的研究中提到税收政策在美国职业体育场馆建设中起到了确保公共财政的充分供给、保障公共财政投入的有效回收、维护纳税主体的公平权益等作用。日本政府提出捐赠税制等税收制度,促进"新公共环境"的形成,以完善大众体育设

---

① 叶小瑜,刘兵,谢建华.现代奥运会场馆发展回顾与展望[J].体育文化导刊,2014(4):120-123.

② 卢嘉鑫,张社平.体育产业发展——理论与政策[M].北京:北京大学出版社,2011:86-88.

③ Andrew Zimbal Ist Roger G. Noll. Sports, Jobs, & Taxes:Are New Stadiums Worth the Cost? [EB/OL]. brookings.edu.2013-11-3.

④ Zachary A. Phelps. Stadium Construction For Professional Sports:Reversing The Inequities Through Tax Incentives[J]. St. John'S Journal Of Legal Commentary,2004(7):981-1029.

⑤ 文部科学省.スポーツ立国戦略[EB/OL].(2010-08-26)[2015-10-15].http://www.mext.go.jp/b_menu/houdou/22/08/2010/08/26.

⑥ 谭刚.中,美两国政府财政补贴大型体育场(馆)建设的比较研究[J].体育科学,2015(1):60-67.

⑦ Scott A. Jensen, Financing Professional Sports Facilities with Federal Tax Subsidies:Is it Sound Tax Policy? [J]. Marquette Sports Law Journal,2000(10):425-460.

⑧ 王龙飞,王朋.税收政策在美国职业体育场馆建设中的作用及其启示[J].西安体育学院学报,2015(1):33-39.

施的基础建设。更有日本在建设公共体育场馆附近增加住宿、购物、娱乐设施等，为观众提供观看体育赛事之外的多样的娱乐空间。第三，金融倾斜政策，体育博彩合法化，这给各个国家体育基础设施建设提供了一定资金保障，也活跃了国外体育赛事的收益。美国的大型体育场馆融资形式趋向多元化，李定[①]对美国体育场馆经营与管理的研究得出融资形式主要表现在：现金捐款、实物捐赠、餐馆经营权、租赁协议、豪华包厢、优先座位安排、永久座位许可权、停车费用、商品销售收入、餐饮服务经营权、房地产赠送、遗赠和信托物、冠名权、排他性的特权受让人，各种资助组合、寿险组合、广告权、销售合同、资产支持型证券、各种基金等等。而石岩等[②]的研究中提出，美国体育场馆建设资金中的公共投入部分并不是由州政府直接拨款投入。提出州政府或市政府对体育场馆的建设、扩大和修缮的投入的主要手段有五种，如发行债券，包括一般义务公债、收益公债、参与凭证和租税增额融资等。国外对体育场馆建设的投资给予非常大的资助，所有的体育场馆建设都需要财政计划的支持。从诸多文献看主要税收的优惠，包括建设投资者和经营者的税收激励政策，免税产生效益的再投资政策，发行免税债券融资，豁免租金利息或降低利率等。另外，国外也有较多研究体育场馆的经营和管理、融资渠道等方面的文献资料。如 Dennis Zimmerman 1996[③]；William H. Baker1999[④]Scott A. Jensen 2000；John Siegfried、Andrew Zimbalist 2000、2002、2011；Dennis Coates 等。

（三）国外体育场馆设施经营管理情况

不同的投资结构形成多样化的经营模式，但大型体育场馆的经营坚持以体为主，多元化经营。国外体育场馆在管理体制上大体分为非经营性和经营性两种类型。

非经营性场馆通常包括训练用场馆、俱乐部管理的训练场地和奥委会管理的奥运项目的训练场地，公众免费开放的娱乐公园等的管理单位。这些场馆的投资建设、设备购置、场地维护、工作人员的工资及管理费用，都由其主管部门负责，全额拨款而不进行经营创收。如设在美国奥委会所在地的 Springs 训练中心，其训练设施非常先进，该中心的任务是为美国十多个单项协会运动员在该中心训练、食宿、交通等提供免费服务，尽管其商业吸引力很大，但其对外不进行商业运营，管理人员的工资福利均由国家财政支持。该中心全年需经费超过 1 200 万美元，全部由美国奥委会负担。到基地训练的运动队的训练和管理由各单项协会支付，这种

① 李定.美国大型体育场馆经营管理研究[D].武汉：华中师范大学，2008：19.

② 石岩，刘勇，蔡仲林，等.中外体育场馆建设投融资模式的比较研究[J].体育文化导刊，2006(10)：10－12.

③ Dennis Zimmerman. Tax-Exempt Bonds and the Economics of Professional Sports Stadiums［R］. Congressional Research Service Report for Congress，1996(5)：11－23

④ William H. Baker. Taxation and Professional Sports—A Look Inside the Huddle［J］. Marquette Sports Law Journal，1999(9)：287－306.

做法减轻了基地的部分财政负担。

经营性场馆以盈利为目的,这类场馆包括大型体育场馆,按企业方式运作,还上缴利润。这类场馆产权一般归当地政府,经营权归个人或管理集团,也有的直接归职业俱乐部管理。有竞技式运作管理,委托经营管理,民间场馆私有化运作,无形资产开发等。从趋势上看,由于公共体育场馆主要举办职业体育比赛,因此,由职业俱乐部管理或由俱乐部聘请管理集团管理,将成为主要管理形式。美国的大型公共体育场馆主要是靠提高场馆使用效率,靠组织体育比赛和其他娱乐活动的场租、门票、广告收入等的分成,及停车场收入、餐饮服务等。经营的方式与我国相似,所不同的是,场馆的使用率体育活动高于其他活动,即主要靠组织体育活动赚钱。场馆提供的服务主要包括:宽敞的停车场和各档次的快餐、饮料、小食品和各种纪念品。特别是观众喜爱的本地职业队的纪念品等。此外,还有完备的音响、灯光、电子计时计分设备等。另外,国外大型体育场馆的冠名也是一笔不小的收益。如,阿森纳酋长球场冠名权15年1亿英镑,慕尼黑安联球场30年1.2亿欧元,休斯敦丰田中心球场30年3亿美元[①]。而目前冠名权最高的是曼联和曼城,目前在球场冠名费用上领先英超其他球队,分别是曼城大约为每年1 800万镑,而曼联在1 700万左右[②]。美国在四大职业联盟的122家球队中有84家(占68.9%)球队使用的体育场馆进行了冠名权开发;冠名权协议年限平均约为19年;冠名权协议金额平均约为六千万美元;每宗冠名权每年平均收入约二百六十万美元[③]。在刘国信(2000)[④]的研究中提到,国外一般大型体育场馆的命名权市值都在1亿美元以上。现在连一般的地方性名不虚传的小场馆也被企业竞相购买,可见在国外体育场馆的冠名相当盛行,而且价格不菲。

相对较多的是大型场馆的运行、管理和再利用。如叶小瑜等(2013[⑤]、2014[⑥])对近几届奥运会举办城市(亚特兰大、悉尼、雅典、北京和伦敦)的奥运场馆赛后开发利用分析,得出高度重视场馆科学设计与赛后规划,建立有专业的管理机构,积极引进职业体育赛事,注重发展多业态综合运营,这对我国具有重要启示。徐海明(2014)[⑦]的研究中提到伦敦奥运场馆由西汉姆联俱乐部和伦敦市政府、纽汉区政

---

① 江和平,张海潮.中国体育产业发展报告(2008—2010)[M].北京:社会科学文献出版社,2010:223.
② 英超球场冠名费:曼城1800万压曼联第1 切尔西＜利物浦[EB/OL].(2013-12-03)[2015-10-20].http://sports.sina.com.cn/g/pl/2013-12-03/00306914556.shtml.
③ 张杰.我国体育场馆冠名权开发现状的比较研究[J].体育与科学,2005,26(4):49-52.
④ 刘国信.给体育场馆冠名[J].中外企业文化,2000(5):48.
⑤ 叶小瑜,鲍明晓,刘兵.国外奥运场馆赛后的运行及启示[J].体育文化导刊,2013(11):97-100.
⑥ 叶小瑜,谢建华.近5届奥运会举办城市大型体育场馆的开发利用[J].体育科研,2014(3):6-10.
⑦ 徐海明,陆亨伯,王密.伦敦奥运主体育场馆赛后运营的模式及其启示[J].体育文化导刊,2014(11):119-122.

府以及民营企业商议合作经营,政府监管,多方参与,达到大型场馆经济效益、社会效益和环境效益共同发展。在陈万红(2014)①的研究中提到美国大型体育场馆具有非常明确的市场营销计划,对我国大型体育场馆市场化操作具有借鉴意义。日本对大多数体育场馆,特别是公共体育场馆采用指定管理者制度,进行具体的管理与运作②。而公共开放体育场馆具有立法保障,具有权威性、强制性和法律效力。通过地方自治法,从立法层面给予各种补助、资助政策,促进有效开放③。John Siegfried(2000)④等提出体育场馆设施应有稳定的球队,场馆经营引入市场竞争机制,促进场馆的供需平衡,并有效促进社会经济效益。同样在 John Siegfried (2002)⑤等研究中提到部分城市通过新建公共体育场馆设施获得政府的合理补助,以提高当地经济收入的一种手段。同时新公共体育场馆设施利用政府给予的优惠租赁、税收政策至新收入再投建场馆设施,体育收益开支形成体育地域效应。Dennis Coates(2002)⑥研究报告中得出,政府投入数亿美元建设体育设施对整个城市的经济发展起到重要引擎作用,研究团队通过职业体育的经济影响因素,提出补助新建或修建体育场馆设施是一种明智的决策。Mohd Taib Harun(2013)等⑦研究中提到马来西亚的公共体育场馆也是政府资助下的大型设施的一部分,具有专门的体育场馆管理公司经营管理,提出四级维护管理模式,提高设施的利用率和更好地为社区居民参与体育活动服务,减少场馆设施的损耗。国外学者研究夏季奥运会对主办城市的影响研究较多,也有较多寻求奥运会后对城市影响力的评估,较少研究冬季奥运会。Heike C. Alberts⑧对温哥华、加拿大奥林匹克公园盐湖城等的冬季奥运会场馆设施赛后场地的再利用研究,提出相对于夏季奥运会场馆设施,冬季的更具专业性,需有高科技投入,在投资建设后要有长期的应用价值,甚至

① 陈万红. 对美国大型体育场馆市场营销计划的分析与启示[J].体育研究与教育,2014(4):10-14.
② 文部科学省.体育·スポーツ施設現況調査の概要[EB/OL].(2010-02-10)[2015-10-20].http://www.mext.go.jp/b_menu/toukei/chousa04/shisetsu/kekka/1261398.htm02/2010.
③ 林建君,Teo Ee-Chon.中日学校体育场馆设施开放利用分析及启示[J].宁波大学学报(人文版),2015 (3):127-132.
④ John Siegfried Andrew Zimbalist.The Economics of Sports Facilities and Their Communities[J]. Journal of Economic Perspectives,2000(3):95-114.
⑤ John Siegfried Andrew Zimbalist. A Note on the Local Economic Impact of Sports Expenditures[J]. Journal of Sports Economics,2002(4): 361-366.
⑥ Dennis Coates, Brad R. Humphreys. The Economic Impact of Postseason Play in Professional Sports[J]. Journal of Sports Economics. 2002(3): 291-299.
⑦ Mohd Taib Harun, Norlena Salamudin1 & Hasnul Faizal Hushin. Appraisal of the Sport Facilities Maintenance Management Practices of Malaysian Stadium Corporations[J]. Asian Social Science,2013 (12):93-99.
⑧ Heike C. Alberts. The Reuse of Sports Facilities after theWinter Olympic Games [J]. Focus on Geography,2011(1):24-33.

可以把冬季奥运设施转成体育娱乐公园。

美国也有学者对体育场馆或是体育产业利用经济学方法分析评价场馆的效益问题。如 Stephen L. Shapiro(2012)[①]等研究得出,选择人口、经济、团队、设备联盟等因素利用多元回归分析定价经济模型,认为运动场馆设施设计中豪华套房已成为主要的收入来源,也是体育场馆营销的一个重要因素。Dennis Coates (2002)研究利用经济影响因素数据,通过职业体育的收入、场馆租金、就业人口等指标进行回归分析,得出体育场馆的经济效益带动周边的相关产业,如酒吧、餐馆、酒店等。而大城市的体育环境对周边经济影响较小。在国际研究体育产业比较研究中采用投入产出体系进行研究的较多,其中 Veerle De Bosscher(2009)[②]等研究的国际精英体育政策比较研究时采用了投入产出系统,其最大的成就在于把政策理论模型降低到可测量的维度,供给出 9 方面 84 个指标的测量体系。国外学者 Bart van Ark.(1993)[③]等从输入输出法进行体育评价比较研究。荷兰的格罗宁根经济发展研究中心对 10 个不同层次国家 1950—1990 年的制造业进行比较研究,其中采纳跨国际比较经济增长和发展的官方统计方法为收入和支出法,用人均收入和劳动生产率指标统计分析,这大大促进了许多国家的经济比较系统。Beckerman,W.(1996)等学者[④]国际收入比较研究等相关国际比较及国内经济比较研究中较多地采纳了投入产出法进行分析。

总之,国外非常注重体育场馆设施后期开发,以体为本,注重场馆的体育比赛、训练(主场),场馆设施的对外开放,体育场馆设施开发利用成为城市经济发展的一部分。体育场馆及配套设施的建设是城市社区文明建设的"催化剂"。我国诸多学者在深入研究国外大型体育场馆设施的建设、融资、经营、管理等多方面后得出很多启示。

二、我国体育场馆研究

(一)我国体育场馆建设现状

早期研究体育场馆主要为体育场馆建设现状。我国体育场馆设施建设起步较晚,但建设速度惊人,投资规模与日俱增。1949 年以前,我国共有 13 个较为正规

① Stephen L. Shapiro,Tim DeSchriver,Daniel A. Rascher. Factors Affecting the Price of Luxury Suites in Major North American Sports Facilities[J]. Journal of Sport Management,2012(26):249-257.

② Veerle De Bosscher, Paul De Knopa, Maarten van Bottenburg, et. Explaining international sporting success:An international comparison of elite sport systems and policies in six countries[J]. Sport Management Review,2009(12):113-1336.

③ Bart van Ark. International Comparisons of Output and Productivity [M]. Groningen Growth and Development Center Monograph Series NO.1,1993(4):7.

④ Beckerman,W. International Comparisons of Real Income [M]. Paris:OECD,1966.

的体育馆和 13 个体育场,且大多数在上海、北京、天津、广州等少数城市。为迎接中华人民共和国成立十周年庆典和举办第一届全国运动会,1959 年北京兴建成能容纳 10 万名观众的工人体育场,是早期最大的体育场,也是当年北京市十大建筑之一。然后西安、兰州、乌鲁木齐、武汉、长沙、广州、南京、昆明和石家庄等城市相继建成体育场和体育馆。我国体育场地普查约每 10 年一次,至今已完成六次普查,每一次的普查数据都显示我国的体育场地增长幅度较大,特别是近十年的场地建设。从第六次全国场地普查公报数据获知,与第五次全国体育场地普查(截至 2003 年 12 月 31 日)相比,全国体育场地数量增加 84.45 万个,用地面积增加 17.32 亿平方米,建筑面积增加 1.84 亿平方米,场地面积增加 6.62 亿平方米;以 2013 年末全国总人口 13.61 亿人计算,平均每万人拥有体育场地 12.45 个,人均体育场地面积 1.46 平方米,人均场地面积增加 0.43 平方米,每万人拥有体育场地数增加 5.87 个[①]。体育场馆建筑很多作为一个城市的亮点呈现,如 1959 年建成的北京工人体育场就是当年北京十大建筑之一。从文献资料上显示,相关我国体育场馆建设的文献始于 90 年代中期。学者减超美[②]的研究中提到我国体育场地 1985 年之前基本的要求是一县“两场,一池,一房”的基本配置,后在多个政策性文件及体育运动发展需求的促进下,我国体育场馆建设速度较快,但基本上以政府专项拨款的形式进行投资,尚无力顾及服务于居民群众的公共体育设施。至 2000 年后,我国相对较多学者关注大型体育场馆建设,在张鲲[③]的研究中提出我国体育场馆建设趋向于“中心城市向周边城市辐射的建设趋势;城市中心向郊区(县)发展的建设趋势;同一城市的大型场馆由分散化向集中化发展的建设趋势”等。在朱志强(2001)[④]的研究对我国场地的调查得出我国大型体育场馆的建设存在东西差异,50%的大型体育场馆在东部经济发达省市,资金投入偏差更大。确实第六次普查显示,将近 50%面积的场馆在东部 10 省市。场馆建设资金投入以国家财政拨款和对各行业系统规定的支出,由国家统一规划、管理,体现单纯的公益性和福利性。陈元欣(2007)[⑤]在当时的研究中提到我国建设大型体育场馆的双重困境,即市场失灵和政府失灵是导致综合性大型体育赛事场馆设施建设困境的主要原因,并得出我国今后建设大型体育场馆的趋势为政府与市场结合,场馆设施建设趋向民营化。谭刚(2015)[⑥]在对比中美两国对大型体育场馆建设的政府补助上分析得出,

① 第六次全国体育场地普查数据公报[N].中国体育报,2014-12-26.
② 减超美.中日体育场地设施兴建与管理的比较[J].北京体育大学学报,1995(5):6-11.
③ 张鲲,曹静,赵钢.我国体育场馆建设趋势及发展方向的研究[J].西安体育学院学报,2000(7):27-28.
④ 朱志强,刘石,阚军常.我国大型体育场(馆)早期规划管理的研究[J].中国体育科技,2001(12):41-43.
⑤ 陈元欣,方曙光,王健.我国综合性大型体育赛事场(馆)设施建设的双重困境[J].上海体育学院学报,2007(4):23-27.
⑥ 谭刚.中美两国政府财政补贴大型体育场(馆)建设的比较研究[J].体育科学,2015(1):60-67.

我国现阶段大型体育场馆建设上政府补贴具有强烈的公益性,产业性导向与完全市场化经济下的美国有差异,产业属性偏弱。我国诸多学者现阶段关于体育场馆建设问题更多的是关注场馆的资金来源和现有库存资源的更合理运用,提高运营效益。

（二）我国体育场馆投融资

我国体育场馆投资主体经历了几个阶段,呈现出不同形式,主要以政府投资为主体。在1993年以前,我国基本上建设体育场馆是政府投资新建。经济体制改革后,我国体育场馆建设投资以政府投资为主导,加入少量的民间资本。2002年至今的我国体育场馆建设呈现出以政府为主的多元化投资格局。融资是指融资主体根据资金余缺融通的客观需要,运用一定的融资形式、手段和工具,实现资金的筹集、转化、运用、增值和回偿等融资活动的总称[1]。从我国现阶段体育场馆融资行为与过程看,我国体育场馆设施投融资主要包括三个方面:①财政投融资;②项目融资;③冠名权融资。财政投融资是指政府为实现一定的产业政策和财政政策目标,通过国家信用方式把各种闲散资金,特别是民间的闲散资金集中起来,统一由财政部门掌握管理,根据经济和社会发展计划,在不以盈利为直接目的的前提下,采用直接或间接贷款方式,支持企业或事业单位发展生产和事业的一种资金活动。财政投融资最大特点是追求社会效益和宏观经济效益最大化为目的。项目融资是以项目的资产、未来收益或权益作为偿还贷款的资金来源和安全保障而取得的具有无限追索权或有限追索权的特定融资方式[2]。项目投融资主要用于自然资源开发和基础设施建设。项目投融资在实践中不断发展和完善,比较成熟的融资模式有BOT、TOT、PPP、PFI、ABS等模式[3]。冠名权指单位、法人及特殊的自然人组合,对其拥有的具有社会认知性的所属物名称依法转让,以使受让人享有名称传播的权利。冠名能突出冠名企业的商业品牌,提高消费者认可度,从而为冠名企业创造可观的利润,受到了企业的广泛认同。通过出售场馆的冠名权获得的资金可以成为场馆建设和维护费用的组成部分,这种模式特点是开发方可迅速收回资金;经营权始终在开发方手中;冠名权获得方可在一定时期内,借助正面形象宣传自身。

大型体育场馆建设的融资研究也成为近些年来研究的热门话题,国内有名的

---

[1]　杨大楷.投融资学[M].第二版.上海:上海财经大学出版社,2008:5.

[2]　周颖,孙秀峰.项目投融资决策[M].北京:清华大学出版社,2010:148.

[3]　张启智,严存宝.城市公共基础设施投融资方式选择——基于BOT、TOT、PPP、PFI、ABS方式研究[M].北京:中国金融出版社,2008:71.

学者主要有王子朴、肖淑红、陈元欣等。王子朴等(2010[①]、2012[②]、2012[③])、高扬(2008[④])分别在他们的研究中针对北京奥运会场馆的几个典型性场馆分析这些场馆的投融资模式,国家体育场为典型的 PPP 模式(地方财政投资加自筹)、BOT 模式(完全自筹),国家体育馆、奥林匹克水上公园、五棵松体育馆等;政府完全投资模式,如北京射击馆、老山自行车馆,该类场馆主要用于训练和比赛,其他产出较少;财政补贴加自筹,如北京的部分高校体育场馆,中国农业大学、北京科技大学、北京大学、北京工业大学体育馆,除比赛以外,主要满足今后学生训练、比赛及教学需要。社会捐赠加自筹,如国家游泳中心,该类场馆主要由我国港澳台同胞及海外侨胞等爱国人士捐赠投资建成。并在其后期的研究中提出四阶段的运营管理模式,即政府直接管理、独立市场化运营、独立托管和集团化托管,我国很多地方还处于初步的独立市场化运营阶段,只有部分大城市的大型场馆为独立托管,如部分奥运场馆和单项国际比赛场馆。肖淑红(2012[⑤])通过对 15 个大型体育场馆的调查得出主要场馆建设具有三个模式,即:政府资本投入融资模式、社会资本投入融资模式和公私联合资本投入融资模式,并对照三种投融资模式进行各自的优劣势分析,得出今后大型体育场馆建设的投融资趋向为多元化的投资模式。我国大型体育场馆设施建设中 PPP 模式、BOT 模式、PFI 模式、LBP 模式等都有涉及,王雪青(2008[⑥])等学者对几种融资进行比较分析,从四个维度着手,选择不同的融资模式。另外有很多学者如陈元欣(2009[⑦])、刘波(2009[⑧])、王英等(2010[⑨])、王进(2009[⑩]),

①　王子朴,梁金辉,陆卫平,等.国家体育场投融资模式及赛后运营财务分析[J].体育科学,2010(1):14-29.

②　王子朴,梁金辉,杨小燕.北京新建奥运场(馆)投融资模式创新与赛后运营探讨[J].体育科学,2012(3):3-9.

③　王子朴,梁蓓,陈元欣.梳理与借鉴:奥运场馆投融资模式研究[J].西安体育学院学报,2012(4):425-433.

④　高扬.北京奥运会新建体育场馆融资模式与赛后产业化运作模式分析[J].成都体育学院学报,2008(10):19-22.

⑤　肖淑红,付群.我国大型体育场馆融资模式分析及发展趋势研究[J].西安体育学院学报,2012(5):513-516.

⑥　王雪青,陈文,刘炳胜.体育场馆融资模式选择框架研究[J].北京理工大学学报(社会科学版),2008(1):70-72.

⑦　陈元欣,李溯.我国大型体育赛事场馆设施投融资现状及其市场化改革[J].上海体育学院学报,2009(3):12-15.

⑧　刘波,龚晖晖,PPP 模式与准公共品的供给——论 PPP 在大型体育场馆建设中的应用[J].首都体育学院学报,2009(2):151-154.

⑨　王英,李纪华,顾湘.PPP 模式下大型体育场馆建设风险承担与分配研究[J].建筑经济,2010(5):27-30.

⑩　王进.试论 PPP 融资模式在我国大型体育场馆融资中的应用[J].河北体育学院学报,2009(3):16-18.

2010[①]）、杜泽超（2011）[②]、蒋攀（2013）[③]等分别对大型体育场馆建设投融资现状进行分析，提出 PPP 模式应用于大型体育场馆建设的相关问题。倪刚（2003）[④]较早地提出 BOT 融资模式是大型体育场馆融资的基本模式，很清晰地分析 BOT 模式融资的流程、基本框架以及操作中的一些注意事项。杨茜等（2005）[⑤]研究提到 BOT 融资过程中政府的风险问题。卢金逵等（2008）[⑥]提出 TOT-BOT 相结合的融资模式，并提出收益评价模型。袁国良等（2014）[⑦]对 BOT 模式等投融资模式进行阐述，总结投融资经验。学者耿宝权（2014）[⑧]对大型体育场馆的融资从 LBP 融资模式角度进行研究，突出其三点优越性，即：能充分调动社会资本投资的积极性；提高大型体育场馆全寿命期的成功率；保障大型体育场馆的公益性。该作者在其另一篇研究中提到"DCM 建设管理模式"[⑨]，是一种较为少见的一种管理模式。我国未来大型体育场馆建设与经营的融资模式选择有一定的借鉴。

体育场馆的冠名逐渐成为融资的一种新趋向，国外非常重视场馆的冠名，并且价格不菲，也较成熟。我国体育场馆冠名起步较晚，但也已经逐渐起步。如较早冠名的宁波市体育馆，即雅戈尔体育中心，1999 年宁波体育馆与雅戈尔集团合作，每年 40 万元，为期 5 年合同，期满后每年 60 万元，续 5 年。我国学者主要针对体育场馆冠名方面的研究涉及怎样使用冠名权，怎样开发冠名权，冠名权的使用等。前期我国学者较多地借鉴国外冠名权的融资模式来构建我国大型体育场馆的冠名权问题。如张杰（2005）[⑩]分析国外场馆冠名经营之道，来阐述我国体育场馆经营开发战略。郭五一（2008）[⑪]通过对国内外现有部分体育场馆冠名权的分析，提出我国奥运场馆具有冠名融资的潜力，份额虽小，但可使之成为"独立核算、自负盈亏、自我发展"的市场化道路之一。我国学者周良君（2011）[⑫]对国外体育场馆冠名权运作中的系列问题进行研究梳理，提出我国今后体育场馆冠名权开发的启示。在

① 王进,顾珺佶.体育场馆融资模式的路径选择——BOT 向 PFI 的转换[J].南京体育学院学报(自然科学版),2010(4):12-13.
② 杜泽超. 基于 PPP 视角的中国大型体育场馆建管体系研究[D].天津:天津大学,2011:5.
③ 蒋攀. 大型体育场馆建设项目应用 PPP 模式的分析与风险评价[D].西安:西安建筑科技大学,2013:3.
④ 倪刚.BOT 融资方式参与体育场馆建设的适用性研究[J].成都体育学院学报,2003(2):11-14.
⑤ 杨茜,邓春林,黄芳,等. 体育场馆 BOT 融资中政府面临的风险及其防范[J].首都体育学院学报,2005(5):1-3.
⑥ 卢金逵,倪刚.基于 TOT-BOT 组合的大型体育场(馆)融资模式的研究[J].体育科学,2008(5):69-73.
⑦ 袁国良,杨金田,李文明. BOT 模式应用于体育场馆建设的优势分析[J].河北体育学院学报,2014(3):27-29.
⑧ 耿宝权.大型体育场馆的 LBP 融资模式研究[J].北京体育大学学报,2013(11):14-19.
⑨ 耿宝权.大型体育场馆的 DCM 建设管理模式研究[J].北京体育大学学报,2014(11):9-14.
⑩ 张杰.我国体育场馆冠名权经营管理模式探讨[J].体育与科学,2005(4):49-52.
⑪ 郭五一,万京一,丁峰.我国运场馆冠名权开发构想[J].体育文化导刊,2008(6):61-63.
⑫ 周良君,黄俊.国外体育场馆冠名权的开发与启示[J].军事体育进修学院学报,2011(1):17-20.

蒲毕文(2013)①的研究中提到我国现阶段体育场馆冠名中存在问题是冠名权开发起步较晚、冠名周期偏短、价值评估偏低、冠名形式单一,开发深度不高。宋秀丽(2006)②、仲维博(2013)③等学者在各自的研究中主要阐述冠名权如何开发及经营。另外还有较多学者设计冠名权问题。

体育场馆建设不光是我国大陆,港澳台地区同样存在体育场地资源缺乏问题,影响着体育事业的发展。体育场馆建设进行社会化多方投资将是今后发展的趋势,我国多个政策性文件中多次提到鼓励社会资源投资,以怎样的方式方法进行更好的投融资将根据不同地区特色有所区别。

(三)我国体育场馆经营管理

早在20世纪80年代初,从知网上搜到的关于第一篇大型体育场馆的研究就提出关于大型体育场馆建设布局要分开化,并要充分利用现有场馆资源以解决群众对体育场地的需求④。相关的较多研究开始于2000年以后,学者朱志强(2001)⑤调查研究提出我国体育场馆主要以训练、竞赛为主,调查的部分场馆已经从政府管理逐步向企业化管理转变,经营效益将是以后场馆生存的趋势。以后更多的学者研究大型体育场馆的经营与管理,如叶加宝(2001)⑥研究得出公共体育场馆实行经营型管理的改革取得了明显的经济效益,在一定程度上缓解了经费不足的矛盾,然而在其经营管理的过程中也存在诸多问题,面临许多困难。曹可强(2003)⑦学者通过对上海市公共体育场馆的分析,得出我国公共体育的经营管理存在诸多问题,主要是管理方式陈旧、缴纳税费过多等,并提出了今后公共体育场馆可根据自身特点选择不同的经营方式,较早地提出委托经营方式,承包经营方式、租赁经营方式等。鲍明晓(2006)⑧等学者通过一些奥运承办城市场馆赛后运行管理的比较分析,以促进我国奥运后的大型场馆的合理运行与管理,今后要充分提高场馆利用效率,则将大型体育场馆与职业体育赛事相结合是大型体育场馆运作管理的基本规律。凡是经营效益较好的场馆大多都和职业体育赛事相互结合。武国栋(2011)⑨学者通过国外奥运赛后场馆的运营分析,提出今后大型体育场馆

① 蒲毕文.我国体育场馆冠名权研究[J].体育文化导刊,2012(11):95-98.
② 宋秀丽,赵文胜,任保国.中外体育场馆冠名权开发比较[J].体育学刊,2006(2):47-50.
③ 仲维博.我国大型体育场馆冠名的市场开发研究[D].上海:上海体育学院,2012:5.
④ 本报记者.体育场馆应合理布局充分利用[J].瞭望,1984(51):40.
⑤ 朱志强,刘石,阚军常.大型体育场馆后期经济效益影响因素的研究[J].哈尔滨体育学院学报,2001(3):5-9.
⑥ 叶加宝,徐本力.公共体育场馆经营管理过程中存在的问题及对策研究[J].天津体育学院学报,2001(1):42-43.
⑦ 曹可强.上海市公共体育场馆经营管理现状与对策研究[J].沈阳体育学院学报,2003(3):-9.
⑧ 鲍明晓,林显鹏,刘欣葵.奥运举办城市体育场馆的建设、运营与管理[J].体育科研,2006(5):1-10.
⑨ 武国栋.奥运体育场馆赛后运营模式分析与启示[J].西安体育学院学报,2011(4):458-462.

赛后运营多采用政府和私人企业相结合、与职业体育赛事相融合、组织大型活动、赛后改造的管理方式。这将是今后提高大型体育场馆利用率的发展趋向。在刘璇(2010)[①]的硕士论文中也提到相类似的观点,提到政府放开管制,建立场馆战略联盟以及多数学者认同的发展中国职业联赛,引入国际等级赛事。

另外还有较多学者针对大型体育场馆或是公共体育场馆的经营与管理做较多研究,如赵云宏(2001、2005)、陈明(2006)、钟天朗(2007)、刘佳(2012)等学者,主要从大型体育场馆的经营模式、存在经营的问题等进行分析,分别提出相应的经营管理趋向。陈元欣(2007、2008、2012)、陆亨伯(2006、2008、2008)分析了大型体育场馆民营化、多元化经营管理。学者谭建湘(2013 综述)、石岩(2009)、扈伟(2009)、胡晨曦(2009)、张宁(2008)、魏宏远(2006)分别对体育场馆赛后利用问题进行分析,对如何最佳运营做阐述。另外还有部分学者针对地方性体育场馆的典型案例进行运行研究,如张森木(2015)[②]针对陕西体育馆的典型特例分析我国体育场馆建设、功能布局、体制改革和经营管理等问题。李超(2015)[③]以河北省的大型场馆为典型分析委托经营模式研究。叶佳毅(2014)[④]针对宁波市大型体育场馆的融资及经营管理做深入具体的分析。杨华照[⑤]对香港体育发展的系统化研究中提出今后相关体育场馆设施制定具体的管理与运作方案,资助计划以及执行体育政策。伍家驹[⑥]的研究同样提到香港的场地资源欠缺,为满足居民群众需求,学校体育场馆设施在放假期间,体育设施由政府聘用兼职人员管理,以促进场馆设施的利用率。在政策促动下,全方位研究大型体育场馆与商业合作构建多元化运营,更加合理有效地发挥现存场馆的作用,体现社会效益和经济效益双赢,政府与社会各类结构合作双赢。

（四）我国体育场馆经营效益评价

在诸多文献中,多数学者对体育场馆问题分析时较多从宏观层面分析问题,对体育场馆综合效益或是绩效评价文献较少。从文献上查阅,最早对体育场馆的运营进行绩效评价研究的是当时上海体育学院的研究生梁晓龙,他(1988[⑦])提出为了有效地解决不同体育场馆工作绩效评价的可比性,提出了"相对综合评价法"的

① 刘璇.中国大型体育场馆运营管理效益及对策的研究[D].北京:北京体育大学,2010:Ⅵ.

② 张森木.我国体育场馆经营模式及发展战略研究——以陕西省体育场馆为例[J].西北工业大学学报,2015(2):54-58.

③ 李超.大型公共体育场馆委托经营管理模式研究——以河北省为例[J].广州体育学院学报,2015(2):55-58.

④ 叶佳毅.宁波市大型体育场馆经营管理研究[D].西安:西安体育学院,2014:2.

⑤ 杨华照.香港体育演进现状及其未来发展走向[D].上海:上海体育学院,2010:174-179.

⑥ 伍家驹.西方影响下的香港体育[J].体育科学,1997(5):19-22.

⑦ 梁晓龙,陈安槐.体育场馆工作绩效综合评价指标体系与评价方法[J].上海体育学院学报,1988(2):41-43.

评价方法,并在随后的一篇文章中以上海市体育系统的体育场馆进行具体的实证分析,分别得出5种类型的体育场馆绩效评价的定量计算指标值[1]。较多的研究是对大型体育场馆运营评价指标或指标体系的构建,如喻小红(2006)[2]在其研究中根据体育场馆综合评价的多目标性和评语的模糊性,遵循体育场馆评价指标体系建立的原则,建立体育场馆综合评价指标体系和模糊综合评价数学模型。同时指出"区位条件、场(馆)设施水平、建筑艺术等因素形成体育场(馆)对外形象,当然好的形象也离不开优质的管理和服务,体育场(馆)形象和体育场(馆)所体现的文化内涵、场(馆)的公益性、大众的参与度等体现体育场(馆)的社会效益。"众多文献中对体育场馆的定量性评价研究较少。谭刚(2008)[3]从公益和经营效益两方面出发,共设计62个指标,涉及群众利用场地休闲娱乐、群众体育活动、为竞技运动服务、为学校服务,营业收入、营业、支出、财务状况、净利润等方面采用因子分析法进行大型体育场馆的效益评价指标体系的研究。游战澜(2010)[4]对大型体育场馆管理绩效评价体系尝试性进行构建。陆亨伯等(2007)[5]认为"存在民营化后经济与社会效益的矛盾,即根据亚当·斯密的'经济人假设',企业总是追求利润的最大化。如此一来就可能一味地沉浸于追求经济效益而忽视了公众所最为关心的社会效益促进经济效益的增长,实现双效互动和良性循环"的结论,并为达到经济与社会效益的均衡提出了要建立市场准入机制、要加强监管力度、要建立相关制衡机制的三条实现途径。

程丹(2011)[6]利用AHP法确定了指标体系中各指标的权重,提出了基于灰关联分析的体育场馆利用的社会效益和经济效益评价方法。冯振旗(2011)[7]、耿宝权(2012)[8]在他们的研究中分别以平衡计分卡为基本框架,结合四层面关键绩效指标,建立了大型体育场馆运营绩效评价指标体系和模型,对大型体育场馆的运营和管理进行实证评价研究。使用平衡计分卡法对大型体育场馆评价研究的还有高

① 梁晓龙,陈安槐.对上海市体委系统体育场馆工作绩效综合评价指标体系与评价方法的研究[J].体育科学,1998(6):6-9.
② 喻小红.公共体育场馆综合评价体系研究[J].体育科学,2006,26(5):56-64.
③ 谭刚.大型公共体育场馆公益与经营效益评估指标体系研究[J].天津体育学院学报,2008(6):530-533.
④ 游战澜.大型体育场馆绩效管理指标体系构建研究[J].武汉体育学院学报,2010(2):37-41.
⑤ 陆亨伯.论公共体育场馆民营化后经济与社会效益的均衡——基于典型体育场馆的调研[J].体育文化导刊,2007(18).
⑥ 程丹.基于灰关联分析的高校体育场馆利用评价研究[J].科技创业,2011(9):40-43.
⑦ 冯振旗.基于平衡记分卡的体育场(馆)运营绩效评价研究[J].中国体育科技,2011(3):119-125.
⑧ 耿宝权.基于平衡计分卡的大型体育场馆运营绩效评价研究[J].北京体育大学学报,2012(12):1-6.

雪莲(2006)[①]、申宝华(2009)[②]、陈翔(2014)[③]等,还有部分学者利用该方法应用于高校体育场馆的评价研究。近些年对绩效评价越来越注重,这也是对前期工作的一种总结,以更好地运作为今后发展服务。

综上所述,本研究认为我国公共体育场馆在其经营过程中出现过分追求经济效益,而忽视公共体育场馆社会效益的问题值得所有人引起关注。导致社会效益缺失的一大原因便是缺少像经济效益评估那样直观的量化的评价指标与评价方法。虽然国内学者对这个领域曾做过研究,但是大多是对于场馆的综合评价或者运营中的经济效益进行评价。因此本书借鉴这些学者的评价方法,侧重对于委托后的场馆运营中存在的社会效益的评价问题进行研究,以期能建立社会效益的评价相关指标与体系,从而有利于对公共体育场馆的社会效益进行科学的、客观的评估,更有利于经营者通过其改良经营手段,达到经济效益与社会效益共赢。

（五）运用 DEA 模型的评价研究

数据包络分析(DEA)是运筹学的一个新的研究领域。它是数学、运筹学、数据经济学、管理科学和计算机的一个新的交叉领域。DEA 使用数学规划模型,评价多个输入,特别是多个输入单位或部门(决策单位,即 DMU)间的相对有效性。基于 DEA 方法的经济背景和管理背景,于 20 世纪 80 年代开始广泛应用于评价性研究。该方法较多应用区域宏观经济研究,如早在 1986 年,Macmillan 将 DEA 分析法用于区域经济研究,评价中国主要省市的经济效率。主要为第二产业的效益评价研究,其他设计教育评价、医疗系统评价等,体育系统研究中运用 DEA 模型进行评价研究起步较晚,相对较少,近几年有多位学者进行研究,主要涉及体育事业、体育产业的评价研究,竞技体育发展的评价,体育上市公司的业绩评价研究等。从知网上搜集的文献资料看,最早是董伦红(2004)[④]首先提出涉及多投入和多产出一类的比较,应用 DEA 模型将是一种最有效的评价方法。杨光(2004[⑤],2007[⑥],2015[⑦])在其研究中应用 DEA 模型,对国内体育用品制造业和其他产业的效率进行评价,得出我国体育用品制造业的效率相对低下,具有发展空间,并分析导致效

①　高雪莲.平衡计分卡法在公共体育场馆战略管理和绩效评价中的应用[J].天津体育学院学报,2006(3):225-228.
②　申宝华.平衡计分卡在北京大学体育场馆中的应用研究[D].北京:北京体育大学,2009:2.
③　陈翔.平衡计分卡在大型体育场馆绩效管理中的运用研究——以洪山体育中心为例[D].武汉:华中师范大学,2014:5.
④　董伦.数据包络分析(DEA)方法在体育评价中的应用[J].西安体育学院学报,2004(2):73-74.
⑤　杨光.基于 DEA 的体育用品制造业效率评价与分析[J].山东理工大学学报(自然科学版),2004(3):106-110.
⑥　杨光.我国体育用品制造业全要素相对生产率评价与分析[D]南昌:江西师范大学,2007:5.
⑦　杨光,张庆来,王秀艳.我国体育用品上市公司经营效率评价与分析[J].首都体育学院学报,2015(3):2007-213.

率低下的原因。在其后面的研究中主要为体育用品上市公司的效益评价研究,其之后有多位学者应用该方法,做了相关体育用品制造业的评价研究。如张宏伟(2012)[①]、刘春华(2012)[②]分别引用 DEA 模型对体育用品制造业上市公司的效率进行评价。魏德祥(2012[③④⑤])基于 DEA 模型对中外体育用品上市公司的经营效益、现金使用效益等进行有效性评价,并对 DEA 非有效的上市公司企业提出改进措施等。另外还有学者如未小刚(2013)[⑥]、谭宏(2013)[⑦]、胡效芳(2013)[⑧]等学者都是基于体育用品上市公司的数据做效益评价研究。另外学者应用 DEA 模型进行体育事业的效益评价,如刘思(2006)[⑨]学者在政府投入产出数据基础上运用 DEA 模型分析得出我国体育事业综合效益有效。邵伟钰(2014)[⑩]针对群众体育财政投入进行绩效评价研究,得出我国群众体育普遍财政投入效益偏低,并存在较大差异性。吴华清(2008)[⑪]对 8 届奥运会的区域经济进行分析,奥运会可促进地方区域经济,对其运作可延长其经济影响力。对我国竞技体育方面的评价研究也有几位学者运用 DEA 模型进行效益评价研究。运用 DEA 模型针对我国体育场馆方面的效益评价方面的研究只有 2 篇,张毅恒(2014)学者基于调查数据运用 DEA 模型对湖北省公共体育场馆资源整合与开发研究,进行效益评价指标选择是未区分公共场馆的社会效益指标和经济效益指标,只做统一的效益评价,王瑜杰(2018)[⑫]运用 DEA 分析法对浙江省上规模网球场馆运营效益分析,评价得出总体社会效益好于经济效益。国家投入大量财政建造大型场馆,怎样运行才能产出最大化效益是诸

---

① 张宏伟.以运动服装为主营业务的体育用品制造业上市公司业绩评价——基于 DEA 视窗分析方法[J].体育科学,2012,32(02):58-63.
② 刘春华,张再生,李祥飞.基于三阶段 DEA 模型的中、外体育上市公司效率评价[J].体育科学,2012,32(10):20-26,76.
③ 魏德祥,雷雯.中外体育用品上市公司经营效率的动态评价——基于 DEA-Malmquist 全要素生产率指数[J].武汉体育学院学报,2012(2):31-35.
④ 魏德祥.中国体育用品上市公司经营效率的国际比较研究——基于 DEA 方法的分析[J].中国体育科技,2012(4):141-145.
⑤ 魏德祥.基于 DEA 的中外体育用品上市公司现金使用效率对比研究[J].南京体育学院学报,2012(2):48-54.
⑥ 未小刚.基于 DEA-Malmquist 指数的我国体育用品上市公司经营效率研究[J].西安体育学院学报,2013(2):180-183.
⑦ 谭宏,陆宇嘉.基于 DEA 模型的体育产业上市公司运营效率研究[J].北京体育大学学报,2013(1):36-40.
⑧ 胡效芳,袁艺,李俊钰.中外体育用品业 TFP 的比较及其影响因素分析——基于体育用品上市企业数据[J].统计与信息论坛 2013(12):72-77.
⑨ 刘思.中国体育事业投入产出数据包络分析[J].武汉体育学院学报,2006(7):31-33.
⑩ 邵伟钰.基于 DEA 模型的群众体育财政投入绩效分析[J].体育科学 2014(9):11-15.
⑪ 吴华清,梁樑,杨锋.奥运经济区域影响 DEA 比较评价[J].体育科学,2008(2):24-28.
⑫ 王瑜杰,林建君,代锦锦.浙江省规模化网球场馆运营效益分析[J].浙江体育科学,2017,39(04):56-61,70.

多学者关注的问题,针对有关大型体育场馆后期运作的效益评价值得研究。

三、研究评述

综上所述,第一,我国相关体育场馆研究主要起步于 80 年代后期。第二,我国体育场馆的研究主要相应地集中在学界政策引导下的体育场馆规划、运作、管理、融资等方面的研究。第三,相关定性研究较多,定量研究注重典型数据,相关体育场馆的评价性研究较少。第四,运用经济学计量方法分析体育场馆效益逐步起步。为此,基于区域宏观经济面板数据,以多因素投入产出为效应指标,应用 DEA 分析法作为体育场馆效应评价方法,评价区域间的体育场馆社会效益和经济效率。评判其有效性,挖掘潜能。

第三节 基本概念及理论

一、基本概念

(一)体育场馆

体育场馆是进行运动训练、运动竞赛及身体锻炼的专业性场所。它是为了满足运动训练、运动竞赛及大众体育消费需要而专门修建的各类运动场所的总称。体育场馆主要包括对社会公众开放并提供各类服务的体育场、体育馆、游泳馆,体育教学训练所需场地的总称等。体育场馆根据带有固定看台性质区分,以观众席数量和规模情况分成大型体育场馆和一般体育场馆。一般认为的大型体育场馆是指国家投资或筹集社会资金兴建,各级体育行政部门管理的体育场馆,主要用于运动训练,运动竞赛以及开展群众性体育活动。

(二)体育场馆经营管理

经营,是指企业的经济系统在利用外部环境提供的机会和条件下,发挥自己的特长和优势,为实现企业目标而进行的综合性活动。"经营"一词,在我国春秋战国时期的史籍中就出现过。本谓经度营造,即筹划营谋之意。

管理,是指一定组织中的管理者,遵循事物客观规律,运用合理的管理手段、方式和程序,对管理客体通过实施计划、组织和控制等职能,协调他人的活动,发挥各种资源的作用,共同实现既定目标的活动过程。

经营管理,广义的经营管理是以提高经济效益为目标,对企业的全部生产经营活动进行决策和组织实施的全部过程。狭义的经营管理是指从生产领域向两头延伸至流通领域的管理,向前延伸至产品生产以前的决策和计划。体育经营就是指体育经营主体,运用各自所拥有的资源面向市场,对体育产品生产和交换活动进行决策、规划、组织和控制,以便提高经济活动的合理性和有效性,圆满地达到预定的体育经营目标和经营目的的有组织的经济活动。体育经营管理,即体育产业部门的经营管理,它是指以体育经营合理化为目的,为执行体育经营职能所从事的各种管理工作的总称。也就是说,经营单位是独立的经济实体或经营实体,应自主经营、自负盈亏,以独立的法人参与市场的竞争,在竞争中增强自我生存、自我发展的能力,通过应用现代管理的原理、方法和手段,以实现体育经营的最优化及经济效益的最大化。

（三）体育场馆运营效益

效益是经济学中的一种重要概念,它包括经济效益和社会效益。经济效益是以经济活动为核心,是衡量一切经济活动的最终综合指标。经济效益,是通过商品和劳动的对外交换所取得的社会劳动节约,即以尽量少的劳动耗费取得尽量多的经营成果,或者以同等的劳动耗费取得更多的经营成果。经济效益是资金占用、成本支出与有用生产成果之间的比较。社会效益是指最大限度地利用有限的资源满足社会上人们日益增长的物质文化需求。恩格斯把商品中的经济效益概括为"生产费用对效用的关系"。当前多数经济学校把经济效益表述为"经济活动中产出与投入的比较关系"或"所得与所费的比较关系"。而社会效益是一种劲射产品,很难用金钱来衡量,它是对精神生活的满足程度。

体育场馆运营管理效益就是体育场馆经营者运用科学的现代化管理手段和有效的经营开发方式,在充分发挥体育场馆设施功能的前提下,利用体育场馆本身及相关配套设施资源而获得的效益。大型体育场馆准公共产品性质决定其既需体现其社会效益特性又需体现一定的经济效益。

（四）效益评价

效益评价包括成本效果分析和成本效益分析。前者是指为实施项目计划所投入的成本与所产生的卫生效果的比较分析,后者是指投入的成本与所产生的卫生效果转换成货币量度之间的比较分析。效益是在效果的基础上测得的。通常是通过对客观性、数量化资料的收集与分析,以数字或百分比的形式表现组织所得到的成绩,经由评价结果,可以核对组织目标的合理性及实现程度,并找出影响绩效的原因所在,以提高组织效率。

本研究体育场馆的效益评价采纳多元投入——产出指标进行评价。运用数量统计和运筹学方法,采用特定的指标体系,依据统一的评价标准,按照一定的程序,通过定量、定性分析,对企业在一定的经营期间内的经营效益和经营者的业绩,做出客观公正的综合评价,以真实反映该企业的现实状况,预测企业未来发展前景的一门科学。

（五）DEA 方法

数据包络分析（Data Envelopment Analysis, 简称 DEA）是著名运筹学家 A.

Charnes 和 W. W. Cooper 等学者于 1978 年提出的一种系统分析方法[①]。一个经济系统或一个生产过程可以看成一个单元在一定可能范围内,通过投入一定数量的生产要素并产出一定数量的"产品"的活动。虽然这些活动的具体内容各不相同,但其目的都是为了使这个活动取得最大"效益"[②]。DEA 方法将一个"可以通过一系列决策,投入一定数量的生产要素,并产出一定数量的产品"的经济系统(或人)称为决策单元(DecisionM ak ing U nit,简称 DMU)。DEA 是以相对效率概念为基础,以凸分析和线性规划为共聚的一种评价方法。这种方法结构简单,使用比较方便。该方法特别对非单纯营利性的公共服务部门,如医院、学校、某些文化设施等的评价方面被认为是一个有效的方法。而大型体育场馆设施作为准公共产品非单纯营利部门评价其相对效益,该方法具有其他方法所不能替代的优势地位。

二、基础理论

(一)资源配置理论

最先在马克思的《资本论》中进行阐述,虽然没有明确提出过资源配置原理的命题,但论述过资源配置的原理,即最具资源配置意义的理论——生产价格理论,以资本在部门间的流动为核心来阐述相对价格的决定,实际上可称之为资本配置理论。在《资本论》第 3 卷中,马克思提出了"社会必要劳动时间"的第二种含义,提出了总劳动配置的问题。在以后的诸多的学者研究中都肯定了马克思是最先进行资源配置理论的倡导者。美国经济学家萨缪尔森认为资源具有再生和不可再生之分,劳动资源作为生产要素的一种,是不可再生资源,具有有限性,稀缺性,"如何在有限的资源进行空间和时间上的分配,从而使资源的价值达到最大。"[③]正因为劳动及物质资源的稀缺性,决定了资源使用的选择,如何实现现有资源有效和优化配置成为需要研究和解决的问题,也是产生资源配置选择理论的出发点。

在本研究中通过资源配置效应来评价体育场馆效益评价情况,在国际研究体育政策比较研究中采用投入产出体系进行研究,其中 Veerle De Bosscher 等研究的国际精英体育政策比较研究时采用了投入产出系统,其最大的成就在于把政策理论模型降低到可测量的维度,供给出 9 方面 84 个指标的测量体系[④]。荷兰的格罗宁根经济发展研究中心对 10 个不同层次国家从 1950—1990 年的制造业比较研

---

① 魏权铃.评价相对有效性的数据包络分析模型——DEA 和网络 DEA[M].北京:中国人民大学出版社,2015:12.

② 杜栋,庞庆华,吴炎.现代综合评价方法与案例[M].北京:清华大学出版社,2012:62-63.

③ [美]保罗·萨缪尔森,威廉·诺德豪斯.经济学[M].第 16 版.萧琛,译.北京:华夏出版社,1999:263-264.

④ Veerle De Bosscher, Paul De Knopa, Maarten van Bottenburg, et. Explaining international sporting success: An international comparison of elite sport systems and policies in six countries[J]. Sport Management Review,2009(12):113-1336.

究,其中采纳跨国际比较经济增长和发展的官方统计方法为收入和支出法,用人均收入和劳动生产率指标进行统计分析,这大大促进了许多国家的经济比较系统①。Beckerman W.国际收入比较研究②等相关国际比较及国内经济比较研究中较多地采纳了投入产出法进行分析。综合国际及国内经济比较研究模型,结合体育场馆实施评价,以及参考钟伟俊研究的资源配置逻辑模型③,即输入输出法,制定体育产业资源配置过程反馈图(具体见图7-1)。其中输入指标即投入要素采用劳动力指标即体育场馆年末计从业人员情况,输出指标即产出要素为体育场馆设施在国民经济中产生的增加值,即为全省的产业贡献率情况。

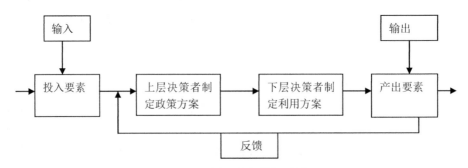

图7-1   资源配置过程反馈图

(二) 产业政策理论

产业政策的本质是一种政府行为,是一种非市场性质的经济调控手段,是政府管理经济的基本工具。制定和推行产业政策是政府经济职能的重要实现形式。各国学者对经济理论系统地阐述了在完全的市场竞争条件下,市场是只"看不见的手"能优化社会资源配置,使社会资源的使用达到最高。后来经过古典、新古典经济学家发展的经济自由理论和自由放任政策在相当长一段时间内推动着资本主义经济的高速发展,特别在欧洲、北美等地区。但实现经济却并不是纯粹的完全市场竞争,当存在外部经济、垄断、公共物品生产各种情况时,市场对资源的分配并不总是有效的,即存在市场失灵。当市场失灵时需要政府有形的手来调控、稳定国家的经济发展,凯恩斯理论发展并盛行。凯恩斯当时提出两个重要论点:第一,市场经济中高失业率和未被完全利用的生产能力有可能长期并存;第二,认定政府的财政

①   Bart van Ark. International Comparisons of Output and Productivity [J]. Groningen Growth and Development Center Monograph Series NO.1,1993(4):7.

②   Beckerman W. International Comparisons of Real Income [M]. Paris: OECD,1966.

③   钟伟俊,徐南荣.分散组织结构下的资源配置模型及其方法研究[J].管理工程学报,1996(3):132-136.

货币政策能够影响产出从而降低失业率并缩短经济衰退①。认为国家干预的政策主张有两大特点：其一是以稳定经济为目标；其二是强调财政政策在稳定经济中的重要作用。后发优势理论：德国的历史学派先驱李斯特立足于后发展国家，在其研究的"政治经济学的国民体系"提出"生产力理论"和"经济发展阶段理论"。提出在经济发展的不同阶段应有不同的制度安排，这在一定意义上给落后国家通过不同的政策来实现由劣势向优势转变提供了理论依据。美国经济史学家格申克龙通过对德国和意大利等国经济追赶经验的研究中首次提出"后发优势"概念，国家的后发优势假说为后发优势理论奠定了一定的理论基础，是真正意义上的后发优势理论的倡导者②。传统的"比较成本理论"源自李嘉图的"国际分工理论"。李嘉图认为，各国生产条件不同，生产各种产品的成本不同，每个国家都应生产它最具成本优势的产品。如果一个国家各种产品都有成本优势，则在其中选择最具优势的产品，"两优取其重"；如果一个国家各种产品都处于成本劣势，则选择劣势最小的产品，"两劣取其轻"。这样进行国际分工、合作，各国都能获得利益，实现国际资源的最优配置。从静态的观点看，李嘉图的国际分工理论是有道理的，称为"静态比较成本理论"。按照李嘉图的"国际分工理论"，先进国家生产高附加值产品，后进国家生产低附加值产品，后进国家永远处于不利的国际分工地位，因此，该理论受到后进国家的非议。当时尚处于后进地位的德国经济学家李斯特对此提出挑战，他认为："比较成本优势不是绝对的，是可以变化的，如果后进国家对尚处于'成本劣势'的'幼稚产业'进行保护、扶持，'成本劣势'可以转化为'成本优势'，从而跻身于高附加值产品的生产行列，改变自己不利的国际分工地位。"李斯特从动态的观点看待"比较成本"，他的学说被称为"动态比较成本理论"。通常所说的后发优势理论是学者们在李斯特动态比较成本理论的基础上提出的。他们认为，后来者能够在经济发展中具有比先行者更有利的条件和地位，这种条件和地位就称为"后发优势"。产业国际竞争力理论：产业国际竞争力理论认为，产业政策是当今世界各国更好地参与国际竞争的需要，这是世纪之交各国普遍兴起的理论主张，其基本共识是支持产业政策存续和适度强化，运用政治杠杆推动其利益发展，政府部门采取新产业政策，积极姿态鼓励国内企业向全球化发展，从而导致国际竞争逐步升级③。最具代表性人物是美国的迈克尔·波特。迈克尔·波特强调各行业结构的影响，企业选择具有吸引力的行业并进行定位，强调外部环境对战略制定具有决定性作用④。在李创的研究中提出了四种产业国际竞争力的解释，除波特外，还有金培等

①　[美]保罗·萨缪尔森，威廉·诺德豪斯.经济学[M].第16版.萧琛，译.北京：华夏出版社，1999：299-300.
②　方忠.国外后发优势理论研究回顾及述评[J].中国矿业大学学报（社会科学版），2009（2）：89-93.
③　[美]迈克尔·波特.竞争战略[M].陈小悦，译.北京：华夏出版社，2004：6.
④　[美]迈克尔·波特.竞争论[M].高登第，李明轩，译.北京：中信出版社，2003：1.

学者的解释,并提出了分析产业国际竞争力分析模型①。

产业政策理论对本研究的理论和实践操作具有引领和指向作用,两方面相互依存相互促进,另一方面,体育产业政策的实践又对理论不断地提出新的要求,提供新的素材,以此推动体育产业经济理论的丰富和发展。

（三）公共选择理论

公共选择理论是一种新发展的理论,是运用经济学的分析方法来研究政治决策机制如何运作的理论。现实生活中人们通过政府的决策过程去决定公共产品的提供。西方经济学中"经济人"的假设引入是以对政治体制和政府行为的分析为基础的②。政府总是为了促进国民经济发展,提高社会福利和满足人们的需求不时地制定和采取适当的干预引导政策,但政府也会存在可能做出不符合时下社会发展或是没能执行好制定的政策。凯恩斯认同亚当·斯密自由市场制度有效,是激发个人创造性,提高社会资源配置的有效手段,但同时他认为市场本身存在一定的缺陷,只有提高政府对宏观经济管理调控的职能才能弥补市场的缺陷,提出国家干预理论③。在二战以后,很多国家的很多服务产品及物品超过三分之一由国家政府支配,而不是接收市场的分配,迫切需要另一种市场经济理论体系外的理论来证实国家的经济决策,由此应运而生了公共选择理论④。认为国家应当更多地担负起纠正市场机制的缺陷、使社会资源得到优化配置的责任。公共选择理论是一种研究政府决策方式的经济学和政治学。公共选择理论考察了不同选举机制运作的方式,指出了没有一种理想的机制能够将所有的个人偏好综合为社会选择;研究了当国家干预不能提高经济效率或改善收入分配不公平时所产生的政府失灵;还研究了国会议员的短视,缺乏严格预算,为竞选提供资金所导致的政府失灵等问题。

约瑟夫·熊皮特在《资本主义、社会主义和民主》一书中开创了公共选择理论。诺贝尔经济学奖得主肯尼思·阿罗将精密数学引入社会选择的研究领域,在1951年发表了《社会选择和个人价值》。詹姆斯·布坎南1949年发表了《政府财政的纯理论》,以及和戈登·图洛克合著的《赞同的计算》(1959年)中进一步研究为制衡制度进行论证,剖析了在政治决策中所使用的一致同意原则。为此,詹姆斯·布坎南在1986年获诺贝尔经济学奖。在那以后公共选择理论成为经济学研究中的一个新学派。

体育作为公益性、福利性产品被各国推行,特别是公共体育场馆,作为公共产

---

① 李创.产业国际竞争力理论模型研究[J].当代经济管理,2006(2):26-32.
② 杨开晖.公共选择理论及其启示[J].山东大学学报(哲学社会科学版),1994(1):103-106.
③ [美]保罗·萨缪尔森,威廉·诺德豪斯.经济学[M].第16版.萧琛,译.北京:华夏出版社,1999:231-232.
④ 阮守武.公共选择理论及其应用研究[D].合肥:中国科学科技大学,2007:4.

品的生产和消费问题不用由市场上的个人决策来解决,必须由政府承担提供公共产品的任务,政府确定公共产品的最优数量和规模。但大型体育场馆部分投资掺合了社会资本资源,为一种准公共产品,其相应有私人产品和公共产品的双重性,可从经济和技术层面进行成本——收益的分析,运用公共选择理论来分析今后我国准公共产品的体育场馆运营的政府干预与社会自助相结合的多元化运作。

第四节　研究对象、方法及思路

一、研究对象

以体育场馆的运营效益为研究对象,通过对浙江省部分座位数 20 000 个(含 20 000 个)以上的体育场、座位数 3 000 个(含 3 000 个)以上的体育馆、座位数 1 500 个(含 1 500 个)以上的游泳馆(跳水馆),以及区域内的公共体育场地和设施,服务于群众性健身锻炼和赛事的场馆。

二、研究方法

(一)文献资料法

阅读大量的产业经济学、公共经济学、公共管理学、新制度经济学、社会学、综合评价学方法、数据包络分析模型等有关专著,并且通过 CNKI 中文数据库期刊阅读、电子文献检索等手段查阅关于体育场馆建设发展、经营管理、投融资模式、效益(绩效)评价等大量资料,纵观体育场馆研究的进展,把握国内外体育场馆效益评价研究成果,为本研究作参考;依托和采用产业结构理论、资源配置理论、产业政策理论、公共选择理论等,为典型研究作基础;提取本研究可适用的研究方法——包络数据分析法进行效益评价研究。通过查阅和综合分析,为本研究的文献综述和理论模型构建打下扎实的基础。

(二)访谈法

对部分体育场馆的负责人、体育行政部门的主管领导以及体育场馆研究的专家人士就体育场馆建设规划、场馆经营、政策制定等问题进行访谈,设计相应的访谈提纲,电话访谈等方式,采取深度访谈与半结构式访谈相结合的方法,对体育场馆及其负责人进行访谈和调查。访谈人员涉及省体育局主管体育产业的领导 1 人、宁波市体育局、嘉兴市体育局、杭州市体育局、温州市体育局体育产业法规处主管各 1 位,共计 4 人,嘉善文体局局长、平湖文体局局长、南湖区教育文化体育局科长、宁波江北体育局局长、科长等数人;体育产业法规处干事若干,黄龙体育中心、嘉兴体育馆、宁波体育中心主管领导各 1 人,共计 3 人。以获得定量和定性材料,为今后更好地经营管理体育场馆制定政策建议提供参考依据。

（三）实地考察法

实地调查走访浙江省黄龙体育中心、宁波市富邦体育场、宁波雅戈尔体育馆、嘉兴体育馆、海宁游泳中心、嘉兴国际网球场、宁波鄞州区体育馆等体育场馆,通过实地考察走访了解各体育场馆的运营情况,以及各场馆承办大型赛事、文艺汇演、公益活动等情况。

（四）社会调查法

本研究主要根据浙江省体育局要求各市报送大型体育场馆基本情况,以"大型体育场馆（单体）基本情况统计表（2011 年版）"为基础,适当增加相应的报表栏目而成。选定体育场馆的运营负责人或财务人员,进行当面访谈时填答或根据名录库邮件发送,共回收 15 家单位。其中体育馆类 11 家,游泳馆 1 家,体育场 3 家。因涉及其财务数据,统计数据时以 1—15 编号代替。

（五）数据包络分析法

以大型体育场馆（单体）基本情况统计表调查数据以及第六次普查中体育场馆调查数据的乙表和丙表中提取相应数据,主要投入产出数据对体育场馆效益评价通过 DEA1.3 软件进行实证分析。其中体育场馆建筑面积、观众座位数量和从业人员该三个指标选定为投入指标,对外开放场地面积、全年对外开放天数、周对外开放时数、周接待健身人数该四个指标选定为产出指标。在投入指标选取时场馆建设投资总额因建场馆年份不同,消费指数增加因素、原材料、用工等成本差异,导致数据没有可比性。如 1996 年建成宁波市体育场当时投资额为 2 000 万元,而 2010 年建成嘉兴体育馆投资总额则为 1.63 亿元。所以该指标剔除在外。另外周接待健身人数该指标由于两张问卷数据差异,以区间作为调查数据,而 DEA 软件对原始数据格式不接受,在输入数据时作区间的加权平均值为该调查数据。经济效益指标以调查数据中的支出和收益两指标,即效益评价中的特例,具有一个投入和一个产出的情况计算。

三、具体计算方法

在社会、经济和管理等领域中,常常需要对具相同类型的部门、企业或是同一单位不同时期的相对效率进行评价,这些部门、企业或是时期成为决策单元（DMU）。进行评价的依据是决策单元的一组投入指标数据和一组产出指标数据。投入指标是决策单元（体育场馆）在运营过程中需要消耗的经济量;产出指标是决策单元（体育场馆）在相应投入要素组合下,表明活动产出成效的经济量。根据投入指标数据和产出指标数据评价决策单元的相对效率,即评价不同体育场馆之间的相对有效性。C^2R 模型是 DEA 的第一个模型,也是经典相对效益分析模型。

C^2R 模型已成为管理科学与系统工程领域一种重要而有效的分析工具。对已知的 n 个决策单元,可用 DEA 方法来判断各个单元投入/产出的合理性、有效性。

设定某个 DMU 在体育运营过程中的输入向量为 $x=(x_1,x_2,\cdots,x_m)^T$,输出向量为 $y=(y_1,y_2,\cdots,y_s)$。则可以用 (x,y) 来表示这个体育场馆(DMU)运营的整个生产活动。

现设有 n 个 $DMU_j(1\leqslant j\leqslant n)$,$DMU_j$ 对应的输入、输出向量分别为:

$$x_j=(x_{1j},x_{2j},\cdots,x_{mj})^T>0 \quad j=1,2,3,\cdots,n$$
$$y_j=(y_{1j},y_{2j}\cdots,y_{sj})^T>0 \quad j=1,2,3,\cdots,n$$

而且 $x_{ij}>0,y_{rj}>0,i=1,2,3,\cdots,m;r=1,2,3,\cdots,s$

即每个决策单元有 m 种类型的"输入"以及 s 类型的"输出"。

x_{ij} 为第 j 个决策单元对第 i 种类型输入的投入量;

y_{rj} 为第 j 个决策单元对第 r 种类型输出的产出量。

x_{ij} 和 y_{rj} 即为体育场馆已选取的投入和产出数据,即三个输入变量和四个输出变量。本研究中对 DMU 未做输入和输出进行"综合",不赋予每个输入和输出恰当的权重。并不给定输入、输出权向量:投入 $v=(v_1,v_2,\cdots,v_m)^T$,产出 $u=(u_1,u_2,\cdots,u_s)^T$,而是把他们看作变向量。然后根据相应的投入和产出变量来分析。v_i 为对第 i 种类型输入的一种度量(权);u_r 为对第 r 种类型输出的一种度量(权)。

每个决策单元 DMU_j 都有相应的效率评价指数:

$$h_j=\frac{u^T y_j}{v^T x_j}=\frac{\sum_{r=1}^{s}u_r y_{rj}}{\sum_{i=1}^{m}v_i x_{ij}} \quad j=1,2,\cdots,n$$

通过数据处理可以适当地取权重系数 v 和 u,使得 $h_j\leqslant 1$。

通常,对第 j_0 个决策单元进行效益评价,h_{j0} 越大,表明 DMU_{j0} 能够用相对较少的输入而得到相对较多的输出。这样,如果要对 DMU_{j0} 进行评价,看 DMU_{j0} 在这第 n 个 DMU 中相对来说是不是最优的。当考察尽可能地变化权重时,h_{j0} 的最大值究竟是多少,以第 j_0 个决策单元的效率指数为目标,以所有决策单元的效率指数为约束,就构造出如下的 C^2R 模型。

$$\max h_{j0}=\frac{\sum_{r=1}^{s}u_r y_{rj0}}{\sum_{i=1}^{m}v_i x_{ij0}}$$

$$s.t.\ \frac{\sum_{r=1}^{s}u_r y_{rj}}{\sum_{i=1}^{m}v_i x_{ij}}\leqslant 1 \quad j=1,2,3,\cdots,n$$

$$v = (v_1, v_2, \cdots, v_m)^T \geqslant 0$$
$$u = (u_1, u_2, \cdots, u_s)^T \geqslant 0$$

其中 $v \geqslant 0$ 表示对于 $i = 1, 2, \cdots, m$，$v_i \geqslant 0$，并且至少存在某 $i_0 (1 \leqslant i_0 \leqslant m)$，$v_{i0} > 0$。同样，对 $u \geqslant 0$ 的含义相同。即构成以下最优化模型 $(C^2 R)^I$ 中 I 表示输入 (input) 模型，模型见下。在数学规划领域里由 Charnes 和 Cooper 首先给出的处理分时规划的方法，随后被人们称为 C^2—变换。

$$(C^2 R)^I = \begin{cases} \max h_{j0} = \dfrac{\sum\limits_{r=1}^{s} u_r y_{rj0}}{\sum\limits_{i=1}^{m} v_i x_{ij0}} \\ s.t. \ \dfrac{\sum\limits_{r=1}^{s} u_r y_{rj}}{\sum\limits_{i=1}^{m} v_i x_{ij}} \quad j = 1, 2 \cdots ; j_0, \cdots, n \\ v \geqslant 0, v \neq 0 \\ u \geqslant 0, u \neq 0 \end{cases} \qquad (7-1)$$

对线性规划模型使用 Charnes-Cooper 变换，即：

$$t = \frac{1}{v^T x_0}, \omega = tv, \mu = tu$$

则变成如下的线性规划模型：

$$(C^2 R)^I = \begin{cases} \max h_{j0} = \mu^T y_0 \\ s.t. \omega^T x_j - \mu^T y_j \geqslant 0 \quad j = 1, 2, \cdots, n \\ \omega^T x_0 = 0 \\ \omega \geqslant 0, \mu \geqslant 0 \end{cases}$$

用线性规划的最优解来定义决策单元 h_{j0} 的有效性。利用该模型来评价决策单元 h_{j0} 是不是有效是相对于其他所有单元决策单元而言。

体育场馆的调查数据中以经济指标中以年度计收支情况来进行分析，即只有一个收入合计和支出合计两个指标来分析，也就是模型中的特例，即：$m = 1, s = 1$，即具有一个投入和一个产出的情况。任取 DMU_{j0}，由

$$\frac{u y_j}{v x_j} \leqslant 1, j = 1, 2, \cdots, n$$

$$v > 0, u > 0$$

则可获得：

$$\frac{u}{v} \leqslant \frac{x_j}{y_j}, j = 1, 2, \cdots, n$$

于是就获得单输入输出的 C^2R 模型为

$$(C^2R)^I = \begin{cases} \max \dfrac{uy_0}{vx_0} = h_{j0} \\ \dfrac{u}{v} \leqslant \dfrac{x_j}{y_j}, j=1,2,\cdots,n \\ v > 0, u > 0 \end{cases} \qquad (7-2)$$

也可转化为(等价于)如下公式：

$$(C^2R)^I = \begin{cases} \dfrac{x_0}{y_0}\left(\max \dfrac{u}{v}\right) = h_{j0} \\ \dfrac{u}{v} \leqslant \dfrac{x_j}{y_j}, j=1,2,\cdots,n \\ v > 0, u > 0 \end{cases} \qquad (7-3)$$

当 DMU_{j0} 为 DEA 有效时,则效率指数 $h_{j0}=1$ 时,表明 DEA 有效的 DMU_{j0} 的相对效率指数 h_{j0} 是 n 个决策单元中生产率的最大者。

四、研究思路

本研究首先对我国体育场馆建设发展背景及相关理论进行阐述,特别是相关政策刺激下的体育场馆投资建设发展;其次,运用产业相关理论,选择主要评价分析方法——投入产出法,确定投入产出指标;再次是运用 DEA 分析对"第六次场地普查"和"体育场馆(大型场馆)及相关统计数据"就我国体育场馆效益进行实证评价分析;最后通过体育场馆效益评价分析固定资产配置有效性等,提出我国制定体育场馆建设发展政策导向以及区域性体育场馆投资方向抉择的建议。研究思路演进图见图 7-2。

第五节　基于 DEA 模型的实证分析

一、基本情况

体育场馆来源于第六次普查数据和大型体育场馆(单体)基本情况统计数据。其中体育馆为 11 家,其中游泳馆 1 家,体育场为 3 家,因涉及经济数据,所调查体育场馆以 A1—A15 编号统计分析。

本次调查的 15 家单位中,事业单位为 10 家,企业单位为 5 家。

15 家体育场馆中,建成年份不同,其中最新的有 3 家,是 2010 年新建成。2009 年和 2002 年建成的各 2 家,2011、2008、2006、2005、2003、2000、1997、1994 年各建成一家体育场馆。

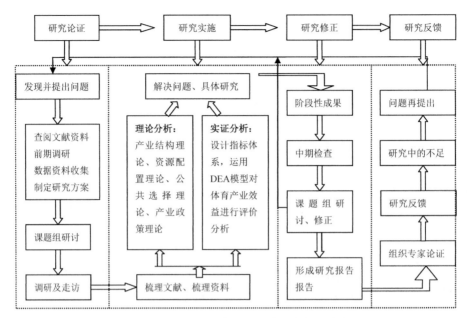

图 7-2　体育场馆投资效益评价研究演进路线图

　　从 15 家调查单位得出,自主运营的体育场馆有 10 家,其中企业单位企业化为主运营,还有事业单位企业化运营的自运营的体育场馆,还有直接有体育局直属管理的自运营模式。委托运营的体育场馆有 5 家。没有一家单位是合作运营模式。

二、体育场馆社会效益评价分析

(一)基本数据分析

　　针对调查数据汇总成表 7-1。其中有两家体育馆虽有对外开放的场地,但其主场馆作为比赛主场对外开放,针对群众性的体育健身活动类不予开放,产出指标数为 0。总投资额因投建年限的差异,差不多规模的体育场馆且投资金额相差很大,由于 CPI 指数上涨,不同年份建筑场馆的用工成本、原材料价格因素等,导致该数据无可比性,所以在后面的 DEA 软件输入时放弃该指标作为投入指标。搜集到的原始资料显示所有单位填写的场地面积与对外开放场地面积基本为同一数据,该指标的投入产出每决策单元为全部 DEA 有效,所以在投入指标选择时放弃场地面积和投入指标而保留建筑面积指标。

　　所调查的 15 家单位中除了 2 家不对外开放外,其余所调查的体育场馆全年对外开放时间全部在 300 天以上。其中 7 家体育场馆全年全天候开放,所调查的 3 家体育场,所谓的全天候开放是相应周边附属设施全年开放,主场地不对居民全年开放。13 家体育场馆周对外开放时间最高的达 112 小时,即每天开放时间达到 16 小时,开放持续时间非常长,最短的为 49 小时,平均 13 家体育场馆开放时间为 76.5 小时,每天平均开放约为 11 小时。作为事业单位或企业化运作的体育场馆相应国家规定,体育场馆需免费或低收费向居民开放。如嘉兴体育中心作为企业化运作的自主经营单位也做到自 2014 年 7 月份正式向社会全面开放。2015 年 1 月迄今,体育中心免费开放服务健身人群达 50 300 人次。其中,体育中心内场接待服务的健身群众(包括田径场及足球场运动人员)达 26 000 余人次;西广场篮球场、田径训练场及体育公园共接待健身群众达 12 300 人次(资料来源:关于 2015 年市政府民生实事项目——进一步开放公共体育设施进展情况汇报)。

从体育场馆周接待健身人数数据得出,3 家体育场由于其场地面积大,周边附属设施多,所接待的健身人数明显多于体育馆或是游泳馆,多达到 5 001～10 000 人次。馆周接待健身人数 500 人次以下和 500～2 500 人次的各 5 家。其中 A10 为海宁市游泳馆,其周平均接待人次达到 500～2 500 人次,虽然周开放时间在 13 家中最低的,但其接待健身人数较多,这跟浙江实行游泳中考相关,其运行单位为海宁市五环投资开发有限公司,作为企业化运营单位除相应的比赛任务外,做足对外游泳培训、健身开放等业务。

表 7-1　我国部分大型体育场馆投入产出(社会效益)原始数据

DUM	投入指标					产出指标			
	投资 总额 (万元)	建筑 面积 (m²)	场地 面积 (m²)	观众 座位 数(个)	从业人 员人数 (人)	对外开 放场地 面积(m²)	全年对 外开放 天数(天)	周对外开 放时间 (小时)	周接待 健身人次 (人次)
A1	16 000	18 575	4 000	5 610	15	4 000	300	56	500～2 500
A2	2 850	19 287	1 728.7	3 200	5	1 728.7	320	84	500 以下
A3	1 800	21 656	2 700	5 792	8	2 700	84	84	500 以下
A4	9 518	16 465	1 498.94	4 498	12	1 498.94	0	0	0
A5	4 000	11 485	1 100	4 552	8	1 100	365	84	500 以下
A6	23 000	300 000	3 400	7 200	5	3 400	0	0	0
A7	5 183.93	12 989.52	18 837.5	3 206	9	18 837.5	365	112	500～2 500
A8	6 000	18 000	10 076	3 000	21	10 076	365	98	500 以下
A9	3 400	10 990	1 179	3 100	8	1 179	360	84	500～2 500
A10	7 350	19 635	9 431	1500	30	9431	345	49	500～2 500
A11	13 500	22 560	2 400	5180	10	2400	365	84	500～2 500
A12	16 030.93	18 500	6 000	5 884	13	6000	300	56	500 以下

（续表）

DUM	投入指标					产出指标			
	投资总额（万元）	建筑面积（m²）	场地面积（m²）	观众座位数（个）	从业人员人数（人）	对外开放场地面积（m²）	全年对外开放天数（天）	周对外开放时间（小时）	周接待健身人次（人次）
A13	2 000	35 700	26 123	30 000	6	26 123	365	84	5 001～10 000
A14	34 300	55 115	38 000	33 000	14	3 800	326	60	5 001～10 000
A15	30 000	1 000 000	60 000	54 000	150	60 000	365	60	5 001～10 000

注：数据取于第六次场地普查数据和浙江省大型体育场馆（单体）基本情况统计表。

（二）社会效益评价

对原始数据进行输入和输出指标筛选，其中体育场馆建筑面积、观众座位数量和从业人员三个指标选定为投入指标，对外开放场地面积、全年对外开放天数、周对外开放时数、周接待健身人数四个指标选定为产出指标。另外周接待健身人数指标由于两张问卷数据差异，以区间作为调查数据，而 DEA 软件对原始数据格式不接受，在输入数据时作区间的加权平均值为该调查数据。原始数据中出现小数点部分处理成四舍五入法，化零为整。对原始数据根据计算公式（7-1），即多投入多产出的 DEA 的 C^2R 模型，通过 DEA1.3 软件包进行数据处理得出运算结果（具体见表7-2）。

表7-2　大型体育场馆运营社会效益运算结果统计表

DMU	Score	INPUT1 {I}{V}	INPUT2 {I}{V}	INPUT3 {I}{V}	OUT1 {O}{V}	OUT2 {O}{V}	OUT3 {O}{V}	OUT4 {O}{V}	Benchmarks
A1	59.23%	0.69	0.31	0	0.03	0	0	0.97	7(0.14)　9(0.79)　13(0.01)
A2	100.00%	0	0.05	0.95	0	0.63	0.37	0	2
A3	71.31%	0.33	0	0.67	0	0	1	0	2(0.60)　7(0.30)
A4	6.28%	1	0	0	1	0	0	0	7(0.08)
A5	100.00%	0.24	0	0.76	0	1	0	0	1
A6	25.95%	0	0.27	0.73	1	0	0	0	7(0.11)　13(0.05)

（续表）

DMU	Score	INPUT1 {I}{V}	INPUT2 {I}{V}	INPUT3 {I}{V}	OUT1 {O}{V}	OUT2 {O}{V}	OUT3 {O}{V}	OUT4 {O}{V}	Benchmarks
A7	100.00%	0	0.44	0.56	1	0	0	0	8
A8	94.31%	0	1	0	0	0.07	0.93	0	7(0.77) 10(0.25)
A9	100.00%	1	0	0	0	0.56	0	0.44	5
A10	100.00%	0	1	0	0.02	0	0	0.98	2
A11	76.98%	0	0.21	0.79	0.01	0.72	0	0.27	2(0.18) 7(0.02) 9(0.81) 13(0.03)
A12	52.96%	0.3	0	0.7	0.05	0.95	0	0	5(0.32) 7(0.29) 9(0.21)
A13	100.00%	0	0	1	0.41	0	0	0.59	4
A14	83.55%	0	0.85	0.15	0	0	0	1	9(0.84) 13(0.83)
A15	29.20%	0	0.82	0.18	0.03	0	0	0.97	7(3.05) 9(1.92) 10(0.03)

　　运算结果得出，总体15家大型体育场馆有6家为DEA有效，占总体的40%，所调查的浙江省部分大型体育场馆在运营中社会效益一般。其中11家体育馆中有4家显示DEA有效，占36.4%，3家体育场中1家DEA有效，占33.3%，1家游泳馆显示DEA有效，100%有效。所输入的单元A4和A6两家单位在体现社会效益时表示投入明显"超量"，在产出中存在巨大亏损。作为两家大型赛事的主场单位，未能考虑面向社会开放，与现在国家号召的低收费或免费向社会开放相违背。A15作为大型体育场其虽然对外开放天数或是周平均接待人数及对外开放时间时数都较大，但相对于其投入指标，显示为DEA无效，社会效益功能还存在巨大亏量，需要增加其规模效益。从DEA有效的6家单位看，体育场馆的观众座位数基本满足大型场馆条件的那些场馆效益最好，而场馆中观众座位越大，反而显示为DEA无效。游泳场馆社会效益显现非常好，这与浙江省的中考游泳政策有关，更主要的是与经营管理该游泳中心的主体有关，游泳中心由海宁市鸿翔体育文化产业有限公司经营管理。该公司由主营体育场馆到健身、培训、赛事策划等多方向多元化经营的实体经营公司，在嘉兴地区乃至浙江省典范企业。其作为"体育场馆经营及健身服务类"成为首批浙江省体育产业引导资金奖励单位，其运作规范、科学、有序，经营管理出成效。

　　从6家DEA有效体育场馆对其他体育场馆榜样（Benchmarks）看，其中A7（平湖体育馆）对其他场馆8家单位具有榜样作用。其对外开放面积还超过建筑面积,主要平湖体育局充分利用周边相关附属设施对外开放。年锻炼受益人员场内为 30 万人,场外还有 15 万人,社会参与度非常广泛。另外平湖体育馆周对外开放时数是所有调查单位中最多的一家,每天平均开放达 16 小时,可见其经营管理的付出。DEA 有效场馆对其他体育场馆做榜样的其次是 A9(嘉善体育馆),他对 5 家体育场馆具有榜样作用。引进品牌赛事,浙江女排主场,同时成就了一支能上中央电视台的平均年龄 45 以上的"啦妈宝贝"队伍,形成嘉善体育"男人打排球,女人跳排舞"的红火健身场景。虽是事业单位依托"体育中心"管理的体育馆,但做到每周有活动,管理团队同心协力,靠市场化运作在显现社会效益的同时 2014 年约盈利 50 万,管理出绩效。

从计算结果得出,场馆 2、5、7、9、10、13 为 DEA 有效,其他场馆运营相对 DEA 无效,原因可能是投入过多,或者产出过少。根据所选投入指标相对固定,在体育场馆运营中为提高其社会效益,向社会提供更好的公共服务,需要在今后的发展中扩大产出部分或是缩小投入内容。而投入指标中只有从业人员指标可缩减,但从原始数据中显示,我国体育场馆的管理人员都普遍较少,再精减从业人员将无法运作整体场馆,所以只能从扩大产出指标以提高运营效率。运用 DEA 的"投影理论"分析(见表 7-3),如 A1 场馆输出变量 2 即全年对外开放天数,如需要保持现有投入,则全年开放天数需要再增加 59.23%×40.19=23.8 天,输出变量 3,即周对外开放时间,59.23%×27.21=16.1 小时。其他 DEA 无效场馆需要增加数据类推,投入变量建筑面积和场馆座位席为固定数,在计算过程中不再单立,推算值见表 7-4。

表 7-3   体育场馆社会效益评价的运算松弛变量和剩余变量统计表

DMU	Score	{S} INPUT1 {I}	{S} INPUT2 {I}	{S} INPUT3 {I}	{S} OUT1 {O}	{S} OUT2 {O}	{S} OUT3 {O}	{S} OUT4 {O}
A1	59.23%	0	0	1.23	0	40.19	27.21	0
A2	100.00%							
A3	71.31%	0	1251	0	4023	1.37	0	352.4
A4	6.28%	0	27.27	0.04	0	29.04	8.91	119.4
A5	100.00%							
A6	25.95%	74604.03	0	0	0	58.75	16.62	544.2
A7	100.00%							
A8	94.31%	2174.06	0	5.51	6700	0	0	1270
A9	100.00%							

（续表）

DMU	Score	{S} INPUT1 {I}	{S} INPUT2 {I}	{S} INPUT3 {I}	{S} OUT1 {O}	{S} OUT2 {O}	{S} OUT3 {O}	{S} OUT4 {O}
A10	100.00%							
A11	76.98%	3810.16	0	0	0	0	3.35	0
A12	52.96%	0	58.32	0	0	0	21.3	582.2
A13	100.00%							
A14	83.55%	7121.74	0	0	18934	279.4	80.3	0
A15	29.20%	230664.14	0	0	0	1450	444.1	0

表7-4　体育场馆提高社会效益变量增减数统计表

场馆 单位	效益	就业人员 （人）	对外开放 场地面积 （m²）	全年对外 开放天数 （天）	周对外 开放时间 （小时）	周接待 健身人次 （人次）
A1	59.23%	0.7	0	23.8	16.1	0
A2	100.00%					
A3	71.31%	0	2 868.8	1.0	0	251
A4	6.28%	0	0	1.8	0.568	8
A5	100.00%					
A6	25.95%	0	0	15.2	4.3	141
A7	100.00%					
A8	94.31%	5.2	6 318.8	0	0	1 198
A9	100.00%					
A10	100.00%					
A11	76.98%	0	0	0	2.6	0
A12	52.96%	0	0	0	11.3	308
A13	100.00%					
A14	83.55%	0	15 819.4	233.4	67.1	0
A15	29.20%	0	0	423.4	129.7	0

不同场馆对产出指标存在差异，A3场馆主要为增加对外开放场地和增加周接

待健身人员数量。而 A6 场馆主要增加全年对外开放场地的天数 15.2 天、周对外开放时间超过 4.3 小时周接待健身人数达到 141.2 人次以上才可以显示其运营效益有效,A4 场馆也类似 A6 馆,其主要原因为原始统计数据显示该场馆主馆不对外开放,统计数据填报为 0,导致其开放效率很差。A8 场馆建筑面积不大,只有 18 000 平方米,但其解决从业人员达 21 人,年开放时间及周开放时间都较理想,但其周接待健身人员数量很少,为 500 人次以下。在运算中提出,该场馆为提高效益,一是要精简管理人员,二是提高开放场馆面积,再增加 6 318.8 平方米,三是吸引健身人群,周接待健身人群再增加 1 198 人次,才能达到运营高效。场馆 A13 和 A14 从理论上推算增加全年对外开放天数和周对外开放时间,从而提高其运营效益,但原始数据显示这两场馆位全年对外开放时间分别是 326 天和 365 天,该推算为无效,增加周开放时间可提高其效益,或是提高场地的开放数量(面积)。体育场馆为提高其运营效益,更好地服务全民健身,需多开展培训项目、承担大型赛事、文化演出等活动而扩大其影响力,增加参与人数,提高产出指标中周接待人数,对有条件的体育场馆多方面开放场馆,增加每天对外开放时长等。

三、体育场馆经济效益分析

(一)基本数据分析

针对调查数据汇总成表 7‐5。因场馆调查时有一单位未获得支出、收入数据,调查汇总数据为 14 家单位。从汇总数据看我国体育场馆经济效益,有 50% 的场馆有盈利,其中一家场馆净利润为 0,不对外开放,不产生经济效益,完全财政补助和比赛相关收益完全用于比赛的相关支出。从体育场馆累计开展的体育赛事及文艺演出及开展展览活动看,活动开展越多场馆支出越多,亏损也多。场馆总体运行经济效益偏差,经营收入负增长显多。

表 7‐5　我国部分体育场馆投入产出(经济效益)原始数据

DUM	支出合计 (万元)	收入合计 (万元)	净利润 (万元)	体育赛事及文化 演艺展览(次)
A1	180	184	4	8
A2	25.3	82.4	57.1	9
A3	155	146	−9	20
A4	95	139	44	6
A5	112	175	63	21
A6	52	52	0	29

（续表）

DUM	支出合计（万元）	收入合计（万元）	净利润（万元）	体育赛事及文化演艺展览（次）
A7	260	211	−49	50
A8	220	180	−40	7
A9	262	250	−12	29
A10	286.9	278	−8.9	4
A11	2004.73	1984.85	−19.88	30
A12	258.83	282.21	23.38	8
A13	65	70.9	5.9	17
A14	396.2	455.39	59.19	29

（二）经济效益评价

根据经济效益指标以调查数据中的支出和收益两指标,即效益评价中的特例,具有一个投入和一个产出的情况计算。运用计算公式(7−3),对支出和收益的基本数据进行处理,四舍五入法,化零为整。在 DEA1.3 软件中输入数据,运算结果显示,只有场馆 2 为经济效益 DEA 有效,其他场馆均以场馆 2 为榜样(具体见表7−6)。该馆同时也体现社会效益 DEA 有效,其他另外 5 家场馆则显现社会效益和经济效益相冲突(具体见表7−7)。所调查的很多体育场馆其运营经济产出明显不足,不管是政府事业单位自主运营模式还是事业企业化运作,都存在经营产出不足,举步维艰。在访谈中最大的希望是希望政府能承担,由政府购买服务,企业化操作,以非营利为目的,追求、提升体育场馆科学化、集约化管理水平,增强复合经营能力,促进服务转型升级。盘活场馆资源,提高使用效益,是政府倡导的主趋向,将更多地体现社会效益。

表7−6　体育场馆运营经济效益运算结果统计表

DMU	Score	INPUT{I}{V}	OUT1{O}{V}	Benchmarks	{S}INPUT{I}	{S}OUT1{O}
A1	31.17%	1	1	2（2.24）	0	0
A2	100.00%	1	1	13		
A3	28.72%	1	1	2（1.78）	0	0
A4	44.61%	1	1	2（1.70）	0	0

（续表）

DMU	Score	INPUT{I}{V}	OUT1{O}{V}	Benchmarks	{S}INPUT{I}	{S}OUT1{O}
A5	47.64%	1	1	2 (2.13)	0	0
A6	30.49%	1	1	2 (0.63)	0	0
A7	24.74%	1	1	2 (2.57)	0	0
A8	24.94%	1	1	2 (2.20)	0	0
A9	29.09%	1	1	2 (3.05)	0	0
A10	29.53%	1	1	2 (3.39)	0	0
A11	30.18%	1	1	2 (24.21)	0	0
A12	33.20%	1	1	2 (3.44)	0	0
A13	33.30%	1	1	2 (0.87)	0	0
A14	35.03%	1	1	2 (5.55)	0	0

表 7-7 社会效益和经济效益比较统计表

DMU	社会效益	经济效益	效益比
A1	59.23%	31.17%	差
A2	100.00%	100.00%	榜样
A3	71.31%	28.72%	社会效益较好
A4	6.28%	44.61%	差
A5	100.00%	47.64%	冲突
A6	25.95%	30.49%	差
A7	100.00%	24.74%	冲突
A8	94.31%	24.94%	社会效益较好
A9	100.00%	29.09%	冲突
A10	100.00%	29.53%	冲突
A11	76.98%	30.18%	社会效益较好
A12	52.96%	33.20%	差
A13	100.00%	33.30%	冲突
A14	83.55%	35.03%	社会效益较好
A15	29.20%	—	—

第六节　本章小结及展望

一、研究小结

体育场馆主要为政府投资建造场馆,或政府与企业分成投资,建成后委托经营管理。部分大型场馆主要为事业单位企业化管理、事业单位管理运营、自主运营和委托经营,存在不同的特点。研究调查出的 40％大型体育场馆社会效益好,DEA 有效场馆主要偏向于大型场馆中的小型场馆,场馆越大,观众座位席越多反而运营效益越差。体育场馆对社会开放度还待增加,主场馆及其相关设施需进一步开发。所调查的体育场馆普遍经济效益较差,只有 1 家显现 DEA 有效,既要提高经济效益又要体现社会效益,存在一定矛盾。在不失体育主功能前提下,积极发展体育旅游、体育会展、体育休闲、文化演艺等多业态融合发展,逐渐形成多功能、多元化发展的体育场馆综合服务体,以满足服务不同居民群众的需求。

二、展望

本研究由于基础数据不足,导致后期分析还不够深入。现有数据还可从输出有效性角度进行分析。针对体育场馆的运营效益应用包络数据分析进行评价研究。后与多位专家以及商学院计量经济学和运筹学教授探讨认为:我国体育场馆特别是体量大的体育场馆,基本为政府投资建造,为社会公共基础设施,应更多地体现其公益性,从社会效益来评价体育场馆的投资运营效益更为合理。确实在最后的运算中也体现了经济效益的有效性不足。另一不足,基于现有面板数据,只提取相应的体现社会效益和经济效益的指标数据,指标数量不够全面,特别是经济效益指标数据,虽是官方数据,但存在不稳定性。

在今后研究中,可完善指标体系,以更全面准确体现真实效益问题,另外可进一步研究大型体育场馆运营中社会效益和经济效益协同发展;大型体育场馆免费低收费开放补助资金评价指标及政策研究;体育公园类健身场馆运营效益评价中的社会效益、经济效益和生态效益三方面来评价等。

第八章　结论与建议

第一节　研究结论

一、政策供给

　　我国健身场馆政策制定发展呈现三个特征,体育场馆政策制定主体趋于联动,并重视建设转向建—管并重,体育场馆政策内容趋于具体化,并对我国体育场馆建设运营产生诸多效益,具体为政策引领下我国体育场馆数量、规模及投资增加,开放、使用率稳步提高,体育场馆建设管理质量逐渐提升,逐步形成体育场馆产业链。通过政策文本典型文本分析,体育场馆供给型政策工具总体使用均衡,供给型政策工具占比 29.63%。内部比例中,场地设施占比 50%、咨询服务占比 25%,在供给型政策工具中使用的比重较为合理;需求型政策工具有待补充,需求型政策工具的使用占比 20.37%,使用较少。内部比例中,服务外包与宣传推广均占需求型政策工具的 45.45%,使用比重较大;政府购买占比 9.1%,比重过小。导致政策工具内部结构失衡,抑制政府的牵制力,政策执行力遭到削弱。环境型政策工具使用"超支",体育相关政策中,整体过度依赖环境型政策工具,《意见》中环境型政策工具达到 50.00%。内部比例中,策略性措施占主导地位,比重达到 51.85%,法规管制使用比例次之,缺少税收减免的相关政策。策略性措施以"总体要求""贯彻落实""加强完善"等构成。政策指向明确,《意见》政策的政策主体中,政府部门与建设机构的政策工具使用达到 62.96%,主要集中在环境型政策工具,需求型政策工具不足;社区群众与社会组织占比 37.04%,主要集中在需求型政策工具,缺少供给型政策工具的使用。政府部门与建设机构的关注度明显要高于社区群众与社会力量,社区群众与社会组织的关注度明显偏少,政策主体失衡。

二、投资建设风险

　　研究通过风险识别,把体育综合体投资建设前期风险指标设定为目标层、准则层、指标层 3 个层次。目标层是体育综合体投资建设前期风险。准则层包括自然风险、经济风险、社会风险、选址风险、政策风险、运营风险、决策风险和技术风险 8 个指标。指标层包括交通可达性、周边配套设施、开发与运作经验等 31 个指标。通过 AHP 与模糊综合评价法进行风险评价，计算出风险指标权重，准则层中选址风险权重为 21.25%，为中等风险指标。指标层中，交通可达性、开发与运作经验、政府商圈规划、周边配套设施、政府财政支持、市场定位规划、产品项目设计、资金及融资能力、市场供求为重要风险指标，总体体育综合体建设投资风险指数为 $R=1.999$，为较低投资建设风险项目。体育综合体风险指标为风险处理中选址风险采用自留风险处理方式；政策风险和决策风险采用损失管理处理方式；运营风险应该采用风险转移和自留风险处理方式。交通可达性风险、政府商圈规划风险和市场供求风险采用避免风险的处理方式；开发与运作经验风险采用损失管理和风险转移相结合的处理方式；周边配套设施风险和政府财政支持风险采用损失管理处理方式；市场定位规划风险和资金及融资能力风险采用避免风险和被动损失管理处理方式；产品项目设计风险采用避免风险和自留风险相结合的处理方式。对指标体系进行实证分析，经过专家应用指标体系对中体 SPORTS 城的投资建设风险打分得出，风险指数为 $R=1.999$，为较低风险投资项目。风险识别过程中风险指标范围广泛、层次清晰；风险评价过程计算指标权重，评价结果具有较强的科学性和准确性；风险处理根据风险指标权重高低和风险评价结果选择不同的处理方式。投资建设前期风险管理具有较强的科学性和可操作性，可为国内体育综合体投资建设风险管理提供借鉴作用。

三、健身场馆布局

浙江省体育公园存量较多，有 244 个，其中宁波市存量最多，丽水市存量最少，4 万平方米及以上的体育公园共有 54 个。在存量基础上，从四个不同的角度将浙江省体育公园分为不同类型，按体量分为大型、中型、小型、微型四类；按功能定位分为体育竞技型、全民健身型、休闲娱乐型、经营型四类；按建造方式分为新建、改（扩）建、体育设施进公园三类；按特色分为立体空间利用、闲置废弃地改造、临近水体、依靠山体、智能化五类。

浙江省体育公园外部空间布局合理性较高，呈现出"三区、两轴、多点"的特征。总体浙江省体育公园密度较小，其中宁波市密度最大、舟山市密度最小；浙江省体育公园呈集聚分布，其中杭州市、宁波市、温州市、绍兴市、台州市呈集聚分布，湖州市、嘉兴市、金华市、衢州市、丽水市、舟山市呈均匀分布；浙江省及各地级市体育公园均呈集中分布，其中舟山市集中化程度最高，温州市集中化程度最低。

浙江省代表性体育公园内部体育场地设施布局合理，交通网络完善程度良好，体育场地设施类型丰富，其中杭州市城北体育公园体育场地设施类型数量最多，共

13 种。代表性体育公园存在维修速度慢,维护力度低;体育场地设施不开放使用,体育场地设施闲置浪费;体育场地设施数量少等需改进方面。

四、服务质量满意度

以绿轴体育公园、滨江体育公园来园顾客的调研,年龄变量与功能体验的满意度呈显著的负相关关系,功能体验的满意度与情感体验、社会体验的满意度呈显著的正相关关系,情感体验的满意度与社会体验的满意度呈显著的正相关关系。不同性别、学历和收入的顾客对体育公园的服务满意度无差异,不同年龄和职业的顾客对功能体验的满意度存在显著性差异。

顾客在功能体验、情感体验和社会体验维度的重要性评分都大于 4,重要性程度的排序为:功能体验>情感体验>社会体验。顾客对功能体验和社会体验维度的满意度接近 4,对情感体验的满意度大于 4,满意度的排序为:情感体验>功能体验>社会体验。整体体育公园的场馆、健身设施及设备质量好;运动环境卫生状况好,舒适程度高;停车场的车位充足;在园区内锻炼能使顾客体验到安全感、舒适感、减压感、被尊重感和认同感。

同时体育公园存在场馆、健身设施及设备,配套设施和休闲娱乐设施不够完善,体育设施、设备的使用说明不够详细,园区内配备的社会体育指导员数量不足,园区周边的交通不够便捷,顾客在园区内进行体育锻炼感受到的成就感和社会归属感较低等问题。

五、运营效益评价

体育场馆主要为政府投资建造场馆,或政府与企业分成投资,建成后委托经营管理。部分大型场馆主要为事业单位企业化管理、事业单位管理运营、自主运营和委托经营,存在不同的特点。研究调查出的 40% 大型体育场馆社会效益好,DEA有效场馆主要偏向于大型场馆中的小型场馆,场馆越大,观众座位席越多反而运营效益越差。体育场馆对社会开放度还待增加,主场馆及其相关设施需进一步开发。所调查的体育场馆普遍经济效益较差,只有 1 家显现 DEA 有效,既要提高经济效益又要体现社会效益,存在一定矛盾。在不失体育主功能前提下,积极发展体育旅游、体育会展、体育休闲、文化演艺等多业态融合发展,逐渐形成多功能、多元化发展的体育场馆综合服务体,以满足服务于不同居民群众的需求。

第二节 研究建议

一、政策供给建议

我国在未来制定体育政策时应注重文本内容中供给型、环境型和需求型三类政策工具的合理运用,将显性供需政策工具与隐性环境型政策工具进行有效结合。同时,关注三种类型政策工具内部各项具体政策的均衡,既要借鉴《意见》中培训、咨询、外包服务等方面的有效供给,同时需要完善资金投入的不足,弥补政策在税收减免的缺失,充分调动各方积极性,通过多元途径和手段推动和保障政策的效力。只有做到供给、需求、环境三者协同发展,政策才能发挥其最优作用,产生最佳效果。在场馆建设方面要考虑因时、因地、因需,大力提倡体育综合服务体、体育公园、废旧厂房及城市金角银边新建、改建、扩建等场所建设,并提高群众体育的信息化、智能化服务水平,激发群众健身热情,形成群众普遍参加体育健身的良好氛围。提出政策供给建议如下:

(一)平衡环境型、供给型、需求型政策工具使用

减少环境型政策工具的使用,合理配置供给型政策工具使用频率,有效增加需求型政策工具的使用,扩大全民健身计划政策的拉动力,弥补需求型政策工具在全民健身各领域中的不足,以减少全民健身市场化的不确定性。

(二)优化政策工具内部的使用结构

X维度上,环境型政策工具内部使用中:①合理分配策略性措施的使用;②增大税收减免等内容的使用力度,通过对市场力量的引入,充分调动各方积极性,通过多元途径和手段保障政策的效力,推动群众体育的可持续发展;③提升科学的运行与反馈机制。供给型政策工具中:①合理增加资金投入;②加强对体育管理人员的培育,提升体育行业人员的整体素养;③加强体育科技的研发与使用。需求型政策工具是最需完善之处:①加大政府购买的力度。运用政府服务外包工具将更多现存资源盘活;②通过搭建全民健身公共服务平台,充分动员社会组织和市场的力量,不断挖掘需求型政策工具的激励作用,进一步激发群众的健身热情。

(三)加强政策工具间的联动

第Y维度各要素在X维度的供给型政策工具使用频率增加时应适当地配合另两类政策工具作为保障,以此优化体育场馆建设的实施环境及畅通供给的途径。X维度政策工具在Y维度各要素中需做到合理化分配。

(四)政策工具分析阶段前移,畅通体育场馆建设多元化供给渠道

①结合省内全民健身事业的开展现状,统筹发展的重点及特点,灵活运用政策

文本内容。②政府和社会市场分工合作,引入多元化全民健身供给渠道,将群众全民健身公共服务需求细分,为不同需求层级的群众提供具有个性化的服务,满足群众的差异化需求。③积极发挥市场作用,政策向能够引领消费的产业化方向倾斜。推动时尚体育类、户外旅游类和极限运动类等深受群众喜爱的场馆设施,引领体育消费的全民健身项目的发展,盘活潜在资源,开辟全民健身发展新路径。

二、投资建设风险建议

（一）多种渠道丰富活动内容,为体育综合体聚集人气

落实 46 号文件精神放开体育竞赛表演市场,给商业赛事和群众性赛事"松绑"。吸引企业投资民间赛事和健身活动,多方面的配套改革。主动申请承办活动,实现从"等活动"到"要活动"观念的转变,凭借自身的资源优势去获取各种活动内容;与大型活动组织机构合作获取大型活动资源,丰富体育综合体运营内容,从而扩大体育综合体的区域影响力,并起到辐射周边产业的作用,聚人气、提活力。

（二）合理规划设计体育综合体,做好"新建""增建""改建"

吸引民间资本进入,规避选址风险,合理规划设计体育综合体是体育综合体更好发挥其城市服务功能的重要因素。我国体育综合体的多元化规划设计发展路径大致可分为以下 3 种:一是整体布局,新建体育综合体;二是原有场馆的开发,融合周边多业态发展,打造体育综合体;三是对其他建筑、设施进行改造,转型为体育综合体。新建体育综合体需要以城市发展为前提,充分考虑城市功能、交通,结合城市空间环境总体规划,要契合城市"3 公里生活圈""15 分钟健身圈"的发展定位,避免出现资源重叠浪费。对原有体育场馆的多元化开发到转型升级,根据自身的特点、资源优势和市场等,合理确定多元化经营内容。其他建筑、设施转型改建为体育综合体,主要有商业综合体向体育综合体的演变和对弃置厂房、仓库等进行体育功能的开发两种。对于改建体育综合体要突出体育元素的同时,也要顺应市场规律增加目前的热门项目,同时要做好与周围其他产业融合发展。

（三）明确综合体发展定位,密切结合总体规划

体育综合体功能定位必须以一定资源禀赋为基础,只有因地制宜发展体育综合体才能充分利用地区资源,降低成本,实现资源优化配置,达到整体最优。具体来讲,从盘活现有设施资源来看,整合现有场馆和附属设施资源,并根据场馆的区位优势和自身条件进行综合体的功能定位。体育综合体的功能定位不应是简单的复制模仿,而是应结合自身资源条件进行定位,具体的发展模式应根据宁波各地区不同的自身条件和优势进行综合开发。

（四）提高消费者体验,配备其他服务设施

中共中央、国务院于 2016 年 10 月 25 日印发并实施《"健康中国 2030"规划纲

要》,该文件是为了推进健康中国建设,提高人民健康水平。会议指出,"推进健康中国建设,要坚持预防为主,推行健康文明的生活方式,营造绿色安全的健康环境,减少疾病发生。要调整优化健康服务体系,强化早诊断、早治疗、早康复,坚持保基本、强基层、建机制,更好满足人民群众健康需求。"大量增加康复保健室和专业的康复保健师符合国家的政策引导,符合市场的发展。同时也可以鼓励宁波市内有条件的地区整合当地优势医疗资源、传统体育项目、中医药等养生保健资源、发展养生、体育和医疗健康相结合的综合体。

对于不论是运动结束之后补充能量还是家人朋友的聚餐来说,配备餐饮的相关场地设施都是一个体育消费者的普遍需求。从体育综合体的经营业务统计表可以看出宁波市的体育综合体对青少年的体育教育培训都很重视,所以更应该增加儿童娱乐区域,以潜移默化地培养潜在消费者。

（五）推动"PPP＋订单"模式,实现后期多元化运营

体育综合体在设计建设之初可以商业综合体"订单产业"模式签订联合协议,共同参与的思路。大型体育综合体建设投资大,通常会给政府带来沉重的债务负担,因此,拓宽融资渠道,吸引民间资本进入,对未来体育综合体的开发和发展有着重要意义;但由于公共体育场馆设施具有公益性的特点,导致投资回报周期长、社会效益与经济效益的平衡难以把握等问题,所以民间投资者投资比较谨慎。

体育综合体在设计建设时要对体育综合体的选址、规模、发展定位、空间的设计、业态分布等与民间合作方进行联合协议,并让运营方共同参与综合体的设计,充分考虑体育场馆的后期使用率、消费者多元化的消费需求,闲置功能房及看台下空间的改造等问题。考虑运营方的意见,尽可能在满足赛事需求的前提下,进行能够更好满足需求、与时俱进的项目开发。此外,在民间资本与宁波市的政府合作时,应尽可能细化双方的权利、责任、义务、利益分配,明确运营要求、商业模式选择、财政扶持政策、绩效考核机制等条件,从而最大限度地避免后期运营可能面临的问题。形成协议规范,更好地推进 PPP 模式在宁波市的体育综合体建设运营中的使用。

（六）校企联合培养,储备运营管理人才

校企联合培养模式是一种以培养学生的全面素质、综合能力与就业竞争能力为重点,利用学校与企业两种不同的教育环境和教育资源,采取课堂教学与学生参加实践有机结合的方式,培养适合不同用人单位需要的、具有全面素质与创新能力人才的教育模式。

合理利用高校资源,现有的体育综合体不仅可以作为学校的实习基地,同时还参与研究和制定培养目标、教学计划、教学内容和培养方式,确立了紧密的合作关系。在校企双方紧密型合作过程中,由于教学计划是校企双方共同制定的,所以学

生在实习前初步具备了适应相应岗位的能力,使体育综合体感受到接受学生实习不仅不是负担,而且成为有效的助力。同时学校让合作的体育综合体优先挑选、录用实习中表现出色的学生,使体育综合体降低了招工、用人方面的成本和风险,获得了实惠与利益。

（七）政府加强融资、税收与土地政策扶持

体育服务综合体预期的收益难以在短期内弥补建设成本,会影响民间资本参与体育综合体投资的积极性。体育场馆综合体的规划、建设、运营和管理涉及财政、税收、规划等多个部门,政府需建立一套长效的政策扶持机制来解决体育场馆综合体发展过程中遇到的一些难题。

政府需明确延续现有政策,出台扶持政策,包括:投融资优惠、税收补贴、土地与运营方面。在投融资方面,政府要鼓励国有或者地方商业银行为综合体投资者提供注资、担保服务,有必要进行部分财政拨款和补助以示支持,给予市场信心以促进融资方式多元化;在运营政策方面,政府部门应出台政策给予优惠,如对于体育场馆综合建设和运营的水电收费可采取居民用电标准收取,对于综合体运营的各种税收,前期可以考虑一定幅度的减免,如所用土地减半征收房产税,对公共体育场馆和群众体育活动的门票收入免征营业税等,为综合体提供良好的投资与经营环境。在综合体建设土地政策方面,在划拨体育用地的同时,务必配套一定商业用地,以调动民间资本投资综合体建设与运营的积极性。

三、空间布局合理性建议

（一）优化布局为方针,逐步空间布局发展

针对浙江省体育公园外部空间布局的特征,在"三区、两轴、多点"的基础上,结合人口密度加强点与轴的联系,促使更多点集聚形成"集聚区",增加浙江省体育公园整体影响范围。积极利用 GIS 分析等工具,以科学合理布局为目标,对布局合理性高的地级市,精细化、精准化优化布局,使布局合理性,让所有居民享受时代发展的红利,真正实现发展成果由人民共享。使浙江省体育公园均衡发展,打造共同富裕示范区体育公园金字招牌,践行城乡区域协调发展引领区的战略定位。

（二）通达便捷为抓手,优化交通网络结构

体育公园场馆选址通达、便捷,建设和改造主要使用对象为青少年和老年人群的体育公园和体育公园内部体育场地设施时要将其更接近公共交通设施。体育公园内部各体育场地设施布局时要兼顾类型相似性,如健身步道和跑步道、健身路径和健身步道使用人群相似,可将其交通网络通达指数降低,使体育场地与体育场地之间交通更便捷、可达性更强;兼顾类型冲突性,具有对抗、竞争特性的体育场地设施,与无对抗、非竞争的体育场地设施的冲突,保持安全使用距离,避免使用群体出现安全事故及发生争执。

（三）增量提质为目标,灵活运用建造方式

在已有体育公园和公园基础上,灵活运用改(扩)建和体育设施进公园方式,在已有体育公园基础上增加体量,对部分公园进行合理规划,科学布局体育场地及体育设施,利用体育项目介绍、运动知识普及、体育雕塑等方式展示体育主题,实现体育公园升级优化。政府鼓励社会力量利用高架下、建筑楼顶等"金边银角"建设体育公园、简化审批流程、减少税收,通过政策倾斜探索社会力量建设体育公园体育场地及体育设施、政府建设体育公园绿化模式。以体育公园作为城市的一扇窗口,展示文明和谐美丽家园形象,实现人与自然和谐共处、人民生活幸福美满的目标。

（四）居民需求为导向,丰富体育场馆类型

浙江省体育公园体育场地类型以常规球类场和健身路径为主,专业化、专项化设施不足,难以满足不同人群的需求,本着全龄友好的原则,体育公园不仅要建设全民健身设施,要建设符合老年人、年轻人、儿童喜好的体育场地,满足不同人口学特征的多元化需求。鼓励借助大数据采集大众运动偏好信息,为体育公园场地设施规划提供支撑[1]。同时鼓励体育公园营利性和公益性统一,既保障体育公园收益,激发社会力量建设体育公园,又保障社会效益。提供高质量、私人性体育场地以供居民消费,提供普通化、大众性的体育场地供居民免费使用,有效做到营利性与公共性有机统一,满足居民多层次需求,践行高质量发展高品质生活先行区战略定位。

（五）复合人才为基础,解决管理效率问题

当前很多体育公园存在设施故障无法解决、智能设施无人管理等问题,其原因是组织管理能力和组织管理思维不匹配[2]。社会体育指导员作为基层社会体育的重要力量,并未得到充分利用,体育公园打造"复合型"社会体育指导员,除去其指导体育锻炼能力外,挖掘其管理能力,赋予体育公园"园丁"使命,对于出现故障的体育设施和体育场地,及时反馈信息,对于居民使用体育公园感受进行收集并向体育公园运营者进行反馈,灵活运用已有人力资源,提高服务效能,提升体育公园使用者满意度。

（六）智能智服为标准,打造"运动加油站"

除去智能跑道和智能健身路径外,利用 VR 技术打造虚拟运动等新型运动方式;设置智能屏幕进行运动互动,增设人脸识别和线上预约等方式使用付费体育场地;同时增设智能标示牌和智能地图,以更立体的形式呈现体育公园布局。

设立"运动加油站",通过扫码等方式租借体育器材、购买体育用品,方便居民

---

① 刘冬华,周铭扬,缪律.体育公园建设时代价值与推进路径[J].体育文化导刊,2023(06):32-37,74.

② 付帅,董欣.城市体育公园智慧化发展价值、障碍与路径[J].体育文化导刊,2022(09):14-20.

运动,同时可增设社会体育指导员或体育教学视频提供体育锻炼指导,引导居民科学健身。

四、服务满意度提升建议

(一)增加社会体育指导员

增加园区内社会体育指导员的数量,定期组织培训活动,引导社会体育指导员创新服务形式,扩大指导范围,为顾客体育锻炼提供理论、技术和医学监督方面的保障。特别要针对中老年顾客的实际需求,给予相应的运动指导,提升中老年顾客对"专业的运动指导"的满意度。

(二)完善设施、改善交通

根据不同年龄、不同职业顾客的真实需求,新增健身、休闲和娱乐设施,特别是适用于中老年顾客的健身设施;改进体育设施、设备的使用说明;完善公共配套设施,如增设便利店、直饮水机、垃圾箱以及调整园区夜间灯光亮度等配套设施;有效开放、利用闲置场馆,以此来提升顾客对功能体验的满意度。提升园区周边交通的便捷程度,例如与交通部门协调,增设公交车站点,提高可达度,增加参与顾客流量。

(三)丰富园区的各类活动

基于顾客的需求,举办形式多样、内容丰富、辐射人群多的体育赛事、体育表演,增加活动的丰富性、多元性,最主要的是提升顾客的参与度。除此之外,可开展培训活动和各类公益活动,如健康、健身知识讲座等。以活动的形式为顾客搭建交流的平台,提升顾客对体育公园情感体验和社会体验的满意度。

(四)兼顾经济和社会效益

解决体育场馆预约问题,提供智能化服务体系。处理好体育企业用馆、会员用馆和非会员用馆之间的关系,探索顾客的实际需求,在体育公园的运营中兼顾经济效益和社会效益。以优质的服务提升顾客的体验感和服务满意度,从而提升体育公园的竞争力。

(五)保持园区的各项优势

继续保持园区及场馆开放时间的便利性和收费的合理性,保持园区良好的卫生状况和舒适的运动环境,保证场馆、健身设施及设备的质量和停车场的车位充足,保持良好的服务态度,以便继续使顾客体验到减压感、被尊重感和认同感。

五、运营效益评价

(一)完善指标体系

完善国家体育场地设施调查统计数据库,精确数据,扩大投入产出指标,使评价更有效、更准确,提供更为全面和可靠的数据支持与实证分析,使效率的评价研究在理论和实践方面得到更广阔的应用。丰富社会科学理论,有助于优化资源利用,不断提取优质榜样。

(二)合理配置资源

更好地发挥这些公共设施在城市社会发展中的作用,以便更有效地配置公共资源,提高场馆资源的利用效率和配置效率,提供体育锻炼的场所,促进社会互动,提高居民的生活质量,传承体育文化等。同时扩大 DEA 效率评价方法在体育领域应用。优化体育场馆资源配置,推动体育场馆的运营效率,推动体育产业发展,推动经济增长,创造就业机会,提升生活质量。

(三)促进城市发展

打造大型体育场馆城市名片,提升运营效益,减轻政府负担,通过对使用效率的全面评估,可以确保体育场馆可持续地管理和保护,减少环境负担,促进体育事业和体育产业可持续发展目标的实现。

附　录

附录 1　体育综合体建设基本情况调查问卷

尊敬的女士、先生：

　　您好！为了研究体育综合体基本情况及风险因素等方面的问题，特设置以下问卷问题。本调查研究只做研究分析，可不必填写姓名，不会对外泄露您的情况，望您在百忙之中抽出宝贵的时间填写问卷。请您在认为合适的答案上打"√"或者在相关的横线和表格处填写。十分感谢您的帮助！

1. 性别

　　a 男　　　　　　　　　　　　　　b 女

2. 调研对象类别

　　a 专家学者　　　　　　　b 政府官员　　　　c 企业管理

　　如果您选 a 或 b，请填体育综合体投资建设前期风险因素评价表、风险指标权重向量判断专家打分表。

　　如果您选 c，请完整填写所有问题与打分表。

3. 体育综合体类型

　　a 体育中心型体育综合体　　　　　　b 全民健身中心型体育综合体

　　c 商业中心内嵌型体育综合体　　　　d 其他型体育综合体

4. 体育综合体基本情况

　　建成年份

　　投资总金额＿＿＿＿万元，其中政府投资＿＿＿＿万元

　　总面积＿＿＿＿ m²

　　停车场有＿＿＿＿片，＿＿＿＿个车位

5. 运行模式

　　a 自主运营　　　　　　　b 合作运营　　　　c 委托运营

6. 主营业务类型（多选）

　　a 体育教育培训　　　　　　　　　b 体育娱乐表演

　　c 体育健身康复　　　　　　　　　d 体育场馆租赁

e 体育销售展览　　　　　　　　f 体育指导服务

g 其他

7. 社会服务类业务类型（免费或低价提供体育服务项目）

_____

8. 周边涉及其他产业情况（多选）

a 房地产　　　　　　　　　　b 休闲娱乐

c 商业购物　　　　　　　　　d 旅游观赏

e 健身康体　　　　　　　　　f 教育培训

g 文艺演出　　　　　　　　　h 酒店住宿

i 商业会展　　　　　　　　　j 竞赛表演

k 其他补充_____。

9. 场地设施情况统计表（室内）

场地设施	数量（片）	面积	场地设施	数量（个）	面积	场地设施	数量（个）
篮球场地			室内游泳池			更衣室	
羽毛球场地			儿童娱乐场地			桑拿室	
乒乓球桌			攀岩场地			洗浴室	
网球场地			瑜伽场地			休息室	
门球场地			动感单车场地			餐饮室	
足球场地			团操场地			医务急救室	
排球场地			多功能器械场地			VIP 室	
台球桌						康复保健室	

未涉及内容可自行补充。

10. 场地设施情况统计表（室外）

场地设施	数量（片）	面积	场地设施	数量（片）	面积	场地设施	数量（个）
篮球场地			门球场地			室外游泳池	
足球场地			羽毛球场地			健身步道（km）	
排球场地			乒乓球桌（台）			儿童娱乐场地	
网球场地			台球桌（台）			小型舞台	
						攀岩场地	

（续表）

场地设施	数量（片）	面积	场地设施	数量（片）	面积	场地设施	数量（个）

未涉及内容可自行补充。

11. 其他服务设施统计表

急救设施	数量（个）	风险防御设施	数量（个）	基础服务设施	数量（个）
自动体外心脏除颤仪（AED)		摄像头		零食饮料销售中心	
制冰机		灭火器		地暖	
简易呼吸机		紧急通道		排气扇	
氧气瓶				空调	

未涉及内容可自行补充。

附录2　体育综合体投资建设前期风险因素评价表

尊敬的专家、领导：

如果您是专家学者或者政府官员，请您为体育综合体风险因素重要程度打分。如果您是体育综合体投资建设管理人员，麻烦您根据贵公司风险因素实际情况打分。

评价等级说明

等　级	五　级	四　级	三　级	二　级	一　级
等级解释	极高风险	较高风险	中等风险	较低风险	低风险
打分值	5	4	3	2	1

请在下表"评价"栏中输入"1~5"之间的数值。

风险因素	风险指标	评价（1~5）	风险因素	风险指标	评价（1~5）

（续表）

风险因素	风险指标	评价 (1~5)	风险因素	风险指标	评价 (1~5)
经济风险	变现能力		社会风险	区域发展调整	
	通货膨胀			社会稳定性	
	市场供求			公众干预	
	利率变化			拆迁安置	
政策风险	政府地产政策		决策风险	市场定位规划	
	政府商圈规划			产品项目设计	
	地方财政能力			开发启动时间	
	政府财政支持				
技术风险	整体项目规划		开发能力与 运营风险	商业调整时机	
	施工质量安全			资金及融资能力	
	建造工程延期			开发与运作经验	
	建造成本控制			内部财务管理	
	业态组合布局			招商能力	
选址风险	房地产价格		自然风险	自然灾害	
	交通可达性			自然资源	
	周边配套设施				
	选址自然特性				
8个二级指标,32个一级指标					

附录3 风险指标权重向量判断专家打分表

尊敬的各位专家,您好!

请根据您的经验对体育综合体投资建设前期的风险指标进行打分。

评分说明:本次打分将把体育综合体投资建设前期风险指标设定为目标层、准则层、指标层3个层次。准则层包括自然风险、经济风险、社会风险、选址风险、政策风险、运营风险、决策风险和技术风险8个指标。指标层包括交通可达性、周边配套设施、开发与运作经验等31个指标层指标。请各位专家根据学术经验或体育综合体实际投资建设前期风险情况,对指标层指标进行比较打分。本次打分采用0~9标度的方法对体育综合体投资建设前期风险指标进行比较打分。

C1 准则层风险指标比较打分表

准则层	自然风险	政策风险	技术风险	选址风险	社会风险	决策风险	运营风险
自然风险	1						
政策风险	\	1					
技术风险	\	\	1				
选址风险	\	\	\	1			
社会风险	\	\	\	\	1		
决策风险	\	\	\	\	\	1	
运营风险	\	\	\	\	\	\	1
经济风险	\	\	\	\	\	\	\

C2 自然风险指标比较打分表

自然风险	自然灾害	自然资源
自然灾害	1	
自然资源	\	1

C3 政策风险指标比较打分表

政策风险	政府地产政策	政府商圈规划	地方财政能力	政府财政支持
政府地产政策	1			
政府商圈规划	\	1		
地方财政能力	\	\	1	
政府财政支持	\	\	\	1

C4 技术风险指标比较打分表

技术风险	整体项目规划	施工质量安全	建造工程延期	建造成本控制	业态组合布局
整体项目规划	1				
施工质量安全	\	1			
建造工程延期	\	\	1		
建造成本控制	\	\	\	1	
业态组合布局	\	\	\	\	1

C5 选址风险指标比较打分表

选址风险	房地产价格	交通可达性	周边配套设施	选址自然特性
房地产价格	1			
交通可达性	\	1		
周边配套设施	\	\	1	
选址自然特性	\	\	\	1

C6 社会风险指标比较打分表

社会风险	区域发展调整	社会稳定性	公众干预	拆迁安置
区域发展调整	1			
社会稳定性	\	1		
公众干预	\	\	1	
拆迁安置	\	\	\	1

C7 决策风险指标比较打分表

决策风险	市场定位规划	产品项目设计	开发启动时间	商业调整时机
市场定位规划	1			
产品项目设计	\	1		
开发启动时间	\	\	1	
商业调整时机	\	\	\	1

C8 运营风险指标比较打分表

运营风险	资金及融资能力	开发与运作经验	内部财务管理	招商能力
资金及融资能力	1			
开发与运作经验	\	1		
内部财务管理	\	\	1	
招商能力	\	\	\	1

C9 经济风险指标比较打分表

经济风险	变现能力	通货膨胀	市场供求	利率变化
变现能力	1			
通货膨胀	\	1		
市场供求	\	\	1	
利率变化	\	\	\	1

附录4 顾客体验视角下体育公园服务满意度评价指标构建
（第一轮）

尊敬的专家：

您好！目前正在撰写毕业论文《顾客体验视角下体育公园服务满意度评价研究》，现对搜集到的评价指标进行专家筛选，特设计此问卷。诚挚邀请您作为论文的专家，根据您丰富的专业知识填写此问卷。为了确保问卷的客观性，该问卷在总结第一轮调查后，会进行二轮调查，在此，十分感谢您对我的无私帮助，针对我问卷中出现的问题，也诚恳地请您多多赐教！

导　师：林建君

研究生：张静文

填表说明

1. 问卷共分为三个题目。第一题，基本信息，该题需根据您的实际情况做勾选。

2. 第二题，专家熟悉程度和判断依据评分。专家熟悉程度部分，您可根据自己对该专业领域和研究内容的熟悉程度进行自评，在符合的选项框中打"√"。判断依据评分部分，您可判断"理论依据""实践经验""国内外文献"和"直觉选择"对您的影响程度并在符合的选项框中打"√"。

3. 第三题，顾客体验指标重要性评估。问卷的一级指标选用李建州、范秀成《三维度服务体验实证研究》中提到的顾客体验三维度，即功能体验、情感体验和社会体验。在结合体育公园的实际并综合体育公园相关文献的基础上，共设置 35 个二级指标。一级指标功能体验维度下设置了 21 个二级指标，情感体验维度下设置了 6 个二级指标，社会体验维度下设置了 8 个二级指标。请您对该题中的指标进行重要性评估，并在符合您选择的框里打"√"。

一、您的基本信息

1. 性别：男 □　　　女 □

2. 职称：教授 □　　　副教授 □　　　处长 □　　　副处长 □　　　经理 □

　　　　　副经理 □　　　其他＿＿＿＿＿＿＿＿＿

二、您的熟悉程度和判断依据评分

（一）熟悉程度评分

熟悉程度评分表

等级	很熟悉	熟悉	不熟悉	很不熟悉
评分	1.0	0.8	0.4	0.2

（二）判断依据评分

判断依据评分表

判断依据	对您判断的影响程度		
	大	中	小
理论依据	0.3	0.2	0.1
实践经验	0.5	0.4	0.3
国内外文献	0.1	0.1	0.05
直觉选择	0.1	0.1	0.05

三、顾客体验指标重要性评估

一级指标	二级指标	重要程度				
		很重要	重要	一般	较不重要	不重要
A 功能体验	A1 场馆、设施及设备的完善					
	A2 场馆设施及设备质量					
	A3 场馆的合理收费					
	A4 配套设施的完善					
	A5 场馆开放时间的便利性					
	A6 运动环境的卫生状况					
	A7 运动环境的舒适程度					
	A8 赛事活动的组织、开展					
	A9 健身培训课程的开设					
	A10 健身培训课程的收费					
	A11 浓郁的运动氛围					
	A12 专业的运动指导					

（续表）

一级指标	二级指标	重要程度				
		很重要	重要	一般	较不重要	不重要
A 功能体验	A13 园区景色的优美程度					
	A14 园区景观的生态性					
	A15 休闲娱乐设施的完善					
	A16 休闲娱乐活动的开展频率					
	A17 休闲娱乐场所的收费					
	A18 休闲娱乐的氛围					
	A19 园区周边交通的便捷					
	A20 园区提供的优质服务					
	A21 停车场的车位充足					
B 情感体验	B1 在园区内体育锻炼体验到成就感					
	B2 在园区内体育锻炼体验到自豪感					
	B3 在园区内体育锻炼体验到减压感					
	B4 在园区内体育锻炼体验到幸福感					
	B5 在园区内体育锻炼体验到安全感					
	B6 在园区内体育锻炼体验到舒适感					
C 社会体验	C1 在体育公园内锻炼有获得尊重感					
	C2 在体育公园内锻炼有获得认同感					
	C3 在体育公园内锻炼有社会归属感					
	C4 在体育公园区内锻炼体现人生观					
	C5 在体育公园区内锻炼体现价值观					
	C6 在体育公园区内锻炼体现消费观					
	C7 在体育公园区内锻炼定位社会身份					
	C8 在体育公园区内锻炼能与他人建立社会联系					

问卷至此结束，谢谢您的支持和配合！

祝您生活愉快，工作顺利！

附录5　顾客体验视角下体育公园服务满意度评价指标构建
（第二轮）

尊敬的专家：

　　您好！目前正在撰写毕业论文《顾客体验视角下体育公园服务满意度评价研究》，现对搜集到的评价指标进行专家筛选，特设计此问卷。诚挚邀请您作为我论文的专家，根据您丰富的专业知识填写此问卷。为了确保问卷的客观性，该问卷在总结第一轮调查后，增加、删除、修改了部分指标，现进行二轮调查，在此，十分感谢您对我的无私帮助，针对我问卷中出现的问题，也诚恳地请您多多赐教！

导　师：林建君

研究生：张静文

填表说明

1. 问卷共分为三个题目。第一题，基本信息，该题需根据您的实际情况做勾选。

2. 第二题，专家熟悉程度和判断依据评分。专家熟悉程度部分，您可根据自己对该专业领域和研究内容的熟悉程度进行自评，在符合的选项框中打"√"。判断依据评分部分，您可判断"理论依据""实践经验""国内外文献"和"直觉选择"对您的影响程度并在符合的选项框中打"√"。

3. 第三题，顾客体验指标重要性评估。在第一轮专家咨询后对指标进行了删除、修改和增加，形成第二轮咨询问卷。第二轮咨询问卷共有26个二级指标。一级指标功能体验维度下有17个二级指标，情感体验维度下有5个二级指标，社会体验维度下有4个二级指标。以下是第一轮咨询问卷具体的删除、修改和增加的情况：

1）删除指标

　　按照指标筛选的条件，在A情感体验维度中，指标"A8赛事活动的组织、开展""A10健身培训课程的收费""A13园区景色的优美程度""A16休闲娱乐活动的开展频率""A17休闲娱乐场所的收费""A18休闲娱乐的氛围"不符合筛选条件；在B情感体验维度中，指标"B2在园区内体育锻炼体验到自豪感"不符合条件；在C社会体验维度中，指标"C4在园区内锻炼体现人生观""C5在园区内锻炼体现价值观""C6在园区内锻炼体现消费观""C7在园区内锻炼定位社会身份"不符合筛选条件，故删除这11项指标。

2）修改指标

　　第一轮专家咨询，2位专家建议在"A1场馆设施及设备的完善"和"A2场馆设施及设备质量"指标中的"场馆"后加入"健身"二字；1位专家建议将"A3场馆的合理收费"改为"A3场馆收费合理"；4位专家对"A11浓郁的运动氛围"的提法存在异议，与专家讨论后将其修改为"A11体育文化氛围浓郁"。

3）增加指标

　　第一轮专家咨询，有2名专家建议在A功能体验维度中增加指标"配套服务完善"，有1名专家建议在A功能体验维度中增加指标"设施设备使用说明详细"。

一、您的基本信息

1. 性别:男 □　　女 □
2. 职称:教授 □　　副教授 □　　处长 □　　副处长 □　　经理 □　　副经理 □
　　其他_____

二、专家熟悉程度和判断依据评分

（一）熟悉程度评分

熟悉程度评分表

等级	很熟悉	熟悉	一般	不熟悉	很不熟悉
评分	1.0	0.8	0.6	0.4	0.2

（二）判断依据评分

判断依据评分表

判断依据	对您判断的影响程度		
	大	中	小
理论依据	0.3	0.2	0.1
实践经验	0.5	0.4	0.3
国内外文献	0.1	0.1	0.05
直觉选择	0.1	0.1	0.05

三、顾客体验指标重要性评估

一级指标	二级指标	重要程度				
		很重要	重要	一般	较不重要	不重要
A 功能体验	A1 场馆、健身设施及设备完善					
	A2 场馆健身设施及设备质量					
	A3 场馆收费合理					
	A4 配套设施完善					
	A5 配套服务完善					
	A6 体育设施、设备使用说明详细					
	A7 场馆开放时间便利性					
	A8 运动环境的卫生状况					
	A9 运动环境的舒适程度					

（续表）

一级指标	二级指标	重要程度				
		很重要	重要	一般	较不重要	不重要
A 功能体验	A10 健身培训课程的开设					
	A11 体育文化氛围浓郁					
	A12 专业的运动指导					
	A13 园区景观的生态性					
	A14 休闲娱乐设施的完善					
	A15 园区周边交通的便捷					
	A16 园区提供的优质服务					
	A17 停车场的车位充足					
B 情感体验	B1 在园区内体育锻炼体验到成就感					
	B2 在园区内体育锻炼体验到减压感					
	B3 在园区内体育锻炼体验到幸福感					
	B4 在园区内体育锻炼体验到安全感					
	B5 在园区内体育锻炼体验到舒适感					
C 社会体验	C1 在园区内体育锻炼体验到被尊重感					
	C2 在园区内体育锻炼体验到认同感					
	C3 在园区内体育锻炼体验到社会归属感					
	C4 在园区内锻炼能与他人建立社会联系					

问卷至此结束，谢谢您的支持和配合！

附录 6　顾客体验视角下体育公园服务满意度评价问卷

尊敬的女士、先生：

　　您好！为了研究体育公园服务满意度等方面的问题，特设置以下问卷问题。本调查研究只做研究分析，不必填写姓名，也不会对外泄露您的情况，望您在百忙之中抽出宝贵的时间帮忙填写问卷。请您在认为合适的答案上打"√",十分感谢您的帮助!

宁波大学体育学院

研究生:张静文

2020.12

一、基本信息

1. 您的性别　　a. 男　　　　　　　　b. 女

2. 您的年龄　　a. 18 周岁以下　　b. 18～40 岁　　c. 41～65 岁　　d. 65 岁以上

3. 您的文化程度

a. 初中及以下　　b. 高中及中专　　c. 大专　　d. 本科　　e. 硕士研究生及以上

4. 您的职业

a. 国家机关、党群组织、企业、事业单位负责人　　b. 专业技术人员

c. 办事人员和有关人员　　　　　　　　　　d. 商业、服务业人员

e. 农、林、牧、渔、水利业生产人员　　　　f. 军人

g. 生产、运输设备操作人员及有关人员　　　　h. 学生

i. 不便分类的其他从业人员

5. 您的月均收入

a. 2000 元以下　　b. 2001～4000 元　　c. 4001～6000 元　　d. 6001～8000 元

e. 8001～10000 元　　f. 10001～15000 元　　g. 15001～20000 元　　h. 20000 元以上

二、锻炼情况

6. 您来园锻炼的时长

a. 30 分钟以下　　b. 30～60 分钟　　c. 61～90 分钟　　　　d. 90 分钟以上

7. 您每周来园锻炼的次数约

a. 1～2 次　　　　b. 3～4 次　　　　c. 5～6 次　　　　d. 7 次及以上

8. 您通常在哪个时间段在体育公园内锻炼

a. 05:00—09:00　　b. 09:01—14:00　　c. 14:01—18:00　　d. 18:00 以后

9. 您来园需耗费的时间

a. 15 分钟以内　　b. 15～30 分钟　　c. 31～60 分钟　　d. 60 分钟以上

三、影响顾客体验的重要度调查

指标		重要程度				满意程度			
一级指标	二级指标	非常重要	重要	一般	不重要	非常不重要	非常满意	满意	一般	不满意	非常不满意
功能体验	场馆、健身设施及设备完善									
	场馆健身设施及设备质量									
	园区及场馆收费合理									
	配套设施完善									

（续表）

指标		重要程度					满意程度				
功能体验	体育设施、设备使用说明详细										
	园区及场馆开放时间的便利性										
	运动环境的卫生状况										
	运动环境的舒适程度										
	专业的运动指导										
	休闲娱乐设施的完善										
	园区周边交通的便捷										
	停车场的车位充足										
情感体验	在园区内体育锻炼体验到成就感										
	在园区内体育锻炼体验到减压感										
	在园区内体育锻炼体验到安全感										
	在园区内体育锻炼体验到舒适感										
社会体验	在园区内体育锻炼体验到被尊重感										
	在园区内体育锻炼体验到认同感										
	在园区内体育锻炼体验到社会归属感										
	在园区内锻炼能与他人建立社会联系										

问卷至此结束，谢谢您的支持和配合！

祝您生活愉快，工作顺利！

附录7　体育场馆投资建设运营效益访谈提纲

一、访谈目的

　　为了了解体育场馆投资建设后的运营效益情况，服务于地方体育事业及体育产业发展情况，大型体育场馆在服务全民健身活动、公益性赛事、文艺演出、展会等活动产生的社会效益和经济效益，以促进体育场馆今后更好发挥其运营效益获取分析资料。

二、访谈对象

　　访谈对象包括相关实际运营体育场馆主管领导，地方体育局产业经济处的领导，了解体育场馆建设、投资、运营的专家学者。

三、访谈内容

(1) 体育场馆总体运营情况,服务承担体育赛事和社会公益事业运用分成。

(2) 体育场馆管理人员结构,团队运作策划情况,专业场馆运作团队引入运营,以哪种运营模式对今后发挥体育场馆最佳效益。

(3) 政府每年承担场馆运营费用中的补助情况,财政补助与承担赛事或公益性活动的分成关系。

(4) 引进重大项目政府补助情况,国际级、国家级、省级赛事签约落户驻场的补助政策。

(5) 今后开发经营性项目的计划,主场馆及配属配套设施有效开发。

(6) 主场馆及配套设施每年向社会开放情况,吸引群众性健身锻炼。

(7) 体育场馆每年承办省级以上赛事,开展文艺汇演及展会情况。

(8) 体育场馆运行中的主要困难问题,希望有哪些政策促进体育场馆有效运营。

附录8 体育场馆(单体)基本情况统计表

(体育场馆公章)　　　　　　　　　　　　　　　年　　月　　日

场馆名称				
运营单位名称			上级主管单位	
运营模式	□ 自主运营　□合作运营　□ 委托运营			
单位性质	□事业单位(□全额拨款　□差额拨款　□自收自支)　□企业			
建成年份			投资总额(万元)	
财政拨款(万元)	其中体彩公益金:	单位自筹	社会捐赠	
建筑面积(m²)		观众座位数		座
场地面积(m²)		从业人员人数		人
从业人员学历	硕士以上_____,本科_____,专科及以下_____	从业人员学科	体育专业_____,经济管理_____,法律_____,其他_____	
是否承办过省级及以上大型综合性运动会	□是 □否	赛事名称(请打√选择) □奥运会　□亚运会　□全运会 □城运会　□智运会　□体育大会 □省运会　□大运会　□农运会 □少数民族运动会　□其他	在该赛事中承担任务(请打√选择) □主会场 □竞赛场馆	

（续表）

<table>
<tr><td rowspan="9">____年度
对外开放情况（如
填报其他年份，请
注明）</td><td>对外开放场地面积（m²）</td><td></td></tr>
<tr><td>全年对外开放天数（天）</td><td></td></tr>
<tr><td>周对外开放时间（小时）</td><td></td></tr>
<tr><td>全年接待健身人次（人次）</td><td></td></tr>
<tr><td>开展健身项目数量及明细</td><td>□篮球　□羽毛球　□网球
□体育舞蹈　□健身、健美操　□游泳
□足球　□武术　□棋牌　□跆拳道
□台球　□保龄球　□轮滑
□高尔夫球　□乒乓球　□拳击
□击剑　□气功　□排球　□壁球
□器械健身　□门球　□瑜伽
□田径　□射击射箭
□其他_____　共____项</td></tr>
<tr><td>健身培训项目数量及明细</td><td>□羽毛球　□网球　□体育舞蹈
□健身、健美操　□游泳　□足球
□篮球　□武术　□跆拳道　□轮滑
□乒乓球　□拳击　□击剑　□气功
□排球　□壁球　□器械健身
□瑜伽　□门球　□其他_____
共____项</td></tr>
<tr><td>全年健身培训班数量（个）</td><td>其中免费培训班_____个</td></tr>
<tr><td>全年健身培训人次（人次）</td><td></td></tr>
<tr><td colspan="2"></td></tr>
<tr><td rowspan="6">____年度举办体
育赛事及其他活
动情况</td><td>全国及以上体育赛事数量（次）</td><td></td></tr>
<tr><td>省级及以下体育赛事数量（次）</td><td></td></tr>
<tr><td>文化演艺及展览等活动数量
（次）</td><td></td></tr>
<tr><td>会展活动数量（次）</td><td></td></tr>
<tr><td>公益活动数量（次）</td><td></td></tr>
<tr><td>其他活动次数（次）</td><td></td></tr>
<tr><td rowspan="3">____年度
收支情况</td><td>收入合计（万元）</td><td>　　万元，其中财政拨款：　万元，
事业收入：　万元，经营收入：　万元</td></tr>
<tr><td>支出合计（万元）</td><td>　　万元，其中税收支出：　万元</td></tr>
<tr><td>净利润（万元）</td><td></td></tr>
<tr><td colspan="2">填表人：</td><td>联系方式：</td></tr>
</table>

有关指标说明：

（1）场馆名称：指场馆名称，填写样式如天河体育中心游泳馆、国家体育馆、北京工人体育场等。

（2）运营单位名称：指当年具体负责该体育场馆运营单位的具体名称。若体育中心通过承包、租赁、委托等多种方式与其他运营单位合作，并由该运营单位管理本体育场馆，则填写该运营单位名称。若该体育场馆由体育中心自行管理则无须填写"运营单位名称"及"上级主管单位"。

（3）上级主管单位：指按隶属关系确定的上级业务主管单位名称。

（4）单位性质：非体育中心单体体育场馆填写此项。按照单位实际性质，在相应选项的"□"符号上打"√"，若选择事业单位需选择在全额拨款、差额拨款、自收自支其中之一前的"□"符号上打"√"。

（5）建成年份：指体育场馆已建成，工程正式验收后交付使用的年份。

（6）投资总额：指对体育场地的全部投资额。包括财政拨款、单位自筹、社会捐赠、体育彩票公益金及其他各种来源的资金，还包括改建、扩建的投资，但不包括正常维修费用。外资按当时比价折合成人民币。

（7）建筑面积：指室内体育场馆及附属建筑物的面积。其中场地面积指可供训练、比赛、健身活动的有效面积。

（8）观众座位数：指看台实际容纳的观众座位数。

（9）场地面积：指可供训练、比赛、健身活动的有效面积。室内场地从内墙计算，有看台的场地从看台下计算，室外场地除包括比赛规定的尺寸外，还包括必要的安全区、缓冲区、无障碍地带。

（10）从业人员人数：指在体育场馆从事管理、服务等专职人员和临时聘用人员，兼职人员不包括在内，临时聘用人员应在一年以上。以当年年末人数为准。

（11）大型综合运动会：指奥运会、亚运会、全运会、城运会、体育大会、智运会、省运会、大运会、农运会、少数民族运动会及其他省级以上综合性运动会。根据本体育场馆（中心）实际情况在"□"符号上打"√"。

（12）主会场：指综合性运动会开闭幕式及主要赛事活动承办场馆。

（13）竞赛场馆：指综合性运动会专项赛事活动承办场馆。

（14）对外开放场地面积：指室内场地及附属设施中向全社会开放的部分。

（15）全年对外开放天数：指当年体育场馆对外开放的总天数。

（16）周对外开放时间：指体育场馆当年开放日期中平均每周对外开放的时间。

（17）全年接待健身人数：指当年体育场馆接待的健身人员数量。

（18）全年接待室外广场健身人数：指当年体育场馆室外广场接待的健身人员数量。

（19）开展健身项目数量：指当年体育场馆为满足健身服务需求而设置健身项目数量，在设置的健身项目前的"□"符号上打"√"，并统计设置健身项目总数。

（20）健身培训项目数量：指体育场馆当年举办的各类健身培训班数量。包括外单位租用本体育场馆举办的健身培训班数量。同一健身项目培训班在当年不同时期举办分开计算。在设置的健身培训项目前的"□"符号上打"√"，并统计设置健身项目总数。

（21）全年健身培训班数量：指体育场馆当年举办各类健身培训班的数量总和。

（22）全年健身培训人次：指当年接受体育场馆举办的各类健身培训班培训的人数总和。

（23）全国及以上体育赛事数量：指当年在体育场馆举办的全国及以上综合类体育赛事或单项赛事活动数量。如一次赛事包括若干场次，只记为一次。

（24）省级及以下体育赛事数量：指当年在体育场馆举办的省级及以下体育赛事活动数量。如一次赛事包括若干场次，只记为一次。

（25）举办文化演艺及展览等活动数量：指当年在体育场馆举办的各类商业性文艺演出、商业展览等相关活动数量。

（26）公益活动数量：指体育场馆向社会提供场地和设施条件开展各种社会公益活动的数量，如各类科普活动、歌咏比赛、消防练习、先进事迹报告会、中小学运动会等。

（27）收入合计：指体育场馆当年各项收入的总和。

（28）支出合计：场馆部门为开展业务活动和其他活动所发生的各项资金耗费及损失以及用于基本建设项目的开支。包括事业支出、经营支出、对附属单位补助、上缴上级支出、基本建设支出、税金支出等。

（29）净利润：净利润＝收入总额－支出总额。

体育场馆（单体）年度承办赛事活动情况统计表

（单位：人）

年度承办体育赛事及举办活动名称	举办活动时间（填写年份、月份）	参赛人数	观众人数

参考文献

一、著作

[1] 谭建湘,霍建新.体育场馆经营与管理导论[M].北京:高等教育出版社,2014:23.

[2] 林建君,曹雪莹,陈巧燕.体育场馆与管理[M].上海:上海交通大学出版社,2023:15.

[3] 孙光.政策科学[M].杭州:浙江教育出版社,1988:100.

[4] 陈振明.政策科学——公共政策分析导论[M].北京:中国人民大学出版社,2003:25-68.

[5] 张成福,党秀云.公共管理学[M].北京:中国人民大学出版社,2001:13-14.

[6] 陶学荣,崔运武.公共政策分析[M].武汉:华中科技大学出版社,2008:23.

[7] 许谨良.风险管理[M].第五版.北京:中国金融出版社,2015:4-14,82-90.

[8] 弗·阿·戈罗霍夫,勒·布·伦茨.世界公园[M].郦芷若,杨乃琴,等译.北京:中国科学技术出版社,1992:197,208.

[9] 保罗·萨缪尔森,威廉·诺德豪斯.经济学[M].第 16 版.萧琛,译.北京:华夏出版社,1999:263-264.

[10] 迈克尔·波特.竞争战略[M].陈小悦,译.北京:华夏出版社,2004:6.

[11] 迈克尔·波特.竞争论[M].高登第,李明轩,译.北京:中信出版社,2003:1.

[12] 魏权铃.评价相对有效性的数据包络分析模型——DEA 和网络 DEA[M].北京:中国人民大学出版社,2015:11.

[13] 熊文钊.大国地方:中国中央与地方关系宪政研究——宪政论丛[M].北京:北京大学出版社,2005:21-2.

[14] 欧文·E.休斯.公共管理导论[M].张成福,杨崇祺,赵弘毅,等译.北京:中国人民大学出版社,2007:21.

[15] 小约瑟夫·斯图尔特,戴维·M.赫奇,詹姆斯·P.莱斯特.公共政策导论[M].谢明,译.北京:中国人民大学出版社,2004:34-35.

[16] 张成福,党秀云.公共管理学[M].北京:中国人民大学出版社,2001:23-24.

[17] 陈振明.政策科学——公共政策分析导论[M].北京:中国人民大学出版社,2003:35.

[18] 陶学荣,崔运武.公共政策分析[M].武汉:华中科技大学出版社,2008:23.

[19] 曹缔训.体育产业经营管理[M].武汉:湖北科学技术出版社,1994:35-37.

[20] 钟天朗.体育经营管理[M].上海:复旦大学出版社,2004:144.

[21] 张岩.体育经济学[M].成都:四川教育出版社,1992:186.

[22] 宇土正彦.体育管理学入门[M].傅大友,罗时铭,汪康乐,等译.北京:华夏出版社,1991:26.

[23] 谭建湘,霍建新.体育场馆经营与管理导论[M].北京:高等教育出版社,2014:23.

[24] 孙光.政策科学[M].杭州:浙江教育出版社,1988:100.

[25] 陈振明.政策科学[M].北京:中国人民大学出版社,2003:68.

[26] 张金马.公共政策分析——概念·过程·方法[M].北京:人民出版社,2004:34.

[27] 保罗·A.萨巴蒂尔.政策过程理论[M].彭宗超,译.北京:生活·读书·新知三联书店,
2004:111-123.

[28] 李纲.公共政策内容分析方法:原理与应用[M].重庆:重庆大学出版社,2007:4.

[29] 宋明哲.现代风险管理[M].北京:中国纺织出版社,2003:3-55.

[30] 弗·阿·戈罗霍夫,勒·布·伦茨.世界公园[M].郦芷若,杨乃琴,等译.北京:中国科学技
术出版社,1992:197,208.

[31] 郑霞.文化生态学视野下我国城市体育公园发展研究[M].北京:北京体育大学出版社,
2018:28-29,68-70.

[32] 陈融.体育设施与管理[M].北京:高等教育出版社,2009:1.

[33] 布鲁诺·赛维.建筑空间论[M].张似赞,译.北京:中国建筑工业出版社,1985:16.

[34] 詹和平.空间[M].南京:东南大学出版社,2011:45-47.

[35] 芦原义信.外部空间设计[M].尹培桐,译.南京:江苏凤凰文艺出版社,2017:16-20.

[36] 龙宏,谢勋.外部空间设计[M].重庆:西南师范大学出版社,2018:6-7.

[37] 白光润.应用区位论[M].北京:科学出版社,2009:1-52.

[38] 刘湘南,等.GIS空间分析[M].第三版.北京:科学出版社,2017:34,68-73.

[39] Gerald R.Gems, Linda J.Borish, Gertrud Pfister.美国体育史(上)[M].霍传颂,宋秀平,等
译.北京:人民体育出版社,2019:120-123.

[40] 方大春.区域经济学:理论与方法[M].上海:上海财经大学出版社,2017:254-255.

[41] 中华人民共和国建设部.城市绿地分类标准(CJJ/T85—2002)[M].北京:中国建筑工业出
版社,2002:3.

[42] 高原荣重.城市绿地规划[M].杨增志,译.北京:中国建筑工业出版社,1983:120-135.

[43] 沈福隆.体育建筑设备学[M].北京:北京体育大学出版社,1994:3.

[44] 卢嘉鑫,张社平.体育产业发展——理论与政策[M].北京:北京大学出版社,2011:86-88.

[45] 杨大楷.投融资学[M].第二版.上海:上海财经大学出版社,2008:5.

[46] 周颖,孙秀峰.项目投融资决策[M].北京:清华大学出版社,2010:148.

[47] 张启智,严存宝.城市公共基础设施投融资方式选择——基于BOT、TOT、PPP、PFI、ABS
方式研究[M].北京:中国金融出版社,2008:71.

[48] 戴伯勋,沈宏达.现代产业经济学[M].北京:经济管理出版社,2001:250-265.

[49] 魏权铃.评价相对有效性的数据包络分析模型——DEA和网络DEA[M].北京:中国人民
大学出版社,2015:5.

[50] 杜栋,庞庆华,吴炎.现代综合评价方法与案例[M].北京:清华大学出版社,2012:62-63.

[51] 陆亨伯,刘遵嘉,庄永达.公共体育场馆民营制度选择与效益评价研究[M].北京:人民体育
出版社,2015:42-44.

[52] 江和平,张海潮.中国体育产业发展报告(2008—2010)[M].北京:社会科学文献出版社,
2010:223.

二、中文期刊

[1] 张强,陈元欣,王华燕,等.我国城市体育服务综合体的发展路径研究[J].成都体育学院学报,2016,42(04):21－26.

[2] 周庆.我国城市体育综合体的功能及构建研究[J].吉林体育学院学报,2018,34(03):12－15.

[3] 滕苗苗,陈元欣,何于苗,等.我国城市体育服务综合体的发展:进程·困境·对策[J].首都体育学院学报,2018,30(02):113－116.

[4] 王家宏,蔡朋龙,陶玉流,等.我国城市体育服务综合体的发展模式与推进策略[J].武汉体育学院学报,2017,51(07):5－13.

[5] 陈晓民,李鸿儒,黄颖.大城市小社会——体育综合体改变城市生活[J].城市建筑,2017(01):114－116.

[6] 马俊,孟祥彬.关于中国体育公园的现代认识[J].中国园林,2005(04):35－38.

[7] 陈冬平,张军.体育公园的分类及可持续发展方向研究[J].西安交通大学学报(社会科学版),2010,30(04):58－60.

[8] 张静,潘鄱.华南地区体育公园发展初探[J].北方园艺,2011(13):102－105.

[9] 陆大道.论区域的最佳结构与最佳发展——提出"点—轴系统"和"T"型结构以来的回顾与再分析[J].地理学报,2001(02):129－130.

[10] 陆大道.关于"点—轴"空间结构系统的形成机理分析[J].地理科学,2002(01):1－6.

[11] 李建州,范秀成.三维度服务体验实证研究[J].旅游科学,2006(02):54－59.

[12] 钟伟俊,徐南荣.分散组织结构下的资源配置模型及其方法研究[J].管理工程学报,1996(3):132－136.

[13] 方忠.国外后发优势理论研究回顾及述评[J].中国矿业大学学报(社会科学版),2009(2):89－93.

[14] 李创.产业国际竞争力理论模型研究[J].当代经济管理,2006(2):26－32.

[15] 杨开晖.公共选择理论及其启示[J].山东大学学报(哲学社会科学版),1994(1):103－106.

[16] 李建州,范秀成.三维度服务体验实证研究[J].旅游科学,2006(02):54－59.

[17] 张冰,鞠传进,周洁璐.我国体育场馆运营业相关政策演变及建议[J].西安体育学院学报,2017,34(01):48－54.

[18] 邱招义,于静.我国大型体育场馆相关政策研究[A].中国体育科学学会.体育管理与科学发展·2012年全国体育管理科学大会论文集[C].中国体育科学学会,2012:5.

[19] 董颖,温洪泽.21世纪中国体育场馆政策效用研究[J].广州体育学院学报,2014,34(06):40－44.

[20] 孙成林,王健.改革开放以来我国体育设施政策的发展[J].体育刊,2012,19(06):38－41.

[21] 杨风华,刘洁,肖楠楠.我国公共体育场馆政策法规演变研究——基于有效供给理论视角[J].成都体育学院学报,2014,40(02):37－42.

[22] 王志威.英国体育政策的发展及启示[J].上海体育学院学报,2012(01):5－10.

[23] 李好.法国体育政策动态分析[J].才智,2014(18):324.

[24] 周爱光.日本体育政策的新动向——《体育振兴基本计划》解析[J].体育学刊,2007(02):16－19.

[25] 雷厉.国内外体育场馆政策及对我国体育场馆未来发展的启示[J].体育文史,2000(03):12－14.

[26] 邱招义,于静.国外大型体育场馆相关政策的启示[A].中国体育科学学会.体育管理与科学发展·2012年全国体育管理科学大会论文集[C].中国体育科学学会,2012:4.

[27] 马宣建.论中国群众体育政策[J].成都体育学院学报,2005(06):5－11.

[28] 尹作亮,戴俊.健康中国战略下我国健身休闲产业政策供给研究[J].南京体育学院学报,2019,2(02):29－34.

[29] 徐向前,秦海波,李雪梅,等.基于三维政策工具框架的中国冰雪运动发展规划研究[J].沈阳体育学院学报,2019,38(02):28－35.

[30] 肖谋文.新中国群众体育政策的历史演进[J].体育科学,2009,29(04):89－96.

[31] 张瑞林,王晓芳,王先亮.我国全民健身公共政策执行阻滞分析[J].上海体育学院学报,2013,37(04):1－5.

[32] 刘红建,江宇,陶郁.全民健身政策执行的制度约束与优化研究[J].沈阳体育学院学报,2014,33(04):13－18.

[33] 张莉清,姜志远,曹光强,等.我国学校体育政策制定问题探析与提升途径[J].北京体育大学学报,2019,42(05):55－62.

[34] 贾晨.政策工具视角下《身体活动全球行动计(2018—2030)》文本分析及对我国全民健身政策制定的启示[J].武汉体育学院学报,2019,53(08):17－22.

[35] 冯晓丽.建国以来群众体育政策的变迁特点与影响因素[J].体育学刊,2012,19(03):41－45.

[36] 柳鸣毅.健康中国背景下全民健身公共政策分析[J].中国体育科技,2017,53(01):38－44.

[37] 唐大鹏.我国学校体育政策执行过程审视——以史密斯模型为理论框架[J].广州体育学院学报,2019,39(01):113.

[38] 丁煌,定明捷."上有政策、下有对策"——案例分析与博弈启示[J].武汉大学学报(哲学社会科学版),2004(06):804.

[39] 冯火红.我国地方政府社会体育政策内容研究——以沈阳市为例[J].体育文化导刊,2007(07):16－19.

[40] 李文沛.中央与地方政府社会保障事权配置法制化思考[J].人民论坛,2014(34):121.

[41] 张文鹏,王健.新中国成立以来学校体育政策的演进:基于政策文本的研究[J].体育科学,2015,35(02):14－23.

[42] 湛冰,王凯珍.政策工具视角下美国老年体育政策文本特征分析[J].体育科学,2017,37(02):28－36.

[43] 吴铭,杨剑,郭正茂.发达国家身体活动政策比较:基于美国、加拿大、英国、日本的视角[J].北京体育大学学报,2019,42(05):77－89.

[44] 毕正宇.西方公共政策执行模式评析[J].江汉论坛,2008(04):91－96.

[45] 钱再见,金太军.公共政策执行主体与公共政策执行"中梗阻"现象[J].中国行政管理,2002(02):56－57.

[46] 丁煌.我国现阶段政策执行阻滞及其防治对策的制度分析[J].政治学研究,2002(01):28－

39.

[47] 王海峰,马斌.公共政策执行研究评述[J].河北企业,2009(3):24.

[48] 赵筱媛,苏竣.基于政策工具的公共科技政策分析框架研[J].科学学研究,2007(01):52 -
60.

[49] 陈磊.中国地理信息产业政策工具的现状、问题与前瞻[J].地理信息世界,2015,22(05):60.

[50] 周红妹,林向阳.政策工具视角下地方政府对国家体育产业政策的再制定[J].上海体育学院
学报,2017,41(03):16 - 18.

[51] 谭利,于文谦.改革开放以来我国学校体育政策工具的选择与优化[J].北京体育大学学报,
2019,42(05):63 - 71.

[52] 刘红建,张航,沈晓莲.基于量化分析的中国全民健身政策研究(1995—2016)[J].沈阳体育
学院学报,2019,38(02):21.

[53] 吕志奎.公共政策工具的选择——政策执行研究的新视角[J].太平洋学报,2006(05):7 -
16.

[54] 郑志强,郑娟.中国校园足球政策工具分析[J].武汉体育学院学报,2016,50(04):5 - 11.

[55] 柳鸣毅.健康中国背景下全民健身公共政策分析[J].中国体育科技,2017,53(01):38 - 44.

[56] 韩永君.群众体育政策工具选择评估——基于省级全民健身实施计划的内容分析[J].成都
体育学院学报,2019,45(05):35 - 37.

[57] 刘春华,李祥飞,张再生.基于政策工具视角下的中国体育政策分析[J].体育科学,2012,32
(12):3 - 9.

[58] 罗敏,朱雪忠.基于政策工具的中国低碳政策文本量化研究[J].情报杂志,2014,33(04):
12 - 16.

[59] 宁甜甜,张再生.基于政策工具视角的我国人才政策分析[J].中国行政管理,2014(04):82 -
86.

[60] 黄萃,赵培强,苏竣.基于政策工具视角的我国少数民族双语教育政策文本量化研究[J].清
华大学教育研究,2015,36(05):88 - 95.

[61] 刘国永.对"十三五"时期全民健身事业发展的思考[J].北京体育大学学报,2016,39(10):
1 - 11.

[62] 叶金育.体育产业发展中的财税政策工具:选择、组合与应用[J].体育科学,2016(06):73 -
83.

[63] 汪雄,岳建军.供给侧视野下新《全民健身计划》政策内容结构性分析[J].山东体育学院学
报,2018,34(03):25 - 30.

[64] 贺新家,周贤江,王红梅.核心素养视角下我国学校体育政策及特征研究——基于 2014 年
以来的 11 份政策文本量化分析[J].武汉体育学院学报,2019,53(10):28 - 35.

[65] 马运超,梁润东,苏荣海,等.政策工具视角下中国体育科技政策改革:回顾与展望——基于
1978—2018 年体育科技政策的文本分析[J].天津体育学院学报,2019,34(04):290.

[66] 郝大伟,崔建军,刘春华,等.基于政策工具视角下的中国体育产业政策分析[J].武汉体育学
院学报,2004,48(9):55 - 60.

[67] 赵筱媛,苏竣.基于政策工具的公共科技政策分析框架研究[J].科学学研究,2007,25(1):

53.

[68] 李彩娥,徐月云.基于政策工具对《关于推进学校体育场馆向社会开放的实施意见》的量化分析[J].首都体育学院学报,2021,33(5):498-499.

[69] 钱锋,姚伊迪.城市更新的催化剂——阿姆斯特丹竞技场的综合化发展过程[J].城市建筑,2018(08):6-9.

[70] 蔡朋龙,王家宏,李燕领,等.城市体育服务综合体的内涵、功能定位与长效机制[J].南京体育学院学报(社会科学版),2016,30(06):63-68,78.

[71] 周庆.我国城市体育综合体的功能及构建研究[J].吉林体育学院学报,2018,34(03):12-15.

[72] 滕苗苗,陈元欣,何于苗,等.我国城市体育服务综合体的发展:进程·困境·对策[J].首都体育学院学报,2018,30(02):113-116.

[73] 王家宏,蔡朋龙,陶玉流,等.我国城市体育服务综合体的发展模式与推进策略[J].武汉体育学院学报,2017,51(07):5-13.

[74] 陈晓民,李鸿儒,黄颖.大城市小社会——体育综合体改变城市生活[J].城市建筑,2017(01):114-116.

[75] 丁宏,金世斌.江苏发展城市体育服务综合体的路径选择[J].体育与科学,2015,36(02):34-37.

[76] 董兵.体育建筑综合体设计要点初探——以江苏启东恒大国际体育城建筑设计为例[J].江苏建筑,2011(01):9-12.

[77] 邓婉婕.体育综合体战略下的艺术体操新型发展路径初探[J].当代体育科技,2018,8(03):187-188.

[78] 张强,陈元欣,王华燕,等.我国城市体育服务综合体的发展路径研究[J].成都体育学院学报,2016,42(04):21-26.

[79] 刘高旺."三馆合一"的体育综合体——缅甸国家体育馆设计[J].工程建设与设计,2016(17):55-58.

[80] 汤朔宁,赵孔,谭杨.融合与共生——大中型体育中心的复合化设计研究[J].城市建筑,2016(28):35-37.

[81] 董兵.体育建筑综合体设计要点初探——以江苏启东恒大国际体育城建筑设计为例[J].江苏建筑,2011(01):9-12.

[82] 汤朔宁,李阳夫.大中型体育中心"混合功能"设计研究[J].建筑与文化,2016(07):154-156.

[83] 杜凤林.科隆坡国家体育综合体室外体育场,马来西亚[J].世界建筑,2000(09):34-35.

[84] 徐磊,张兵,夏成前.新时代我国体育场馆综合体发展困境与路径探寻[J].吉林体育学院学报,2019,35(01):12-15.

[85] 滕苗苗,陈元欣,蔡明明,等.我国城市体育服务综合体开发模式研究[J].体育科技文献通报,2017,25(02):113-115.

[86] 曹冲,季文,薛金霞.云南城市体育服务综合体的发展途径研究[J].江西电力职业技术学院学报,2018,31(03):165-166.

[87] 丁云霞,张林.体育综合体消费者服务需求研究——基于对江苏省 14 家体育综合体消费者的样本调查[J].体育与科学,2019,40(02):105-114,120.

[88] 田德录,卢凤君.风险管理要素分析[J].中国农业大学学报,1998(06):4-63.

[89] 陆跃祥,游五洋.中国企业风险管理研究[J].山东经济,2000(04):61-64.

[90] 张轶,周吉.风险管理理论综述[J].科技视界,2014(17):241.

[91] 邓亚昊,张涛.国内外对风险管理的综述研究[J].经贸实践,2015(11):347.

[92] 曲爽笑,王书梅,郭家宁,等.基于层次分析法确定小学生健康素养评价指标权重[J].中国学校卫生,2016,37(1):23-26.

[93] 陈元欣,陈磊,李京宇,等.体育场馆促进城市更新的效应:美国策略与本土启示[J].上海体育学院学报,2021,45(02):78-89.

[94] 陈元欣,邱茜.我国体育场馆公共服务居民获得感的时代意蕴、内涵特征、评价维度及其应用[J].体育科学,2020,40(09):14-25,52.

[95] 兰燕,陈刚.我国体育服务综合体困境与发展对策[J].体育文化导刊,2020(03):92-98,110.

[96] 李京宇,陈元欣.国外体育场馆社会影响研究的综述[J].首都体育学院学报,2020,32(02):140-145.

[97] 程序,程成.高校优势资源服务体育强国战略的价值和应然路径[J].体育文化导刊,2020(01):100-104,110.

[98] 刘丰.社区体育场馆建设及发展的研究[J].当代体育科技,2020,10(01):182,184.

[99] 孙成林,陈元欣,高嵩.新中国成立 70 年我国大型体育场馆建设发展研究[J].西安体育学院学报,2019,36(06):655-664.

[100] 毕司铭.我国高校体育场馆建设路径研究[J].体育科技,2019,40(05):52-53,56.

[101] 虞勇,舒川.我国中等城市大型体育场馆建设趋势研究——以南昌市为例[J].当代体育科技,2018,8(16):205-206.

[102] 郭艳华.发达国家大型体育场馆建设的国际经验[J].武汉体育学院学报,2017,51(07):44-48.

[103] 江广和.陕西高校体育场馆供给侧改革研究[J].体育文化导刊,2017(06):134-138.

[104] 谢羽,许云鹏,黄文武.我国体育场馆的大跨度空间结构选型探讨[J].首都体育学院学报,2017,29(02):110-113.

[105] 舒宗礼,王华倬,夏贵霞.新型城镇化背景下我国县域公共体育场馆配置研究[J].上海体育学院学报,2017,41(01):18-24.

[106] 关晶,王国军.我国体育保险的现状、瓶颈与突破[J].体育科学,2017,37(01):81-89.

[107] 陆亨伯,张腾,黄辰雨,王密.公共体育场馆服务外包风险识别与规避机制研究[J].北京体育大学学报,2014,37(10):26-31.

[108] 肖旭,杨科.高校体育管理中的风险因素分类分析[J].成都体育学院学报,2014,40(06):91-94.

[109] 岳明,许青.大型体育赛事风险管理法律制度构建[J].体育科研,2011,32(02):84-87.

[110] 张大超,李敏.国外体育风险管理体系的理论研究[J].体育科学,2009,29(07):43-54.

[111] 林建君,陈军,陆亨伯.浙江省新农村全民健身路径工程建设现状的调查与分析[J].中国体育科技,2009,45(04):138-143.

[112] 陈元欣,何开放,杨金娥,等.我国利用非体育用地建设体育场地设施研究[J].体育学研究,2020,34(05):41-47.

[113] 陈元欣,陈磊,刘恒,郑芒芒.公共体育场馆功能改造之理论逻辑与现实困境——以洪山体育中心为例[J].上海体育学院学报,2020,44(05):37-46.

[114] 徐成立,张宝雷,张月蕾,等.我国体育产业政策变迁:进程、逻辑及演变趋势[J].武汉体育学院学报,2020,54(03):45-53.

[115] 陈元欣,姬庆,周彪.公共体育场(馆)委托管理激励机制研究[J].中国体育科技,2019,55(01):52-60.

[116] 陈元欣,陈磊,王健.公共体育场(馆)经营权招投标的制度设计、现存问题及优化策略[J].中国体育科技,2018,54(03):52-59.

[117] 陈元欣,王华燕,张强."营改增"对体育场馆运营的影响研究[J].体育文化导刊,2016(02):126-131.

[118] 黄海燕.推动体育产业成为国民经济支柱性产业的战略思考[J].体育科学,2020,40(12):3-16.

[119] 董红刚,孙晋海.大型体育场馆治理模式风险评估[J].体育与科学,2020,41(05):106-113.

[120] 李刚,张林.中国现代体育市场体系发展的历史溯源、现实审视与路径选择[J].体育科学,2020,40(09):3-13.

[121] 彭发胜.广西乡村体育旅游综合体多元化发展策略[J].体育科技,2020,41(03):105,108.

[122] 马俊,孟祥彬.关于中国体育公园的现代认识[J].中国园林,2005(04):35-38.

[123] 陈冬平,张军.体育公园的分类及可持续发展方向研究[J].西安交通大学学报(社会科学版),2010,30(04):58-60.

[124] 张静,潘都.华南地区体育公园发展初探[J].北方园艺,2011(13):102-105.

[125] 陆大道.论区域的最佳结构与最佳发展——提出"点—轴系统"和"T"型结构以来的回顾与再分析[J].地理学报,2001(02):129-130.

[126] 陆大道.关于"点—轴"空间结构系统的形成机理分析[J].地理科学,2002(01):1-6.

[127] 秦振翼,朱亚成,丁向东.基于文献计量的体育公园研究现状及热点分析[J].西昌学院学报(自然科学版),2022,36(02):84-89.

[128] 张晶晶,李柏.大连市体育公园建设现状分析及发展规划探究[J].辽宁体育科技,2018,40(04):35-39.

[129] 杨金娥,陈元欣,郑芒芒,方雪默.我国体育公园支持政策的现存问题、域外经验与优化策略[J].武汉体育学院学报,2022,56(09):31-32.

[130] 付帅,董欣.城市体育公园智慧化发展价值、障碍与路径[J].体育文化导刊,2022(09):14-20.

[131] 臧博,邱招义.城市体育公园综合体发展动力、实践困境及应对策略[J].体育文化导刊,2022(07):45-50,57.

[132] 袁建伟,谢翔,沈玉霞.我国城市体育公园建设价值、机遇与实践路向[J].体育文化导刊,2022(05):55-60,74.

[133] 郑霞,沈婷.生态需求视角下温州城市体育公园发展研究[J].浙江体育科学,2015,37(04):29-36,41.

[134] 王晓晓,周颖.城市体育公园发展研究——以江浙沪地区为例[J].山东体育学院学报,2019,35(05):49-55.

[135] 姜晓涵.生态体育视角下城市体育公园发展路径研究[J].湖北体育科技,2021,40(11):970-972.

[136] 宋铁男,来龙,陈庆杰.基于更高水平全民健身公共服务的城市体育公园空间布局研究[J].西安体育学院学报,2022,39(03):319-324.

[137] 陈尔男,赵伟韬.体育公园健身空间的布局与营造[J].现代园艺,2015(05):94-95,116.

[138] 曾洪发,左逸帆.我国体育公园空间分布格局及其影响因素[J].武汉体育学院学报,2022,56(04):49-57.

[139] 胡雪薇,徐雯雯.健康导向下的城市运动空间布局特征研究——以杭州市8个主要城区为例[J].建筑与文化,2022(09):94-96.

[140] 陈滨志,张向宁,朱莹.体医融合模式下社区运动设施设计策略研究——以汇龙花溪半岛居住区规划为例[J].城市建筑,2022,19(17):67-70.

[141] 杨小明,姚磊.乡村振兴背景下不同类型村庄体育场地设施布局策略[J].体育教育学刊,2022,38(03):77-80.

[142] 张建国,徐晛.浙江省森林公园空间布局与旅游发展研究[J].浙江农林大学学报,2022,39(05):1126.

[143] 刘冬华,周铭扬,缪律.体育公园建设时代价值与推进路径[J].体育文化导刊,2023(06):32-37,74.

[144] 付帅,董欣.城市体育公园智慧化发展价值、障碍与路径[J].体育文化导刊,2022(09):14-20.

[145] 苏婷,唐万珍.德尔菲法构建护理硕士专业学位研究生临床培养目标体系的研究[J].中国医药导报,2018,15(25):173-177.

[146] 陈冬平,张军.体育公园的分类及可持续发展方向研究[J].西安交通大学学报(社会科学版),2010,30(04):58-60.

[147] 董海军,倪伟,俞峰.上海市体育公园发展现状及建议[J].体育科研,2011,32(02):50-55.

[148] 李香君.中美体育主题公园开发之比较研究[J].甘肃联合大学学报(自然科版),2012,26(01):81-84.

[149] 朱世平.体验营销及其模型构造[J].商业经济与管理,2003(5):25-27.

[150] 温韬.顾客体验理论的进展、比较及展望[J].四川大学学报(哲学社会科学),2007(02):133-139.

[151] 李建州,范秀成.三维度服务体验实证研究[J].旅游科学,2006(02):54-59.

[152] 朱祥明,王东昱.现代大都市与体育休闲公园[J].上海建设科技,2004(02):50-51.

[153] 张静文,林建君,王许达.体育公园的运营冲突特征及规避机制研究[J].浙江体育科学,

2020,42(05):18-23.

[154] 李香君.体育主题公园的分类及特点[J].体育成人教育学刊,2008(01):15-17.

[155] 周皎,马慧敏.体育与体育主题公园[J].太原科技,2009(08):64-65,68.

[156] 邓逢明.浅谈城市生态体育公园的市场运作思路[J].吉林广播电视大学学报,2005(01):36-39.

[157] 王建民,毛建民,香成福,等.城市生态体育公园的建设价值及发展策略研究[J].兰州文理学院学报(自然科学版),2015,29(06):66-70.

[158] 姚德利,杜泽超.初探聊城市体育公园建设、运营与管理[J].商场现代化,2008(13):116-117.

[159] 王永平,赵岷,赵炎.运动休闲视域下大同市体育公园建设及运营研究[J].山西大同大学学报(自然科学版),2018,34(05):76-78,86.

[160] 张晶晶,李柏.大连市体育公园建设现状分析及发展规划探究[J].辽宁体育科技,2018,40(04):35-39.

[161] 张志强,周思琪,张敏莉.扬州体育公园使用后评价——以宋夹城体育休闲公园为例[J].价值工程,2018,37(22):6-9.

[162] 张晓莉.社区体育公园建成后使用满意度评估——以珠海市大镜山体育公园为例[J].广州体育学报,2016,36(04):30-33.

[163] 章俊华.日本城市绿地空间(上)[J].中国园林,2001(05):38-42.

[164] 胡一可,宋睿琦.慕尼黑奥林匹克公园规划与城市生活[J].建筑师,2008(03):52-59.

[165] 徐凤增,周键,李云贺.高档酒店顾客体验量表的设计与检验[J].山东大学学报(哲学社会科学版),2015(05):141-149.

[166] 朱世平.体验营销及其模型构造[J].商业经济与管理,2003(5):25-27.

[167] 李海廷.体验产品定价策略研究[J].江苏论论,2004(09):47-49.

[168] 王鉴忠,徐虹,杨玥.顾客体验视角的旅游目的地品牌化研究[J].现代管理科学,2011(09):90-92.

[169] 王潇,王世通,王迎军.服务体验对顾客消费情感与满意度的影响研究[J].商业研究,2014(06):113-124.

[170] 皮平凡,刘晓斌.酒店顾客体验价值研究[J].商业研究,2009(12):167-170.

[171] 张振兴,边雅静.品牌体验—概念、维度与量表构建[J].统计与决策,2011(11):177-179.

[172] 徐凤增,周键,李云贺.高档酒店顾客体验量表的设计与检验[J].山东大学学报(哲学社会科学版),2015(05):141-149.

[173] 安贺新.服务公平对顾客体验、顾客满意与顾客忠诚影响机理的实证研究——基于对北京市部分酒店的调查数据[J].中央财经大学学报,2012(01):76-81.

[174] 梁宇轩,杨宇帆,刘容.顾客体验对顾客满意和顾客忠诚的影响[J].税务与经济,2017(01):42-49.

[175] 陆娟.服务忠诚驱动因素与驱动机理——基于国内外相关理论和实证研究的系统分析[J].管理世界,2005(6):107-114.

[176] 吴泗宗,施蕾.体验经济模式下百货商店顾客忠诚驱动模型研究[J].当代财经,2010(7):

63 - 70.

[177] 史达.互联网顾客体验与顾客网站忠诚度的关系研究——以结构方程模型为基础[J].财经问题研究,2009(01):30 - 36.

[178] 杨奎,杨贵红.餐饮业体验营销对顾客忠诚度的影响[J].企业改革与管理,2017(11):109 - 110.

[179] 杨奇星,王京安,欧瑞秋.二三线城市购物中心顾客体验、顾客满意和顾客忠诚关系的实证研究[J].商业经济,2019(01):125 - 129.

[180] 张一凡.高校体育场馆经营服务满意度调查研究[J].武汉体育学院学报,2013,47(06):54 - 57,62.

[181] 刘倩,陈元欣,李震.大型体育场馆公共服务满意度调查分析——以洪山体育中心为例[J].武汉体育学院学报,2014,48(09):24 - 28.

[182] 许彩明,汤雪桃.江苏省健身俱乐部顾客满意度影响因素的研究[J].体育与科学,2014,35(02):78 - 82.

[183] 刘志强,刘石.对我国大型体育场馆规划管理的研究[J].哈尔滨体育学院学报,2000(3):6 - 9.

[184] 石岩,刘勇,蔡仲林等.中外体育场馆建设投融资模式的比较研究[J].体育文化导刊,2006(10):10 - 12.

[185] 张杰.我国体育场馆冠名权开发现状的比较研究[J].体育与科学,2005,26(4):49 - 52.

[186] 刘国信.给体育场馆冠名[J].中外企业文化,2000(5):48.

[187] 叶小瑜,谢建华.近5届奥运会举办城市大型体育场馆的开发利用[J].体育科研,2014(3):6 - 10.

[188] 叶小瑜,鲍明晓,刘兵.国外奥运场馆赛后的运行及启示[J].体育文化导刊,2013(11):97 - 100.

[189] 徐海明,陆亨伯,王密.伦敦奥运主体育场赛后运营的模式及其启示[J].体育文化导刊,2014(11):119 - 122.

[190] 陈万红.对美国大型体育场馆市场营销计划的分析与启示[J].体育研究与教育,2014(4):10 - 14.

[191] 林建君,Teo Ee-Chon.中日学校体育场馆设施开放利用分析及启示[J].宁波大学学报(人文版),2015(3):127 - 132.

[192] 方忠.国外后发优势理论研究回顾及述评[J].中国矿业大学学报(社会科学版),2009(2):89 - 93.

[193] 减超美.中日体育场地设施兴建与管理的比较[J].北京体育大学学报,1995(5):6 - 11.

[194] 张鲲,曹静,赵钢.我国体育场馆建设趋势及发展方向的研究[J].西安体育学院学报,2000(7):27 - 28.

[195] 朱志强,刘石,阚军常.我国大型体育场(馆)早期规划管理的研究[J].中国体育科技,2001(12):41 - 43.

[196] 陈元欣,方曙光,王健.我国综合性大型体育赛事场(馆)设施建设的双重困境[J].上海体育学院学报,2007(4):23 - 27.

[197] 谭刚.中、美两国政府财政补贴大型体育场(馆)建设的比较研究[J].体育科学,2015(1): 60 - 67.

[198] 王子朴,梁金辉,陆卫平,等.国家体育场投融资模式及赛后运营财务分析[J].体育科学, 2010(1):14 - 29.

[199] 王子朴,梁金辉,杨小燕.北京新建奥运场(馆)投融资模式创新与赛后运营探讨[J].体育科学,2012(3):3 - 9.

[200] 王子朴,梁蓓,陈元欣.梳理与借鉴:奥运场馆投融资模式研究[J].西安体育学院学报,2012 (4):425 - 433.

[201] 高扬.北京奥运会新建体育场馆融资模式与赛后产业化运作模式分析[J].成都体育学院学报,2008(10):19 - 22.

[202] 肖淑红,付群.我国大型体育场馆融资模式分析及发展趋势研究[J].西安体育学院学报, 2012(5):513 - 516.

[203] 王雪青,陈文,刘炳胜.体育场馆融资模式选择框架研究[J].北京理工大学学报(社会科学版),2008(1):70 - 72.

[204] 陈元欣,李溯.我国大型体育赛事场馆设施投融资现状及其市场化改革[J].上海体育学院学报,2009(3):12 - 15.

[205] 刘波,龚晖晖.PPP 模式与准公共品的供给——论 PPP 在大型体育场馆建设中的应用[J]. 首都体育学院学报,2009(2):151 - 154.

[206] 王英,李纪华,顾湘.PPP 模式下大型体育场馆建设风险承担与分配研究[J].建筑经济, 2010(5):27 - 30.

[207] 王进.试论 PPP 融资模式在我国大型体育场馆融资中的应用[J].河北体育学院学报,2009 (3):16 - 18.

[208] 王进,顾玙偌.体育场馆融资模式的路径选择——BOT 向 PFI 的转换[J].南京体育学院学报(自然科学版),2010(4):12 - 13.

[209] 倪刚.BOT 融资方式参与体育场馆建设的适用性研究[J].成都体育学院学报,2003(2): 11 - 14.

[210] 杨茜,邓春林,黄芳等.体育场馆ＢＯＴ融资中政府面临的风险及其防范[J].首都体育学院学报,2005(5):1 - 3.

[211] 卢金逵,倪刚.基于 TOT-BOT 组合的大型体育场(馆)融资模式的研究[J].体育科学,2008 (5):69 - 73.

[212] 袁国良,杨金田,李文明.BOT 模式应用于体育场馆建设的优势分析[J].河北体育学院学报,2014(3):27 - 29.

[213] 耿宝权.大型体育场馆的 LBP 融资模式研究[J].北京体育大学学报,2013(11):14 - 19.

[214] 耿宝权.大型体育场馆的 DCM 建设管理模式研究[J].北京体育大学学报,2014(11):9 - 14.

[215] 张杰.我国体育场馆冠名权经营管理模式探讨[J].体育与科学,2005(4):49 - 52.

[216] 郭五一,万京一,丁峰.我国运场馆冠名权开发构想[J].体育文化导刊,2008(6):61 - 63.

[217] 周良君,黄俊.国外体育场馆冠名权的开发与启示[J].军事体育进修学院学报,2011(1):

17-20.

[218] 蒲毕文.我国体育场馆冠名权研究[J].体育文化导刊,2012(11):95-98.

[219] 宋秀丽,赵文胜,任保国.中外体育场馆冠名权开发比较[J].体育学刊,2006(2):47-50.

[220] 叶小瑜,刘兵,谢建华.现代奥运会场馆发展回顾与展望[J].体育文化导刊,2014(4):120-123.

[221] 朱志强,刘石,阚军常.大型体育场馆后期经济效益影响因素的研究[J].哈尔滨体育学院学报,2001(3):5-9.

[222] 叶加宝,徐本力.公共体育场馆经营管理过程中存在的问题及对策研究[J].天津体育学院学报,2001(1):42-43.

[223] 曹可强.上海市公共体育场馆经营管理现状与对策研究[J].沈阳体育学院学报,2003(3):7-9.

[224] 本报记者.体育场馆应合理布局充分利用[J].瞭望,1984(51):40.

[225] 鲍明晓,林显鹏,刘欣葵.奥运举办城市体育场馆的建设、运营与管理[J].体育科研,2006(5):1-10.

[226] 武海栋.奥运体育场馆赛后运营模式分析与启示[J].西安体育学院学报,2011(4):458-462.

[227] 张森木.我国体育场馆经营模式及发展战略研究——以陕西省体育场馆为例[J].西北工业大学学报,2015(2):54-58.

[228] 李超.大型公共体育场馆委托经营管理模式研究——以河北省为例[J].广州体育学院学报,2015(2):55-58.

[229] 伍家驹.西方影响下的香港体育[J].体育科学,1997(5):19-22.

[230] 梁晓龙,陈安槐.体育场馆工作绩效综合评价指标体系与评价方法[J].上海体育学院学报,1988(2):41-43.

[231] 梁晓龙,陈安槐.对上海市体委系统体育场馆工作绩效综合评价指标体系与评价方法的研究[J].体育科学,1998(6):6-9.

[232] 喻小红.公共体育场馆综合评价体系研究[J].体育科学,2006,26(5).56-64.

[233] 谭刚.大型公共体育场馆公益与经营效益评估指标体系研究[J].天津体育学院学报,2008(6):530-533.

[234] 游战澜.大型体育场馆绩效管理指标体系构建研究[J].武汉体育学院学报,2010(2):37-41.

[235] 陆亨伯,等.论公共体育场馆民营化后经济与社会效益的均衡——基于典型体育场馆的调研[J].体育文化导刊,2007(18).

[236] 程丹.基于灰关联分析的高校体育场馆利用评价研究[J].科技创业,2011(9):40-43.

[237] 冯振旗.基于平衡记分卡的体育场(馆)运营绩效评价研究[J].中国体育科技,2011(3):119-125.

[238] 耿宝权.基于平衡计分卡的大型体育场馆运营绩效评价研究[J].北京体育大学学报,2012(12):1-6.

[239] 高雪莲.平衡记分卡法在公共体育场馆战略管理和绩效评价中的应用[J].天津体育学院学

报,2006(3):225-228.

[240] 王龙飞,王朋.税收政策在美国职业体育场馆建设中的作用及其启示[J].西安体育学院学报,2015(1):33-39.

[241] 董伦红.数据包络分析(DEA)方法在体育评价中的应用[J].西安体育学院学报,2004(2):73-74.

[242] 杨光.基于DEA的体育用品制造业效率评价与分析[J].山东理工大学学报(自然科学版),2004(3):106-110.

[243] 杨光,张庆来,王秀艳.我国体育用品上市公司经营效率评价与分析[J].首都体育学院学报,2015(3):2007-213.

[244] 张宏伟.以运动服装为主营业务的体育用品制造业上市公司业绩评价——基于DEA视窗分析方法[J].体育科学,2012,32(02):58-63.

[245] 刘春华,张再生,李祥飞.基于三阶段DEA模型的中、外体育上市公司效率评价[J].体育科学,2012,32(10):20-26,76.

[246] 魏德祥,雷雯.中外体育用品上市公司经营效率的动态评价——基于DEA-Malmquist全要素生产率指数[J].武汉体育学院学报,2012(2):31-35.

[247] 魏德祥.中国体育用品上市公司经营效率的国际比较研究——基于DEA方法的分析[J].中国体育科技,2012(4):141-145.

[248] 魏德祥.基于DEA的中外体育用品上市公司现金使用效率对比研究[J].南京体育学院学报,2012(2):48-54.

[249] 未小刚.基于DEA-Malmquist指数的我国体育用品上市公司经营效率研究[J].西安体育学院学报,2013(2):180-183.

[250] 谭宏,陆宇嘉.基于DEA模型的体育产业上市公司运营效率研究[J].北京体育大学学报,2013(1):36-40.

[251] 胡效芳,袁艺,李俊钰.中外体育用品业TFP的比较及其影响因素分析——基于体育用品上市企业数据[J].统计与信息论坛,2013(12):72-77.

[252] 刘思.中国体育事业投入产出数据包络分析[J].武汉体育学院学报,2006(7):31-33.

[253] 邵伟钰.基于DEA模型的群众体育财政投入绩效分析[J].体育科学,2014(9):11-15.

[254] 吴华清,梁樑,杨锋.奥运经济区域影响DEA比较评价[J].体育科学,2008(2):24-28.

[255] 王瑜杰,林建君,代锦锦.浙江省规模化网球场馆运营效益分析[J].浙江体育科学,2017,39(04):56-61,70.

[256] 钟伟俊,徐南荣.分散组织结构下的资源配置模型及其方法研究[J].管理工程学报,1996(3):132-136.

[257] 李创.产业国际竞争力理论模型研究[J].当代经济管理,2006(2):26-32.

[258] 杨开晖.公共选择理论及其启示[J].山东大学学报(哲学社会科学版),1994(1):103-106.

三、外文文献

[1] LaBarbera, Priscilla A. and David Mazursky. A Longitudinal Assessment of Consumer Satisfaction/Dissatisfaction: The Dynamic Aspect of the Cognitive Process [J]. Journalof

Marketing Research，1983，20(11)：393－404.

[2] Parasuraman，A，V. A. Zeithaml，and L. L. Berry. Reassessment of Expectations As A ComparisonStandard in Measuring Service Quality：Implications for Further Research[J]. Journal ofMarketing，1994(58)：111－123.

[3] Nispen F，Peters B G. Public policy instruments：evaluating the tools of public administration [M]. E. Elgar，1998：24.

[4] Veerle De Bosscher，Paul De Knopa，Maarten van Bottenburg，et. Explaining international sporting success：An international comparison of elite sport systems and policies in six countries[J]. Sport Management Review，2009(12)：113－1336.

[5] Bart van Ark. International Comparisons of Output and Productivity[M]. Groningen Growth and Development Center Monograph Series NO. 1，1993(4)：7.

[6] Beckerman，W. International Comparisons of Real Income [M]. Paris：OECD，1966.

[7] Berelson B. Content Analysis in Communication Research[M]. New York，US：Free Press，1952：34－37.

[8] Mick Green，Shane Collins. Policy，Politics and Path Dependency：Sport Development in Australia and Finland[J]. Sport Development Review，2008 (11)：225－251.

[9] Richard Parrish. Part 1 The Birth of EU Sports Law and Policy. Sports Law and Policy in the European Union[M]. Manchester University Press，2003：1－23.

[10] Kurier. Carl Diem 1882—1962[R]. Informationen der Deutschen Sporthochschule K ln. 2002－4，Ausgabe 2/25. Jg.

[11] Sportgeschichte. Struktur von DSB/DOSB[EB/OL]. [2013－08－06]. http://www. uskj. de/sp-history/files/nach45/dsb_historie_struktur.Pdf.

[12] J. L. Pressman and A. Wildavsky. Implementation：How Great Expectation in Washington Are Dashed in Oakland，Berkley[M]. University of California Press，1973：66.

[13] Lester M. Salamon ＆ Odus V. Elliot. Tools of government：A Guide to the New Governance[M]. New York：Oxford University Press，2002：27.

[14] Kirschen E. s. et al. Economic Policy in Our Time[M]. Chicago：Rand Mc Nally，1964：56.

[15] Roy Rothwell，Walter Zegveld. Reindusdalization and Technology[M]. Logman Group Limited，1985：68－71.

[16] Schneider，Anne L. ＆ Helen Ingram. Behavioral Assumptions of Policy Tools[J]. Journal of Politics，1990，52(2)：513－522.

[17] Jefifrey L. Pressman，Aaron B. Widavsky，Implementation (2nd，Ed) Berkelcy[M]. University of California Press，1979：67.

[18] Charles O. Jones. An Introduction to the Study of Public Policy (3ed.) Monterey[M] Califomia：brooks/Coles Publishing Company，1984：56.

[19] Nispen F，Peters B G. Public policy instruments：evaluating the tools of public administration[M]. E. Elgar，1998：24.

[20] Berelson B. Content Analysis in Communication Research[M]. New York，US：Free Press.

1952:34 – 37.

[21] Roy Rothwell, Walter Zegveld. Reindustrialization and Technology[M]. Logman Group Limited, 1985:83 – 104.

[22] Burgesg EW. The Growth of the city[M]. University of Chicago Press, 1925:47 – 62.

[23] Hans Westerbeek, Aaron Smith, Paul Turner. Managing Sport Facilities And Major Events [M]. Rout ledge Taylor & Francis Group, NY, 2005:7 – 60.

[24] Gil Fried JD. Managing Sport Facilities[M]. University of New haven, 2008:4 – 52.

[25] Luca Rebeggiani. Public Vs. Private Spending For Sportswear Facilities-The case of Germany 2006 [J]. Journal of Public Finance and Management, 2006:395 – 435.

[26] Don Muret. Windy City Stadium plan spurs questions [M]. Amusement business. New York:2000:50.

[27] Larry Penner. Sports stadium do not need subsidies[N]. USA2004.

[28] Crompton, John L. Howard, Dennis R. Var, Turgut. Financing Major League Facilities: status, Evolution and ConflictingForces[J] Journal Sport Management. 2003:56 – 117.

[29] Jerry A. Miccolis, Kevin Hively, 4and BrianW. Merkley. Enterprise Risk Management: Trends and Emerging Practices[EB/OL]. (2005 – 01)[2019 – 07 – 06]. http//www. thiia. com.

[30] Deloitte. Enterprise risk management-Apractical approach[EB/OL]. (2006 – 06)[2019 – 07 – 06]. http://www.deloitte.com.

[31] The Conference Board of Canada. 2006 Inter-national Risk Management Conference: Integrating Enterprise Risk Management into Business Practices[EB/OL]. (2008 – 11) [2019 – 07 – 15]. http://www.conferenceboard.ca/conf/dec06/risk/overview.

[32] Laufer, A. Tucker, R. L. Shapira A., and Shenhar, A. J. The multiplicity concept in construction project planning[J]. Construction Management and Economics, 1994, 12(1): 53 – 65.

[33] Gary Higgs, Mitch Langford, Paul Norman. Accessibility to sport facilities in Wales: A GIS-based analysis of socio-economic variations in provision[J]. Geoforum, Volume 62, 2015(06):117.

[34] Nathalie Billaudeau, Jean-Michel Oppert, et al. Investigating disparities in spatial accessibility to and characteristics of sport facilities:Direction, strength, and spatial scale of associations with area income[J]. Health & Place, Volume 17, Issue 1, 2011(01):115 – 116.

[35] Stride V, Cranney L, Scott A, et al. Outdoor gyms and older adults acceptability, enablers andbarriers:a survey of park users[J]. Health Promotion Journal of Australia, 2017(03): 243 – 246.

[36] Daisuke Takagi, Naoki Kondo, et al. Parks/sports facilities in local communities and the onset of functional disability among older adults in Japan:The J-shaped spatial spillover effects[J]. Health & Place, Volume 75, 2022(05):3 – 4.

[37] Jenny Veitch, Jo Salmon, et al. Understanding the impact of the installation of outdoor fitness equipment and a multi-sports court on park visitation and park-based physical activity: A natural experiment[J]. Health & Place, Volume 71, 2021(09):1.

[38] Yujia Zhai, Dongying Li, et al. Spatial distribution, activity zone preference, and activity intensity of senior park users in a metropolitan area[J]. Urban Forestry & Urban Greening, 2022(10):1.

[39] Theodore N. Torus Anatomy and Nectary Charateristics as Phylogenetic Criteria in the Rhoeadales[J]. American Journal of Botany, 1941, 28(2):101－113.

[40] Pine B J, Gilmore J H. The Experience Economy: Work is The are & Every Business a Stage[J]. SGB. 1999, 18(6):129－130.

[41] Tynan C, Mckechnie S. Experience marketing: a review and reassessment[J]. Journal of Marketing Management, 2009, 25(5－6):501－517.

[42] LaBarbera, Priscilla A. and David Mazursky. A Longitudinal Assessment of Consumer Satisfaction/Dissatisfaction: The Dynamic Aspect of the Cognitive Process[J]. Journalof Marketing Research, 1983, 20(11):393－404.

[43] Parasuraman, A, V. A. Zeithaml, and L. L. Berry. Reassessment of Expectations As A ComparisonStandard in Measuring Service Quality: Implications for Further Research[J]. Journal of Marketing, 1994(58):111－123.

[44] Martilla J A, James J C. Importance-performance analysis[J]. Journal of Marketing, 1977 (12).

[45] Rutlecgs. Albert. J. A. A Visual Approach to Part Design[M]. New York: Garland STPM Press, 1981:9－11.

[46] Stride V, Cranney L, Scott A, et al. Outdoor gyms and older adults acceptability, enablers andbarriers: a survey of park users[J]. Health Promotion Journal of Australia, 2017(3): 243－246.

[47] Malfas M, Theodoraki E, Houlihan B. Impacts of the Olympic Games as mega-events[J]. Proceedings of the Institution of Civil Engineers - Municipal Engineer, 2004(3):209－220.

[48] Peggy O' Dell. The Sports Park Service Role in Urban Areas[J]. Journal of Leisure Research, 2013, 12(6):153－163.

[49] Lewis B R. Consumer Care in Service Organizations [J]. Marketing Intelligence and Planning, 1989:18－22.

[50] Holbrook M B, Hirschman E C. The Experiential Aspects of Consumption: Consumer Fantasies, Feelings, and Fun[J]. Journal of Consumer Research, 1982, 9(2):132－140.

[51] Deirdre OLoughlin, Isabelle Szmigin, Peter Turnbull. From relationships to experiences in retail financial services[J]. The International Journal of Bank Marketing, 2004, 22,(6/7): 522－539.

[52] Pine B J. Gilmore J H. The Experience Economy: Work is Theatre & Every Business a & tage[J]. SGB, 1999, 18(6):129－130.

[53] Brakus, J. J., Schmitt, B. H., Zarantonello, L. Brand experience: what is it ? How is it measured Does it affect loyalty[J]. Journal of Marketing, 2009, 73(3), 52 - 68.

[54] Lofman B. Elements of experiential consumption: An exploratory study[J]. Advances in Consumer Research., 1991, 18(1): 729 - 735.

[55] Newman J. W., Richard A. W.. Multivariate Analysis of Brand Loyalty for Major Household Appliances[J]. Journal of Marketing Research, 1973, 10(4): 404 - 409.

[56] Oliver R. L. Whence consumer loyalty? [J]. Journal of Marketing, 1999, 34(63): 33 - 44.

[57] Chandra shekaran, M., K Rotte, S. S. Tax and R. Grewal. Satisfaction Strength and Customer Loyalty [J]. Journal of Marketing Research, 2009, 12(6): 153 - 163.

[58] Cardozo, Richard N. An Experimental Study of Consumer Effort, Expectation and Satisfaction[J]. Journal of Marketing Research, 1965(8): 244~249.

[59] Cadotte, Ermest R., Robert B. Woodruff, and Roger I. Jenkins. Expectations and Norns in Models of Consumer Satisfaction[J]. Journal of Marketing Research, 1987, 24(8): 305 - 314.

[60] Fornell C. A national customer satisfaction barometer: The Swedish experience[J]. Journal of Marketing, 1989(56): 6 - 21.

[61] Oliver R. L. Cognitive, affective, and attribute bases of the satisfaction response[J]. Journal of Consumer Research, 1993(20): 431 - 440.

[62] Fornell, C. Customer Satisfaction and Shareholder Value[C]. Fourth World Congress for Total Quality Management, Sheffield, 1999(6): 28 - 30.

[63] 英超球场冠名费: 曼城 1800 万压曼联第 1 切尔西＜利物浦[[EB/OL]. http://sports.sina.com.cn/g/pl/2013 - 12 - 03/00306914556.shtml.

[64] 文部科学省.体育・スポーツ施設現況調査の概要[EB/OL]. http://www.mext.go.jp/b_menu/toukei/chousa04/shisetsu/kekka/1261398.htm02/2010.

[65] 文部科学省.スポーツ立国戦略[EB/OL]. http://www.mext.go.jp/b_menu/houdou/22/08/2010/08/26.

[66] Andrew Zimbal Ist Roger G. Noll. Sports, Jobs, &. Taxes: Are New Stadiums Worth the Cost? [EB/OL]. brookings.edu.2013 - 11 - 3.

[67] Bart van Ark. International Comparisons of Output and Productivity [M]. Groningen Growth and Development Center Monograph Series NO. 1, 1993(4): 7.

[68] Beckerman, W. International Comparisons of Real Income [M]. Paris: OECD, 1966.

[69] Dave Barry. Introduction: How Walter O'Malley Changed the Landscape of Sports [J]. The Public Finance of Sports: The Market for Sports Franchises, 1999, 151 - 186.

[70] Dennis Coates, Brad R. Humphreys. The Economic Impact of Postseason Play in Professional Sports[J]. Journal of Sports Economics. 2002(3): 291 - 299.

[71] Dennis Zimmerman. Tax-Exempt Bonds and the Economics of Professional Sports Stadiums [R]. Congressional Research Service Report for Congress, 1996(5): 11 - 23

[72] Heike C. Alberts. The Reuse of Sports Facilities after the Winter Olympic Games[J]. Focus

on Geography, 2011(1):24－33.

[73] John Siegfried Andrew Zimbalist. A Note on the Local Economic Impact of Sports Expenditures[J]. Journal of Sports Economics, 2002(4):361－366.

[74] John Siegfried Andrew Zimbalist. The Economics of Sports Facilities and Their Communities[J]. Journal of Economic Perspectives, 2000(3):95－114.

[75] Leonor Gallardo et al. The Ranking of the Regions With Regard to Their Sports Facilities to Improve Their Planning in Sport:The Case of Spain[J]. Soc Indic Res, 2009(94).

[76] Mike Green. Changing policy priorities for sport in England: the emergence of elite sport development as a key policy concern[J]. Leisure Studies, 2004(4):365－385.

[77] Mohd Taib Harun, Norlena Salamudin1 & Hasnul Faizal Hushin. Appraisal of the Sport Facilities Maintenance Management Practices of Malaysian Stadium Corporations[J]. Asian Social Science, 2013(12):93－99.

[78] Scott A. Jensen, Financing Professional Sports Facilities with Federal Tax Subsidies:Is it Sound Tax Policy? [J]. Marquette Sports Law Journal, 2000(10):425－460.

[79] Stephen L. Shapiro, Tim DeSchriver, Daniel A. Rascher. Factors Affecting the Price of Luxury Suites in Major North American Sports Facilities[J]. Journal of Sport Management, 2012(26):249－257.

[80] William H. Baker. Taxation and Professional Sports－A Look Inside the Huddle[J]. Marquette Sports Law Journal, 1999(9):287－306.

[81] Zachary A. Phelps. Stadium Construction For Professional Sports:Reversing The Inequities Through Tax Incentives[J]. St. John'S Journal Of Legal Commentary, 2004(7):981－1029.

[82] Veerle De Bosscher, Paul De Knopa, Maarten van Bottenburg, et. Explaining international sporting success: An international comparison of elite sport systems and policies in six countries[J]. Sport Management Review, 2009(12):113－1336.

索　引